U0650983

环境污染责任保险法律法规文件汇编

主 编　苏　旭

副主编　周卫峰　周跃　马月　吴嗣骏

中国环境出版集团·北京

图书在版编目（CIP）数据

环境污染责任保险法律法规文件汇编/苏旭主编．—北京：中国环境出版集团，2022.7
ISBN 978-7-5111-4813-1

Ⅰ．①环… Ⅱ．①苏… Ⅲ．①环境污染—责任保险—保险法—汇编—中国 Ⅳ．①D922.284.9

中国版本图书馆 CIP 数据核字（2021）第 155537 号

出 版 人　武德凯
责任编辑　孙　莉
责任校对　薄军霞
封面设计　岳　帅

出版发行　中国环境出版集团
　　　　　（100062　北京市东城区广渠门内大街 16 号）
　　　　　网　　　址：http://www.cesp.com.cn
　　　　　电子邮箱：bjgl@cesp.com.cn
　　　　　联系电话：010-67112765（编辑管理部）
　　　　　发行热线：010-67125803，010-67113405（传真）
印　　刷　北京盛通印刷股份有限公司
经　　销　各地新华书店
版　　次　2022 年 7 月第 1 版
印　　次　2022 年 7 月第 1 次印刷
开　　本　787×1092　1/16
印　　张　29
字　　数　460 千字
定　　价　115.00 元

【版权所有。未经许可，请勿翻印、转载，违者必究。】

如有缺页、破损、倒装等印装质量问题，请寄回本集团更换

中国环境出版集团郑重承诺：
中国环境出版集团合作的印刷单位、材料单位均具有中国环境标志产品认证。

本书编委会

主　编：苏　旭

副主编：周卫峰　周　跃　马　月　吴嗣骏

编写组成员：（以姓氏笔画为）

马　欣　马北琳　王庆斌　王曼丽　王聚昌

王繁浩　刘　昊　安进忠　孙　贺　李洪军

佟颖丽　孟宪红　徐保彩　韩赛哲　雷怀成

前　言

　　环境污染强制责任保险制度起源于 20 世纪 60 年代的西方主要工业化国家，是在第二次世界大战以后经济迅速发展、环境问题日益突出的背景下诞生的，随后部分发展中国家也开始建立相关制度。迄今为止，主要发达国家的环境污染强制责任保险制度已经进入较为成熟阶段，并成为其通过社会化途径解决环境损害赔偿责任问题的主要方式之一。

　　我国正处于工业化的上升期，产业结构中重化工业比重大，导致事故频发，生态环境风险高、社会危害巨大，因此迫切需要创新机制，有效防范生态环境风险，合理分散生态环境风险，并及时弥补污染受害者的损失。实践表明，建立和完善环境污染强制责任保险制度对预防和控制生态环境风险、构建和谐社会、推进生态文明建设具有重要意义。

　　环境污染责任保险是以依法生产经营的企事业单位和其他生产经营者污染环境、破坏生态造成他人损害而依法应承担的赔偿责任为标的的保险。它可以将生态环境污染风险转移到保险公司，发生环境污染事故时由保险公司按保单约定进行赔偿，维护受害者利益，保证企业稳定经营，保障社会安定，减轻政府负担，同时保险行业开展生态环境风险防范也有利于减少污染责任事件的发生。世界范围内，强制是环境污染责任保险的主流选择。

　　1840 年前后，英国的大机器生产基本取代了工厂手工业生产，工业革命基本完成，英国成为世界第一个工业国家。据史料记载，1837 年 2 月，伦敦发生最早的有毒烟雾事件，造成至少 200 名伦敦市民死亡。1952 年 12 月 5 日至 9 日发生的严重大气污染事件中，当月死亡人数就达 4 000 余人。在此后两个月内，又有近 8 000 人死于呼吸系统疾病。1956 年、1957 年和 1962 年，又连续发生了多达 12 次严重的烟雾事件。其中 1956 年烟雾事件造成 1 200 人非正常死亡。1956 年，《清洁空气法案》获得通过，成为英国通行法律，这是世界上第一部空气污染防治法案。直到 1965 年后，有毒烟雾才从伦敦消失。面对严峻的环境污染，英国社会积极通过各种途径降低环境污染损害，提高工业生产企业的社会责任感。对环境污染进行追责时，一般企业难以承担环境污染所产生的巨额赔偿金额，最终只能由政府买单，造成对公共利益的二次侵犯。正是基于以上原因，环境污染强制责任保险在英国开始出现并发展。1960 年签订于巴黎的《核能领域第三方责任公约》规定了强制性的核污染损害责任保险，1965 年英国发布的《核装置法》在真正意义上提出了环境污染强制责任保险，规定了核污染属于强制责任保险范畴，安装者必须投保最低限额为 500 万英镑的核责任保险。

1966 年以前，美国主要通过公众责任保险承保事故型环境污染风险，其后开始承保因为持续或渐进性污染所引起的环境责任。美国环境污染责任保险又称为污染法律责任保险。如果工程没有投保环境污染责任保险，无论是承包商、分包商还是咨询设计商都不能取得工程合同。美国针对有毒物质和废弃物处理所可能引起的损害责任实行强制保险，90% 以上的州出台了相应强制规定。从美国环境污染责任保险制度的实际运行来看，由于风险高等原因，发展到 20 世纪 70 年代末期，美国仅有 2 家保险公司继续承保环境责任风险。1988 年，美国专门成立了一个专业承保环境污染风险的保险集团——环境保护保险公司，承保被保险人渐发、突发、意外的污染事故及第三者责任，并于同年 7 月开出了第一张责任限额为 100 万美元的污染责任保险单。

20 世纪 60 年代以前，法国没有专业的环境污染损害保险，就企业可能发生突发性水污染事故或大气污染事故时，以传统的一般责任保险单加以承保。法国是 1969 年《国际油污损害民事责任公约》和 1971 年《设立国际油污损害赔偿基金公约》的成员国，因此，在油污损害赔偿方面采用强制责任保险制度。1977 年，由外国保险公司和法国保险公司组成污染再保险联营，制定了污染特别保险单，承保范围由偶然性、突发性的环境损害事故所引起的环境损害，扩展到由单独、反复性或继发性事故所引起的环境损害。

起初规定"渐进性污染引起的损失赔偿"不属于保险责任，并将其列为责任免除，从 1965 年起保险责任范围逐渐扩大，水体逐渐污染损失赔偿属于保险责任。

1990 年，意大利成立了由 76 家保险公司组成的联合承保集团。

1980 年我国接受了 1969 年《国际油污损害民事责任公约》，该公约的规定直接推动了我国海洋油污责任保险制度的建立。《中华人民共和国海洋环境保护法》（1982）规定：载运 2 000 吨以上的散装货油的船舶，应当持有有效的《油污损害民事责任保险或其他财务保证证书》，或《油污损害民事责任信用证书》或提供其他财务信用保证。1983 年《中华人民共和国海洋石油勘探开发环境保护管理条例》第九条规定：企业、事业单位和作业者应具有有关污染损害民事责任保险或其他财务保证。这两项法律法规颁布是在我国改革开放初期，最早体现了国家希望借助环境污染责任保险来转移环境风险的意愿。

1991 年，我国保险公司和环境保护部门联合推出环境污染责任保险，先在大连市试点，后来在沈阳市、长春市、吉林市等城市相继开展。作为我国最早的环境污染责任保险产品，因为其市场规模小、保险费率高、承保范围窄、赔付率低，加之采取企业自愿投保的方式，所以到 20 世纪 90 年代中期，试点工作已基本停滞。

2005 年 12 月 3 日发布的《国务院关于落实科学发展观　加强环境保护的决定》指出，发达国家上百年工业化过程中分阶段出现的环境问题，在我国近 20 多年来集中出现，呈现结构型、复合型、压缩型的特点。环境污染和生态破坏造成了巨大经济损失，危害群众健康，影响社会稳定和环境安全。未来 15 年我国人口将继续增加，经济总量将再翻两番，资源、能源消耗持续增长，环境保护面临的压力越来越大。因此，需要探索建立新的污染防治和责任承担机制，更有效地推动环境保护工作。从 2005 年 11 月 13 日中国石油吉林石化公司发生爆炸造成松花江水污染事件到 2006 年 4 月 17 日第六次全国环境保护大会召开，共发生各类重大突发环境事件 76 起。重大环境污染事故频繁发生，标志着我国已经进入环境风险事件的高发期。

2007 年 12 月 4 日，国家环境保护总局、中国保险监督管理委员会联合发布了《关于环境污染责任保险工作的指导意见》，标志着我国环境污染责任保险试点工作正式启动，带动了全国范围内环境污染责任保险的发展。2013 年年初，环境保护部和中国保险监督管理委员会发布了《关于开展环境污染强制责任保险试点工作的指导意见》，在涉重金属和石油化工等高风险环境行业推进环境污染强制责任保险试点工作，环境污染责任保险发展达到了一个新的高度。2014 年 4 月 24 日，第十二届全国人民代表大会常务委员会第八次会议修订通过了《中华人民共和国环境保护法》，规定"国家鼓励投保环境污染责任保险"。

2020 年 4 月 29 日第十三届全国人民代表大会常务委员会第十七次会议第二次修订的《中华人民共和国固体废物污染环境防治法》（自 2020 年 9 月 1 日起施行）和 2020 年 5 月 28 日第十三届全国人民代表大会第三次会议表决通过的《中华人民共和国民法典》（自 2021 年 1 月 1 日起施行）的相继颁布实施，为环境污染责任保险的发展提供了法律支撑和新的发展契机。

为了推进和指导环境污染责任保险工作，需要全面了解现阶段尤其是十八大以来国内环境污染责任保险法律条文、规章制度、理论实践、发展现状等情况，以便学习探讨、宣传贯彻、借鉴创新，在全国范围内更好地推行环境污染责任保险，走出一条适合国情的环境污染责任保险发展新道路，助力生态环境风险保障和防范。这也是编写本书的基本目的。

本书不仅适合各级生态环境保护、银行保险监督管理及其他具有生态环境污染防治职能的部门或机构和具有生态环境污染风险的企事业单位、保险公司、保险中介机构以及相关研究机构人员学习使用，也适合社会公众学习和了解环境污染责任保险法律法规。

本书在编写过程中难免有疏漏和不妥之处，敬请批评指正。

编　者

2022 年 7 月

目 录

第一部分　法律节录

第二部分　相关司法解释文件

生态环境侵权责任和损害赔偿案件有关司法解释

第三部分　中共中央、国务院文件节录

第四部分 生态环境部文件和信息节录

第五部分　中国银保监会文件节录

第六部分　省（市）级地方性法规节录

第七部分　地市（县）级地方性法规节录

第八部分　地方规范性文件和信息节录

第九部分　新闻发布

第十部分　典型条款

第一部分

法律节录

民 法 典

(2020 年 5 月 28 日通过，自 2021 年 1 月 1 日起施行)

第七编　侵权责任

第七章　环境污染和生态破坏责任

第一千二百二十九条　因污染环境、破坏生态造成他人损害的，侵权人应当承担侵权责任。

第一千二百三十条　因污染环境、破坏生态发生纠纷，行为人应当就法律规定的不承担责任或者减轻责任的情形及其行为与损害之间不存在因果关系承担举证责任。

第一千二百三十一条　两个以上侵权人污染环境、破坏生态的，承担责任的大小，根据污染物的种类、浓度、排放量，破坏生态的方式、范围、程度，以及行为对损害后果所起的作用等因素确定。

第一千二百三十二条　侵权人违反法律规定故意污染环境、破坏生态造成严重后果的，被侵权人有权请求相应的惩罚性赔偿。

第一千二百三十三条　因第三人的过错污染环境、破坏生态的，被侵权人可以向侵权人请求赔偿，也可以向第三人请求赔偿。侵权人赔偿后，有权向第三人追偿。

第一千二百三十四条　违反国家规定造成生态环境损害，生态环境能够修复的，国家规定的机关或者法律规定的组织有权请求侵权人在合理期限内承担修复责任。侵权人在期限内未修复的，国家规定的机关或者法律规定的组织可以自行或者委托他人进行修复，所需费用由侵权人负担。

第一千二百三十五条　违反国家规定造成生态环境损害的，国家规定的机关或者法律规定的组织有权请求侵权人赔偿下列损失和费用：

（一）生态环境受到损害至修复完成期间服务功能丧失导致的损失；

（二）生态环境功能永久性损害造成的损失；

（三）生态环境损害调查、鉴定评估等费用；

（四）清除污染、修复生态环境费用；

（五）防止损害的发生和扩大所支出的合理费用。

环境保护法

(2014 年 4 月 24 日修订，自 2015 年 1 月 1 日起施行)

第五十二条　国家鼓励投保环境污染责任保险。

固体废物污染环境防治法

(2020 年 4 月 29 日修订，自 2020 年 9 月 1 日起施行)

第九十九条　收集、贮存、运输、利用、处置危险废物的单位，应当按照国家有关规定，投保环境污染责任保险。

里

保 险 法

（2015 年 4 月 24 日修正，自 2015 年 4 月 24 日起施行）

第一条　为了规范保险活动，保护保险活动当事人的合法权益，加强对保险业的监督管理，维护社会经济秩序和社会公共利益，促进保险事业的健康发展，制定本法。

第二条　本法所称保险，是指投保人根据合同约定，向保险人支付保险费，保险人对于合同约定的可能发生的事故因其发生所造成的财产损失承担赔偿保险金责任，或者当被保险人死亡、伤残、疾病或者达到合同约定的年龄、期限等条件时承担给付保险金责任的商业保险行为。

第三条　在中华人民共和国境内从事保险活动，适用本法。

第四条　从事保险活动必须遵守法律、行政法规，尊重社会公德，不得损害社会公共利益。

第五条　保险活动当事人行使权利、履行义务应当遵循诚实信用原则。

第七条　在中华人民共和国境内的法人和其他组织需要办理境内保险的，应当向中华人民共和国境内的保险公司投保。

第十条　保险合同是投保人与保险人约定保险权利义务关系的协议。

投保人是指与保险人订立保险合同，并按照合同约定负有支付保险费义务的人。

保险人是指与投保人订立保险合同，并按照合同约定承担赔偿或者给付保险金责任的保险公司。

第十一条　订立保险合同，应当协商一致，遵循公平原则确定各方的权利和义务。

除法律、行政法规规定必须保险的外，保险合同自愿订立。

第十二条　财产保险的被保险人在保险事故发生时，对保险标的应当具有保险利益。

财产保险是以财产及其有关利益为保险标的的保险。

被保险人是指其财产或者人身受保险合同保障，享有保险金请求权的人。投保人可以为被保险人。

保险利益是指投保人或者被保险人对保险标的具有的法律上承认的利益。

第十四条 保险合同成立后，投保人按照约定交付保险费，保险人按照约定的时间开始承担保险责任。

第十五条 除本法另有规定或者保险合同另有约定外，保险合同成立后，投保人可以解除合同，保险人不得解除合同。

第十六条 订立保险合同，保险人就保险标的或者被保险人的有关情况提出询问的，投保人应当如实告知。

投保人故意或者因重大过失未履行前款规定的如实告知义务，足以影响保险人决定是否同意承保或者提高保险费率的，保险人有权解除合同。

前款规定的合同解除权，自保险人知道有解除事由之日起，超过三十日不行使而消灭。自合同成立之日起超过二年的，保险人不得解除合同；发生保险事故的，保险人应当承担赔偿或者给付保险金的责任。

投保人故意不履行如实告知义务的，保险人对于合同解除前发生的保险事故，不承担赔偿或者给付保险金的责任，并不退还保险费。

投保人因重大过失未履行如实告知义务，对保险事故的发生有严重影响的，保险人对于合同解除前发生的保险事故，不承担赔偿或者给付保险金的责任，但应当退还保险费。

保险人在合同订立时已经知道投保人未如实告知的情况的，保险人不得解除合同；发生保险事故的，保险人应当承担赔偿或者给付保险金的责任。

保险事故是指保险合同约定的保险责任范围内的事故。

第十七条 订立保险合同，采用保险人提供的格式条款的，保险人向投保人提供的投保单应当附格式条款，保险人应当向投保人说明合同的内容。

对保险合同中免除保险人责任的条款，保险人在订立合同时应当在投保单、保险单或者其他保险凭证上作出足以引起投保人注意的提示，并对该条款的内容以书面或者口头形式向投保人作出明确说明；未做提示或者明确说明的，该条款不产生效力。

保险金额是指保险人承担赔偿或者给付保险金责任的最高限额。

第十九条 采用保险人提供的格式条款订立的保险合同中的下列条款无效：

（一）免除保险人依法应承担的义务或者加重投保人、被保险人责任的；

（二）排除投保人、被保险人或者受益人依法享有的权利的。

第二十条 投保人和保险人可以协商变更合同内容。

变更保险合同的，应当由保险人在保险单或者其他保险凭证上批注或者附贴批单，或者由投保人和保险人订立变更的书面协议。

第二十一条 投保人、被保险人或者受益人知道保险事故发生后，应当及时通知保险人。故意或者因重大过失未及时通知，致使保险事故的性质、原因、损失程度等难以确定的，保险人对无法确定的部分，不承担赔偿或者给付保险金的责任，但保险人通过其他途径已经及时知道或者应当及时知道保险事故发生的除外。

第二十二条 保险事故发生后，按照保险合同请求保险人赔偿或者给付保险金时，投保人、被保险人或者受益人应当向保险人提供其所能提供的与确认保险事故的性质、原因、损失程度等有关的证明和资料。

保险人按照合同的约定，认为有关的证明和资料不完整的，应当及时一次性通知投保人、被保险人或者受益人补充提供。

第二十三条 保险人收到被保险人或者受益人的赔偿或者给付保险金的请求后，应当及时作出核定；情形复杂的，应当在三十日内作出核定，但合同另有约定的除外。保险人应当将核定结果通知被保险人或者受益人；对属于保险责任的，在与被保险人或者受益人达成赔偿或者给付保险金的协议后十日内，履行赔偿或者给付保险金义务。保险合同对赔偿或者给付保险金的期限有约定的，保险人应当按照约定履行赔偿或者给付保险金义务。

保险人未及时履行前款规定义务的，除支付保险金外，应当赔偿被保险人或者受益人因此受到的损失。

任何单位和个人不得非法干预保险人履行赔偿或者给付保险金的义务，也不得限制被保险人或者受益人取得保险金的权利。

第二十四条　保险人依照本法第二十三条的规定作出核定后，对不属于保险责任的，应当自作出核定之日起三日内向被保险人或者受益人发出拒绝赔偿或者拒绝给付保险金通知书，并说明理由。

第二十五条　保险人自收到赔偿或者给付保险金的请求和有关证明、资料之日起六十日内，对其赔偿或者给付保险金的数额不能确定的，应当根据已有证明和资料可以确定的数额先予支付；保险人最终确定赔偿或者给付保险金的数额后，应当支付相应的差额。

第二十六条　人寿保险以外的其他保险的被保险人或者受益人，向保险人请求赔偿或者给付保险金的诉讼时效期间为二年，自其知道或者应当知道保险事故发生之日起计算。

第二十七条　未发生保险事故，被保险人或者受益人谎称发生了保险事故，向保险人提出赔偿或者给付保险金请求的，保险人有权解除合同，并不退还保险费。

投保人、被保险人故意制造保险事故的，保险人有权解除合同，不承担赔偿或者给付保险金的责任；除本法第四十三条规定外，不退还保险费。

保险事故发生后，投保人、被保险人或者受益人以伪造、变造的有关证明、资料或者其他证据，编造虚假的事故原因或者夸大损失程度的，保险人对其虚报的部分不承担赔偿或者给付保险金的责任。

投保人、被保险人或者受益人有前三款规定行为之一，致使保险人支付保险金或者支出费用的，应当退回或者赔偿。

第三十条　采用保险人提供的格式条款订立的保险合同，保险人与投保人、被保险人或者受益人对合同条款有争议的，应当按照通常理解予以解释。对合同条款有两种以上解释的，人民法院或者仲裁机构应当作出有利于被保险人和受益人的解释。

第五十条　货物运输保险合同和运输工具航程保险合同，保险责任开始后，合同当事人不得解除合同。

第五十一条　被保险人应当遵守国家有关消防、安全、生产操作、劳动保护等方面的规定，维护保险标的的安全。

保险人可以按照合同约定对保险标的的安全状况进行检查，及时向投保人、被保险人提出消除不安全因素和隐患的书面建议。

投保人、被保险人未按照约定履行其对保险标的的安全应尽责任的，保险人有权要求增加保险费或者解除合同。

保险人为维护保险标的的安全，经被保险人同意，可以采取安全预防措施。

第五十二条　在合同有效期内，保险标的的危险程度显著增加的，被保险人应当按照合同约定及时通知保险人，保险人可以按照合同约定增加保险费或者解除合同。保险人解除合同的，应当将已收取的保险费，按照合同约定扣除自保险责任开始之日起至合同解除之日止应收的部分后，退还投保人。

被保险人未履行前款规定的通知义务的，因保险标的的危险程度显著增加而发生的保险事故，保险人不承担赔偿保险金的责任。

第五十三条　有下列情形之一的，除合同另有约定外，保险人应当降低保险费，并按日计算退还相应的保险费：

（一）据以确定保险费率的有关情况发生变化，保险标的的危险程度明显减少的；

（二）保险标的的保险价值明显减少的。

第五十四条　保险责任开始前，投保人要求解除合同的，应当按照合同约定向保险人支付手续费，保险人应当退还保险费。保险责任开始后，投保人要求解除合同的，保险人应当将已收取的保险费，按照合同约定扣除自保险责任开始之日起至合同解除之日止应收的部分后，退还投保人。

第五十七条　保险事故发生时，被保险人应当尽力采取必要的措施，防止或者减少损失。

保险事故发生后，被保险人为防止或者减少保险标的的损失所支付的必要的、合理的费用，由保险人承担；保险人所承担的费用数额在保险标的损失赔偿金额以外另行计算，最高不超过保险金额的数额。

第五十八条　保险标的发生部分损失的，自保险人赔偿之日起三十日内，投保人可以解除合同；除合同另有约定外，保险人也可以解除合同，但应当提前十五日通知投保人。

合同解除的，保险人应当将保险标的未受损失部分的保险费，按照合同约定扣除自保险责任开始之日起至合同解除之日止应收的部分后，退还投保人。

第五十九条　保险事故发生后，保险人已支付了全部保险金额，并且保险金额等于保险价值的，受损保险标的的全部权利归于保险人；保险金额低于保险价值的，保险人按照保险金额与保险价值的比例取得受损保险标的的部分权利。

第六十条　因第三者对保险标的的损害而造成保险事故的，保险人自向被保险人赔偿保险金之日起，在赔偿金额范围内代位行使被保险人对第三者请求赔偿的权利。

前款规定的保险事故发生后，被保险人已经从第三者取得损害赔偿的，保险人赔偿保险金时，可以相应扣减被保险人从第三者已取得的赔偿金额。

保险人依照本条第一款规定行使代位请求赔偿的权利，不影响被保险人就未取得赔偿的部分向第三者请求赔偿的权利。

第六十一条　保险事故发生后，保险人未赔偿保险金之前，被保险人放弃对第三者请求赔偿的权利的，保险人不承担赔偿保险金的责任。

保险人向被保险人赔偿保险金后，被保险人未经保险人同意放弃对第三者请求赔偿的权利的，该行为无效。

被保险人故意或者因重大过失致使保险人不能行使代位请求赔偿的权利的，保险人可以扣减或者要求返还相应的保险金。

第六十二条　除被保险人的家庭成员或者其组成人员故意造成本法第六十条第一款规定的保险事故外，保险人不得对被保险人的家庭成员或者其组成人员行使代位请求赔偿的权利。

第六十三条　保险人向第三者行使代位请求赔偿的权利时，被保险人应当向保险人提供必要的文件和所知道的有关情况。

第六十四条　保险人、被保险人为查明和确定保险事故的性质、原因和保险标的的损失程度所支付的必要的、合理的费用，由保险人承担。

第六十五条　保险人对责任保险的被保险人给第三者造成的损害，可以依照法律的规定或者合同的约定，直接向该第三者赔偿保险金。

责任保险的被保险人给第三者造成损害，被保险人对第三者应负的赔偿责任确定的，根据被保险人的请求，保险人应当直接向该第三者赔偿保险金。被保险人怠于请求的，第三者有权就其应获赔偿部分直接向保险人请求赔偿保险金。

责任保险的被保险人给第三者造成损害，被保险人未向该第三者赔偿的，保险人不得向被保险人赔偿保险金。

责任保险是指以被保险人对第三者依法应负的赔偿责任为保险标的的保险。

第六十六条　责任保险的被保险人因给第三者造成损害的保险事故而被提起仲裁或者诉讼的，被保险人支付的仲裁或者诉讼费用以及其他必要的、合理的费用，除合同另有约定外，由保险人承担。

第一百零三条　保险公司对每一危险单位，即对一次保险事故可能造成的最大损失范围所承担的责任，不得超过其实有资本金加公积金总和的百分之十；超过的部分应当办理再保险。

第一百一十四条　保险公司应当按照国务院保险监督管理机构的规定，公平、合理拟订保险条款和保险费率，不得损害投保人、被保险人和受益人的合法权益。

保险公司应当按照合同约定和本法规定，及时履行赔偿或者给付保险金义务。

第一百一十五条　保险公司开展业务，应当遵循公平竞争的原则，不得从事不正当竞争。

第一百一十六条　保险公司及其工作人员在保险业务活动中不得有下列行为：

（一）欺骗投保人、被保险人或者受益人；

（二）对投保人隐瞒与保险合同有关的重要情况；

（三）阻碍投保人履行本法规定的如实告知义务，或者诱导其不履行本法规定的如实告知义务；

（四）给予或者承诺给予投保人、被保险人、受益人保险合同约定以外的保险费回扣或者其他利益；

（五）拒不依法履行保险合同约定的赔偿或者给付保险金义务；

（六）故意编造未曾发生的保险事故、虚构保险合同或者故意夸大已经发生的保险事故的损失程度进行虚假理赔，骗取保险金或者牟取其他不正当利益；

（七）挪用、截留、侵占保险费；

（八）委托未取得合法资格的机构从事保险销售活动；

（九）利用开展保险业务为其他机构或者个人牟取不正当利益；

（十）利用保险代理人、保险经纪人或者保险评估机构，从事以虚构保险中介业务或者编造退保等方式套取费用等违法活动；

（十一）以捏造、散布虚假事实等方式损害竞争对手的商业信誉，或者以其他不正当竞争行为扰乱保险市场秩序；

（十二）泄露在业务活动中知悉的投保人、被保险人的商业秘密；

（十三）违反法律、行政法规和国务院保险监督管理机构规定的其他行为。

第一百一十八条　保险经纪人是基于投保人的利益，为投保人与保险人订立保险合同提供中介服务，并依法收取佣金的机构。

第一百二十八条　保险经纪人因过错给投保人、被保险人造成损失的，依法承担赔偿责任。

第一百二十九条　保险活动当事人可以委托保险公估机构等依法设立的独立评估机构或者具有相关专业知识的人员，对保险事故进行评估和鉴定。

接受委托对保险事故进行评估和鉴定的机构和人员，应当依法、独立、客观、公正地进行评估和鉴定，任何单位和个人不得干涉。

前款规定的机构和人员，因故意或者过失给保险人或者被保险人造成损失的，依法承担赔偿责任。

第一百三十条　保险佣金只限于向保险代理人、保险经纪人支付，不得向其他人支付。

第一百三十一条　保险代理人、保险经纪人及其从业人员在办理保险业务活动中不得有下列行为：

（一）欺骗保险人、投保人、被保险人或者受益人；

（二）隐瞒与保险合同有关的重要情况；

（三）阻碍投保人履行本法规定的如实告知义务，或者诱导其不履行本法规定的如实告知义务；

（四）给予或者承诺给予投保人、被保险人或者受益人保险合同约定以外的利益；

（五）利用行政权力、职务或者职业便利以及其他不正当手段强迫、引诱或者限制投保人订立保险合同；

（六）伪造、擅自变更保险合同，或者为保险合同当事人提供虚假证明材料；

（七）挪用、截留、侵占保险费或者保险金；

（八）利用业务便利为其他机构或者个人牟取不正当利益；

（九）串通投保人、被保险人或者受益人，骗取保险金；

（十）泄露在业务活动中知悉的保险人、投保人、被保险人的商业秘密。

第一百三十五条　关系社会公众利益的保险险种、依法实行强制保险的险种和新开发的人寿保险险种等的保险条款和保险费率，应当报国务院保险监督管理机构批准。国务院保险监督管理机构审批时，应当遵循保护社会公众利益和防止不正当竞争的原则。其他保险险种的保险条款和保险费率，应当报保险监督管理机构备案。

第一百六十三条　保险公司违反本法规定，有下列行为之一的，由保险监督管理机构责令改正，处五万元以上三十万元以下的罚款：

（一）超额承保，情节严重的；

（二）为无民事行为能力人承保以死亡为给付保险金条件的保险的。

第一百七十一条　保险公司、保险资产管理公司、保险专业代理机构、保险经纪人违反本法规定的，保险监督管理机构除分别依照本法第一百六十条至第一百七十条的规定对该单位给予处罚外，对其直接负责的主管人员和其他直接责任人员给予警告，并处一万元以上十万元以下的罚款；情节严重的，撤销任职资格。

第一百七十二条　个人保险代理人违反本法规定的，由保险监督管理机构给予警告，可以并处二万元以下的罚款；情节严重的，处二万元以上十万元以下的罚款。

第一百七十四条　投保人、被保险人或者受益人有下列行为之一，进行保险诈骗活动，尚不构成犯罪的，依法给予行政处罚：

　（一）投保人故意虚构保险标的，骗取保险金的；

（二）编造未曾发生的保险事故，或者编造虚假的事故原因或者夸大损失程度，骗取保险金的；

（三）故意造成保险事故，骗取保险金的。

保险事故的鉴定人、评估人、证明人故意提供虚假的证明文件，为投保人、被保险人或者受益人进行保险诈骗提供条件的，依照前款规定给予处罚。

第一百七十五条 违反本法规定，给他人造成损害的，依法承担民事责任。

第一百七十七条 违反法律、行政法规的规定，情节严重的，国务院保险监督管理机构可以禁止有关责任人员一定期限直至终身进入保险业。

第一百七十九条 违反本法规定，构成犯罪的，依法追究刑事责任。

第一百八十四条 强制保险，法律、行政法规另有规定的，适用其规定。

安全生产法

(2021 年 6 月 10 日修正，自 2021 年 9 月 1 日起施行)

第五十一条 生产经营单位必须依法参加工伤保险，为从业人员缴纳保险费。

国家鼓励生产经营单位投保安全生产责任保险；属于国家规定的高危行业、领域的，应当投保安全生产责任保险。具体范围和实施办法由国务院应急管理部门会同国务院财政部门、国务院保险监督管理机构和相关行业主管部门制定。

第一百零九条 高危行业、领域的生产经营单位未按照国家规定投保安全生产责任保险的，责令限期改正，处五万元以上十万元以下的罚款；逾期未改正的，处十万元以上二十万元以下的罚款。

第二部分

相关司法解释文件

最高人民法院关于审理生态环境损害
赔偿案件的若干规定（试行）

法释〔2019〕8 号

(2019 年 5 月 20 日由最高人民法院审判委员会第 1769 次会议通过，根据 2020 年 12 月 23 日最高人民法院审判委员会第 1823 次会议通过的《最高人民法院关于修改〈最高人民法院关于在民事审判工作中适用《中华人民共和国工会法》若干问题的解释〉等二十七件民事类司法解释的决定》修正)

为正确审理生态环境损害赔偿案件，严格保护生态环境，依法追究损害生态环境责任者的赔偿责任，依据《中华人民共和国民法典》《中华人民共和国环境保护法》《中华人民共和国民事诉讼法》等法律的规定，结合审判工作实际，制定本规定。

第一条　具有下列情形之一，省级、市地级人民政府及其指定的相关部门、机构，或者受国务院委托行使全民所有自然资源资产所有权的部门，因与造成生态环境损害的自然人、法人或者其他组织经磋商未达成一致或者无法进行磋商的，可以作为原告提起生态环境损害赔偿诉讼：

（一）发生较大、重大、特别重大突发环境事件的；

（二）在国家和省级主体功能区规划中划定的重点生态功能区、禁止开发区发生环境污染、生态破坏事件的；

（三）发生其他严重影响生态环境后果的。

前款规定的市地级人民政府包括设区的市，自治州、盟、地区，不设区的地级市，直辖市的区、县人民政府。

第二条　下列情形不适用本规定：

（一）因污染环境、破坏生态造成人身损害、个人和集体财产损失要求赔偿的；

（二）因海洋生态环境损害要求赔偿的。

第三条　第一审生态环境损害赔偿诉讼案件由生态环境损害行为实施地、损害结果发生地或者被告住所地的中级以上人民法院管辖。

经最高人民法院批准，高级人民法院可以在辖区内确定部分中级人民法院集中管辖第一审生态环境损害赔偿诉讼案件。

中级人民法院认为确有必要的，可以在报请高级人民法院批准后，裁定将本院管辖的第一审生态环境损害赔偿诉讼案件交由具备审理条件的基层人民法院审理。

生态环境损害赔偿诉讼案件由人民法院环境资源审判庭或者指定的专门法庭审理。

第四条　人民法院审理第一审生态环境损害赔偿诉讼案件，应当由法官和人民陪审员组成合议庭进行。

第五条　原告提起生态环境损害赔偿诉讼，符合民事诉讼法和本规定并提交下列材料的，人民法院应当登记立案：

（一）证明具备提起生态环境损害赔偿诉讼原告资格的材料；

（二）符合本规定第一条规定情形之一的证明材料；

（三）与被告进行磋商但未达成一致或者因客观原因无法与被告进行磋商的说明；

（四）符合法律规定的起诉状，并按照被告人数提出副本。

第六条　原告主张被告承担生态环境损害赔偿责任的，应当就以下事实承担举证责任：

（一）被告实施了污染环境、破坏生态的行为或者具有其他应当依法承担责任的情形；

（二）生态环境受到损害，以及所需修复费用、损害赔偿等具体数额；

（三）被告污染环境、破坏生态的行为与生态环境损害之间具有关联性。

第七条　被告反驳原告主张的，应当提供证据加以证明。被告主张具有法律规定的不承担责任或者减轻责任情形的，应当承担举证责任。

第八条　已为发生法律效力的刑事裁判所确认的事实，当事人在生态环境损害赔偿诉讼案件中无须举证证明，但有相反证据足以推翻的除外。

对刑事裁判未予确认的事实，当事人提供的证据达到民事诉讼证明标准的，人民法院应当予以认定。

第九条　负有相关环境资源保护监督管理职责的部门或者其委托的机构在行政执法过程中形成的事件调查报告、检验报告、检测报告、评估报告、监测数据等，经当事人质证并符合证据标准的，可以作为认定案件事实的根据。

第十条　当事人在诉前委托具备环境司法鉴定资质的鉴定机构出具的鉴定意见，以及委托国务院环境资源保护监督管理相关主管部门推荐的机构出具的检验报告、检测报告、评估报告、监测数据等，经当事人质证并符合证据标准的，可以作为认定案件事实的根据。

第十一条　被告违反国家规定造成生态环境损害的，人民法院应当根据原告的诉讼请求以及具体案情，合理判决被告承担修复生态环境、赔偿损失、停止侵害、排除妨碍、消除危险、赔礼道歉等民事责任。

第十二条　受损生态环境能够修复的，人民法院应当依法判决被告承担修复责任，并同时确定被告不履行修复义务时应承担的生态环境修复费用。

生态环境修复费用包括制定、实施修复方案的费用，修复期间的监测、监管费用，以及修复完成后的验收费用、修复效果后评估费用等。

原告请求被告赔偿生态环境受到损害至修复完成期间服务功能损失的，人民法院根据具体案情予以判决。

第十三条　受损生态环境无法修复或者无法完全修复，原告请求被告赔偿生态环境功能永久性损害造成的损失的，人民法院根据具体案情予以判决。

第十四条　原告请求被告承担下列费用的，人民法院根据具体案情予以判决：

（一）实施应急方案、清除污染以及为防止损害的发生和扩大所支出的合理费用；

（二）为生态环境损害赔偿磋商和诉讼支出的调查、检验、鉴定、评估等费用；

（三）合理的律师费以及其他为诉讼支出的合理费用。

第十五条　人民法院判决被告承担的生态环境服务功能损失赔偿资金、生态环境功能永久性损害造成的损失赔偿资金，以及被告不履行生态环境修复义务时所应承担的修复费用，应当依照法律、法规、规章予以缴纳、管理和使用。

第十六条　在生态环境损害赔偿诉讼案件审理过程中，同一损害生态环境行为又被提起民事公益诉讼，符合起诉条件的，应当由受理生态环境损害赔偿诉讼案件的人民法院受理并由同一审判组织审理。

第十七条　人民法院受理因同一损害生态环境行为提起的生态环境损害赔偿诉讼案件和民事公益诉讼案件，应先中止民事公益诉讼案件的审理，待生态环境损害赔偿诉讼案件审理完毕后，就民事公益诉讼案件未被涵盖的诉讼请求依法做出裁判。

第十八条　生态环境损害赔偿诉讼案件的裁判生效后，有权提起民事公益诉讼的国家规定的机关或者法律规定的组织就同一损害生态环境行为有证据证明存在前案审理时未发现的损害，并提起民事公益诉讼的，人民法院应予受理。

民事公益诉讼案件的裁判生效后，有权提起生态环境损害赔偿诉讼的主体就同一损害生态环境行为有证据证明存在前案审理时未发现的损害，并提起生态环境损害赔偿诉讼的，人民法院应予受理。

第十九条　实际支出应急处置费用的机关提起诉讼主张该费用的，人民法院应予受理，但人民法院已经受理就同一损害生态环境行为提起的生态环境损害赔偿诉讼案件且该案原告已经主张应急处置费用的除外。

生态环境损害赔偿诉讼案件原告未主张应急处置费用，因同一损害生态环境行为实际支出应急处置费用的机关提起诉讼主张该费用的，由受理生态环境损害赔偿诉讼案件的人民法院受理并由同一审判组织审理。

第二十条　经磋商达成生态环境损害赔偿协议的，当事人可以向人民法院申请司法确认。

人民法院受理申请后，应当公告协议内容，公告期间不少于三十日。公告期满后，人民法院经审查认为协议的内容不违反法律法规强制性规定且不损害国家利益、社会公共利益的，裁定确认协议有效。裁定书应当写明案件的基本事实和协议内容，并向社会公开。

第二十一条　一方当事人在期限内未履行或者未全部履行发生法律效力的生

态环境损害赔偿诉讼案件裁判或者经司法确认的生态环境损害赔偿协议的，对方当事人可以向人民法院申请强制执行。需要修复生态环境的，依法由省级、市地级人民政府及其指定的相关部门、机构组织实施。

第二十二条 人民法院审理生态环境损害赔偿案件，本规定没有规定的，参照适用《最高人民法院关于审理环境民事公益诉讼案件适用法律若干问题的解释》《最高人民法院关于审理环境侵权责任纠纷案件适用法律若干问题的解释》等相关司法解释的规定。

第二十三条 本规定自 2019 年 6 月 5 日起施行。

最高人民法院　最高人民检察院关于人民检察院提起刑事附带民事公益诉讼应否履行诉前公告程序问题的批复

法释〔2019〕18 号

中华人民共和国最高人民法院　中华人民共和国最高人民检察院
公　告

《最高人民法院、最高人民检察院关于人民检察院提起刑事附带民事公益诉讼应否履行诉前公告程序问题的批复》已于 2019 年 9 月 9 日由最高人民法院审判委员会第 1776 次会议、2019 年 9 月 12 日由最高人民检察院第十三届检察委员会第二十四次会议通过，现予公布，自 2019 年 12 月 6 日起施行。

最高人民法院　最高人民检察院

2019 年 11 月 25 日

各省、自治区、直辖市高级人民法院、人民检察院，解放军军事法院、军事检察院，新疆维吾尔自治区高级人民法院生产建设兵团分院、新疆生产建设兵团人民检察院：

近来，部分高级人民法院、省级人民检察院就人民检察院提起刑事附带民事公益诉讼应否履行诉前公告程序的问题提出请示。经研究，批复如下：

人民检察院提起刑事附带民事公益诉讼，应履行诉前公告程序。对于未履行诉前公告程序的，人民法院应当进行释明，告知人民检察院公告后再行提起诉讼。

因人民检察院履行诉前公告程序，可能影响相关刑事案件审理期限的，人民检察院可以另行提起民事公益诉讼。

此复。

最高人民法院 最高人民检察院关于检察公益诉讼案件适用法律若干问题的解释

法释〔2018〕6号

(2018年2月23日最高人民法院审判委员会第1734次会议、2018年2月11日最高人民检察院第十二届检察委员会第73次会议通过，根据2020年12月23日最高人民法院审判委员会第1823次会议、2020年12月28日最高人民检察院第十三届检察委员会第58次会议修正)

一、一般规定

第一条 为正确适用《中华人民共和国民法典》《中华人民共和国民事诉讼法》《中华人民共和国行政诉讼法》关于人民检察院提起公益诉讼制度的规定，结合审判、检察工作实际，制定本解释。

第二条 人民法院、人民检察院办理公益诉讼案件主要任务是充分发挥司法审判、法律监督职能作用，维护宪法法律权威，维护社会公平正义，维护国家利益和社会公共利益，督促适格主体依法行使公益诉权，促进依法行政、严格执法。

第三条 人民法院、人民检察院办理公益诉讼案件，应当遵守宪法法律规定，遵循诉讼制度的原则，遵循审判权、检察权运行规律。

第四条 人民检察院以公益诉讼起诉人身份提起公益诉讼，依照民事诉讼法、行政诉讼法享有相应的诉讼权利，履行相应的诉讼义务，但法律、司法解释另有规定的除外。

第五条 市（分、州）人民检察院提起的第一审民事公益诉讼案件，由侵权行为地或者被告住所地中级人民法院管辖。

基层人民检察院提起的第一审行政公益诉讼案件，由被诉行政机关所在地基层人民法院管辖。

第六条　人民检察院办理公益诉讼案件,可以向有关行政机关以及其他组织、公民调查收集证据材料;有关行政机关以及其他组织、公民应当配合;需要采取证据保全措施的,依照民事诉讼法、行政诉讼法相关规定办理。

第七条　人民法院审理人民检察院提起的第一审公益诉讼案件,适用人民陪审制。

第八条　人民法院开庭审理人民检察院提起的公益诉讼案件,应当在开庭三日前向人民检察院送达出庭通知书。

人民检察院应当派员出庭,并应当自收到人民法院出庭通知书之日起三日内向人民法院提交派员出庭通知书。派员出庭通知书应当写明出庭人员的姓名、法律职务以及出庭履行的具体职责。

第九条　出庭检察人员履行以下职责:

(一)宣读公益诉讼起诉书;

(二)对人民检察院调查收集的证据予以出示和说明,对相关证据进行质证;

(三)参加法庭调查,进行辩论并发表意见;

(四)依法从事其他诉讼活动。

第十条　人民检察院不服人民法院第一审判决、裁定的,可以向上一级人民法院提起上诉。

第十一条　人民法院审理第二审案件,由提起公益诉讼的人民检察院派员出庭,上一级人民检察院也可以派员参加。

第十二条　人民检察院提起公益诉讼案件判决、裁定发生法律效力,被告不履行的,人民法院应当移送执行。

二、民事公益诉讼

第十三条　人民检察院在履行职责中发现破坏生态环境和资源保护,食品药品安全领域侵害众多消费者合法权益,侵害英雄烈士等的姓名、肖像、名誉、荣誉等损害社会公共利益的行为,拟提起公益诉讼的,应当依法公告,公告期间为三十日。

公告期满，法律规定的机关和有关组织、英雄烈士等的近亲属不提起诉讼的，人民检察院可以向人民法院提起诉讼。

人民检察院办理侵害英雄烈士等的姓名、肖像、名誉、荣誉的民事公益诉讼案件，也可以直接征询英雄烈士等的近亲属的意见。

第十四条　人民检察院提起民事公益诉讼应当提交下列材料：

（一）民事公益诉讼起诉书，并按照被告人数提出副本；

（二）被告的行为已经损害社会公共利益的初步证明材料；

（三）已经履行公告程序、征询英雄烈士等的近亲属意见的证明材料。

第十五条　人民检察院依据民事诉讼法第五十五条第二款的规定提起民事公益诉讼，符合民事诉讼法第一百一十九条第二项、第三项、第四项及本解释规定的起诉条件的，人民法院应当登记立案。

第十六条　人民检察院提起的民事公益诉讼案件中，被告以反诉方式提出诉讼请求的，人民法院不予受理。

第十七条　人民法院受理人民检察院提起的民事公益诉讼案件后，应当在立案之日起五日内将起诉书副本送达被告。

人民检察院已履行诉前公告程序的，人民法院立案后不再进行公告。

第十八条　人民法院认为人民检察院提出的诉讼请求不足以保护社会公共利益的，可以向其释明变更或者增加停止侵害、恢复原状等诉讼请求。

第十九条　民事公益诉讼案件审理过程中，人民检察院诉讼请求全部实现而撤回起诉的，人民法院应予准许。

第二十条　人民检察院对破坏生态环境和资源保护，食品药品安全领域侵害众多消费者合法权益，侵害英雄烈士等的姓名、肖像、名誉、荣誉等损害社会公共利益的犯罪行为提起刑事公诉时，可以向人民法院一并提起附带民事公益诉讼，由人民法院同一审判组织审理。

人民检察院提起的刑事附带民事公益诉讼案件由审理刑事案件的人民法院管辖。

三、行政公益诉讼

第二十一条 人民检察院在履行职责中发现生态环境和资源保护、食品药品安全、国有财产保护、国有土地使用权出让等领域负有监督管理职责的行政机关违法行使职权或者不作为，致使国家利益或者社会公共利益受到侵害的，应当向行政机关提出检察建议，督促其依法履行职责。

行政机关应当在收到检察建议书之日起两个月内依法履行职责，并书面回复人民检察院。出现国家利益或者社会公共利益损害继续扩大等紧急情形的，行政机关应当在十五日内书面回复。

行政机关不依法履行职责的，人民检察院依法向人民法院提起诉讼。

第二十二条 人民检察院提起行政公益诉讼应当提交下列材料：

（一）行政公益诉讼起诉书，并按照被告人数提出副本；

（二）被告违法行使职权或者不作为，致使国家利益或者社会公共利益受到侵害的证明材料；

（三）已经履行诉前程序，行政机关仍不依法履行职责或者纠正违法行为的证明材料。

第二十三条 人民检察院依据行政诉讼法第二十五条第四款的规定提起行政公益诉讼，符合行政诉讼法第四十九条第二项、第三项、第四项及本解释规定的起诉条件的，人民法院应当登记立案。

第二十四条 在行政公益诉讼案件审理过程中，被告纠正违法行为或者依法履行职责而使人民检察院的诉讼请求全部实现，人民检察院撤回起诉的，人民法院应当裁定准许；人民检察院变更诉讼请求，请求确认原行政行为违法的，人民法院应当判决确认违法。

第二十五条 人民法院区分下列情形作出行政公益诉讼判决：

（一）被诉行政行为具有行政诉讼法第七十四条、第七十五条规定情形之一的，判决确认违法或者确认无效，并可以同时判决责令行政机关采取补救措施；

（二）被诉行政行为具有行政诉讼法第七十条规定情形之一的，判决撤销或者部分撤销，并可以判决被诉行政机关重新作出行政行为；

（三）被诉行政机关不履行法定职责的，判决在一定期限内履行；

（四）被诉行政机关作出的行政处罚明显不当，或者其他行政行为涉及对款额的确定、认定确有错误的，可以判决予以变更；

（五）被诉行政行为证据确凿，适用法律、法规正确，符合法定程序，未超越职权，未滥用职权，无明显不当，或者人民检察院诉请被诉行政机关履行法定职责理由不成立的，判决驳回诉讼请求。

人民法院可以将判决结果告知被诉行政机关所属的人民政府或者其他相关的职能部门。

四、附则

第二十六条　本解释未规定的其他事项，适用民事诉讼法、行政诉讼法以及相关司法解释的规定。

第二十七条　本解释自 2018 年 3 月 2 日起施行。

最高人民法院、最高人民检察院之前发布的司法解释和规范性文件与本解释不一致的，以本解释为准。

最高人民法院关于审理矿业权纠纷案件
适用法律若干问题的解释

法释〔2017〕12 号

(2017 年 2 月 20 日由最高人民法院审判委员会第 1710 次会议通过，根据 2020 年 12 月 23 日最高人民法院审判委员会第 1823 次会议通过的《最高人民法院关于修改〈最高人民法院关于在民事审判工作中适用《中华人民共和国工会法》若干问题的解释〉等二十七件民事类司法解释的决定》修正)

为正确审理矿业权纠纷案件，依法保护当事人的合法权益，根据《中华人民共和国民法典》《中华人民共和国矿产资源法》《中华人民共和国环境保护法》等法律法规的规定，结合审判实践，制定本解释。

第一条 人民法院审理探矿权、采矿权等矿业权纠纷案件，应当依法保护矿业权流转，维护市场秩序和交易安全，保障矿产资源合理开发利用，促进资源节约与环境保护。

第二条 县级以上人民政府自然资源主管部门作为出让人与受让人签订的矿业权出让合同，除法律、行政法规另有规定的情形外，当事人请求确认自依法成立之日起生效的，人民法院应予支持。

第三条 受让人请求自矿产资源勘查许可证、采矿许可证载明的有效期起始日确认其探矿权、采矿权的，人民法院应予支持。

矿业权出让合同生效后、矿产资源勘查许可证或者采矿许可证颁发前，第三人越界或者以其他方式非法勘查开采，经出让人同意已实际占有勘查作业区或者矿区的受让人，请求第三人承担停止侵害、排除妨碍、赔偿损失等侵权责任的，人民法院应予支持。

第四条 出让人未按照出让合同的约定移交勘查作业区或者矿区、颁发矿产资源勘查许可证或者采矿许可证，受让人请求解除出让合同的，人民法院应予支持。

受让人勘查开采矿产资源未达到自然资源主管部门批准的矿山地质环境保护与土地复垦方案要求，在自然资源主管部门规定的期限内拒不改正，或者因违反法律法规被吊销矿产资源勘查许可证、采矿许可证，或者未按照出让合同的约定支付矿业权出让价款，出让人解除出让合同的，人民法院应予支持。

第五条　未取得矿产资源勘查许可证、采矿许可证，签订合同将矿产资源交由他人勘查开采的，人民法院应依法认定合同无效。

第六条　矿业权转让合同自依法成立之日起具有法律约束力。矿业权转让申请未经自然资源主管部门批准，受让人请求转让人办理矿业权变更登记手续的，人民法院不予支持。

当事人仅以矿业权转让申请未经自然资源主管部门批准为由请求确认转让合同无效的，人民法院不予支持。

第七条　矿业权转让合同依法成立后，在不具有法定无效情形下，受让人请求转让人履行报批义务或者转让人请求受让人履行协助报批义务的，人民法院应予支持，但法律上或者事实上不具备履行条件的除外。

人民法院可以依据案件事实和受让人的请求，判决受让人代为办理报批手续，转让人应当履行协助义务，并承担由此产生的费用。

第八条　矿业权转让合同依法成立后，转让人无正当理由拒不履行报批义务，受让人请求解除合同、返还已付转让款及利息，并由转让人承担违约责任的，人民法院应予支持。

第九条　矿业权转让合同约定受让人支付全部或者部分转让款后办理报批手续，转让人在办理报批手续前请求受让人先履行付款义务的，人民法院应予支持，但受让人有确切证据证明存在转让人将同一矿业权转让给第三人、矿业权人将被兼并重组等符合民法典第五百二十七条规定情形的除外。

第十条　自然资源主管部门不予批准矿业权转让申请致使矿业权转让合同被解除，受让人请求返还已付转让款及利息，采矿权人请求受让人返还获得的矿产品及收益，或者探矿权人请求受让人返还勘查资料和勘查中回收的矿产品及收益的，人民法院应予支持，但受让人可请求扣除相关的成本费用。

当事人一方对矿业权转让申请未获批准有过错的，应赔偿对方因此受到的损失；双方均有过错的，应当各自承担相应的责任。

第十一条 矿业权转让合同依法成立后、自然资源主管部门批准前，矿业权人又将矿业权转让给第三人并经自然资源主管部门批准、登记，受让人请求解除转让合同、返还已付转让款及利息，并由矿业权人承担违约责任的，人民法院应予支持。

第十二条 当事人请求确认矿业权租赁、承包合同自依法成立之日起生效的，人民法院应予支持。

矿业权租赁、承包合同约定矿业权人仅收取租金、承包费，放弃矿山管理，不履行安全生产、生态环境修复等法定义务，不承担相应法律责任的，人民法院应依法认定合同无效。

第十三条 矿业权人与他人合作进行矿产资源勘查开采所签订的合同，当事人请求确认自依法成立之日起生效的，人民法院应予支持。

合同中有关矿业权转让的条款适用本解释关于矿业权转让合同的规定。

第十四条 矿业权人为担保自己或者他人债务的履行，将矿业权抵押给债权人的，抵押合同自依法成立之日起生效，但法律、行政法规规定不得抵押的除外。

当事人仅以未经主管部门批准或者登记、备案为由请求确认抵押合同无效的，人民法院不予支持。

第十五条 当事人请求确认矿业权之抵押权自依法登记时设立的，人民法院应予支持。

颁发矿产资源勘查许可证或者采矿许可证的自然资源主管部门根据相关规定办理的矿业权抵押备案手续，视为前款规定的登记。

第十六条 债务人不履行到期债务或者发生当事人约定的实现抵押权的情形，抵押权人依据民事诉讼法第一百九十六条、第一百九十七条规定申请实现抵押权的，人民法院可以拍卖、变卖矿业权或者裁定以矿业权抵债，但矿业权竞买人、受让人应具备相应的资质条件。

第十七条 矿业权抵押期间因抵押人被兼并重组或者矿床被压覆等原因导致

矿业权全部或者部分灭失，抵押权人请求就抵押人因此获得的保险金、赔偿金或者补偿金等款项优先受偿或者将该款项予以提存的，人民法院应予支持。

第十八条 当事人约定在自然保护区、风景名胜区、重点生态功能区、生态环境敏感区和脆弱区等区域内勘查开采矿产资源，违反法律、行政法规的强制性规定或者损害环境公共利益的，人民法院应依法认定合同无效。

第十九条 因越界勘查开采矿产资源引发的侵权责任纠纷，涉及自然资源主管部门批准的勘查开采范围重复或者界限不清的，人民法院应告知当事人先向自然资源主管部门申请解决。

第二十条 因他人越界勘查开采矿产资源，矿业权人请求侵权人承担停止侵害、排除妨碍、返还财产、赔偿损失等侵权责任的，人民法院应予支持，但探矿权人请求侵权人返还越界开采的矿产品及收益的除外。

第二十一条 勘查开采矿产资源造成环境污染，或者导致地质灾害、植被毁损等生态破坏，国家规定的机关或者法律规定的组织提起环境公益诉讼的，人民法院应依法予以受理。

国家规定的机关或者法律规定的组织为保护国家利益、环境公共利益提起诉讼的，不影响因同一勘查开采行为受到人身、财产损害的自然人、法人和非法人组织依据民事诉讼法第一百一十九条的规定提起诉讼。

第二十二条 人民法院在审理案件中，发现无证勘查开采，勘查资质、地质资料造假，或者勘查开采未履行生态环境修复义务等违法情形的，可以向有关行政主管部门提出司法建议，由其依法处理；涉嫌犯罪的，依法移送侦查机关处理。

第二十三条 本解释施行后，人民法院尚未审结的一审、二审案件适用本解释规定。本解释施行前已经作出生效裁判的案件，本解释施行后依法再审的，不适用本解释。

最高人民法院关于审理海洋自然资源与
生态环境损害赔偿纠纷案件若干问题的规定

法释〔2017〕23 号

《最高人民法院关于审理海洋自然资源与生态环境损害赔偿纠纷案件若干问题的规定》已于 2017 年 11 月 20 日由最高人民法院审判委员会第 1727 次会议通过，现予公布，自 2018 年 1 月 15 日起施行。

最高人民法院

2017 年 12 月 29 日

为正确审理海洋自然资源与生态环境损害赔偿纠纷案件，根据《中华人民共和国海洋环境保护法》《中华人民共和国民事诉讼法》《中华人民共和国海事诉讼特别程序法》等法律的规定，结合审判实践，制定本规定。

第一条　人民法院审理为请求赔偿海洋环境保护法第八十九条第二款规定的海洋自然资源与生态环境损害而提起的诉讼，适用本规定。

第二条　在海上或者沿海陆域内从事活动，对中华人民共和国管辖海域内海洋自然资源与生态环境造成损害，由此提起的海洋自然资源与生态环境损害赔偿诉讼，由损害行为发生地、损害结果地或者采取预防措施地海事法院管辖。

第三条　海洋环境保护法第五条规定的行使海洋环境监督管理权的机关，根据其职能分工提起海洋自然资源与生态环境损害赔偿诉讼，人民法院应予受理。

第四条　人民法院受理海洋自然资源与生态环境损害赔偿诉讼，应当在立案之日起五日内公告案件受理情况。

人民法院在审理中发现可能存在下列情形之一的，可以书面告知其他依法行使海洋环境监督管理权的机关：

（一）同一损害涉及不同区域或者不同部门；

（二）不同损害应由其他依法行使海洋环境监督管理权的机关索赔。

本规定所称不同损害，包括海洋自然资源与生态环境损害中不同种类和同种类但可以明确区分属不同机关索赔范围的损害。

第五条　在人民法院依照本规定第四条的规定发布公告之日起三十日内，或者书面告知之日起七日内，对同一损害有权提起诉讼的其他机关申请参加诉讼，经审查符合法定条件的，人民法院应当将其列为共同原告；逾期申请的，人民法院不予准许。裁判生效后另行起诉的，人民法院参照《最高人民法院关于审理环境民事公益诉讼案件适用法律若干问题的解释》第二十八条的规定处理。

对于不同损害，可以由各依法行使海洋环境监督管理权的机关分别提起诉讼；索赔人共同起诉或者在规定期限内申请参加诉讼的，人民法院依照民事诉讼法第五十二条第一款的规定决定是否按共同诉讼进行审理。

第六条　依法行使海洋环境监督管理权的机关请求造成海洋自然资源与生态环境损害的责任者承担停止侵害、排除妨碍、消除危险、恢复原状、赔礼道歉、赔偿损失等民事责任的，人民法院应当根据诉讼请求以及具体案情，合理判定责任者承担民事责任。

第七条　海洋自然资源与生态环境损失赔偿范围包括：

（一）预防措施费用，即为减轻或者防止海洋环境污染、生态恶化、自然资源减少所采取合理应急处置措施而发生的费用；

（二）恢复费用，即采取或者将要采取措施恢复或者部分恢复受损害海洋自然资源与生态环境功能所需费用；

（三）恢复期间损失，即受损害的海洋自然资源与生态环境功能部分或者完全恢复前的海洋自然资源损失、生态环境服务功能损失；

（四）调查评估费用，即调查、勘查、监测污染区域和评估污染等损害风险与实际损害所发生的费用。

第八条　恢复费用，限于现实修复实际发生和未来修复必然发生的合理费用，包括制定和实施修复方案和监测、监管产生的费用。

未来修复必然发生的合理费用和恢复期间损失，可以根据有资格的鉴定评估机构依据法律法规、国家主管部门颁布的鉴定评估技术规范作出的鉴定意见予以确定，但当事人有相反证据足以反驳的除外。

预防措施费用和调查评估费用，以实际发生和未来必然发生的合理费用计算。

责任者已经采取合理预防、恢复措施，其主张相应减少损失赔偿数额的，人民法院应予支持。

第九条　依照本规定第八条的规定难以确定恢复费用和恢复期间损失的，人民法院可以根据责任者因损害行为所获得的收益或者所减少支付的污染防治费用，合理确定损失赔偿数额。

前款规定的收益或者费用无法认定的，可以参照政府部门相关统计资料或者其他证据所证明的同区域同类生产经营者同期平均收入、同期平均污染防治费用，合理酌定。

第十条　人民法院判决责任者赔偿海洋自然资源与生态环境损失的，可以一并写明依法行使海洋环境监督管理权的机关受领赔款后向国库账户交纳。

发生法律效力的裁判需要采取强制执行措施的，应当移送执行。

第十一条　海洋自然资源与生态环境损害赔偿诉讼当事人达成调解协议或者自行达成和解协议的，人民法院依照《最高人民法院关于审理环境民事公益诉讼案件适用法律若干问题的解释》第二十五条的规定处理。

第十二条　人民法院审理海洋自然资源与生态环境损害赔偿纠纷案件，本规定没有规定的，适用《最高人民法院关于审理环境侵权责任纠纷案件适用法律若干问题的解释》《最高人民法院关于审理环境民事公益诉讼案件适用法律若干问题的解释》等相关司法解释的规定。

在海上或者沿海陆域内从事活动，对中华人民共和国管辖海域内海洋自然资源与生态环境形成损害威胁，人民法院审理由此引起的赔偿纠纷案件，参照适用本规定。

人民法院审理因船舶引起的海洋自然资源与生态环境损害赔偿纠纷案件，法律、行政法规、司法解释另有特别规定的，依照其规定。

第十三条 本规定自 2018 年 1 月 15 日起施行，人民法院尚未审结的一审、二审案件适用本规定；本规定施行前已经作出生效裁判的案件，本规定施行后依法再审的，不适用本规定。

本规定施行后，最高人民法院以前颁布的司法解释与本规定不一致的，以本规定为准。

最高人民法院关于审理环境民事公益诉讼案件适用法律若干问题的解释

法释〔2015〕1号

(2014年12月8日最高人民法院审判委员会第1631次会议通过,根据2020年12月23日最高人民法院审判委员会第1823次会议通过的《最高人民法院关于修改〈最高人民法院关于人民法院民事调解工作若干问题的规定〉等十九件民事诉讼类司法解释的决定》修正)

为正确审理环境民事公益诉讼案件,根据《中华人民共和国民法典》《中华人民共和国环境保护法》《中华人民共和国民事诉讼法》等法律的规定,结合审判实践,制定本解释。

第一条 法律规定的机关和有关组织依据民事诉讼法第五十五条、环境保护法第五十八条等法律的规定,对已经损害社会公共利益或者具有损害社会公共利益重大风险的污染环境、破坏生态的行为提起诉讼,符合民事诉讼法第一百一十九条第二项、第三项、第四项规定的,人民法院应予受理。

第二条 依照法律、法规的规定,在设区的市级以上人民政府民政部门登记的社会团体、基金会以及社会服务机构等,可以认定为环境保护法第五十八条规定的社会组织。

第三条 设区的市,自治州、盟、地区,不设区的地级市,直辖市的区以上人民政府民政部门,可以认定为环境保护法第五十八条规定的"设区的市级以上人民政府民政部门"。

第四条 社会组织章程确定的宗旨和主要业务范围是维护社会公共利益,且从事环境保护公益活动的,可以认定为环境保护法第五十八条规定的"专门从事环境保护公益活动"。

社会组织提起的诉讼所涉及的社会公共利益，应与其宗旨和业务范围具有关联性。

第五条 社会组织在提起诉讼前五年内未因从事业务活动违反法律、法规的规定受过行政、刑事处罚的，可以认定为环境保护法第五十八条规定的"无违法记录"。

第六条 第一审环境民事公益诉讼案件由污染环境、破坏生态行为发生地、损害结果地或者被告住所地的中级以上人民法院管辖。

中级人民法院认为确有必要的，可以在报请高级人民法院批准后，裁定将本院管辖的第一审环境民事公益诉讼案件交由基层人民法院审理。

同一原告或者不同原告对同一污染环境、破坏生态行为分别向两个以上有管辖权的人民法院提起环境民事公益诉讼的，由最先立案的人民法院管辖，必要时由共同上级人民法院指定管辖。

第七条 经最高人民法院批准，高级人民法院可以根据本辖区环境和生态保护的实际情况，在辖区内确定部分中级人民法院受理第一审环境民事公益诉讼案件。

中级人民法院管辖环境民事公益诉讼案件的区域由高级人民法院确定。

第八条 提起环境民事公益诉讼应当提交下列材料：

（一）符合民事诉讼法第一百二十一条规定的起诉状，并按照被告人数提出副本；

（二）被告的行为已经损害社会公共利益或者具有损害社会公共利益重大风险的初步证明材料；

（三）社会组织提起诉讼的，应当提交社会组织登记证书、章程、起诉前连续五年的年度工作报告书或者年检报告书，以及由其法定代表人或者负责人签字并加盖公章的无违法记录的声明。

第九条 人民法院认为原告提出的诉讼请求不足以保护社会公共利益的，可以向其释明变更或者增加停止侵害、修复生态环境等诉讼请求。

第十条 人民法院受理环境民事公益诉讼后，应当在立案之日起五日内将起诉状副本发送被告，并公告案件受理情况。

有权提起诉讼的其他机关和社会组织在公告之日起三十日内申请参加诉讼，经审查符合法定条件的，人民法院应当将其列为共同原告；逾期申请的，不予准许。

公民、法人和其他组织以人身、财产受到损害为由申请参加诉讼的，告知其另行起诉。

第十一条 检察机关、负有环境资源保护监督管理职责的部门及其他机关、社会组织、企业事业单位依据民事诉讼法第十五条的规定，可以通过提供法律咨询、提交书面意见、协助调查取证等方式支持社会组织依法提起环境民事公益诉讼。

第十二条 人民法院受理环境民事公益诉讼后，应当在十日内告知对被告行为负有环境资源保护监督管理职责的部门。

第十三条 原告请求被告提供其排放的主要污染物名称、排放方式、排放浓度和总量、超标排放情况以及防治污染设施的建设和运行情况等环境信息，法律、法规、规章规定被告应当持有或者有证据证明被告持有而拒不提供，如果原告主张相关事实不利于被告的，人民法院可以推定该主张成立。

第十四条 对于审理环境民事公益诉讼案件需要的证据，人民法院认为必要的，应当调查收集。

对于应当由原告承担举证责任且为维护社会公共利益所必要的专门性问题，人民法院可以委托具备资格的鉴定人进行鉴定。

第十五条 当事人申请通知有专门知识的人出庭，就鉴定人作出的鉴定意见或者就因果关系、生态环境修复方式、生态环境修复费用以及生态环境受到损害至修复完成期间服务功能丧失导致的损失等专门性问题提出意见的，人民法院可以准许。

前款规定的专家意见经质证，可以作为认定事实的根据。

第十六条 原告在诉讼过程中承认的对己方不利的事实和认可的证据，人民法院认为损害社会公共利益的，应当不予确认。

第十七条 环境民事公益诉讼案件审理过程中，被告以反诉方式提出诉讼请求的，人民法院不予受理。

第十八条　对污染环境、破坏生态，已经损害社会公共利益或者具有损害社会公共利益重大风险的行为，原告可以请求被告承担停止侵害、排除妨碍、消除危险、修复生态环境、赔偿损失、赔礼道歉等民事责任。

第十九条　原告为防止生态环境损害的发生和扩大，请求被告停止侵害、排除妨碍、消除危险的，人民法院可以依法予以支持。

原告为停止侵害、排除妨碍、消除危险采取合理预防、处置措施而发生的费用，请求被告承担的，人民法院可以依法予以支持。

第二十条　原告请求修复生态环境的，人民法院可以依法判决被告将生态环境修复到损害发生之前的状态和功能。无法完全修复的，可以准许采用替代性修复方式。

人民法院可以在判决被告修复生态环境的同时，确定被告不履行修复义务时应承担的生态环境修复费用；也可以直接判决被告承担生态环境修复费用。

生态环境修复费用包括制定、实施修复方案的费用，修复期间的监测、监管费用，以及修复完成后的验收费用、修复效果后评估费用等。

第二十一条　原告请求被告赔偿生态环境受到损害至修复完成期间服务功能丧失导致的损失、生态环境功能永久性损害造成的损失的，人民法院可以依法予以支持。

第二十二条　原告请求被告承担以下费用的，人民法院可以依法予以支持：

（一）生态环境损害调查、鉴定评估等费用；

（二）清除污染以及防止损害的发生和扩大所支出的合理费用；

（三）合理的律师费以及为诉讼支出的其他合理费用。

第二十三条　生态环境修复费用难以确定或者确定具体数额所需鉴定费用明显过高的，人民法院可以结合污染环境、破坏生态的范围和程度，生态环境的稀缺性，生态环境恢复的难易程度，防治污染设备的运行成本，被告因侵害行为所获得的利益以及过错程度等因素，并可以参考负有环境资源保护监督管理职责的部门的意见、专家意见等，予以合理确定。

第二十四条　人民法院判决被告承担的生态环境修复费用、生态环境受到损害至修复完成期间服务功能丧失导致的损失、生态环境功能永久性损害造成的损失等款项，应当用于修复被损害的生态环境。

其他环境民事公益诉讼中败诉原告所需承担的调查取证、专家咨询、检验、鉴定等必要费用，可以酌情从上述款项中支付。

第二十五条 环境民事公益诉讼当事人达成调解协议或者自行达成和解协议后，人民法院应当将协议内容公告，公告期间不少于三十日。

公告期满后，人民法院审查认为调解协议或者和解协议的内容不损害社会公共利益的，应当出具调解书。当事人以达成和解协议为由申请撤诉的，不予准许。

调解书应当写明诉讼请求、案件的基本事实和协议内容，并应当公开。

第二十六条 负有环境资源保护监督管理职责的部门依法履行监管职责而使原告诉讼请求全部实现，原告申请撤诉的，人民法院应予准许。

第二十七条 法庭辩论终结后，原告申请撤诉的，人民法院不予准许，但本解释第二十六条规定的情形除外。

第二十八条 环境民事公益诉讼案件的裁判生效后，有权提起诉讼的其他机关和社会组织就同一污染环境、破坏生态行为另行起诉，有下列情形之一的，人民法院应予受理：

（一）前案原告的起诉被裁定驳回的；

（二）前案原告申请撤诉被裁定准许的，但本解释第二十六条规定的情形除外。

环境民事公益诉讼案件的裁判生效后，有证据证明存在前案审理时未发现的损害，有权提起诉讼的机关和社会组织另行起诉的，人民法院应予受理。

第二十九条 法律规定的机关和社会组织提起环境民事公益诉讼的，不影响因同一污染环境、破坏生态行为受到人身、财产损害的公民、法人和其他组织依据民事诉讼法第一百一十九条的规定提起诉讼。

第三十条 已为环境民事公益诉讼生效裁判认定的事实，因同一污染环境、破坏生态行为依据民事诉讼法第一百一十九条规定提起诉讼的原告、被告均无须举证证明，但原告对该事实有异议并有相反证据足以推翻的除外。

对于环境民事公益诉讼生效裁判就被告是否存在法律规定的不承担责任或者减轻责任的情形、行为与损害之间是否存在因果关系、被告承担责任的大小等所作的认定，因同一污染环境、破坏生态行为依据民事诉讼法第一百一十九条规定提起诉讼的原告主张适用的，人民法院应予支持，但被告有相反证据足以推翻的除外。被告主张直接适用对其有利的认定的，人民法院不予支持，被告仍应举证证明。

第三十一条 被告因污染环境、破坏生态在环境民事公益诉讼和其他民事诉讼中均承担责任，其财产不足以履行全部义务的，应当先履行其他民事诉讼生效裁判所确定的义务，但法律另有规定的除外。

第三十二条 发生法律效力的环境民事公益诉讼案件的裁判，需要采取强制执行措施的，应当移送执行。

第三十三条 原告交纳诉讼费用确有困难，依法申请缓交的，人民法院应予准许。

败诉或者部分败诉的原告申请减交或者免交诉讼费用的，人民法院应当依照《诉讼费用交纳办法》的规定，视原告的经济状况和案件的审理情况决定是否准许。

第三十四条 社会组织有通过诉讼违法收受财物等牟取经济利益行为的，人民法院可以根据情节轻重依法收缴其非法所得、予以罚款；涉嫌犯罪的，依法移送有关机关处理。

社会组织通过诉讼牟取经济利益的，人民法院应当向登记管理机关或者有关机关发送司法建议，由其依法处理。

第三十五条 本解释施行前最高人民法院发布的司法解释和规范性文件，与本解释不一致的，以本解释为准。

最高人民法院关于审理环境侵权责任纠纷案件适用法律若干问题的解释

法释〔2015〕12 号

(2015 年 2 月 9 日由最高人民法院审判委员会第 1644 次会议通过，根据 2020 年 12 月 23 日最高人民法院审判委员会第 1823 次会议通过的《最高人民法院关于修改〈最高人民法院关于在民事审判工作中适用《中华人民共和国工会法》若干问题的解释〉等二十七件民事类司法解释的决定》修正)

为正确审理环境侵权责任纠纷案件，根据《中华人民共和国民法典》《中华人民共和国环境保护法》《中华人民共和国民事诉讼法》等法律的规定，结合审判实践，制定本解释。

第一条　因污染环境、破坏生态造成他人损害，不论侵权人有无过错，侵权人应当承担侵权责任。

侵权人以排污符合国家或者地方污染物排放标准为由主张不承担责任的，人民法院不予支持。

侵权人不承担责任或者减轻责任的情形，适用海洋环境保护法、水污染防治法、大气污染防治法等环境保护单行法的规定；相关环境保护单行法没有规定的，适用民法典的规定。

第二条　两个以上侵权人共同实施污染环境、破坏生态行为造成损害，被侵权人根据民法典第一千一百六十八条规定请求侵权人承担连带责任的，人民法院应予支持。

第三条　两个以上侵权人分别实施污染环境、破坏生态行为造成同一损害，每一个侵权人的污染环境、破坏生态行为都足以造成全部损害，被侵权人根据民法典第一千一百七十一条规定请求侵权人承担连带责任的，人民法院应予支持。

　　两个以上侵权人分别实施污染环境、破坏生态行为造成同一损害，每一个侵权人的污染环境、破坏生态行为都不足以造成全部损害，被侵权人根据民法典第一千一百七十二条规定请求侵权人承担责任的，人民法院应予支持。

　　两个以上侵权人分别实施污染环境、破坏生态行为造成同一损害，部分侵权人的污染环境、破坏生态行为足以造成全部损害，部分侵权人的污染环境、破坏生态行为只造成部分损害，被侵权人根据民法典第一千一百七十一条规定请求足以造成全部损害的侵权人与其他侵权人就共同造成的损害部分承担连带责任，并对全部损害承担责任的，人民法院应予支持。

　　第四条　两个以上侵权人污染环境、破坏生态，对侵权人承担责任的大小，人民法院应当根据污染物的种类、浓度、排放量、危害性，有无排污许可证、是否超过污染物排放标准、是否超过重点污染物排放总量控制指标，破坏生态的方式、范围、程度，以及行为对损害后果所起的作用等因素确定。

　　第五条　被侵权人根据民法典第一千二百三十三条规定分别或者同时起诉侵权人、第三人的，人民法院应予受理。

　　被侵权人请求第三人承担赔偿责任的，人民法院应当根据第三人的过错程度确定其相应赔偿责任。

　　侵权人以第三人的过错污染环境、破坏生态造成损害为由主张不承担责任或者减轻责任的，人民法院不予支持。

　　第六条　被侵权人根据民法典第七编第七章的规定请求赔偿的，应当提供证明以下事实的证据材料：

　　（一）侵权人排放了污染物或者破坏了生态；

　　（二）被侵权人的损害；

　　（三）侵权人排放的污染物或者其次生污染物、破坏生态行为与损害之间具有关联性。

　　第七条　侵权人举证证明下列情形之一的，人民法院应当认定其污染环境、破坏生态行为与损害之间不存在因果关系：

　　（一）排放污染物、破坏生态的行为没有造成该损害可能的；

　　（二）排放的可造成该损害的污染物未到达该损害发生地的；

（三）该损害于排放污染物、破坏生态行为实施之前已发生的；

（四）其他可以认定污染环境、破坏生态行为与损害之间不存在因果关系的情形。

第八条 对查明环境污染、生态破坏案件事实的专门性问题，可以委托具备相关资格的司法鉴定机构出具鉴定意见或者由负有环境资源保护监督管理职责的部门推荐的机构出具检验报告、检测报告、评估报告或者监测数据。

第九条 当事人申请通知一至两名具有专门知识的人出庭，就鉴定意见或者污染物认定、损害结果、因果关系、修复措施等专业问题提出意见的，人民法院可以准许。当事人未申请，人民法院认为有必要的，可以进行释明。

具有专门知识的人在法庭上提出的意见，经当事人质证，可以作为认定案件事实的根据。

第十条 负有环境资源保护监督管理职责的部门或者其委托的机构出具的环境污染、生态破坏事件调查报告、检验报告、检测报告、评估报告或者监测数据等，经当事人质证，可以作为认定案件事实的根据。

第十一条 对于突发性或者持续时间较短的环境污染、生态破坏行为，在证据可能灭失或者以后难以取得的情况下，当事人或者利害关系人根据民事诉讼法第八十一条规定申请证据保全的，人民法院应当准许。

第十二条 被申请人具有环境保护法第六十三条规定情形之一，当事人或者利害关系人根据民事诉讼法第一百条或者第一百零一条规定申请保全的，人民法院可以裁定责令被申请人立即停止侵害行为或者采取防治措施。

第十三条 人民法院应当根据被侵权人的诉讼请求以及具体案情，合理判定侵权人承担停止侵害、排除妨碍、消除危险、修复生态环境、赔礼道歉、赔偿损失等民事责任。

第十四条 被侵权人请求修复生态环境的，人民法院可以依法裁判侵权人承担环境修复责任，并同时确定其不履行环境修复义务时应当承担的环境修复费用。

侵权人在生效裁判确定的期限内未履行环境修复义务的，人民法院可以委托其他人进行环境修复，所需费用由侵权人承担。

第十五条 被侵权人起诉请求侵权人赔偿因污染环境、破坏生态造成的财产损失、人身损害以及为防止损害发生和扩大、清除污染、修复生态环境而采取必要措施所支出的合理费用的，人民法院应予支持。

第十六条　下列情形之一，应当认定为环境保护法第六十五条规定的弄虚作假：

（一）环境影响评价机构明知委托人提供的材料虚假而出具严重失实的评价文件的；

（二）环境监测机构或者从事环境监测设备维护、运营的机构故意隐瞒委托人超过污染物排放标准或者超过重点污染物排放总量控制指标的事实的；

（三）从事防治污染设施维护、运营的机构故意不运行或者不正常运行环境监测设备或者防治污染设施的；

（四）有关机构在环境服务活动中其他弄虚作假的情形。

第十七条　本解释适用于审理因污染环境、破坏生态造成损害的民事案件，但法律和司法解释对环境民事公益诉讼案件另有规定的除外。

相邻污染侵害纠纷、劳动者在职业活动中因受污染损害发生的纠纷，不适用本解释。

第十八条　本解释施行后，人民法院尚未审结的一审、二审案件适用本解释规定。本解释施行前已经作出生效裁判的案件，本解释施行后依法再审的，不适用本解释。

本解释施行后，最高人民法院以前颁布的司法解释与本解释不一致的，不再适用。

最高人民法院关于审理船舶油污损害赔偿
纠纷案件若干问题的规定

法释〔2011〕14 号

(2011 年 1 月 10 日最高人民法院审判委员会第 1509 次会议通过, 根据 2020 年 12 月 23 日最高人民法院审判委员会第 1823 次会议通过的《最高人民法院关于修改〈最高人民法院关于破产企业国有划拨土地使用权应否列入破产财产等问题的批复〉等二十九件商事类司法解释的决定》修正)

为正确审理船舶油污损害赔偿纠纷案件, 依照《中华人民共和国民法典》《中华人民共和国海洋环境保护法》《中华人民共和国海商法》《中华人民共和国民事诉讼法》《中华人民共和国海事诉讼特别程序法》等法律法规以及中华人民共和国缔结或者参加的有关国际条约, 结合审判实践, 制定本规定。

第一条 船舶发生油污事故, 对中华人民共和国领域和管辖的其他海域造成油污损害或者形成油污损害威胁, 人民法院审理相关船舶油污损害赔偿纠纷案件, 适用本规定。

第二条 当事人就油轮装载持久性油类造成的油污损害提起诉讼、申请设立油污损害赔偿责任限制基金, 由船舶油污事故发生地海事法院管辖。

油轮装载持久性油类引起的船舶油污事故, 发生在中华人民共和国领域和管辖的其他海域外, 对中华人民共和国领域和管辖的其他海域造成油污损害或者形成油污损害威胁, 当事人就船舶油污事故造成的损害提起诉讼、申请设立油污损害赔偿责任限制基金, 由油污损害结果地或者采取预防油污措施地海事法院管辖。

第三条 两艘或者两艘以上船舶泄漏油类造成油污损害, 受损害人请求各泄漏油船舶所有人承担赔偿责任, 按照泄漏油数量及泄漏油类对环境的危害性等因素能够合理分开各自造成的损害, 由各泄漏油船舶所有人分别承担责任; 不能合理分开各自造成的损害，各泄漏油船舶所有人承担连带责任。但泄漏油船舶所有人依法免予承担责任的除外。

各泄漏油船舶所有人对受损害人承担连带责任的，相互之间根据各自责任大小确定相应的赔偿数额；难以确定责任大小的，平均承担赔偿责任。泄漏油船舶所有人支付超出自己应赔偿的数额，有权向其他泄漏油船舶所有人追偿。

第四条　船舶互有过失碰撞引起油类泄漏造成油污损害的，受损害人可以请求泄漏油船舶所有人承担全部赔偿责任。

第五条　油轮装载的持久性油类造成油污损害的，应依照《防治船舶污染海洋环境管理条例》《1992 年国际油污损害民事责任公约》的规定确定赔偿限额。

油轮装载的非持久性燃油或者非油轮装载的燃油造成油污损害的，应依照海商法关于海事赔偿责任限制的规定确定赔偿限额。

第六条　经证明油污损害是由于船舶所有人的故意或者明知可能造成此种损害而轻率地作为或者不作为造成的，船舶所有人主张限制赔偿责任，人民法院不予支持。

第七条　油污损害是由于船舶所有人故意造成的，受损害人请求船舶油污损害责任保险人或者财务保证人赔偿，人民法院不予支持。

第八条　受损害人直接向船舶油污损害责任保险人或者财务保证人提起诉讼，船舶油污损害责任保险人或者财务保证人可以对受损害人主张船舶所有人的抗辩。

除船舶所有人故意造成油污损害外，船舶油污损害责任保险人或者财务保证人向受损害人主张其对船舶所有人的抗辩，人民法院不予支持。

第九条　船舶油污损害赔偿范围包括：

（一）为防止或者减轻船舶油污损害采取预防措施所发生的费用，以及预防措施造成的进一步灭失或者损害；

（二）船舶油污事故造成该船舶之外的财产损害以及由此引起的收入损失；

（三）因油污造成环境损害所引起的收入损失；

（四）对受污染的环境已采取或将要采取合理恢复措施的费用。

第十条　对预防措施费用以及预防措施造成的进一步灭失或者损害，人民法院应当结合污染范围、污染程度、油类泄漏量、预防措施的合理性、参与清除油污人员及投入使用设备的费用等因素合理认定。

第十一条　对遇险船舶实施防污措施，作业开始时的主要目的仅是为防止、减轻油污损害的，所发生的费用应认定为预防措施费用。

作业具有救助遇险船舶、其他财产和防止、减轻油污损害的双重目的，应根据目的的主次比例合理划分预防措施费用与救助措施费用；无合理依据区分主次目的的，相关费用应平均分摊。但污染危险消除后发生的费用不应列为预防措施费用。

第十二条　船舶泄漏油类污染其他船舶、渔具、养殖设施等财产，受损害人请求油污责任人赔偿因清洗、修复受污染财产支付的合理费用，人民法院应予支持。

受污染财产无法清洗、修复，或者清洗、修复成本超过其价值的，受损害人请求油污责任人赔偿合理的更换费用，人民法院应予支持，但应参照受污染财产实际使用年限与预期使用年限的比例作合理扣除。

第十三条　受损害人因其财产遭受船舶油污，不能正常生产经营的，其收入损失应以财产清洗、修复或者更换所需合理期间为限进行计算。

第十四条　海洋渔业、滨海旅游业及其他用海、临海经营单位或者个人请求因环境污染所遭受的收入损失，具备下列全部条件，由此证明收入损失与环境污染之间具有直接因果关系的，人民法院应予支持：

（一）请求人的生产经营活动位于或者接近污染区域；

（二）请求人的生产经营活动主要依赖受污染资源或者海岸线；

（三）请求人难以找到其他替代资源或者商业机会；

（四）请求人的生产经营业务属于当地相对稳定的产业。

第十五条　未经相关行政主管部门许可，受损害人从事海上养殖、海洋捕捞，主张收入损失的，人民法院不予支持；但请求赔偿清洗、修复、更换养殖或者捕捞设施的合理费用，人民法院应予支持。

第十六条　受损害人主张因其财产受污染或者因环境污染造成的收入损失，应以其前三年同期平均净收入扣减受损期间的实际净收入计算，并适当考虑影响收入的其他相关因素予以合理确定。

按照前款规定无法认定收入损失的，可以参考政府部门的相关统计数据和信息，或者同区域同类生产经营者的同期平均收入合理认定。

受损害人采取合理措施避免收入损失，请求赔偿合理措施的费用，人民法院应予支持，但以其避免发生的收入损失数额为限。

第十七条　船舶油污事故造成环境损害的，对环境损害的赔偿应限于已实际采取或者将要采取的合理恢复措施的费用。恢复措施的费用包括合理的监测、评估、研究费用。

第十八条　船舶取得有效的油污损害民事责任保险或者具有相应财务保证的，油污受损害人主张船舶优先权的，人民法院不予支持。

第十九条　对油轮装载的非持久性燃油、非油轮装载的燃油造成油污损害的赔偿请求，适用海商法关于海事赔偿责任限制的规定。

同一海事事故造成前款规定的油污损害和海商法第二百零七条规定的可以限制赔偿责任的其他损害，船舶所有人依照海商法第十一章的规定主张在同一赔偿限额内限制赔偿责任的，人民法院应予支持。

第二十条　为避免油轮装载的非持久性燃油、非油轮装载的燃油造成油污损害，对沉没、搁浅、遇难船舶采取起浮、清除或者使之无害措施，船舶所有人对由此发生的费用主张依照海商法第十一章的规定限制赔偿责任的，人民法院不予支持。

第二十一条　对油轮装载持久性油类造成的油污损害，船舶所有人，或者船舶油污责任保险人、财务保证人主张责任限制的，应当设立油污损害赔偿责任限制基金。

油污损害赔偿责任限制基金以现金方式设立的，基金数额为《防治船舶污染海洋环境管理条例》《1992 年国际油污损害民事责任公约》规定的赔偿限额。以担保方式设立基金的，担保数额为基金数额及其在基金设立期间的利息。

第二十二条　船舶所有人、船舶油污损害责任保险人或者财务保证人申请设立油污损害赔偿责任限制基金，利害关系人对船舶所有人主张限制赔偿责任有异议的，应当在海事诉讼特别程序法第一百零六条第一款规定的异议期内以书面形式提出，但提出该异议不影响基金的设立。

第二十三条　对油轮装载持久性油类造成的油污损害，利害关系人没有在异议期内对船舶所有人主张限制赔偿责任提出异议，油污损害赔偿责任限制基金设立后，海事法院应当解除对船舶所有人的财产采取的保全措施或者发还为解除保全措施而提供的担保。

第二十四条　对油轮装载持久性油类造成的油污损害，利害关系人在异议期内对船舶所有人主张限制赔偿责任提出异议的，人民法院在认定船舶所有人有权限制赔偿责任的裁决生效后，应当解除对船舶所有人的财产采取的保全措施或者发还为解除保全措施而提供的担保。

第二十五条　对油轮装载持久性油类造成的油污损害，受损害人提起诉讼时主张船舶所有人无权限制赔偿责任的，海事法院对船舶所有人是否有权限制赔偿责任的争议，可以先行审理并作出判决。

第二十六条　对油轮装载持久性油类造成的油污损害，受损害人没有在规定的债权登记期间申请债权登记的，视为放弃在油污损害赔偿责任限制基金中受偿的权利。

第二十七条　油污损害赔偿责任限制基金不足以清偿有关油污损害的，应根据确认的赔偿数额依法按比例分配。

第二十八条　对油轮装载持久性油类造成的油污损害，船舶所有人、船舶油污损害责任保险人或者财务保证人申请设立油污损害赔偿责任限制基金、受损害人申请债权登记与受偿，本规定没有规定的，适用海事诉讼特别程序法及相关司法解释的规定。

第二十九条　在油污损害赔偿责任限制基金分配以前，船舶所有人、船舶油污损害责任保险人或者财务保证人，已先行赔付油污损害的，可以书面申请从基金中代位受偿。代位受偿应限于赔付的范围，并不超过接受赔付的人依法可获得的赔偿数额。

海事法院受理代位受偿申请后，应书面通知所有对油污损害赔偿责任限制基金提出主张的利害关系人。利害关系人对申请人主张代位受偿的权利有异议的，应在收到通知之日起十五日内书面提出。

海事法院经审查认定申请人代位受偿权利成立，应裁定予以确认；申请人主张代位受偿的权利缺乏事实或者法律依据的，裁定驳回其申请。当事人对裁定不服的，可以在收到裁定书之日起十日内提起上诉。

第三十条　船舶所有人为主动防止、减轻油污损害而支出的合理费用或者所作的合理牺牲，请求参与油污损害赔偿责任限制基金分配的，人民法院应予支持，比照本规定第二十九条第二款、第三款的规定处理。

第三十一条　本规定中下列用语的含义是：

（一）船舶，是指非用于军事或者政府公务的海船和其他海上移动式装置，包括航行于国际航线和国内航线的油轮和非油轮。其中，油轮是指为运输散装持久性货油而建造或者改建的船舶，以及实际装载散装持久性货油的其他船舶。

（二）油类，是指烃类矿物油及其残余物，限于装载于船上作为货物运输的持久性货油、装载用于本船运行的持久性和非持久性燃油，不包括装载于船上作为货物运输的非持久性货油。

（三）船舶油污事故，是指船舶泄漏油类造成油污损害，或者虽未泄漏油类但形成严重和紧迫油污损害威胁的一个或者一系列事件。一系列事件因同一原因而发生的，视为同一事故。

（四）船舶油污损害责任保险人或者财务保证人，是指海事事故中泄漏油类或者直接形成油污损害威胁的船舶一方的油污责任保险人或者财务保证人。

（五）油污损害赔偿责任限制基金，是指船舶所有人、船舶油污损害责任保险人或者财务保证人，对油轮装载持久性油类造成的油污损害申请设立的赔偿责任限制基金。

第三十二条　本规定实施前本院发布的司法解释与本规定不一致的，以本规定为准。

本规定施行前已经终审的案件，人民法院进行再审时，不适用本规定。

最高人民法院关于常见犯罪的量刑指导意见

法发〔2017〕7 号

（自 2017 年 4 月 1 日起实施）

三、常见量刑情节的适用

9. 对于积极赔偿被害人经济损失并取得谅解的，综合考虑犯罪性质、赔偿数额、赔偿能力以及认罪、悔罪程度等情况，可以减少基准刑的 40%以下；积极赔偿但没有取得谅解的，可以减少基准刑的 30%以下；尽管没有赔偿，但取得谅解的，可以减少基准刑的 20%以下。

10. 对于当事人根据刑事诉讼法第二百七十七条达成刑事和解协议的，综合考虑犯罪性质、赔偿数额、赔礼道歉以及真诚悔罪等情况，可以减少基准刑的 50%以下；犯罪较轻的，可以减少基准刑的 50%以上或者依法免除处罚。

五、附则

2. 各高级人民法院应当结合当地实际制定实施细则。

最高人民法院　最高人民检察院关于办理环境污染刑事案件适用法律若干问题的解释

法释〔2016〕29号

（自2017年1月1日起施行）

为依法惩治有关环境污染犯罪，根据《中华人民共和国刑法》《中华人民共和国刑事诉讼法》的有关规定，现就办理此类刑事案件适用法律的若干问题解释如下：

第一条　实施刑法第三百三十八条规定的行为，具有下列情形之一的，应当认定为"严重污染环境"：

（一）在饮用水水源一级保护区、自然保护区核心区排放、倾倒、处置有放射性的废物、含传染病病原体的废物、有毒物质的；

（二）非法排放、倾倒、处置危险废物三吨以上的；

（三）排放、倾倒、处置含铅、汞、镉、铬、砷、铊、锑的污染物，超过国家或者地方污染物排放标准三倍以上的；

（四）排放、倾倒、处置含镍、铜、锌、银、钒、锰、钴的污染物，超过国家或者地方污染物排放标准十倍以上的；

（五）通过暗管、渗井、渗坑、裂隙、溶洞、灌注等逃避监管的方式排放、倾倒、处置有放射性的废物、含传染病病原体的废物、有毒物质的；

（六）一年内曾因违反国家规定，排放、倾倒、处置有放射性的废物、含传染病病原体的废物、有毒物质受过两次以上行政处罚，又实施前列行为的；

（七）重点排污单位篡改、伪造自动监测数据或者干扰自动监测设施，排放化学需氧量、氨氮、二氧化硫、氮氧化物等污染物的；

（八）违法减少防治污染设施运行支出一百万元以上的；

（九）违法所得或者致使公私财产损失三十万元以上的；

（十）造成生态环境严重损害的；

（十一）致使乡镇以上集中式饮用水水源取水中断十二小时以上的；

（十二）致使基本农田、防护林地、特种用途林地五亩以上，其他农用地十亩以上，其他土地二十亩以上基本功能丧失或者遭受永久性破坏的；

（十三）致使森林或者其他林木死亡五十立方米以上，或者幼树死亡二千五百株以上的；

（十四）致使疏散、转移群众五千人以上的；

（十五）致使三十人以上中毒的；

（十六）致使三人以上轻伤、轻度残疾或者器官组织损伤导致一般功能障碍的；

（十七）致使一人以上重伤、中度残疾或者器官组织损伤导致严重功能障碍的；

（十八）其他严重污染环境的情形。

第二条 实施刑法第三百三十九条、第四百零八条规定的行为，致使公私财产损失三十万元以上，或者具有本解释第一条第十项至第十七项规定情形之一的，应当认定为"致使公私财产遭受重大损失或者严重危害人体健康"或者"致使公私财产遭受重大损失或者造成人身伤亡的严重后果"。

第三条 实施刑法第三百三十八条、第三百三十九条规定的行为，具有下列情形之一的，应当认定为"后果特别严重"：

（一）致使县级以上城区集中式饮用水水源取水中断十二小时以上的；

（二）非法排放、倾倒、处置危险废物一百吨以上的；

（三）致使基本农田、防护林地、特种用途林地十五亩以上，其他农用地三十亩以上，其他土地六十亩以上基本功能丧失或者遭受永久性破坏的；

（四）致使森林或者其他林木死亡一百五十立方米以上，或者幼树死亡七千五百株以上的；

（五）致使公私财产损失一百万元以上的；

（六）造成生态环境特别严重损害的；

（七）致使疏散、转移群众一万五千人以上的；

（八）致使一百人以上中毒的；

（九）致使十人以上轻伤、轻度残疾或者器官组织损伤导致一般功能障碍的；

（十）致使三人以上重伤、中度残疾或者器官组织损伤导致严重功能障碍的；

（十一）致使一人以上重伤、中度残疾或者器官组织损伤导致严重功能障碍，并致使五人以上轻伤、轻度残疾或者器官组织损伤导致一般功能障碍的；

（十二）致使一人以上死亡或者重度残疾的；

（十三）其他后果特别严重的情形。

第四条　实施刑法第三百三十八条、第三百三十九条规定的犯罪行为，具有下列情形之一的，应当从重处罚：

（一）阻挠环境监督检查或者突发环境事件调查，尚不构成妨害公务等犯罪的；

（二）在医院、学校、居民区等人口集中地区及其附近，违反国家规定排放、倾倒、处置有放射性的废物、含传染病病原体的废物、有毒物质或者其他有害物质的；

（三）在重污染天气预警期间、突发环境事件处置期间或者被责令限期整改期间，违反国家规定排放、倾倒、处置有放射性的废物、含传染病病原体的废物、有毒物质或者其他有害物质的；

（四）具有危险废物经营许可证的企业违反国家规定排放、倾倒、处置有放射性的废物、含传染病病原体的废物、有毒物质或者其他有害物质的。

第五条　实施刑法第三百三十八条、第三百三十九条规定的行为，刚达到应当追究刑事责任的标准，但行为人及时采取措施，防止损失扩大、消除污染，全部赔偿损失，积极修复生态环境，且系初犯，确有悔罪表现的，可以认定为情节轻微，不起诉或者免予刑事处罚；确有必要判处刑罚的，应当从宽处罚。

第六条　无危险废物经营许可证从事收集、贮存、利用、处置危险废物经营活动，严重污染环境的，按照污染环境罪定罪处罚；同时构成非法经营罪的，依照处罚较重的规定定罪处罚。

实施前款规定的行为，不具有超标排放污染物、非法倾倒污染物或者其他违法造成环境污染的情形的，可以认定为非法经营情节显著轻微危害不大，不认为是犯罪；构成生产、销售伪劣产品等其他犯罪的，以其他犯罪论处。

第七条　明知他人无危险废物经营许可证，向其提供或者委托其收集、贮存、利用、处置危险废物，严重污染环境的，以共同犯罪论处。

第八条 违反国家规定，排放、倾倒、处置含有毒害性、放射性、传染病病原体等物质的污染物，同时构成污染环境罪、非法处置进口的固体废物罪、投放危险物质罪等犯罪的，依照处罚较重的规定定罪处罚。

第九条 环境影响评价机构或其人员，故意提供虚假环境影响评价文件，情节严重的，或者严重不负责任，出具的环境影响评价文件存在重大失实，造成严重后果的，应当依照刑法第二百二十九条、第二百三十一条的规定，以提供虚假证明文件罪或者出具证明文件重大失实罪定罪处罚。

第十条 违反国家规定，针对环境质量监测系统实施下列行为，或者强令、指使、授意他人实施下列行为的，应当依照刑法第二百八十六条的规定，以破坏计算机信息系统罪论处：

（一）修改参数或者监测数据的；

（二）干扰采样，致使监测数据严重失真的；

（三）其他破坏环境质量监测系统的行为。

重点排污单位篡改、伪造自动监测数据或者干扰自动监测设施，排放化学需氧量、氨氮、二氧化硫、氮氧化物等污染物，同时构成污染环境罪和破坏计算机信息系统罪的，依照处罚较重的规定定罪处罚。

从事环境监测设施维护、运营的人员实施或者参与实施篡改、伪造自动监测数据、干扰自动监测设施、破坏环境质量监测系统等行为的，应当从重处罚。

第十一条 单位实施本解释规定的犯罪的，依照本解释规定的定罪量刑标准，对直接负责的主管人员和其他直接责任人员定罪处罚，并对单位判处罚金。

第十二条 环境保护主管部门及其所属监测机构在行政执法过程中收集的监测数据，在刑事诉讼中可以作为证据使用。

公安机关单独或者会同环境保护主管部门，提取污染物样品进行检测获取的数据，在刑事诉讼中可以作为证据使用。

第十三条 对国家危险废物名录所列的废物，可以依据涉案物质的来源、产生过程、被告人供述、证人证言以及经批准或者备案的环境影响评价文件等证据，结合环境保护主管部门、公安机关等出具的书面意见作出认定。

对于危险废物的数量，可以综合被告人供述，涉案企业的生产工艺、物耗、能耗情况，以及经批准或者备案的环境影响评价文件等证据作出认定。

第十四条　对案件所涉的环境污染专门性问题难以确定的，依据司法鉴定机构出具的鉴定意见，或者国务院环境保护主管部门、公安部门指定的机构出具的报告，结合其他证据作出认定。

第十五条　下列物质应当认定为刑法第三百三十八条规定的"有毒物质"：

（一）危险废物，是指列入国家危险废物名录，或者根据国家规定的危险废物鉴别标准和鉴别方法认定的，具有危险特性的废物；

（二）《关于持久性有机污染物的斯德哥尔摩公约》附件所列物质；

（三）含重金属的污染物；

（四）其他具有毒性，可能污染环境的物质。

第十六条　无危险废物经营许可证，以营利为目的，从危险废物中提取物质作为原材料或者燃料，并具有超标排放污染物、非法倾倒污染物或者其他违法造成环境污染的情形的行为，应当认定为"非法处置危险废物"。

第十七条　本解释所称"二年内"，以第一次违法行为受到行政处罚的生效之日与又实施相应行为之日的时间间隔计算确定。

本解释所称"重点排污单位"，是指设区的市级以上人民政府环境保护主管部门依法确定的应当安装、使用污染物排放自动监测设备的重点监控企业及其他单位。

本解释所称"违法所得"，是指实施刑法第三百三十八条、第三百三十九条规定的行为所得和可得的全部违法收入。

本解释所称"公私财产损失"，包括实施刑法第三百三十八条、第三百三十九条规定的行为直接造成财产损毁、减少的实际价值，为防止污染扩大、消除污染而采取必要合理措施所产生的费用，以及处置突发环境事件的应急监测费用。

本解释所称"生态环境损害"，包括生态环境修复费用，生态环境修复期间服务功能的损失和生态环境功能永久性损害造成的损失，以及其他必要合理费用。

本解释所称"无危险废物经营许可证"，是指未取得危险废物经营许可证，或者超出危险废物经营许可证的经营范围。

最高人民法院关于审理道路交通事故损害赔偿案件适用法律若干问题的解释

法释〔2020〕17 号

(2012 年 9 月 17 日由最高人民法院审判委员会第 1556 次会议通过，根据 2020 年 12 月 23 日最高人民法院审判委员会第 1823 次会议通过的《最高人民法院关于修改〈最高人民法院关于在民事审判工作中适用《中华人民共和国工会法》若干问题的解释〉等二十七件民事类司法解释的决定》修正)

为正确审理道路交通事故损害赔偿案件，根据《中华人民共和国民法典》《中华人民共和国道路交通安全法》《中华人民共和国保险法》《中华人民共和国民事诉讼法》等法律的规定，结合审判实践，制定本解释。

一、关于主体责任的认定

第一条 机动车发生交通事故造成损害，机动车所有人或者管理人有下列情形之一，人民法院应当认定其对损害的发生有过错，并适用民法典第一千二百零九条的规定确定其相应的赔偿责任：

（一）知道或者应当知道机动车存在缺陷，且该缺陷是交通事故发生原因之一的；

（二）知道或者应当知道驾驶人无驾驶资格或者未取得相应驾驶资格的；

（三）知道或者应当知道驾驶人因饮酒、服用国家管制的精神药品或者麻醉药品，或者患有妨碍安全驾驶机动车的疾病等依法不能驾驶机动车的；

（四）其他应当认定机动车所有人或者管理人有过错的。

第二条 被多次转让但是未办理登记的机动车发生交通事故造成损害，属于该机动车一方责任,当事人请求由最后一次转让并交付的受让人承担赔偿责任的,人民法院应予支持。

第三条　套牌机动车发生交通事故造成损害,属于该机动车一方责任,当事人请求由套牌机动车的所有人或者管理人承担赔偿责任的,人民法院应予支持;被套牌机动车所有人或者管理人同意套牌的,应当与套牌机动车的所有人或者管理人承担连带责任。

第四条　拼装车、已达到报废标准的机动车或者依法禁止行驶的其他机动车被多次转让,并发生交通事故造成损害,当事人请求由所有的转让人和受让人承担连带责任的,人民法院应予支持。

第五条　接受机动车驾驶培训的人员,在培训活动中驾驶机动车发生交通事故造成损害,属于该机动车一方责任,当事人请求驾驶培训单位承担赔偿责任的,人民法院应予支持。

第六条　机动车试乘过程中发生交通事故造成试乘人损害,当事人请求提供试乘服务者承担赔偿责任的,人民法院应予支持。试乘人有过错的,应当减轻提供试乘服务者的赔偿责任。

第七条　因道路管理维护缺陷导致机动车发生交通事故造成损害,当事人请求道路管理者承担相应赔偿责任的,人民法院应予支持。但道路管理者能够证明已经依照法律、法规、规章的规定,或者按照国家标准、行业标准、地方标准的要求尽到安全防护、警示等管理维护义务的除外。

依法不得进入高速公路的车辆、行人,进入高速公路发生交通事故造成自身损害,当事人请求高速公路管理者承担赔偿责任的,适用民法典第一千二百四十三条的规定。

第八条　未按照法律、法规、规章或者国家标准、行业标准、地方标准的强制性规定设计、施工,致使道路存在缺陷并造成交通事故,当事人请求建设单位与施工单位承担相应赔偿责任的,人民法院应予支持。

第九条　机动车存在产品缺陷导致交通事故造成损害,当事人请求生产者或者销售者依照民法典第七编第四章的规定承担赔偿责任的,人民法院应予支持。

第十条　多辆机动车发生交通事故造成第三人损害,当事人请求多个侵权人承担赔偿责任的，人民法院应当区分不同情况，依照民法典第一千一百七十条、第一千一百七十一条、第一千一百七十二条的规定，确定侵权人承担连带责任或者按份责任。

二、关于赔偿范围的认定

第十一条 道路交通安全法第七十六条规定的"人身伤亡"，是指机动车发生交通事故侵害被侵权人的生命权、身体权、健康权等人身权益所造成的损害，包括民法典第一千一百七十九条和第一千一百八十三条规定的各项损害。

道路交通安全法第七十六条规定的"财产损失"，是指因机动车发生交通事故侵害被侵权人的财产权益所造成的损失。

第十二条 因道路交通事故造成下列财产损失，当事人请求侵权人赔偿的，人民法院应予支持：

（一）维修被损坏车辆所支出的费用、车辆所载物品的损失、车辆施救费用；

（二）因车辆灭失或者无法修复，为购买交通事故发生时与被损坏车辆价值相当的车辆重置费用；

（三）依法从事货物运输、旅客运输等经营性活动的车辆，因无法从事相应经营活动所产生的合理停运损失；

（四）非经营性车辆因无法继续使用，所产生的通常替代性交通工具的合理费用。

三、关于责任承担的认定

第十三条 同时投保机动车第三者责任强制保险（以下简称"交强险"）和第三者责任商业保险（以下简称"商业三者险"）的机动车发生交通事故造成损害，当事人同时起诉侵权人和保险公司的，人民法院应当依照民法典第一千二百一十三条的规定，确定赔偿责任。

被侵权人或者其近亲属请求承保交强险的保险公司优先赔偿精神损害的，人民法院应予支持。

第十四条 投保人允许的驾驶人驾驶机动车致使投保人遭受损害，当事人请求承保交强险的保险公司在责任限额范围内予以赔偿的，人民法院应予支持，但投保人为本车上人员的除外。

第十五条 有下列情形之一导致第三人人身损害，当事人请求保险公司在交强险责任限额范围内予以赔偿，人民法院应予支持：

（一）驾驶人未取得驾驶资格或者未取得相应驾驶资格的；

（二）醉酒、服用国家管制的精神药品或者麻醉药品后驾驶机动车发生交通事故的；

（三）驾驶人故意制造交通事故的。

保险公司在赔偿范围内向侵权人主张追偿权的，人民法院应予支持。追偿权的诉讼时效期间自保险公司实际赔偿之日起计算。

第十六条 未依法投保交强险的机动车发生交通事故造成损害，当事人请求投保义务人在交强险责任限额范围内予以赔偿的，人民法院应予支持。

投保义务人和侵权人不是同一人，当事人请求投保义务人和侵权人在交强险责任限额范围内承担相应责任的，人民法院应予支持。

第十七条 具有从事交强险业务资格的保险公司违法拒绝承保、拖延承保或者违法解除交强险合同，投保义务人在向第三人承担赔偿责任后，请求该保险公司在交强险责任限额范围内承担相应赔偿责任的，人民法院应予支持。

第十八条 多辆机动车发生交通事故造成第三人损害，损失超出各机动车交强险责任限额之和的，由各保险公司在各自责任限额范围内承担赔偿责任；损失未超出各机动车交强险责任限额之和，当事人请求由各保险公司按照其责任限额与责任限额之和的比例承担赔偿责任的，人民法院应予支持。

依法分别投保交强险的牵引车和挂车连接使用时发生交通事故造成第三人损害，当事人请求由各保险公司在各自的责任限额范围内平均赔偿的，人民法院应予支持。

多辆机动车发生交通事故造成第三人损害，其中部分机动车未投保交强险，当事人请求先由已承保交强险的保险公司在责任限额范围内予以赔偿的，人民法院应予支持。保险公司就超出其应承担的部分向未投保交强险的投保义务人或者侵权人行使追偿权的，人民法院应予支持。

第十九条 同一交通事故的多个被侵权人同时起诉的，人民法院应当按照各被侵权人的损失比例确定交强险的赔偿数额。

第二十条 机动车所有权在交强险合同有效期内发生变动，保险公司在交通事故发生后，以该机动车未办理交强险合同变更手续为由主张免除赔偿责任的，人民法院不予支持。

机动车在交强险合同有效期内发生改装、使用性质改变等导致危险程度增加的情形，发生交通事故后，当事人请求保险公司在责任限额范围内予以赔偿的，人民法院应予支持。

前款情形下，保险公司另行起诉请求投保义务人按照重新核定后的保险费标准补足当期保险费的，人民法院应予支持。

第二十一条 当事人主张交强险人身伤亡保险金请求权转让或者设定担保的行为无效的，人民法院应予支持。

四、关于诉讼程序的规定

第二十二条 人民法院审理道路交通事故损害赔偿案件，应当将承保交强险的保险公司列为共同被告。但该保险公司已经在交强险责任限额范围内予以赔偿且当事人无异议的除外。

人民法院审理道路交通事故损害赔偿案件，当事人请求将承保商业三者险的保险公司列为共同被告的，人民法院应予准许。

第二十三条 被侵权人因道路交通事故死亡，无近亲属或者近亲属不明，未经法律授权的机关或者有关组织向人民法院起诉主张死亡赔偿金的，人民法院不予受理。

侵权人以已向未经法律授权的机关或者有关组织支付死亡赔偿金为理由，请求保险公司在交强险责任限额范围内予以赔偿的，人民法院不予支持。

被侵权人因道路交通事故死亡，无近亲属或者近亲属不明，支付被侵权人医疗费、丧葬费等合理费用的单位或者个人，请求保险公司在交强险责任限额范围内予以赔偿的，人民法院应予支持。

第二十四条 公安机关交通管理部门制作的交通事故认定书，人民法院应依法审查并确认其相应的证明力，但有相反证据推翻的除外。

五、关于适用范围的规定

第二十五条　机动车在道路以外的地方通行时引发的损害赔偿案件，可以参照适用本解释的规定。

第二十六条　本解释施行后尚未终审的案件，适用本解释；本解释施行前已经终审，当事人申请再审或者按照审判监督程序决定再审的案件，不适用本解释。

最高人民法院关于适用《中华人民共和国保险法》若干问题的解释（四）

法释〔2018〕13 号

(2018 年 5 月 14 日最高人民法院审判委员会第 1738 次会议通过,根据 2020 年 12 月 23 日最高人民法院审判委员会第 1823 次会议通过的《最高人民法院关于修改〈最高人民法院关于破产企业国有划拨土地使用权应否列入破产财产等问题的批复〉等二十九件商事类司法解释的决定》修正)

为正确审理保险合同纠纷案件,切实维护当事人的合法权益,根据《中华人民共和国民法典》《中华人民共和国保险法》《中华人民共和国民事诉讼法》等法律规定,结合审判实践,就保险法中财产保险合同部分有关法律适用问题解释如下:

第一条 保险标的已交付受让人,但尚未依法办理所有权变更登记,承担保险标的毁损灭失风险的受让人,依照保险法第四十八条、第四十九条的规定主张行使被保险人权利的,人民法院应予支持。

第二条 保险人已向投保人履行了保险法规定的提示和明确说明义务,保险标的受让人以保险标的转让后保险人未向其提示或者明确说明为由,主张免除保险人责任的条款不成为合同内容的,人民法院不予支持。

第三条 被保险人死亡,继承保险标的的当事人主张承继被保险人的权利和义务的,人民法院应予支持。

第四条 人民法院认定保险标的是否构成保险法第四十九条、第五十二条规定的"危险程度显著增加"时,应当综合考虑以下因素:

(一)保险标的用途的改变;

(二)保险标的使用范围的改变;

（三）保险标的所处环境的变化；

（四）保险标的因改装等原因引起的变化；

（五）保险标的使用人或者管理人的改变；

（六）危险程度增加持续的时间；

（七）其他可能导致危险程度显著增加的因素。

保险标的危险程度虽然增加，但增加的危险属于保险合同订立时保险人预见或者应当预见的保险合同承保范围的，不构成危险程度显著增加。

第五条 被保险人、受让人依法及时向保险人发出保险标的的转让通知后，保险人做出答复前，发生保险事故，被保险人或者受让人主张保险人按照保险合同承担赔偿保险金的责任的，人民法院应予支持。

第六条 保险事故发生后，被保险人依照保险法第五十七条的规定，请求保险人承担为防止或者减少保险标的的损失所支付的必要、合理费用，保险人以被保险人采取的措施未产生实际效果为由抗辩的，人民法院不予支持。

第七条 保险人依照保险法第六十条的规定，主张代位行使被保险人因第三者侵权或者违约等享有的请求赔偿的权利的，人民法院应予支持。

第八条 投保人和被保险人为不同主体，因投保人对保险标的的损害而造成保险事故，保险人依法主张代位行使被保险人对投保人请求赔偿的权利的，人民法院应予支持，但法律另有规定或者保险合同另有约定的除外。

第九条 在保险人以第三者为被告提起的代位求偿权之诉中，第三者以被保险人在保险合同订立前已放弃对其请求赔偿的权利为由进行抗辩，人民法院认定上述放弃行为合法有效，保险人就相应部分主张行使代位求偿权的，人民法院不予支持。

保险合同订立时，保险人就是否存在上述放弃情形提出询问，投保人未如实告知，导致保险人不能代位行使请求赔偿的权利，保险人请求返还相应保险金的，人民法院应予支持，但保险人知道或者应当知道上述情形仍同意承保的除外。

第十条 因第三者对保险标的的损害而造成保险事故，保险人获得代位请求赔偿的权利的情况未通知第三者或者通知到达第三者前，第三者在被保险人已经从保险人处获赔的范围内又向被保险人作出赔偿，保险人主张代位行使被保险人对第三者请求赔偿的权利的，人民法院不予支持。保险人就相应保险金主张被保险人返还的，人民法院应予支持。

　　保险人获得代位请求赔偿的权利的情况已经通知到第三者，第三者又向被保险人作出赔偿，保险人主张代位行使请求赔偿的权利，第三者以其已经向被保险人赔偿为由抗辩的，人民法院不予支持。

　　第十一条　被保险人因故意或者重大过失未履行保险法第六十三条规定的义务，致使保险人未能行使或者未能全部行使代位请求赔偿的权利，保险人主张在其损失范围内扣减或者返还相应保险金的，人民法院应予支持。

　　第十二条　保险人以造成保险事故的第三者为被告提起代位求偿权之诉的，以被保险人与第三者之间的法律关系确定管辖法院。

　　第十三条　保险人提起代位求偿权之诉时，被保险人已经向第三者提起诉讼的，人民法院可以依法合并审理。

　　保险人行使代位求偿权时，被保险人已经向第三者提起诉讼，保险人向受理该案的人民法院申请变更当事人，代位行使被保险人对第三者请求赔偿的权利，被保险人同意的，人民法院应予准许；被保险人不同意的，保险人可以作为共同原告参加诉讼。

　　第十四条　具有下列情形之一的，被保险人可以依照保险法第六十五条第二款的规定请求保险人直接向第三者赔偿保险金：

　　（一）被保险人对第三者所负的赔偿责任经人民法院生效裁判、仲裁裁决确认；

　　（二）被保险人对第三者所负的赔偿责任经被保险人与第三者协商一致；

　　（三）被保险人对第三者应负的赔偿责任能够确定的其他情形。

　　前款规定的情形下，保险人主张按照保险合同确定保险赔偿责任的，人民法院应予支持。

　　第十五条　被保险人对第三者应负的赔偿责任确定后，被保险人不履行赔偿责任，且第三者以保险人为被告或者以保险人与被保险人为共同被告提起诉讼时，被保险人尚未向保险人提出直接向第三者赔偿保险金的请求的，可以认定为属于保险法第六十五条第二款规定的"被保险人怠于请求"的情形。

　　第十六条　责任保险的被保险人因共同侵权依法承担连带责任，保险人以该连带责任超出被保险人应承担的责任份额为由，拒绝赔付保险金的，人民法院不予支持。保险人承担保险责任后，主张就超出被保险人责任份额的部分向其他连带责任人追偿的，人民法院应予支持。

第十七条 责任保险的被保险人对第三者所负的赔偿责任已经生效判决确认并已进入执行程序，但未获得清偿或者未获得全部清偿，第三者依法请求保险人赔偿保险金，保险人以前述生效判决已进入执行程序为由抗辩的，人民法院不予支持。

第十八条 商业责任险的被保险人向保险人请求赔偿保险金的诉讼时效期间，自被保险人对第三者应负的赔偿责任确定之日起计算。

第十九条 责任保险的被保险人与第三者就被保险人的赔偿责任达成和解协议且经保险人认可，被保险人主张保险人在保险合同范围内依据和解协议承担保险责任的，人民法院应予支持。

被保险人与第三者就被保险人的赔偿责任达成和解协议，未经保险人认可，保险人主张对保险责任范围以及赔偿数额重新予以核定的，人民法院应予支持。

第二十条 责任保险的保险人在被保险人向第三者赔偿之前向被保险人赔偿保险金，第三者依照保险法第六十五条第二款的规定行使保险金请求权时，保险人以其已向被保险人赔偿为由拒绝赔偿保险金的，人民法院不予支持。保险人向第三者赔偿后，请求被保险人返还相应保险金的，人民法院应予支持。

第二十一条 本解释自 2018 年 9 月 1 日起施行。

本解释施行后人民法院正在审理的一审、二审案件，适用本解释；本解释施行前已经终审，当事人申请再审或者按照审判监督程序决定再审的案件，不适用本解释。

最高人民法院关于审理医疗损害责任纠纷案件适用法律若干问题的解释

法释〔2017〕20 号

(2017 年 3 月 27 日由最高人民法院审判委员会第 1713 次会议通过，根据 2020 年 12 月 23 日最高人民法院审判委员会第 1823 次会议通过的《最高人民法院关于修改〈最高人民法院关于在民事审判工作中适用《中华人民共和国工会法》若干问题的解释〉等二十七件民事类司法解释的决定》修正)

为正确审理医疗损害责任纠纷案件，依法维护当事人的合法权益，推动构建和谐医患关系，促进卫生健康事业发展，根据《中华人民共和国民法典》《中华人民共和国民事诉讼法》等法律规定，结合审判实践，制定本解释。

第一条　患者以在诊疗活动中受到人身或者财产损害为由请求医疗机构，医疗产品的生产者、销售者、药品上市许可持有人或者血液提供机构承担侵权责任的案件，适用本解释。

患者以在美容医疗机构或者开设医疗美容科室的医疗机构实施的医疗美容活动中受到人身或者财产损害为由提起的侵权纠纷案件，适用本解释。

当事人提起的医疗服务合同纠纷案件，不适用本解释。

第二条　患者因同一伤病在多个医疗机构接受诊疗受到损害，起诉部分或者全部就诊的医疗机构的，应予受理。

患者起诉部分就诊的医疗机构后，当事人依法申请追加其他就诊的医疗机构为共同被告或者第三人的，应予准许。必要时，人民法院可以依法追加相关当事人参加诉讼。

第三条　患者因缺陷医疗产品受到损害，起诉部分或者全部医疗产品的生产者、销售者、药品上市许可持有人和医疗机构的，应予受理。

患者仅起诉医疗产品的生产者、销售者、药品上市许可持有人、医疗机构中部分主体，当事人依法申请追加其他主体为共同被告或者第三人的，应予准许。必要时，人民法院可以依法追加相关当事人参加诉讼。

患者因输入不合格的血液受到损害提起侵权诉讼的，参照适用前两款规定。

第四条　患者依据民法典第一千二百一十八条规定主张医疗机构承担赔偿责任的，应当提交到该医疗机构就诊、受到损害的证据。

患者无法提交医疗机构或者其医务人员有过错、诊疗行为与损害之间具有因果关系的证据，依法提出医疗损害鉴定申请的，人民法院应予准许。

医疗机构主张不承担责任的，应当就民法典第一千二百二十四条第一款规定情形等抗辩事由承担举证证明责任。

第五条　患者依据民法典第一千二百一十九条规定主张医疗机构承担赔偿责任的，应当按照前条第一款规定提交证据。

实施手术、特殊检查、特殊治疗的，医疗机构应当承担说明义务并取得患者或者患者近亲属明确同意，但属于民法典第一千二百二十条规定情形的除外。医疗机构提交患者或者患者近亲属明确同意证据的，人民法院可以认定医疗机构尽到说明义务，但患者有相反证据足以反驳的除外。

第六条　民法典第一千二百二十二条规定的病历资料包括医疗机构保管的门诊病历、住院志、体温单、医嘱单、检验报告、医学影像检查资料、特殊检查（治疗）同意书、手术同意书、手术及麻醉记录、病理资料、护理记录、出院记录以及国务院卫生行政主管部门规定的其他病历资料。

患者依法向人民法院申请医疗机构提交由其保管的与纠纷有关的病历资料等，医疗机构未在人民法院指定期限内提交的，人民法院可以依照民法典第一千二百二十二条第二项规定推定医疗机构有过错，但是因不可抗力等客观原因无法提交的除外。

第七条　患者依据民法典第一千二百二十三条规定请求赔偿的，应当提交使用医疗产品或者输入血液、受到损害的证据。

患者无法提交使用医疗产品或者输入血液与损害之间具有因果关系的证据，依法申请鉴定的，人民法院应予准许。

医疗机构，医疗产品的生产者、销售者、药品上市许可持有人或者血液提供机构主张不承担责任的，应当对医疗产品不存在缺陷或者血液合格等抗辩事由承担举证证明责任。

第八条 当事人依法申请对医疗损害责任纠纷中的专门性问题进行鉴定的，人民法院应予准许。

当事人未申请鉴定，人民法院对前款规定的专门性问题认为需要鉴定的，应当依职权委托鉴定。

第九条 当事人申请医疗损害鉴定的，由双方当事人协商确定鉴定人。

当事人就鉴定人无法达成一致意见，人民法院提出确定鉴定人的方法，当事人同意的，按照该方法确定；当事人不同意的，由人民法院指定。

鉴定人应当从具备相应鉴定能力、符合鉴定要求的专家中确定。

第十条 委托医疗损害鉴定的，当事人应当按照要求提交真实、完整、充分的鉴定材料。提交的鉴定材料不符合要求的，人民法院应当通知当事人更换或者补充相应材料。

在委托鉴定前，人民法院应当组织当事人对鉴定材料进行质证。

第十一条 委托鉴定书，应当有明确的鉴定事项和鉴定要求。鉴定人应当按照委托鉴定的事项和要求进行鉴定。

下列专门性问题可以作为申请医疗损害鉴定的事项：

（一）实施诊疗行为有无过错；

（二）诊疗行为与损害后果之间是否存在因果关系以及原因力大小；

（三）医疗机构是否尽到了说明义务、取得患者或者患者近亲属明确同意的义务；

（四）医疗产品是否有缺陷、该缺陷与损害后果之间是否存在因果关系以及原因力的大小；

（五）患者损伤残疾程度；

（六）患者的护理期、休息期、营养期；

（七）其他专门性问题。

鉴定要求包括鉴定人的资质、鉴定人的组成、鉴定程序、鉴定意见、鉴定期限等。

第十二条 鉴定意见可以按照导致患者损害的全部原因、主要原因、同等原因、次要原因、轻微原因或者与患者损害无因果关系，表述诊疗行为或者医疗产品等造成患者损害的原因力大小。

第十三条 鉴定意见应当经当事人质证。

当事人申请鉴定人出庭作证，经人民法院审查同意，或者人民法院认为鉴定人有必要出庭的，应当通知鉴定人出庭作证。双方当事人同意鉴定人通过书面说明、视听传输技术或者视听资料等方式作证的，可以准许。

鉴定人因健康原因、自然灾害等不可抗力或者其他正当理由不能按期出庭的，可以延期开庭；经人民法院许可，也可以通过书面说明、视听传输技术或者视听资料等方式作证。

无前款规定理由，鉴定人拒绝出庭作证，当事人对鉴定意见又不认可的，对该鉴定意见不予采信。

第十四条 当事人申请通知一至二名具有医学专门知识的人出庭，对鉴定意见或者案件的其他专门性事实问题提出意见，人民法院准许的，应当通知具有医学专门知识的人出庭。

前款规定的具有医学专门知识的人提出的意见，视为当事人的陈述，经质证可以作为认定案件事实的根据。

第十五条 当事人自行委托鉴定人作出的医疗损害鉴定意见，其他当事人认可的，可予采信。

当事人共同委托鉴定人作出的医疗损害鉴定意见，一方当事人不认可的，应当提出明确的异议内容和理由。经审查，有证据足以证明异议成立的，对鉴定意见不予采信；异议不成立的，应予采信。

第十六条 对医疗机构或者其医务人员的过错，应当依据法律、行政法规、规章以及其他有关诊疗规范进行认定，可以综合考虑患者病情的紧急程度、患者个体差异、当地的医疗水平、医疗机构与医务人员资质等因素。

第十七条 医务人员违反民法典第一千二百一十九条第一款规定义务，但未造成患者人身损害，患者请求医疗机构承担损害赔偿责任的，不予支持。

第十八条 因抢救生命垂危的患者等紧急情况且不能取得患者意见时，下列情形可以认定为民法典第一千二百二十条规定的不能取得患者近亲属意见：

（一）近亲属不明的；

（二）不能及时联系到近亲属的；

（三）近亲属拒绝发表意见的；

（四）近亲属达不成一致意见的；

（五）法律、法规规定的其他情形。

前款情形，医务人员经医疗机构负责人或者授权的负责人批准立即实施相应医疗措施，患者因此请求医疗机构承担赔偿责任的，不予支持；医疗机构及其医务人员怠于实施相应医疗措施造成损害，患者请求医疗机构承担赔偿责任的，应予支持。

第十九条 两个以上医疗机构的诊疗行为造成患者同一损害，患者请求医疗机构承担赔偿责任的，应当区分不同情况，依照民法典第一千一百六十八条、第一千一百七十一条或者第一千一百七十二条的规定，确定各医疗机构承担的赔偿责任。

第二十条 医疗机构邀请本单位以外的医务人员对患者进行诊疗，因受邀医务人员的过错造成患者损害的，由邀请医疗机构承担赔偿责任。

第二十一条 因医疗产品的缺陷或者输入不合格血液受到损害，患者请求医疗机构，缺陷医疗产品的生产者、销售者、药品上市许可持有人或者血液提供机构承担赔偿责任的，应予支持。

医疗机构承担赔偿责任后，向缺陷医疗产品的生产者、销售者、药品上市许可持有人或者血液提供机构追偿的，应予支持。

因医疗机构的过错使医疗产品存在缺陷或者血液不合格，医疗产品的生产者、销售者、药品上市许可持有人或者血液提供机构承担赔偿责任后，向医疗机构追偿的，应予支持。

第二十二条 缺陷医疗产品与医疗机构的过错诊疗行为共同造成患者同一损害，患者请求医疗机构与医疗产品的生产者、销售者、药品上市许可持有人承担连带责任的，应予支持。

医疗机构或者医疗产品的生产者、销售者、药品上市许可持有人承担赔偿责任后，向其他责任主体追偿的，应当根据诊疗行为与缺陷医疗产品造成患者损害的原因力大小确定相应的数额。

输入不合格血液与医疗机构的过错诊疗行为共同造成患者同一损害的，参照适用前两款规定。

第二十三条　医疗产品的生产者、销售者、药品上市许可持有人明知医疗产品存在缺陷仍然生产、销售，造成患者死亡或者健康严重损害，被侵权人请求生产者、销售者、药品上市许可持有人赔偿损失及二倍以下惩罚性赔偿的，人民法院应予支持。

第二十四条　被侵权人同时起诉两个以上医疗机构承担赔偿责任，人民法院经审理，受诉法院所在地的医疗机构依法不承担赔偿责任，其他医疗机构承担赔偿责任的，残疾赔偿金、死亡赔偿金的计算，按下列情形分别处理：

（一）一个医疗机构承担责任的，按照该医疗机构所在地的赔偿标准执行；

（二）两个以上医疗机构均承担责任的，可以按照其中赔偿标准较高的医疗机构所在地标准执行。

第二十五条　患者死亡后，其近亲属请求医疗损害赔偿的，适用本解释；支付患者医疗费、丧葬费等合理费用的人请求赔偿该费用的，适用本解释。

本解释所称的"医疗产品"包括药品、消毒产品、医疗器械等。

第二十六条　本院以前发布的司法解释与本解释不一致的，以本解释为准。

本解释施行后尚未终审的案件，适用本解释；本解释施行前已经终审，当事人申请再审或者按照审判监督程序决定再审的案件，不适用本解释。

最高人民法院印发《关于贯彻〈中华人民共和国长江保护法〉的实施意见》的通知

法发〔2021〕8 号

各省、自治区、直辖市高级人民法院，解放军军事法院，新疆维吾尔自治区高级人民法院生产建设兵团分院：

现将《最高人民法院关于贯彻〈中华人民共和国长江保护法〉的实施意见》印发给你们，请认真贯彻执行。

最高人民法院

2021 年 2 月 24 日

最高人民法院关于贯彻《中华人民共和国长江保护法》的实施意见

为深入学习贯彻习近平新时代中国特色社会主义思想，全面贯彻党的十九大及十九届二中、三中、四中、五中全会精神，正确适用《中华人民共和国长江保护法》，充分发挥人民法院审判职能作用，依法加强长江流域生态环境保护和修复，促进资源合理高效利用，推动长江流域绿色发展，结合人民法院工作实际，制定如下实施意见。

一、深刻认识实施长江保护法重大意义，增强司法服务保障长江流域生态环境保护和绿色发展的责任感和使命感

1. 长江保护法的贯彻实施是落实习近平总书记关于长江保护重要指示精神的重大举措。长江保护法是习近平总书记亲自确定的重大立法任务，是一部关系到党和国家工作大局、中华民族伟大复兴战略全局的重要法律。各级人民法院要切实提高政治站位，深入贯彻落实习近平总书记重要指示精神，增强"四个意识"、坚定"四个自信"、做到"两个维护"，切实做好长江保护法实施工作，把保护和修复生态环境摆在压倒性位置，为实现人与自然和谐共生、中华民族永续发展提供坚实司法保障。

2. 长江保护法的贯彻实施是推进长江流域绿色发展的有力支撑。长江保护法既是生态环境的保护法，也是绿色发展的促进法，不仅突出强调长江流域生态环境保护和修复，同时在促进长江经济带产业结构绿色改造、提升流域人居环境质量、保障长江黄金水道功能等方面均作出重要规定。各级人民法院要将贯彻落实长江保护法作为保障长江流域绿色发展的发力点，助力长江经济带成为我国生态优先绿色发展主战场、畅通国内国际双循环主动脉、引领经济高质量发展主力军。

3. 长江保护法的贯彻实施是人民法院依法履职尽责的使命担当。长江保护法是我国首部流域专门法律，对于推动长江流域生态环境治理具有重大基础性、保障性作用。各级人民法院要坚持以习近平生态文明思想、习近平法治思想武装头脑、指导实践、推动工作，自觉主动担负起保护长江母亲河的使命责任。要充分发挥审判职能作用，妥善审理各类环境资源案件，保护长江流域生态系统、维护长江流域生物多样性，筑牢国家生态安全屏障，为长江流域生态环境保护和高质量发展提供有力司法服务和保障。

二、正确树立长江司法保护理念，准确把握长江流域生态环境保护和绿色发展的深刻内涵

4. 坚持生态优先、绿色发展。准确理解生态环境保护与经济社会发展的辩证关系，牢固树立和践行"绿水青山就是金山银山"的发展理念，坚持"共抓大保护、不搞大开发"，把长江流域生态环境保护和修复摆在压倒性位置。立足审判职能，保护长江流域生态环境，保障资源合理开发利用，推进长江流域绿色发展。

5. 坚持统筹协调、系统治理。保障国家长江流域协调机制关于长江保护的重大政策、重大规划有效落实。坚持在国家长江流域协调机制统一指导、统筹协调下，开展长江保护工作。坚持自然恢复为主、自然恢复与人工修复相结合的系统治理。妥善协调长江流域江河湖泊、上中下游、干支流、左右岸、水中岸上的关系，推进山水林田湖草一体化保护和修复。

6. 坚持依法严惩、全面担责。准确理解长江保护法适用的地域范围，严格把握特别法优于一般法等法律适用基本原则，确保长江保护法准确实施。坚持最严法治观，加大对流域生态环境破坏违法犯罪行为惩治力度，将"严"的基调贯彻到法律实施全过程、各方面，切实增强法律的刚性和权威性。在审理长江保护相关案件中，依法准确适用刑事、民事、行政法律，加大责任追究力度，全面保护各类民事主体合法权益，维护国家利益和社会公共利益。

三、充分发挥人民法院审判职能作用，为长江流域生态环境保护和绿色发展提供有力司法服务和保障

7. 依法加强水污染防治类案件审理。支持、监督有关部门对流域水污染防治、监管采取的行政执法措施。加大对超标排放含磷水污染物等有害物质造成的水污染、农业面源污染、固体废物污染、流域跨界水污染以及危险货物运输船舶污染等行为惩治力度。坚持最严格的水污染损害赔偿和生态补偿、修复标准，使受污染水体得到有效治理。

8. 依法加强生态保护类案件审理。重点审理长江十年禁渔相关案件，严厉惩处在水生生物保护区内从事生产性捕捞以及实施电鱼、毒鱼、炸鱼等生态环境违法犯罪行为，促进流域水生生物恢复。严厉打击危害珍贵、濒危野生动物犯罪，加强对其栖息地生态系统的保护，维护流域生态功能和生物多样性。探索生态保护补偿制度的司法运用，依法保障国家对生态功能重要区域的生态保护补偿，支持流域地方政府之间开展的横向生态保护补偿和市场化补偿基金、相关主体自愿协商等生态保护补偿方式。

9. 依法加强资源开发利用类案件审理。按照有关部门依法划定的禁止采砂区和禁止采砂期有关规定，支持行政机关依法打击长江流域非法采砂行为，严厉惩处相关刑事犯罪，保障长江水域生态系统和航运安全。妥善审理流域内河流、湖泊、矿产、渔业等自然资源开发利用相关的资源权属争议和合同纠纷案件，将保护生态环境和自然资源合理利用作为裁判的重要因素予以综合考量，结合主体功能区制度分类施策，处理好保护环境与发展经济的关系，促进健全自然资源资产产权制度。

10．依法加强气候变化应对类案件审理。依法适用国家节能减排相关法律法规、行政规章及有关环境标准，妥善运用破产重整、破产和解等司法手段，推动钢铁、石化、造纸、农药等重点行业技术设备升级、实施清洁化改造，减少资源消耗和污染物排放。妥善审理涉及气候变化的建设项目和规划环境影响评价等案件，确保长江流域规划体系对生态环境保护和绿色发展的引领、指导和约束作用有效发挥。

11．依法加强生态环境治理与服务类案件审理。依法审理流域港口、航道等水运基础设施纠纷案件，保障长江黄金水道功能有效发挥。妥善审理因长江防护林体系建设、水土流失及土地石漠化治理、河湖湿地生态保护修复等引发的案件，保障长江流域重大生态修复工程顺利实施。依法审理环境容量利用权、流域生态用水分配纠纷，保障流域水资源合理分配，确保流域用水安全。妥善审理因绿色信贷、绿色债券、绿色保险等金融服务引发的绿色金融案件，依法保障节能环保、清洁能源、绿色交通等绿色产业领域的投融资需求。

12．充分发挥环境公益诉讼和生态环境损害赔偿诉讼作用。依法审理国家规定的机关或者法律规定的组织提起的环境公益诉讼，维护流域生态环境社会公共利益。充分发挥生态环境损害赔偿诉讼功能，完善司法确认规则，维护生态环境国家利益。做好环境公益诉讼与生态环境损害赔偿诉讼的衔接，加强诉讼请求、事实认定、责任承担、判决执行等方面协调对接，促进生态环境及时有效修复。

四、切实加强长江司法保护体制机制建设，提升服务保障生态环境民生福祉的能力水平

13．健全环境资源审判组织体系，强化全流域系统保护。加大对环境资源审判工作支持力度，优化中级、基层人民法院环境资源审判组织体系，拓宽生态环境司法保护覆盖面。加强对雅砻江、岷江等长江重要支流以及太湖、鄱阳湖等长江流域重点湖泊的司法保护，更好地满足保护和修复流域重要生态系统、服务和保障国家重大区域发展战略的需要。

14．加大流域审判机制建设，提供优质高效司法服务。完善环境资源刑事、民事、行政案件"三合一"归口审理，统筹适用多种责任承担方式，全面保障人民群众环境权益。深化流域法院集中管辖、司法协作等机制建设，充分利用信息化手段，加强流域法院之间在立案、审判、执行等诉讼流程的衔接，提升跨域环境诉讼服务能力。加强环境资源巡回审判，就地开庭、调解和宣判，增强环境司法便民利民成效。

15. 锻造过硬审判队伍，提升环境司法能力和国际影响力。将党的政治建设摆在首位，善于从政治上认识问题、推动司法工作，不断提高审判队伍政治判断力、政治领悟力、政治执行力。锻造高素质专业化审判队伍，践行习近平生态文明思想，牢固树立现代环境司法理念，增强服务保障人民群众优美生态环境需求的司法能力。深化环境司法国际交流合作，拓宽流域治理国际视野，为全球环境治理提供中国经验。

16. 深化司法公众参与，提升人民群众长江保护法治意识。充分发挥专家辅助人、人民陪审员在环境资源案件事实查明、评估鉴定等诉讼活动中的作用，实现专业审判与公众参与深度融合。通过公开审判重大环境资源案件、发布环境司法白皮书和典型案例、设立司法保护基地和生态环境修复基地等形式，发挥司法示范引领作用，让生态文明观念深入人心，增强人民群众保护长江流域生态环境法治意识和行动自觉。

最高人民法院关于人民法院民事诉讼中委托鉴定审查工作若干问题的规定

法〔2020〕202号

（自 2020 年 9 月 1 日起施行）

为进一步规范民事诉讼中委托鉴定工作，促进司法公正，根据《中华人民共和国民事诉讼法》《最高人民法院关于适用〈中华人民共和国民事诉讼法〉的解释》《最高人民法院关于民事诉讼证据的若干规定》等法律、司法解释的规定，结合人民法院工作实际，制定本规定。

一、对鉴定事项的审查

1. 严格审查拟鉴定事项是否属于查明案件事实的专门性问题，有下列情形之一的，人民法院不予委托鉴定：

（1）通过生活常识、经验法则可以推定的事实；

（2）与待证事实无关联的问题；

（3）对证明待证事实无意义的问题；

（4）应当由当事人举证的非专门性问题；

（5）通过法庭调查、勘验等方法可以查明的事实；

（6）对当事人责任划分的认定；

（7）法律适用问题；

（8）测谎；

（9）其他不适宜委托鉴定的情形。

2. 拟鉴定事项所涉鉴定技术和方法争议较大的，应当先对其鉴定技术和方法的科学可靠性进行审查。所涉鉴定技术和方法没有科学可靠性的，不予委托鉴定。

二、对鉴定材料的审查

3. 严格审查鉴定材料是否符合鉴定要求，人民法院应当告知当事人不提供符合要求鉴定材料的法律后果。

4. 未经法庭质证的材料（包括补充材料），不得作为鉴定材料。

当事人无法联系、公告送达或当事人放弃质证的，鉴定材料应当经合议庭确认。

5. 对当事人有争议的材料，应当由人民法院予以认定，不得直接交由鉴定机构、鉴定人选用。

三、对鉴定机构的审查

6. 人民法院选择鉴定机构，应当根据法律、司法解释等规定，审查鉴定机构的资质、执业范围等事项。

7. 当事人协商一致选择鉴定机构的，人民法院应当审查协商选择的鉴定机构是否具备鉴定资质及符合法律、司法解释等规定。发现双方当事人的选择有可能损害国家利益、集体利益或第三方利益的，应当终止协商选择程序，采用随机方式选择。

8. 人民法院应当要求鉴定机构在接受委托后 5 个工作日内，提交鉴定方案、收费标准、鉴定人情况和鉴定人承诺书。

重大、疑难、复杂鉴定事项可适当延长提交期限。

鉴定人拒绝签署承诺书的，人民法院应当要求更换鉴定人或另行委托鉴定机构。

四、对鉴定人的审查

9. 人民法院委托鉴定机构指定鉴定人的，应当严格依照法律、司法解释等规定，对鉴定人的专业能力、从业经验、业内评价、执业范围、鉴定资格、资质证书有效期以及是否有依法回避的情形等进行审查。

特殊情形人民法院直接指定鉴定人的，依照前款规定进行审查。

五、对鉴定意见书的审查

10．人民法院应当审查鉴定意见书是否具备《最高人民法院关于民事诉讼证据的若干规定》第三十六条规定的内容。

11．鉴定意见书有下列情形之一的，视为未完成委托鉴定事项，人民法院应当要求鉴定人补充鉴定或重新鉴定：

（1）鉴定意见和鉴定意见书的其他部分相互矛盾的；

（2）同一认定意见使用不确定性表述的；

（3）鉴定意见书有其他明显瑕疵的。

补充鉴定或重新鉴定仍不能完成委托鉴定事项的，人民法院应当责令鉴定人退回已经收取的鉴定费用。

六、加强对鉴定活动的监督

12．人民法院应当向当事人释明不按期预交鉴定费用及鉴定人出庭费用的法律后果，并对鉴定机构、鉴定人收费情况进行监督。

公益诉讼可以申请暂缓交纳鉴定费用和鉴定人出庭费用。

符合法律援助条件的当事人可以申请暂缓或减免交纳鉴定费用和鉴定人出庭费用。

13．人民法院委托鉴定应当根据鉴定事项的难易程度、鉴定材料准备情况，确定合理的鉴定期限，一般案件鉴定时限不超过30个工作日，重大、疑难、复杂案件鉴定时限不超过60个工作日。

鉴定机构、鉴定人因特殊情况需要延长鉴定期限的，应当提出书面申请，人民法院可以根据具体情况决定是否延长鉴定期限。

鉴定人未按期提交鉴定书的，人民法院应当审查鉴定人是否存在正当理由。如无正当理由且人民法院准许当事人申请另行委托鉴定的，应当责令原鉴定机构、鉴定人退回已经收取的鉴定费用。

14．鉴定机构、鉴定人超范围鉴定、虚假鉴定、无正当理由拖延鉴定、拒不出庭作证、违规收费以及有其他违法违规情形的，人民法院可以根据情节轻重，对鉴定机构、鉴定人予以暂停委托、责令退还鉴定费用、从人民法院委托鉴定专业机构、专业人员备选名单中除名等惩戒，并向行政主管部门或者行业协会发出司法建议。鉴定机构、鉴定人存在违法犯罪情形的，人民法院应当将有关线索材料移送公安、检察机关处理。

人民法院建立鉴定人黑名单制度。鉴定机构、鉴定人有前款情形的，可列入鉴定人黑名单。鉴定机构、鉴定人被列入黑名单期间，不得进入人民法院委托鉴定专业机构、专业人员备选名单和相关信息平台。

15．人民法院应当充分运用委托鉴定信息平台加强对委托鉴定工作的管理。

16．行政诉讼中人民法院委托鉴定，参照适用本规定。

17．本规定自 2020 年 9 月 1 日起施行。

附件：

鉴定人承诺书（试行）

本人接受人民法院委托，作为诉讼参与人参加诉讼活动，依照国家法律法规和人民法院相关规定完成本次司法鉴定活动，承诺如下：

一、遵循科学、公正和诚实原则，客观、独立地进行鉴定，保证鉴定意见不受当事人、代理人或其他第三方的干扰。

二、廉洁自律，不接受当事人、诉讼代理人及其请托人提供的财物、宴请或其他利益。

三、自觉遵守有关回避的规定，及时向人民法院报告可能影响鉴定意见的各种情形。

四、保守在鉴定活动中知悉的国家秘密、商业秘密和个人隐私，不利用鉴定活动中知悉的国家秘密、商业秘密和个人隐私获取利益，不向无关人员泄露案情及鉴定信息。

五、勤勉尽责，遵照相关鉴定管理规定及技术规范，认真分析判断专业问题，独立进行检验、测算、分析、评定并形成鉴定意见，保证不出具虚假或误导性鉴定意见；妥善保管、保存、移交相关鉴定材料，不因自身原因造成鉴定材料污损、遗失。

六、按照规定期限和人民法院要求完成鉴定事项，如遇特殊情形不能如期完成的，应当提前向人民法院申请延期。

七、保证依法履行鉴定人出庭作证义务，做好鉴定意见的解释及质证工作。

本人已知悉违反上述承诺将承担的法律责任及行业主管部门、人民法院给予的相应处理后果。

承　诺　人：（签名）

鉴定机构：（盖章）

年　　月　　日

最高人民法院关于为黄河流域生态保护和
高质量发展提供司法服务与保障的意见

法发〔2020〕19 号

（最高人民法院 2020 年 6 月 1 日印发）

为深入贯彻习近平新时代中国特色社会主义思想和党的十九大及十九届二中、三中、四中全会精神，充分发挥人民法院审判职能作用，为黄河流域生态保护和高质量发展国家战略提供公正高效的司法服务与保障，制定如下意见。

一、切实提高思想认识，增强为黄河流域生态保护和高质量发展提供司法服务与保障的责任担当

1. 深刻认识黄河流域生态保护和高质量发展国家战略的重大意义。黄河是中华民族的母亲河。黄河流域是连接青藏高原、黄土高原和华北平原的生态廊道，是我国重要的经济地带和核心文化保护传承区，也是多民族聚居地和打赢脱贫攻坚战的重要区域。黄河流域生态保护和高质量发展，对于促进沿黄地区经济社会发展和生态安全，实现中华民族伟大复兴和永续发展具有重大现实意义和深远历史影响。各级人民法院要充分认识肩负的神圣职责和重要使命，切实增强为黄河流域生态保护和高质量发展提供司法服务与保障的自觉性、主动性。

2. 准确把握黄河流域生态保护和高质量发展的战略定位与基本原则。各级人民法院要牢固树立"绿水青山就是金山银山"理念，坚定不移走生态优先、绿色发展之路，统筹推进黄河流域生态环境高水平保护和经济高质量发展。深入贯彻因地制宜、分类施策理念，立足全流域，统筹谋划上下游、干支流、左右岸，以水而定、量水而行，共同抓好大保护，协同推进大治理。全面落实预防优先、注重修复理念，遵循山水林田湖草沙综合治理，统筹适用刑事、民事、行政法律责任，促进流域生态环境保护修复和自然资源合理开发利用，努力让黄河成为造福人民的幸福河。

3. 不断提升黄河流域生态保护和高质量发展的司法服务与保障水平。各级人民法院要依法公正高效审理各类案件，充分发挥刑事审判震慑和教育功能、行政审判预防和监督功能、民事审判救济和赔偿功能、公益诉讼裁判评价和指引功能，着力加强生态保护治理、保障黄河长治久安、推进水资源节约集约利用、推动全流域高质量发展、保护传承弘扬黄河文化。要积极探索构建流域司法机制，优化审判资源配置，强化工作协调联动，促进纠纷多元化解，推进流域审判体系和审判能力现代化，全方位提升服务保障黄河流域生态保护和高质量发展的质效。

二、充分发挥审判职能，为黄河流域生态保护和高质量发展提供公正高效的司法服务与保障

4. 落实严格责任，加强黄河生态系统整体保护。坚持最严法治观，依法惩处污染环境、非法采矿及破坏性开采、盗伐滥伐林木、非法捕捞水产品、非法猎捕杀害珍贵濒危野生动物等犯罪行为，严厉惩治环境监管失职犯罪、造成环境污染严重后果的重大安全责任事故犯罪，筑牢黄河流域生态屏障。加强对行政机关不履行环境违法违规行为查处职责案件的审理，监督支持行政机关依法落实流域监管责任。坚持损害担责、全面赔偿原则，依法追究环境污染、生态破坏者的民事责任，鼓励支持生产要素向防沙治沙等生态环境保护方向聚集，促进地质灾害综合防治体系建设。妥善审理环境公益诉讼、生态环境损害赔偿案件，提升黄河上游水源涵养能力，促进中游水土保持和污染防治，加强下游湿地生态系统保护，提高生物多样性。

5. 助推水沙调节，维护黄河长治久安。将依法审理涉水沙关系调节案件作为流域审判工作重点，切实保障黄河长久安澜。依法支持有关部门对黄河上游水源地及涵养湿地管理，落实生态移民搬迁、退耕还林还草、鼠虫害防治等草原生态环境治理，恢复河道及湿地功能。规范河道行政许可事项，维护河道管理秩序。保障水沙调控机制运行，严格落实河长、湖长责任制，控制地下水过度利用，减缓黄河下游淤积。严厉打击非法取水、非法采砂等违法犯罪行为，做好防洪工程设施保护等防洪减灾、水土流失综合防治工作，确保黄河沿岸人民群众生命财产

安全。

6.促进绿色用水，推进水资源节约集约利用。依法保障黄河流域分水方案的严格落实，控制取水总量，坚决抑制不合理用水需求。全面加强对黄河流域取水、用水、水功能区管理和水沙调控行政许可、权属确认等行政行为的监督，支持行政机关依法监管，维护行政相对人的合法权益。妥善审理涉节水产业、节水技术、节水设施案件，推动用水方式由粗放型向节约集约转变，保障合理规划人口、城市和产业发展，确保农业生产稳定。落实水功能区管理制度，保障水资源状况持续改善。依法支持牧区水利、小水电代燃料、黄土高原淤地坝等工程建设，巩固退耕还林成果。

7.支持创新驱动，促进黄河流域高质量发展。全面贯彻新发展理念，妥善审理涉新技术、新业态、新模式案件，有效服务沿黄地区产业结构转型升级。依法平等保护产权，激励和保护创新，引导各类市场主体展开有序良性竞争，营造流域内法治化营商环境。强化破产重整案件审判，完善市场主体退出制度机制。助力美丽乡村建设，支持流域省区打赢脱贫攻坚战，保障乡村振兴战略顺利实施。发挥涉外民商事审判职能作用，促进黄河流域高质量发展和"一带一路"建设的有机衔接，服务更高水平的对外开放新格局。

8.保护人文资源，传承弘扬黄河文化。严厉打击损毁文物，损毁名胜古迹，盗掘古文化遗址、古墓葬，盗掘古人类化石、古脊椎动物化石等犯罪行为，严厉惩治破坏黄河流域人文遗迹、自然遗迹的犯罪分子，保护黄河历史文化遗产。加大对黄河流域相关文学艺术作品、非物质文化遗产的司法保护力度，促进黄河文化的历史传承与创新发展。发挥公益诉讼的特殊作用，有效释放社会组织保护黄河文化的潜力活力，支持检察机关提起民事和行政公益诉讼，统筹文化传承利用和生态保护治理，实现黄河文化价值弘扬延续，筑牢中华民族的根和魂。

9.强化修复措施，保障黄河生态环境治理。坚持保护优先、注重修复司法理念，守住生态保护红线，促进生态环境修复和自然资源合理开发利用。创新审判执行方式，充分发挥环境保护禁止令的作用，立足不同环境要素的修复要求，探索多元化生态修复方式，完善刑事制裁、民事赔偿与生态补偿有机衔接的环境修复责任体系。建立健全公益诉讼、生态环境损害赔偿诉讼专项资金的管理使用、审计监督及责任追究制度，确保生态环境及时有效修复。推动修复主体多元化，在环境损害鉴定、修复方式选择和判决执行监督等方面加强与行政机关对接，拓宽第三方替代履行和公众参与生态环境保护和修复渠道，形成共建共治共享的流域生态环境治理格局。

10．注重分类施策，因地制宜发挥司法功能。充分考虑黄河上中下游差异，结合各地实际和区域特点，针对不同司法需求妥善审理相关案件，统筹黄河流域经济高质量发展和生态高质量保护。注重加强对三江源、祁连山、甘南黄河上游水源涵养区、黄土高原、河口三角洲湿地等区域生态环境治理的司法保障，创造良好生态产品。注重加强对黄淮海平原、河套灌区、汾渭平原等区域能源资源合理开发利用的司法保障，确保国家粮食安全，提高经济承载能力。注重加强对上中游地区和下游滩区防洪安全、饮水安全、生态安全的司法保障，提高基础设施和公共服务水平，持续改善民生。

三、构建流域司法机制，形成推进黄河流域生态保护和高质量发展的合力

11．健全专门审判机构。落实中共中央办公厅、国务院办公厅《关于构建现代环境治理体系的指导意见》，推进黄河流域环境资源专门审判机构建设，统一涉环境资源案件的受案范围和审理程序。加强知识产权法庭建设，保障黄河文化传承，服务创新驱动发展。充分发挥国际商事法庭作用，服务共建"一带一路"，助力更高水平开放型经济新体制建设。统筹黄河流域生态环境和文化资源整体保护需要，深入推进知识产权和环境资源刑事、民事、行政案件"三合一"归口审判机制改革。

12．完善案件集中管辖。总结知识产权、涉外、行政、环境资源审判跨区划集中管辖的实践经验，坚持改革创新，构建契合黄河流域生态保护和高质量发展需要的案件集中管辖机制。加强流域内集中管辖法院内部以及集中管辖和非集中管辖法院之间的协同审判机制。探索构建流域、湿地等生态功能区和国家公园等自然保护地涉生态保护案件的跨省域集中管辖机制。

13．拓展流域司法协作。构建黄河流域常态化司法协作机制，加强流域内各

地方法院之间在立案、审判、执行方面的工作协调对接。推进跨域立案诉讼服务改革，推动流域内各地方法院之间诉讼事项跨区域远程办理、跨层级联动办理。对于流域内重大疑难复杂法律适用问题，由相关法院共同协商研究解决。健全流域一体化执行指挥体系，推动流域内异地法院之间在查询、冻结、查封、调查或者法律文书送达等有关事项的司法协作。立足流域内生态环境治理需要，构建沿黄河九省区人民法院环境资源司法协作机制。

14．推进部门协调联动。主动融入党委领导、政府负责、民主协商、社会协同、公众参与、法治保障、科技支撑的黄河流域社会治理体系。依法加强与检察机关、公安机关、行政执法机关的协同配合，在证据的采集与固定、案件的协调与化解、判决的监督与执行等方面有序衔接。围绕审判执行中发现的问题，及时与有关部门沟通，提出司法建议，推动形成黄河流域生态保护和高质量发展合力。

15．促进纠纷多元化解。坚持和发展新时代"枫桥经验"，加强诉源治理，深化"分调裁审"机制改革，加快建设"一站式"多元解纷机制，高效服务黄河流域生态保护和高质量发展。推动健全人民调解、行政调解、司法调解联动工作机制，做好诉讼与和解、调解、仲裁、公证、行政裁决、行政复议等非诉讼纠纷解决机制之间的有机衔接，对调解协议、经磋商达成的生态环境损害赔偿协议依法予以司法确认。积极依靠当地党委、政府，统筹社会各方力量，依法及时化解各类群体性纠纷。

16．畅通信息共享渠道。全面加强智慧法院建设，加强黄河流域上下游、左右岸、干支流各地方法院之间的互联互通，推动建立云计算和大数据应用平台，运用区块链技术，实现流域内各地方法院信息资源共享，最大限度提升审判质效。全面应用中国移动微法院，坚持线上线下结合，畅通黄河流域立体化诉讼服务渠道。深化执行管理、网络查控、联合惩戒、司法拍卖等环节信息化建设，提升智慧执行水平。提高数据汇聚、管理、分析和服务能力，充分发挥司法大数据在黄河治理和保护中的重要作用。

17．深化社会公众参与。坚持专业审判与公众参与相结合，组建专家库、专家咨询委员会，在评估、鉴定、修复方案确定、专业事实查明等事项中充分发挥专家辅助人、专家陪审员、技术调查官的作用。拓宽公众参与司法的途径，畅通诉讼渠道，依法维护人民群众的人身、财产权益和生态环境公共利益。全面落实审判流程信息公开、庭审公开直播、裁判文书公开上网、执行信息公开等各项工作机制，进一步拓展司法公开的广度和深度。定期发布黄河流域司法保护状况白皮书和典型案例，增进社会公众对黄河流域司法保护状况的了解。构建适应大数据时代要求的全媒体、立体化宣传机制，拓展宣传载体，增强宣传实效，营造司法服务保障黄河流域生态保护和高质量发展的良好舆论氛围。

18. 加强审判队伍建设。坚持把党的政治建设摆在首位，不断提高政治站位和政治能力，增强"四个意识"、坚定"四个自信"、做到"两个维护"。加大力度培养知识产权、涉外、环境资源、互联网、金融、破产等领域司法人才，加强业务培训，提升审判能力和水平。深入推进纪律作风建设，求真务实、清正廉洁、担当作为，打造一支革命化、正规化、职业化、专业化的法院队伍，为实现黄河流域生态保护和高质量发展国家战略提供有力组织保障。

最高人民法院　公安部　司法部　中国银行保险监督管理委员会关于在全国推广道路交通事故损害赔偿纠纷"网上数据一体化处理"改革工作的通知

法〔2020〕142 号

（2020 年 5 月 6 日印发）

各省、自治区、直辖市高级人民法院、公安厅（局）、司法厅（局），各银保监局，解放军军事法院，新疆维吾尔自治区高级人民法院生产建设兵团分院、新疆生产建设兵团公安局、司法局：

2017 年 10 月 27 日，最高人民法院、公安部、司法部、原中国保险监督管理委员会下发《关于在全国部分地区开展道路交通事故损害赔偿纠纷"网上数据一体化处理"改革试点工作的通知》（法〔2017〕316 号），决定在 14 个省（市）联合开展道路交通事故损害赔偿纠纷"网上数据一体化处理"（以下简称道交纠纷一体化处理）改革试点工作。两年的改革试点证明，这项工作方向正确、意义重大、成效明显，对开创互联网时代矛盾纠纷多元化解新模式、实现纠纷公正高效处理、维护人民群众人身财产合法权益、推进社会治理创新发挥了积极作用。最高人民法院、公安部、司法部、中国银行保险监督管理委员会决定，将联合开展道交纠纷一体化处理改革工作在全国推广。现将有关事项通知如下。

一、统一思想，充分认识全面推广道交纠纷一体化处理工作的重要意义

开展道交纠纷一体化处理工作，是满足人民群众日益增长的美好生活需要、服务保障经济社会发展大局的必然要求，是创新多元化纠纷解决机制、促进矛盾纠纷公正高效便捷化解的有益探索，是打造共建共治共享的社会治理格局、提高社会治理社会化、法治化、智能化、专业化水平的重要举措。前期的改革试点形成了一批可复制、可推广的成功经验，在此基础上以点带面，深入推进、全面推广这项工作，有利于巩固和深化改革成果，使改革红利惠及更广大人民群众，使机制优势充分转化成治理效能，具有重要的现实意义和实践价值。

二、自觉服务和保障大局，增强做好工作的责任感、使命感

人民法院、公安机关、司法行政机关、银行保险监管机构要以深入贯彻党的十九大、十九届二中、三中、四中全会精神以及中央政法工作会议、政法领域全面深化改革推进会和市域治理会议精神为契机，以习近平新时代中国特色社会主义思想为指导，增强"四个意识"，坚定"四个自信"，做到"两个维护"，不忘初心、牢记使命，紧紧围绕推进国家治理体系和治理能力现代化这一重大战略任务，深化社会综合治理，更广泛地运用互联网技术和信息化手段加强预防和化解社会矛盾机制建设，切实增强做好道交纠纷一体化处理工作的责任感、使命感，在互动协作中促进矛盾纠纷源头治理和有效化解，合力打造共建共治共享的社会治理格局，有力促进平安中国、法治中国建设。

三、坚持问题导向和目标导向，发挥示范引领作用，推进试点地区道交纠纷一体化处理工作新发展

试点地区应在巩固改革试点成果的基础上，坚持问题导向、目标导向，深入推进道交纠纷一体化处理工作，充分发挥示范引领作用，为推进基层社会治理体系和治理能力现代化贡献力量。

（一）加大平台建设力度。未完成平台上线的人民法院应在两年内实现道交纠纷一体化平台全部上线。自主建设的道交纠纷一体化平台应确保按照《道路交通事故损害赔偿纠纷"网上数据一体化处理"业务规范指引》《道路交通事故损害赔偿纠纷"网上数据一体化处理"技术规范指引》的要求，将数据实时汇聚至统建的道交纠纷一体化平台。

（二）优化升级平台功能。按照共建共治共享原则，进一步打通道交领域各部门数据孤岛，开放道交纠纷一体化平台数据接口，实现各部门数据共享，解决调解员多系统重复录入信息问题。完善道交纠纷处理全流程数据库，提高数据录入

的准确性、完整性和及时性，着力解决鉴定机构、保险公司等部门与人民法院系统对接不畅、人民法院内网办案系统与外网道交纠纷一体化平台不对接问题，优化提升一体化平台功能模块的便捷性、智能性，让平台运行更加高效，全面实现信息互通、一网办案。积极做好道交纠纷一体化平台与人民法院调解平台、公共法律服务平台的对接工作，使道路交通事故损害赔偿纠纷也可通过人民法院调解平台、公共法律服务平台申请调解，实现相关平台互联互通、数据共享。

（三）强化部门联动协同。在党委统一领导下，积极争取政府及有关部门对深入推进道交纠纷一体化处理工作的支持，落实和加大专项工作经费保障，着力解决多头管理、工作交叉、权责不清等制约纠纷高效便捷化解的突出问题，充分利用道交纠纷一体化平台形成的大数据资源，加强社会治安形势分析研判，健全非诉调解、诉讼风险评估、类案结果提示、一键理赔等工作机制，凝聚多元力量，共同发力、协同推进社会治理创新。

（四）规范完善调解机制。司法行政机关应会同有关部门，进一步加强道路交通事故人民调解组织建设，充实人民调解员力量，积极发展专职人民调解员队伍，加强人民调解员网络操作和法律知识培训，及时上传调解案件信息，完善调解工作考核机制，增强调解工作激励。银行保险监管机构应会同司法行政机关，指导保险行业协会加强保险行业道路交通事故纠纷调解组织建设和调解员的选聘管理，加强对涉保险的道交纠纷调解工作的指导，提高相关调解工作的规范化、制度化，研究解决异地保单调解授权存在障碍等待等问题。人民法院应加强特邀调解工作，建立特邀调解组织和调解员名册，吸纳保险行业人员、人民调解员、法律职业工作者等担任特邀调解员。

（五）完善诉调对接。强化诉源治理体系建设，促进矛盾纠纷诉前化解，积极开展在线调解，扩大电子送达方式的适用，完善涉保司法鉴定工作机制，规范鉴定的委托与受理，建立在线委托鉴定机制。拓展理赔计算器在行政调解、人民调解、保险理赔中的运用，统一赔偿标准与证据规则，积极试行城乡融合发展背景下道交纠纷人身损害赔偿城乡一元标准，使调解、裁判、保险理赔流程更加标准、高效。人民法院应完善在线司法确认、调解转诉讼的绩效考核机制，将在线司法确认作为审判绩效指标计入工作量。

（六）提高网上保险理赔效率。银行保险监管机构应进一步提高对道交纠纷一体化处理工作重要性的认识，积极引导各保险公司通过道交纠纷一体化平台进行理赔，简化平台上调解案件的保险理赔审批程序，缩短理赔时限，使一键理赔、快速赔付落地见效。

四、借鉴成功经验，开拓创新，确保非试点地区道交纠纷一体化处理工作顺利稳步推开

非试点地区应结合各自实际情况，借鉴试点地区成功经验，积极探索，分步骤、稳步开展道交纠纷一体化处理工作，确保这项工作取得实效，积极推动本地区基层社会治理创新。

（一）关于组织领导。非试点地区人民法院、公安机关、司法行政机关、银行保险监管机构应树立战略眼光，充分认识全面推广道交纠纷一体化处理工作的重要意义，加强组织领导，统筹协调，通盘部署，建立工作协调和信息共享机制，确定联系部门和联系人，设立专项工作经费，共同推进道交纠纷一体化平台建设和工作开展。结合本地实际制定具体实施方案，逐级层报上级业务或主管部门。

非试点地区人民法院应结合自身实际组建专门的改革联络办公室，负责各相关部门之间协作交流、联席会议等具体事宜的落实及日常联络。

（二）关于工作内容和工作要求。按照最高人民法院、公安部、司法部、原中国保险监督管理委员会《关于在全国部分地区开展道路交通事故损害赔偿纠纷"网上数据一体化处理"改革试点工作的通知》（法〔2017〕316号）的相关内容执行。

（三）关于规范要求和平台建设方式。按照最高人民法院办公厅、公安部办公厅、司法部办公厅、中国银行保险监督管理委员会办公厅《关于印发〈道路交通事故损害赔偿纠纷"网上数据一体化处理"工作规范（试行）〉的通知》、最高人民法院《关于下发〈关于道路交通事故损害赔偿纠纷"网上数据一体化处理"业务规范指引〉〈关于道路交通事故损害赔偿纠纷"网上数据一体化处理"技术规范指引〉的通知》执行。自主建设道交纠纷一体化平台的人民法院，应确保自建平台的数据能够实时汇聚到统建的道交纠纷一体化平台。

（四）关于时间要求。新开展工作的高级人民法院根据自身信息化建设情况，认真确定道交纠纷一体化平台的建设方式，于 2020 年 6 月 1 日前通过纸质文件报送最高人民法院，确定后原则上不再支持建设模式的变更，2020 年 12 月 31 日前完成平台建设。

五、加强宣传引导，为全面推广道交纠纷一体化处理工作营造良好氛围

改革工作的有序开展、全面推广，离不开宣传引导工作。人民法院、公安机关、司法行政机关、银行保险监管机构要加大普法宣传力度，通过媒体报道、发放宣传册、网络直播等多种途径，让人民群众全面了解道交纠纷一体化处理工作的内容和成效，提升社会认知度和接受度，为深入推进、全面推广道交纠纷一体化处理工作创造有利外部环境。加强对道交纠纷当事人的引导，在当事人自愿选择的基础上，主动运用道交纠纷一体化平台化解矛盾纠纷，减少当事人诉累，促进矛盾纠纷便捷高效公正化解，提高社会综合治理效能。

六、及时总结问题经验，协同做好道交纠纷一体化处理工作阶段性检查

全面推广道交纠纷一体化处理工作中存在的问题与经验要及时向上级业务或主管部门报送。最高人民法院、公安部、司法部、中国银行保险监督管理委员会将共同加强指导，适时组织阶段性检查总结。

附件：1. 最高人民法院、公安部、司法部、中国保险监督管理委员会《关于在全国部分地区开展道路交通事故损害赔偿纠纷"网上数据一体化处理"改革试点工作的通知》（法〔2017〕316 号）（略）

2. 最高人民法院办公厅、公安部办公厅、司法部办公厅、中国银行保险监督管理委员会办公厅《关于印发〈道路交通事故损害赔偿纠纷"网上数据一体化处理"工作规范（试行）〉的通知》（法办〔2018〕163 号）（略）

3. 最高人民法院《关于下发〈关于道路交通事故损害赔偿纠纷"网上数据一

体化处理"业务规范指引〉〈关于道路交通事故损害赔偿纠纷"网上数据一体化处理"技术规范指引〉的通知》（法明传〔2018〕51号）（略）

4.关于道路交通事故损害赔偿纠纷"网上数据一体化处理"业务规范指引（略）

5.关于道路交通事故损害赔偿纠纷"网上数据一体化处理"技术规范指引（另附电子版）（略）

最高人民法院

公安部

司法部

中国银行保险监督管理委员会

2020年5月6日

最高人民法院关于深入学习贯彻习近平
生态文明思想为新时代生态环境保护
提供司法服务和保障的意见

法发〔2018〕7 号

（最高人民法院 2018 年 5 月 30 日印发）

为深入学习贯彻习近平新时代中国特色社会主义思想特别是习近平生态文明思想和党的十九大精神，充分发挥人民法院审判职能作用，为新时代生态环境保护提供更加有力的司法服务和保障，制定如下意见。

一、坚持以习近平生态文明思想指导环境资源审判工作

1. 切实提高政治站位，把习近平生态文明思想贯彻到环境资源审判工作全过程。习近平生态文明思想是习近平新时代中国特色社会主义思想的重要组成部分，指明了新时代推进生态文明建设的方向。加强生态环境保护是建成富强民主文明和谐美丽的社会主义现代化强国的必然要求。各级人民法院要深入学习贯彻习近平生态文明思想，准确把握服务保障新时代生态环境保护的目标任务，切实提高政治站位，增强责任感使命感。要把习近平生态文明思想体现和贯彻到环境资源审判工作全过程，围绕大局、完善思路、谋划发展，全面加强新时代生态环境保护司法服务和保障。

2. 以习近平生态文明思想为指引，树立新时代环境资源司法理念。坚持以人民为中心，不断满足人民群众日益增长的对优美生态环境和公正环境资源司法保障的需求，切实保障人民群众在健康、舒适、优美生态环境中生存发展的权利。坚持人与自然和谐共生，落实节约优先、保护优先、自然恢复为主的方针，通过有效法律手段把生产生活规制在资源环境承载能力范围内，推动实现经济全面发展、社会全面进步、生态全面优化。坚持绿水青山就是金山银山，统筹协调经济

社会可持续发展与生态环境保护的关系，找准环境保护、经济发展与人民群众环境权益之间的平衡点，推动经济高质量发展和生态环境高水平保护。坚持山水林田湖草系统保护，统筹考虑自然生态各要素保护需要，探索创新审判执行方式，推动生态环境整体保护、系统修复、区域统筹、综合治理。

3. 用最严格的制度、最严密的法治保护生态环境。用最严格的制度、最严密的法治保护生态环境是习近平生态文明思想的重要内容。各级人民法院要深入学习贯彻习近平生态文明思想对于加强生态环境保护制度建设和法治保障的要求，紧紧围绕"努力让人民群众在每一个司法案件中感受到公平正义"的工作目标，切实贯彻节约资源和保护环境的基本国策，创新体制机制，完善裁判规则，通过专业化的环境资源审判落实最严格的源头保护、损害赔偿和责任追究制度，不断提升新时代生态环境保护的司法服务和保障水平。

二、服务保障污染防治和生态安全保护

4. 助力打好污染防治攻坚战。依法审理大气污染纠纷案件，严惩超标排污造成大气严重污染的违法行为，加大京津冀及周边、长三角、汾渭平原等重点区域的大气污染纠纷案件审理力度，为打赢蓝天保卫战提供坚强司法后盾。依法审理水污染纠纷案件，加大长江、黄河、鄱阳湖、洞庭湖、太湖等重点水域的水污染纠纷案件审理力度，严惩污染饮用水水源地违法行为，推动城市黑臭水体治理，维护水环境和水生态安全。依法审理土壤污染纠纷案件，准确界定土壤污染责任主体，探索多样化责任承担方式，妥善确定污染地治理、修复和再利用方案，维护食品安全和生活环境安全。严厉打击非法转移、倾倒、利用和处置固体废物和垃圾等违法犯罪行为，妥善处理因垃圾焚烧、填埋引发的群体性纠纷，维护优美生活环境。依法审理噪声、振动等引发的环境污染案件，合理认定侵权责任构成要件，保障人民群众宁静生活的权益。

5. 依法保护海洋自然资源与生态环境。依法惩处非法向海洋排放污染物及破坏红树林、珊瑚礁等海洋生态环境的犯罪行为，依法审理涉及海岸工程建设项目、海洋工程建设项目、船舶及有关作业活动污染环境等案件，保护海洋生态环境安全。妥善审理涉及海洋动植物物种引进、海岛资源开发、海水养殖场建设各类案

件，以及行政主管部门针对破坏海洋生态、海洋水产资源、海洋保护区等行为提起的海洋生态环境损害赔偿案件，保护海洋生态环境和自然资源。

6. 全面服务美丽乡村建设。贯彻乡村振兴战略，加大涉及农村人居环境整治案件审理力度。依法严惩污染乡村环境、河道非法采砂、盗伐滥伐林木、非法采矿及破坏性采矿、非法捕捞水产品等违法犯罪行为，探索将环境资源生态价值损失纳入定罪量刑情节。依法审理农业面源污染防治案件，推动生活垃圾、生活污水、畜禽养殖、农业种植等多种污染源集中处置和无害化治理，注重源头预防，改善农村生产、生活、生态环境。妥善审理因退耕还林还草还湿，退牧还草、禁牧轮休、草畜平衡、江河湖海限捕、禁捕等引发的权属、合同、侵权等纠纷案件，推动构建多元化生态补偿机制。依法审理发展乡村生态旅游过程中的合同及侵权纠纷案件，促进优质农业生态产品和服务供给，助力生态宜居的美丽乡村建设。

7. 不断提升生物多样性保护水平。依法惩治非法猎捕、杀害珍贵、濒危野生动物，非法狩猎及非法交易野生动植物制品等违法犯罪行为，维护物种多样性。严厉打击走私国家禁止进口动植物及其制品的违法犯罪行为，防控外来生物入侵。妥善审理环境污染及过度开发利用破坏生物多样性及种群关键栖息地案件，维护生态系统多样性。妥善审理生物多样性保护与生物遗传资源案件，推进濒危野生植物资源原生境保护，有效保护我国生物基因资源库。积极研究生物资源产权保护、有偿使用、综合利用以及生物技术等相关法律问题，推动完善生物多样性保护法律体系。

8. 从严保障生态安全战略布局。配合"两屏三带"国家生态安全战略布局，严守生态保护红线、环境质量底线、资源利用上线，依法审理涉及水源涵养、水土保持、防风固沙、生物多样性维护等重点生态功能区域以及水土流失敏感区、沙漠化敏感区、石漠化敏感区、冻融侵蚀敏感区等生态环境敏感脆弱区域各类案件，坚持源头严防、过程严控、后果严惩，注重生态保护修复，构筑生态安全屏障。

三、服务保障经济高质量发展

9. 推动构建绿色产业结构。妥善审理经济结构和能源政策调整、产能过剩引发的企业改制、整合、破产等案件，依法支持和保障节能环保产业、清洁生产产业、清洁能源产业发展。妥善审理节能、节水、节材和资源综合利用等领域的专利、技术合同、不正当竞争、反垄断等知识产权纠纷，推动市场主体创新发展，促进传统企业向绿色产业转型升级。加强对涉及绿色信贷、绿色债券、绿色保险等金融工具的法律风险和规制研究，为绿色发展领域新类型案件的审理做好知识储备。通过具体案件的审理推动市场主体创新发展，保障重大生态修复工程的实施，增强优质生态产品生产能力，保障经济效益、社会效益、生态效益同步提升。

10. 推动形成绿色生产方式。妥善审理涉及土地、矿产、林业等自然资源开发利用案件，促进生产领域资源物耗减量化及清洁生产，形成全面节约、循环利用的绿色生产方式。依法审理合同能源管理、合同节水管理等节能服务相关案件，推进农业、工业、城镇节水改造，以及矿山企业技术和工艺改造等重点领域的能源节约，提高能源资源利用效率。深入研究用能权、用水权、排污权、碳排放权交易的法律属性、初始分配和交易规则，推动环境资源交易市场制度完善。

11. 推动形成绿色生活方式。妥善审理涉及共享经济、绿色建筑、新能源、新业态等领域环境资源相关案件，推动生产、流通、回收等环节绿色化。加大环境司法宣传力度，发挥典型案件的示范引领作用，培育社会公众的生态环境保护意识，推动全社会形成简约适度、绿色低碳的生活方式。

12. 推动企业积极承担生态环境保护社会责任。妥善处理列入重点生态功能区产业准入负面清单的企业关停并转过程中引发的破产、整合、职工安置等纠纷。鼓励企业开展技术创新和改造，督促上市公司、发债企业、重点排污企业等依法公开环境信息，将环境保护、环境管理要求纳入经营决策机制，自觉履行生态环境保护的主体责任。推动绿色公平营商环境建设，激发企业家诚信经营、节约资源、保护环境的积极性，引导企业积极承担生态环境保护社会责任及生产者延伸责任。

四、服务保障生态文明体制改革

13. 依法审理自然资源资产产权纠纷案件。贯彻生态环境监管体制改革要求，遵循资源公有、物权法定和统一确权登记原则，妥善审理涉及水流、森林、山岭、草原、荒地、滩涂等自然生态空间确权登记案件，依法保障国有资产统一监管机构加强国有自然资源产权保护。妥善审理矿业权审批及颁证、房地征收等行政案件，依法促进落实主体功能区规划，合理控制国土开发空间和强度，促进资源集约利用和有序开发。依法审理涉及海域使用权、矿业权、取水权、养殖权、捕捞权、林业权等自然资源用益物权纠纷，妥善处理司法裁判与行政监管的关系，维护资源开发利用秩序。妥善审理涉及自然资源开发利用的股权转让、承包、合作、出租、抵押等案件，促进自然资源有序利用和流转。

14. 加强环境公益诉讼审判工作。贯彻落实民事诉讼法、行政诉讼法、环境保护法要求，充分发挥环境公益诉讼制度维护国家利益、社会公共利益和公众环境权益功能，督促依法行政，推动完善环境治理体系。依法审理社会组织提起的环境公益诉讼案件，畅通诉讼渠道，保障社会组织公益诉权，完善审理程序和配套机制，引导社会公众有序参与生态环境保护。全面加强检察公益诉讼审判工作，在遵循民事诉讼、行政诉讼基本制度基础上不断完善审理程序和裁判规则，促进依法行政、严格执法，提升国家利益和社会公共利益司法保障水平。推动建立公益诉讼资金的管理、使用、审计监督等制度，确保资金用于受损生态环境修复治理。

15. 推进生态环境损害赔偿制度改革。贯彻落实中共中央办公厅、国务院办公厅《生态环境损害赔偿制度改革方案》要求，全面加强生态环境损害赔偿案件审判工作。完善赔偿协议司法确认程序，探索赔偿协议审查与公告制度，保障公众知情权。制定生态环境损害赔偿诉讼与环境公益诉讼衔接规则，推动健全生态环境损害司法鉴定和评估机制。根据赔偿义务人主观过错、经营状况等因素试行分期赔付，探索多样化责任承担方式，研究符合生态环境损害赔偿需要的诉前证据保全、先予执行、执行监督、生态环境修复效果评估等制度，确保生态环境得到及时有效的修复。

16. 突出重点区域生态环境治理。加强长江经济带生态环境司法保障，坚持共抓大保护、不搞大开发，把修复长江生态环境摆在压倒性位置，充分运用司法手段修复受损生态环境，推动长江流域生态环境质量不断改善，助力长江经济带高质量发展。加强雄安新区规划建设和京津冀协同发展司法保障，妥善审理雄安新区建设中出现的环境资源纠纷案件。加强国家生态文明试验区建设司法保障，精准服务经济绿色发展，探索积累可复制、可推广的有益经验。加强国家公园试点司法保障，妥善处理在统一环境准入和退出过程中引发的纠纷，推动构建以国家公园为主体的自然保护地体系，强化大面积自然生态系统原真性、整体性保护。加强国土空间主体功能区规划执行司法保障，立足优化开发、重点开发、限制开发、禁止开发的不同功能定位，确定相应的案件处理思路，推动实现人口与经济合理分布并与环境承载能力相适应。

五、健全完善环境资源审判体制机制

17．完善环境资源专门化审判机制。坚持专业化发展道路，具备条件的高、中级人民法院可以在规定的内设机构总数内，通过单独设置的方式设立环境资源审判机构；尚不具备条件的，可以通过加挂牌子或者在相关审判庭内设立专业化合议庭或专门审判团队负责环境资源审判工作。继续深化法院组织体系改革，探索设立环境资源专业性法院。持续推进环境资源管辖制度改革，探索将跨省级行政区划等重大环境资源案件纳入跨行政区划集中管辖范围，推进跨区域司法协作、全流域协同治理。

18．推动环境资源刑事、民事、行政案件由专门审判机构或者专业审判团队审理。充分发挥环境资源刑事、民事、行政审判合力，探索将环境污染和生态破坏相关刑事案件、环境资源民事案件、以生态环境和自然资源行政主管部门为被告的部分行政案件、环境公益诉讼案件以及生态环境损害赔偿案件等由环境资源专门审判机构或者专业审判团队审理的"二合一"或者"三合一"工作模式，妥善协调当事人应承担的刑事、民事、行政法律责任，促进生态环境的一体保护和修复。

19．完善环境资源纠纷多元共治体系。保障人民群众对生态环境保护案件的知情权与参与权，贯彻落实人民陪审员法，对于重大环境资源案件和公益诉讼案件依法组成七人合议庭审理，尊重人民陪审员就事实认定问题的表决权。推动完善环境资源纠纷多元化解决机制，发挥行政调解、人民调解、行业调解、仲裁等非诉讼纠纷解决机制的作用。加强与公安机关、检察机关以及环境资源保护行政主管部门之间的证据提取、信息共享和工作协调，推动构建党委领导、政府负责、社会协同、公众参与、法治保障的现代化环境治理体系，协同打好污染防治攻坚战和生态文明建设持久战。

20. 加强环境资源审判国际司法交流合作。树立人类命运共同体理念，推动和引导应对气候变化、节能减排、生物多样性保护等领域国际司法交流合作。拓展环境资源法官国际交流、培训及互访渠道，定期举办环境司法国际论坛，加强环境资源法律比较研究和司法案例信息共享，展示中国生态环境保护和环境司法的发展成就，广泛传播中国环境资源司法理念。积极参与全球环境治理，促进形成公平合理、合作共赢的世界环境保护和可持续发展的司法解决方案，为全球生态文明建设作出积极贡献。

21. 建设专业化环境资源审判队伍。深入学习贯彻习近平新时代中国特色社会主义思想特别是习近平生态文明思想，牢固树立"四个意识"，坚定"四个自信"，着力强化环境资源审判队伍思想政治建设。坚持反腐败无禁区，根据环境资源案件涉及利益重大、主体多元、矛盾尖锐的特点，督促教育干警时刻保持高度警惕、警钟长鸣，严守廉政底线。适应新时代要求，加强环境资源审判专业培训和业务交流，努力打造一支政治强、本领高、作风硬、敢担当的专业化环境资源审判队伍。

第三部分

中共中央、国务院文件节录

国务院关于印发"十四五"节能减排综合工作方案的通知

国发〔2021〕33号

（2021年12月28日）

各省、自治区、直辖市人民政府，国务院各部委、各直属机构：

　　现将《"十四五"节能减排综合工作方案》印发给你们，请结合本地区、本部门实际，认真贯彻落实。

国务院

2021年12月28日

"十四五"节能减排综合工作方案

　　（五）完善经济政策。各级财政加大节能减排支持力度，统筹安排相关专项资金支持节能减排重点工程建设，研究对节能目标责任评价考核结果为超额完成等级的地区给予奖励。逐步规范和取消低效化石能源补贴。扩大中央财政北方地区冬季清洁取暖政策支持范围。建立农村生活污水处理设施运维费用地方各级财政投入分担机制。扩大政府绿色采购覆盖范围。健全绿色金融体系，大力发展绿色信贷，支持重点行业领域节能减排，用好碳减排支持工具和支持煤炭清洁高效利用专项再贷款，加强环境和社会风险管理。鼓励有条件的地区探索建立绿色贷款财政贴息、奖补、风险补偿、信用担保等配套支持政策。加快绿色债券发展，支持符合条件的节能减排企业上市融资和再融资。积极推进环境高风险领域企业投保环境污染责任保险。落实环境保护、节能节水、资源综合利用税收优惠政策。

完善挥发性有机物监测技术和排放量计算方法，在相关条件成熟后，研究适时将挥发性有机物纳入环境保护税征收范围。强化电价政策与节能减排政策协同，持续完善高耗能行业阶梯电价等绿色电价机制，扩大实施范围、加大实施力度，落实落后"两高"企业的电价上浮政策。深化供热体制改革，完善城镇供热价格机制。建立健全城镇污水处理费征收标准动态调整机制，具备条件的东部地区、中西部城市近郊区探索建立受益农户污水处理付费机制。（国家发展改革委、财政部、人民银行、银保监会、证监会、工业和信息化部、生态环境部、住房城乡建设部、税务总局、国家能源局等按职责分工负责）

关于深入打好污染防治攻坚战的意见

中共中央　国务院

（2021 年 11 月 2 日）

（三十三）健全生态环境经济政策。扩大环境保护、节能节水等企业所得税优惠目录范围，完善绿色电价政策。大力发展绿色信贷、绿色债券、绿色基金，加快发展气候投融资，在环境高风险领域依法推行环境污染强制责任保险，强化对金融机构的绿色金融业绩评价。加快推进排污权、用能权、碳排放权市场化交易。全面实施环保信用评价，发挥环境保护综合名录的引导作用。完善市场化多元化生态保护补偿，推动长江、黄河等重要流域建立全流域生态保护补偿机制，建立健全森林、草原、湿地、沙化土地、海洋、水流、耕地等领域生态保护补偿制度。

关于深化生态保护补偿制度改革的意见

中共中央办公厅　国务院办公厅

（2021 年 9 月 12 日）

（二）拓展市场化融资渠道。研究发展基于水权、排污权、碳排放权等各类资源环境权益的融资工具，建立绿色股票指数，发展碳排放权期货交易。扩大绿色金融改革创新试验区试点范围，把生态保护补偿融资机制与模式创新作为重要试点内容。推广生态产业链金融模式。鼓励银行业金融机构提供符合绿色项目融资特点的绿色信贷服务。鼓励符合条件的非金融企业和机构发行绿色债券。鼓励保险机构开发创新绿色保险产品参与生态保护补偿。

强化危险废物监管和利用处置能力改革实施方案

国办函〔2021〕47 号

（国务院办公厅 2021 年 5 月 11 日印发）

为深入贯彻党中央、国务院决策部署，落实《中华人民共和国固体废物污染环境防治法》等法律法规规定，提升危险废物监管和利用处置能力，有效防控危险废物环境与安全风险，制定本方案。

一、总体要求

（一）指导思想。以习近平新时代中国特色社会主义思想为指导，全面贯彻党的十九大和十九届二中、三中、四中、五中全会精神，深入落实习近平生态文明思想，按照党中央、国务院决策部署和全国生态环境保护大会要求，坚持精准治污、科学治污、依法治污，以持续改善生态环境质量为核心，以有效防控危险废物环境与安全风险为目标，深化体制机制改革，着力提升危险废物监管和利用处置能力，切实维护人民群众身体健康和生态环境安全。

（二）工作原则。

——坚持改革创新，着力激发活力。全面深化改革，创新方式方法，激发市场活力，鼓励有条件的地区先行先试，切实解决危险废物监管和利用处置方面存在的突出问题。

——坚持依法治理，着力强化监管。完善危险废物相关法律法规和标准规范，明确部门职责分工，建立完善部门联动机制，健全危险废物监管体系。

——坚持统筹安排，着力补齐短板。通过科学评估、合理布局、优化结构，分行业领域、分区域地域补齐医疗废物、危险废物收集处理设施方面短板。

——坚持多元共治，着力防控风险。强化政府引导与支持，压实企业主体责任，充分发挥社会组织和公众监督作用，实行联防联控联治，严守危险废物环境与安全风险底线。

（三）工作目标。到 2022 年底，危险废物监管体制机制进一步完善，建立安全监管与环境监管联动机制；危险废物非法转移倾倒案件高发态势得到有效遏制。基本补齐医疗废物、危险废物收集处理设施方面短板，县级以上城市建成区医疗废物无害化处置率达到 99% 以上，各省（自治区、直辖市）危险废物处置能力基本满足本行政区域内的处置需求。

到 2025 年底，建立健全源头严防、过程严管、后果严惩的危险废物监管体系。危险废物利用处置能力充分保障，技术和运营水平进一步提升。

二、完善危险废物监管体制机制

（四）各地区各部门按分工落实危险废物监管职责。国家统筹制定危险废物治理方针政策，地方各级人民政府对本地区危险废物治理负总责。发展改革、工业和信息化、生态环境、应急管理、公安、交通运输、卫生健康、住房城乡建设、海关等有关部门要落实在危险废物利用处置、污染环境防治、安全生产、运输安全以及卫生防疫等方面的监管职责。强化部门间协调沟通，形成工作合力。（生态环境部、国家发展改革委、工业和信息化部、公安部、住房城乡建设部、交通运输部、国家卫生健康委、应急部、海关总署等部门及地方各级人民政府负责落实。以下均需地方各级人民政府负责落实，不再列出）

（五）建立危险废物环境风险区域联防联控机制。2022 年底前，京津冀、长三角、珠三角和成渝地区等区域建立完善合作机制，加强危险废物管理信息共享与联动执法，实现危险废物集中处置设施建设和运营管理优势互补。（生态环境部牵头，公安部、交通运输部等参与）

（六）落实企业主体责任。危险废物产生、收集、贮存、运输、利用、处置企业（以下统称危险废物相关企业）的主要负责人（法定代表人、实际控制人）是危险废物污染环境防治和安全生产第一责任人，严格落实危险废物污染环境防治和安全生产法律法规制度。（生态环境部、公安部、交通运输部、应急部等按职责分工负责）危险废物相关企业依法及时公开危险废物污染环境防治信息，依法依规投保环境污染责任保险。（生态环境部、银保监会等按职责分工负责）

（七）完善危险废物环境管理信息化体系。依托生态环境保护信息化工程，完善国家危险废物环境管理信息系统，实现危险废物产生情况在线申报、管理计划在线备案、转移联单在线运行、利用处置情况在线报告和全过程在线监控。开展危险废物收集、运输、利用、处置网上交易平台建设和第三方支付试点。鼓励有条件的地区推行视频监控、电子标签等集成智能监控手段，实现对危险废物全过程跟踪管理，并与相关行政机关、司法机关实现互通共享。（生态环境部牵头，国家发展改革委、财政部等参与）

三、强化危险废物源头管控

（八）完善危险废物鉴别制度。动态修订《国家危险废物名录》，对环境风险小的危险废物类别实行特定环节豁免管理，建立危险废物排除管理清单。2021年底前制定出台危险废物鉴别管理办法，规范危险废物鉴别程序和鉴别单位管理要求。（生态环境部牵头，国家发展改革委、公安部、交通运输部等参与）

（九）严格环境准入。新改扩建项目要依法开展环境影响评价，严格危险废物污染环境防治设施"三同时"管理。依法依规对已批复的重点行业涉危险废物建设项目环境影响评价文件开展复核。依法落实工业危险废物排污许可制度。推进危险废物规范化环境管理。（生态环境部负责）

（十）推动源头减量化。支持研发、推广减少工业危险废物产生量和降低工业危险废物危害性的生产工艺和设备，促进从源头上减少危险废物产生量、降低危害性。（工业和信息化部牵头，国家发展改革委、生态环境部等参与）

四、强化危险废物收集转运等过程监管

（十一）推动收集转运贮存专业化。深入推进生活垃圾分类，建立有害垃圾收集转运体系。（住房城乡建设部牵头，相关部门参与）支持危险废物专业收集转运和利用处置单位建设区域性收集网点和贮存设施，开展小微企业、科研机构、学校等产生的危险废物有偿收集转运服务。开展工业园区危险废物集中收集贮存试点。鼓励在有条件的高校集中区域开展实验室危险废物分类收集和预处理示范项目建设。（生态环境部、交通运输部、教育部等按职责分工负责）

（十二）推进转移运输便捷化。建立危险废物和医疗废物运输车辆备案制度，完善"点对点"的常备通行路线，实现危险废物和医疗废物运输车辆规范有序、安全便捷通行。（公安部、生态环境部、交通运输部、国家卫生健康委等按职责分工负责）根据企业环境信用记录和环境风险可控程度等，以"白名单"方式简化危险废物跨省转移审批程序。维护危险废物跨区域转移公平竞争市场秩序，各地不得设置不合理行政壁垒。（生态环境部负责）

（十三）严厉打击涉危险废物违法犯罪行为。强化危险废物环境执法，将其作为生态环境保护综合执法重要内容。严厉打击非法排放、倾倒、收集、贮存、转移、利用、处置危险废物等环境违法犯罪行为，实施生态环境损害赔偿制度，强化行政执法与刑事司法、检察公益诉讼的协调联动。（最高人民法院、最高人民检察院、公安部、生态环境部等按职责分工负责）对自查自纠并及时妥善处置历史遗留危险废物的企业，依法从轻处罚。（最高人民法院、最高人民检察院牵头，生态环境部等参与）

五、强化废弃危险化学品监管

（十四）建立监管联动机制。应急管理部门和生态环境部门以及其他相关部门建立监管协作和联合执法工作机制，密切协调配合，实现信息及时、充分、有效共享，形成工作合力。（生态环境部、应急部等按职责分工负责）

六、提升危险废物集中处置基础保障能力

（十五）强化特殊类别危险废物处置能力。由国家统筹，按特殊类别建设一批对环境和人体健康威胁极大危险废物的利用处置基地，按区域分布建设一批大型危险废物集中焚烧处置基地，按地质特点选择合适地区建设一批危险废物填埋处置基地，实现全国或区域共享处置能力。（各省级人民政府负责，国家发展改革委、财政部、自然资源部、生态环境部、住房城乡建设部等按职责分工负责）

（十六）推动省域内危险废物处置能力与产废情况总体匹配。各省级人民政府应开展危险废物产生量与处置能力匹配情况评估及设施运行情况评估，科学制定并实施危险废物集中处置设施建设规划。2022 年底前，各省（自治区、直辖市）

危险废物处置能力与产废情况总体匹配。（各省级人民政府负责，国家发展改革委、财政部、自然资源部、生态环境部、住房城乡建设部等按职责分工负责）

（十七）提升市域内医疗废物处置能力。各地级以上城市应尽快建成至少一个符合运行要求的医疗废物集中处置设施。2022 年 6 月底前，实现各县（市）都建成医疗废物收集转运处置体系。鼓励发展移动式医疗废物处置设施，为偏远基层提供就地处置服务。加强医疗废物分类管理，做好源头分类，促进规范处置。（各省级人民政府负责，国家发展改革委、生态环境部、国家卫生健康委等按职责分工负责）

七、促进危险废物利用处置产业高质量发展

（十八）促进危险废物利用处置企业规模化发展、专业化运营。设区的市级人民政府生态环境等部门定期发布危险废物相关信息，科学引导危险废物利用处置产业发展。新建危险废物集中焚烧处置设施处置能力原则上应大于 3 万吨/年，控制可焚烧减量的危险废物直接填埋，适度发展水泥窑协同处置危险废物。落实"放管服"改革要求，鼓励采取多元投资和市场化方式建设规模化危险废物利用设施；鼓励企业通过兼并重组等方式做大做强，开展专业化建设运营服务，努力打造一批国际一流的危险废物利用处置企业。（国家发展改革委、生态环境部等按职责分工负责）

（十九）规范危险废物利用。建立健全固体废物综合利用标准体系，使用固体废物综合利用产物应当符合国家规定的用途和标准。（市场监管总局牵头，国家发展改革委、工业和信息化部、生态环境部、农业农村部等参与）在环境风险可控的前提下，探索危险废物"点对点"定向利用许可证豁免管理。（生态环境部牵头，相关部门参与）

（二十）健全财政金融政策。完善危险废物和医疗废物处置收费制度，制定处置收费标准并适时调整；在确保危险废物全流程监控、违法违规行为可追溯的前提下，处置收费标准可由双方协商确定。建立危险废物集中处置设施、场所退役费用预提制度，预提费用列入投资概算或者经营成本。落实环境保护税政策。鼓励金融机构加大对危险废物污染环境防治项目的信贷投放。探索建立危险废物跨

区域转移处置的生态保护补偿机制。（国家发展改革委、财政部、税务总局、生态环境部、国家卫生健康委等按职责分工负责）

（二十一）加快先进适用技术成果推广应用。重点研究和示范推广废酸、废盐、生活垃圾焚烧飞灰等危险废物利用处置和污染环境防治适用技术。建立完善环境保护技术验证评价体系，加强国家生态环境科技成果转化平台建设，推动危险废物利用处置技术成果共享与转化。鼓励推广应用医疗废物集中处置新技术、新设备。（科技部、工业和信息化部、生态环境部、住房城乡建设部、国家卫生健康委等按职责分工负责）

八、建立平战结合的医疗废物应急处置体系

（二十二）完善医疗废物和危险废物应急处置机制。县级以上地方人民政府应将医疗废物收集、贮存、运输、处置等工作纳入重大传染病疫情领导指挥体系，强化统筹协调，保障所需的车辆、场地、处置设施和防护物资。（国家卫生健康委、生态环境部、住房城乡建设部、交通运输部等按职责分工负责）将涉危险废物突发生态环境事件应急处置纳入政府应急响应体系，完善环境应急响应预案，加强危险废物环境应急能力建设，保障危险废物应急处置。（生态环境部牵头，相关部门参与）

（二十三）保障重大疫情医疗废物应急处置能力。统筹新建、在建和现有危险废物焚烧处置设施、协同处置固体废物的水泥窑、生活垃圾焚烧设施等资源，建立协同应急处置设施清单。2021 年底前，各设区的市级人民政府应至少明确一座协同应急处置设施，同时明确该设施应急状态的管理流程和规则。列入协同应急处置设施清单的设施，根据实际设置医疗废物应急处置备用进料装置。（各省级人民政府负责，国家发展改革委、工业和信息化部、生态环境部、国家卫生健康委、住房城乡建设部等按职责分工负责）

九、强化危险废物环境风险防控能力

（二十四）加强专业监管队伍建设。建立与防控环境风险需求相匹配的危险废物监管体系，加强国家危险废物监管能力与应急处置技术支撑能力建设，建立健

全国家、省、市三级危险废物环境管理技术支撑体系，强化生态环境保护综合执法队伍和能力建设，加强专业人才队伍建设，配齐配强人员力量，切实提升危险废物环境监管和风险防控能力。（生态环境部牵头，中央编办等参与）

（二十五）完善配套法规制度。落实新修订的《中华人民共和国固体废物污染环境防治法》，完善危险废物经营许可证管理和转移管理制度，修订危险废物贮存、焚烧以及鉴别等方面污染控制标准规范。（生态环境部、交通运输部、公安部、司法部等按职责分工负责）

（二十六）提升基础研究能力。加强危险废物风险防控与利用处置科技研发部署，通过现有渠道积极支持相关科研活动。开展危险废物环境风险识别与控制机理研究，加强区域性危险废物和化学品测试分析与环境风险防控技术能力建设，强化危险废物环境风险预警与管理决策支撑。（科技部、生态环境部等按职责分工负责）

十、保障措施

（二十七）压实地方和部门责任。地方各级人民政府加强对强化危险废物监管和利用处置能力的组织领导。县级以上地方人民政府将危险废物污染环境防治情况纳入环境状况和环境保护目标完成情况年度报告，并向本级人民代表大会或者人民代表大会常务委员会报告。各有关部门按照职责分工严格履行危险废物监管责任，加强工作协同联动。对不履行危险废物监管责任或监管不到位的，依法严肃追究责任。（各有关部门按职责分工负责）建立危险废物污染环境防治目标责任制和考核评价制度，将危险废物污染环境防治目标完成情况作为考核评价党政领导班子和有关领导干部的重要参考。（生态环境部牵头，中央组织部等参与）

（二十八）加大督察力度。在中央和省级生态环境保护督察中加大对危险废物污染环境问题的督察力度。对涉危险废物环境违法案件频发、处置能力严重不足并造成环境污染或恶劣社会影响的地方和单位，视情开展专项督察，推动问题整改。对督察中发现的涉嫌违纪或者职务违法、职务犯罪问题线索，按照有关规定移送纪检监察机关；对其他问题，按照有关规定移送被督察对象或有关单位进行处理。（生态环境部牵头，相关部门参与）

（二十九）加强教育培训。加强高校、科研院所的危险废物治理相关学科专业建设。加强危险废物相关从业人员培训，依托具备条件的危险废物相关企业建设培训实习基地。强化《控制危险废物越境转移及其处置巴塞尔公约》履约工作，积极开展国际合作与技术交流。（教育部、生态环境部、外交部等按职责分工负责）

（三十）营造良好氛围。加强对涉危险废物重大环境案件查处情况的宣传，形成强力震慑。推进危险废物利用处置设施向公众开放，努力化解"邻避效应"。建立有奖举报制度，将举报危险废物非法转移、倾倒等列入重点奖励范围。（中央宣传部、生态环境部牵头，国家发展改革委、公安部、财政部等参与）

关于加快建立健全绿色低碳循环发展经济体系的指导意见

国发〔2021〕4号

（国务院 2021 年 2 月 2 日印发）

发展绿色保险，发挥保险费率调节机制作用。

深圳建设中国特色社会主义先行示范区综合改革试点实施方案（2020—2025 年）

（中共中央办公厅、国务院办公厅印发，新华社 2020 年 10 月 11 日受权发布）

推动完善陆海统筹的海洋生态环境保护修复机制，实行环境污染强制责任保险制度，探索建立入海排污口分类管理制度。

关于构建现代环境治理体系的指导意见

（中共中央办公厅、国务院办公厅印发，新华社 2020 年 3 月 3 日受权发布）

推动环境污染责任保险发展，在环境高风险领域研究建立环境污染强制责任保险制度。

中国（上海）自由贸易试验区临港新片区总体方案

国发〔2019〕15号

（国务院 2019 年 7 月 27 日印发）

加快发展飞机、船舶等融资租赁业务，鼓励发展环境污染责任保险等绿色金融业务。

国家生态文明试验区（海南）实施方案

（中共中央办公厅、国务院办公厅印发，新华社 2019 年 5 月 12 日受权发布）

发展绿色保险，探索在环境高风险、高污染行业和重点防控区域依法推行环境污染强制责任保险制度。

关于支持河北雄安新区全面深化改革和扩大开放的指导意见

（中共中央、国务院印发，新华社 2019 年 1 月 24 日受权发布）

积极创新绿色金融产品和服务，支持设立雄安绿色金融产品交易中心，研究推行环境污染责任保险等绿色金融制度，发展生态环境类金融衍生品。

"无废城市"建设试点工作方案

国办发〔2018〕128号

（国务院办公厅2018年12月29日印发）

按照市场化和商业可持续原则，探索开展绿色金融支持畜禽养殖业废弃物处置和无害化处理试点，支持固体废物利用处置产业发展。到2020年，在试点城市危险废物经营单位全面推行环境污染责任保险。（人民银行、财政部、国家发展改革委、生态环境部、农业农村部、银保监会指导）

关于全面加强生态环境保护
坚决打好污染防治攻坚战的意见

（中共中央、国务院2018年6月16日印发）

推动环境污染责任保险发展，在环境高风险领域建立环境污染强制责任保险制度。

第四部分

生态环境部文件和
信息节录

关于进一步加强重金属污染防控的意见

（生态环境部办公厅 2022 年 3 月 7 日印发）

加强财政金融支持。省级生态环境部门按照土壤污染防控等资金管理相关规定合理使用资金，积极拓宽资金来源渠道，支持涉重金属历史遗留问题治理等工作。收集、贮存、运输、利用、处置涉重金属危险废物的单位，应当按照国家有关规定，投保环境污染责任保险。鼓励各地探索开展重金属污染物排污权交易工作。

成渝地区双城经济圈生态环境保护规划

生态环境部

（2022 年 2 月）

共建企业环境治理信用机制。研究建立企业环境信用评价指标和制度体系，推进企业环保信用评价结果互认，强化企业环保信用信息共享，实施分级分类监管。实施环境信息依法披露制度。完善环境污染强制责任保险制度，推动环境风险高、环境污染较为突出的重点行业开展环境污染强制责任保险试点，研究制定统一的环境污染强制责任保险示范条款及费率基准。

建立多元化投融资机制。鼓励绿色发展基金等各类基金向成渝地区投资，探索建立成渝地区生态环境保护及绿色发展市场化融资渠道。共同推动成渝地区绿色金融改革创新，鼓励金融机构发展绿色信贷、绿色债券、绿色保险等金融产品，推进绿色信贷项目评估结果互认。实施生态环境导向的开发模式，运用政府和社会资本合作等方式吸引社会资本进入生态环境领域。

关于印发《企业环境信息依法披露格式准则》的通知

（环办综合〔2021〕32 号）

各省、自治区、直辖市生态环境厅（局），新疆生产建设兵团生态环境局：

为深化环境信息依法披露制度改革，落实《环境信息依法披露制度改革方案》和《企业环境信息依法披露管理办法》要求，细化企业环境信息依法披露内容，规范环境信息依法披露格式，我部制定了《企业环境信息依法披露格式准则》。现印发给你们，请遵照执行。

生态环境部办公厅

2021 年 12 月 31 日

企业环境信息依法披露格式准则

第一章 总 则

第一条 根据《中华人民共和国环境保护法》《中华人民共和国清洁生产促进法》等法律法规及《环境信息依法披露制度改革方案》《企业环境信息依法披露管理办法》的规定，为规范企业年度环境信息依法披露报告（以下简称年度报告）和临时环境信息依法披露报告（以下简称临时报告）的编制，制定本准则。

第二条 企业应当按照以下要求编制年度报告和临时报告，保障报告的规范性。

（一）相关环境信息的表述应当真实、准确、客观，不得作出误导性判断，不得含有夸大、欺诈、误导或内容不准确、不客观的词句；

（二）使用的术语应当符合相关法律法规、规范标准等规定和行业规范、行业惯例等约定；

（三）涉及排放量等较为重要的数据，测算数据时使用的监测、核算等相关方法应当符合生态环境保护相关领域的法律法规、规范标准等规定和行业规范、行业惯例等约定，如无相关可参考的环保或行业规范的，应当说明具体的选取方法和选取理由；

（四）使用的数字应当采用阿拉伯数字，重量单位、体积单位、浓度单位、强度单位、毒性单位、货币金额等除特别说明外，应当使用符合国内标准和计量习惯的单位；

（五）使用的语言、表述应当通俗易懂，便于公众理解，增强报告的易读、易懂性；

（六）应当遵循企业环境信息依法披露和排污许可等行业分类的有关规定，企业可以增加披露所使用的其他的行业分类规范、数据、资料作为参考。

第三条　重点排污单位年度报告应当至少包含本准则第四条至第十九条、第二十一条至第二十四条规定的环境信息。

实施强制性清洁生产审核的企业年度报告应当至少包含本准则第四条至第二十四条规定的环境信息。

符合《企业环境信息依法披露管理办法》规定情形的上市公司及合并报表范围内的各级子公司（以下简称上市公司）和发行企业债券、公司债券、非金融企业债务融资工具的企业（以下简称发债企业），属于重点排污单位或实施强制性清洁生产审核的企业，应当按照上述条款披露环境信息，同时披露第二十五条规定的环境信息。

上市公司和发债企业依法设置排污口但不属于重点排污单位和实施强制性清洁生产审核的企业，应当按照重点排污单位相关要求披露环境信息，同时披露第二十五条规定的环境信息。

上市公司和发债企业依法不设置排污口的，年度报告应当至少包含本准则第四条至第八条、第十六条至第十七条、第二十三条至第二十五条规定的环境信息，以及第九条、第十条、第十二条至第十五条、第十九条、第二十一条、第二十二条涉及的环境信息。

第二章　年度报告

第一节　目录和名词解释

第四条　年度报告封面应当载明企业的中文名称、统一社会信用代码、报告年度、编制日期等。

年度报告扉页应当刊登如下承诺：企业负责人保证年度报告内容的真实、准确、完整，不存在虚假记载、误导性陈述或重大遗漏，并承担相应的法律责任。

主管环保工作负责人或环保机构负责人保证年度报告中环保信息及数据的真实、准确、完整。

第五条　企业应当依据相关标准或技术规范文件，对可能造成公众理解障碍或者具有特定含义的术语作出准确、通俗易懂的解释。

第二节　关键环境信息提要

第六条　企业应当对遵守生态环境法律法规情况、生态环境行政许可变更情况、污染物排放以及碳排放情况等进行摘要说明，包括但不限于以下信息：

（一）年度生态环境行政许可变更，包括新获得、变更、延续、撤销和正在申请等情况；

（二）年度主要污染物排放和碳排放情况，包括各种污染物的实际排放量，工业固体废物和危险废物的产生量及利用处置量，有毒有害物质的排放量，碳排放量等；

（三）年度受到的生态环境行政处罚、司法判决等情况。

第三节　企业基本信息

第七条　企业应当披露以下基本信息：

（一）中文名称、法定代表人、注册地址、生产地址、行业类别、企业联系人及联系方式等；

（二）属于国有企业、民营企业、外资企业、集体企业、上市公司、发债企业等企业性质，以及属于重点排污单位、实施强制性清洁生产审核的企业等情况；

（三）主要产品与服务、生产工艺的名称，以及生产工艺属于国家、地方等公布的鼓励类、限制类或淘汰类目录（名录）的情况。

第四节　企业环境管理信息

第八条　企业应当披露有效期内或正在申请核发或变更的全部生态环境行政许可（包括但不限于排污许可、建设项目环境影响评价、危险废物经营许可、废弃电器电子产品处理资格许可等）的相关信息：

（一）许可名称、编号、获得许可的审批文件、核发机关、获取时间和有效期限；

（二）主要许可事项。

第九条　企业应当披露环境保护税缴纳信息：

（一）环境保护税分税目缴纳额、实际缴纳总额；

（二）依法依规享受税收减征或免征的情况。

第十条　企业应当披露依法投保环境污染责任保险信息。

第十一条　企业应当披露环保信用评价等级。年度环保信用评价等级有变化的，应当全部披露。

第五节　污染物产生、治理与排放信息

第十二条　企业应当披露安装和运行的全部污染防治设施信息：

（一）污染防治设施的名称、对应的产污环节、处理的污染物、对应排污口的名称、编号；

（二）年度非正常运行的设施名称、排放的污染物、次数、日期及时长、主要原因；

（三）污染防治设施由第三方负责运行维护的应当提供运维方信息。

第十三条　企业应当披露主要水污染物、大气污染物排放相关信息（包括有组织排放和无组织排放）：

（一）水污染物和大气污染物排污口的数量；主要排污口各项污染物的实际排放总量、水污染物日均浓度的年度平均值、大气污染物小时浓度的年度平均值；各排污口安装污染源在线自动监测设备及与生态环境部门联网情况；

（二）无组织排放监测点位名称，各监测点位主要水污染物和大气污染物实际排放总量、实际排放浓度；

（三）全年生产天数、自行监测天数（次数）、达标次数、超标次数；委托的第三方检（监）测机构进行自行监测的，应当提供第三方机构名称、资质等相关信息。

第十四条 企业应当披露工业固体废物的产生、贮存、流向和利用处置信息：

（一）名称、种类、成分、等级（一类或二类一般工业固体废物）；

（二）产生量、贮存量、利用处置方式和利用处置量；

（三）一般工业固体废物贮存、处置场所或设施的类型（一类或二类）、面积、累计贮存量和经纬度坐标等；

（四）委托他人利用处置的，应当提供受托方名称、资格和技术能力，以及一般工业固体废物运输、利用、处置情况。

企业应当披露危险废物的产生和利用处置信息（包含企业自行利用处置危险废物和委托外单位利用处置危险废物）：

（一）名称、废物代码、主要有害成分、危险特性等情况；

（二）产生量、贮存量、利用处置方式与利用处置量、累计贮存量；

（三）贮存、处置场所或设施的面积和经纬度坐标等；

（四）委托他人利用处置的，应当提供受托方名称、资质以及危险废物转移联单。

第十五条 企业应当依据《有毒有害大气污染物名录》《有毒有害水污染物名录》《优先控制化学品名录》等，披露排放的有毒有害物质的名称、形态（液体、气体、固体）、毒性、排放浓度、排放总量等情况。

第十六条 企业应当披露噪声排放监测点位名称、位置、执行标准、排放限值、实际排放值等信息。

第十七条 企业应当披露施工扬尘、装卸物料采取的防治扬尘污染的主要措施。

第十八条 属于排污许可管理的企业，应当披露排污许可证执行报告应编制公开的次数、实际编制公开的次数和发布信息。

第六节 碳排放信息

第十九条 纳入碳排放权交易市场配额管理的温室气体重点排放单位应当披露碳排放相关信息：

（一）年度碳实际排放量及上一年度实际排放量；

（二）配额清缴情况；

（三）依据温室气体排放核算与报告标准或技术规范，披露排放设施、核算方法等信息。

第七节 强制性清洁生产审核信息

第二十条 企业应当披露强制性清洁生产审核信息：

（一）实施强制性清洁生产审核的原因；

（二）强制性清洁生产审核的实施情况、评估与验收结果。

第八节 生态环境应急信息

第二十一条 企业应当披露生态环境应急信息：

（一）突发环境事件应急预案及备案机关、备案编号；

（二）现有生态环境应急资源；

（三）突发环境事件发生及处置情况。

第二十二条 京津冀及周边地区、汾渭平原等区域应当采取重污染天气应急措施的企业，应当披露重污染天气应急响应情况，包括响应时段、预警等级、绩效分级结果、预警措施要求、措施实际执行情况等信息。

第九节 生态环境违法信息

第二十三条 企业应当披露受到的生态环境行政处罚信息，包括行政处罚决定书下达时间、处罚部门、行政处罚决定书文号、行政处罚决定书原文等信息。

企业应当披露受到的生态环境司法判决信息，包括判决书下达时间、判决机关、判决书文号、判决书原文等信息。生态环境司法判决包括因针对企业的环境行政行为（包括许可、处罚和强制措施）引发的行政诉讼裁判；因企业污染环境和破坏生态行为引发的行政、民事公益诉讼和生态环境损害赔偿诉讼的裁判调解以及磋商；因企业污染环境和破坏生态引发的侵权民事诉讼的裁判。

第十节　本年度临时报告情况

第二十四条　企业应当就环境信息临时披露情况，披露年度临时报告发布数量和主要情况等信息。

第十一节　相关投融资的生态环保信息

第二十五条　上市公司通过发行股票、债券、存托凭证、中期票据、短期融资券、超短期融资券、资产证券化、银行贷款等形式进行融资的，应当披露融资形式、金额、投向等信息，以及融资所投项目的应对气候变化、生态环境保护等相关信息。

发债企业通过发行股票、债券、存托凭证、可交换债、中期票据、短期融资券、超短期融资券、资产证券化、银行贷款等形式进行融资的，应当披露融资形式、金额、投向等信息，以及融资所投项目的应对气候变化、生态环境保护等相关信息。

应对气候变化、生态环境保护等相关信息披露参照本准则第八条、第十二条至第十七条、第十九条、第二十一条至第二十四条等条款所涉及的内容。

第三章　临时报告

第二十六条　临时报告封面应当载明企业的中文名称、统一社会信用代码、报告时间等，临时报告封面载明的报告时间不得早于实际披露时间。

临时报告扉页应当刊登如下承诺：企业负责人保证临时报告内容的真实、准确、完整，不存在虚假记载、误导性陈述或重大遗漏，并承担相应的法律责任。

主管环保工作负责人或环保机构负责人保证临时报告中环保信息及数据的真实、准确、完整。

第二十七条　企业应当披露以下基本信息：

（一）中文名称、法定代表人、注册地址、生产地址、行业类别、企业联系人及联系方式等；

（二）属于国有企业、民营企业、外资企业、集体企业、上市公司、发债企业等企业性质，以及属于重点排污单位、实施强制性清洁生产审核的企业等情况。

第二十八条　企业应当就排污许可、建设项目环境影响评价、危险废物经营许可、废弃电器电子产品处理资格许可等生态环境行政许可新获得、变更、撤销等情况，披露变更事项、批复机关、批复文件文号、批复时间、批复原文内容等信息。

企业应当就受到的生态环境行政处罚情况，披露行政处罚决定书下达时间、处罚部门、行政处罚决定书文号、行政处罚决定书原文等信息。

企业应当就受到的生态环境司法判决，披露判决书下达时间、判决机关、判决书文号、判决书原文等信息。

企业应当就生态环境损害赔偿协议，披露协议签订时间、生态环境损害事实、生态环境损害赔偿协议原文等信息。

企业应当就发生的突发环境事件，披露突发环境事件发生的时间、地点、主要污染物、最终认定等级等信息。

企业对已披露的环境信息进行变更时，应当披露变更事项、变更内容、主要依据。

第四章　附　则

第二十九条　事业单位依法披露环境信息的，参照本准则执行。

第三十条　本准则由生态环境部负责解释。

第三十一条　本准则自 2022 年 2 月 8 日起施行。生态环境部办公厅 2022 年 1 月 4 日印发

"十四五"时期"无废城市"建设工作方案

（生态环境部等 18 部门 2021 年 12 月 15 日联合印发）

（七）加强制度、技术、市场和监管体系建设，全面提升保障能力。建立健全固体废物环境管理监管体系。完善固体废物环境信息管理，打通多部门固体废物相关数据，形成高效监管格局和服务模式。健全环保信用评价体系，推动将工业固体废物重点产生单位和利用处置单位纳入环保信用评价管理。在危险废物经营单位全面推行环境污染责任保险。实施"双随机、一公开"环境监管模式，建立健全环境污染问题发现机制。全面禁止进口"洋垃圾"。加快开展区域内工业固体废物和危险废物治理排污单位排污许可证核发，督促和指导企业全面落实固体废物排污许可事项和管理要求。

"无废城市"建设指标体系（2021 年版）（节选）

序号	一级指标	二级指标	三级指标	指标说明
45	保障能力	市场体系建设	危险废物经营单位环境污染责任保险覆盖率	指标解释：投保环境污染责任保险的危险废物经营单位数量占危险废物经营单位总数的比例。该指标用于促进危险废物经营单位投保环境污染责任保险。 计算方法：危险废物经营单位环境污染责任保险覆盖率（%）=投保环境污染责任保险的危险废物经营单位数量÷危险废物经营单位总数×100%。 数据来源：市生态环境局、银保监会派出机构或地方金融监管局。

企业环境信息依法披露管理办法

(生态环境部 2021 年 12 月 11 日印发)

第一章　总　　则

第一条　为了规范企业环境信息依法披露活动，加强社会监督，根据《中华人民共和国环境保护法》《中华人民共和国清洁生产促进法》《公共企事业单位信息公开规定制定办法》《环境信息依法披露制度改革方案》等相关法律法规和文件，制定本办法。

第二条　本办法适用于企业依法披露环境信息及其监督管理活动。

第三条　生态环境部负责全国环境信息依法披露的组织、指导、监督和管理。

设区的市级以上地方生态环境主管部门负责本行政区域环境信息依法披露的组织实施和监督管理。

第四条　企业是环境信息依法披露的责任主体。

企业应当建立健全环境信息依法披露管理制度，规范工作规程，明确工作职责，建立准确的环境信息管理台账，妥善保存相关原始记录，科学统计归集相关环境信息。

企业披露环境信息所使用的相关数据及表述应当符合环境监测、环境统计等方面的标准和技术规范要求，优先使用符合国家监测规范的污染物监测数据、排污许可证执行报告数据等。

第五条　企业应当依法、及时、真实、准确、完整地披露环境信息，披露的环境信息应当简明清晰、通俗易懂，不得有虚假记载、误导性陈述或者重大遗漏。

第六条　企业披露涉及国家秘密、战略高新技术和重要领域核心关键技术、商业秘密的环境信息，依照有关法律法规的规定执行；涉及重大环境信息披露的，应当按照国家有关规定请示报告。

任何公民、法人或者其他组织不得非法获取企业环境信息，不得非法修改披露的环境信息。

第二章　披露主体

第七条　下列企业应当按照本办法的规定披露环境信息：

（一）重点排污单位；

（二）实施强制性清洁生产审核的企业；

（三）符合本办法第八条规定的上市公司及合并报表范围内的各级子公司（以下简称上市公司）；

（四）符合本办法第八条规定的发行企业债券、公司债券、非金融企业债务融资工具的企业（以下简称发债企业）；

（五）法律法规规定的其他应当披露环境信息的企业。

第八条　上一年度有下列情形之一的上市公司和发债企业，应当按照本办法的规定披露环境信息：

（一）因生态环境违法行为被追究刑事责任的；

（二）因生态环境违法行为被依法处以十万元以上罚款的；

（三）因生态环境违法行为被依法实施按日连续处罚的；

（四）因生态环境违法行为被依法实施限制生产、停产整治的；

（五）因生态环境违法行为被依法吊销生态环境相关许可证件的；

（六）因生态环境违法行为，其法定代表人、主要负责人、直接负责的主管人员或者其他直接责任人员被依法处以行政拘留的。

第九条　设区的市级生态环境主管部门组织制定本行政区域内的环境信息依法披露企业名单（以下简称企业名单）。

设区的市级生态环境主管部门应当于每年 3 月底前确定本年度企业名单，并向社会公布。企业名单公布前应当在政府网站上进行公示，征求公众意见；公示期限不得少于十个工作日。

对企业名单公布后新增的符合纳入企业名单要求的企业，设区的市级生态环境主管部门应当将其纳入下一年度企业名单。

　　设区的市级生态环境主管部门应当在企业名单公布后十个工作日内报送省级生态环境主管部门。省级生态环境主管部门应当于每年 4 月底前，将本行政区域的企业名单报送生态环境部。

　　第十条　重点排污单位应当自列入重点排污单位名录之日起，纳入企业名单。

　　实施强制性清洁生产审核的企业应当自列入强制性清洁生产审核名单后，纳入企业名单，并延续至该企业完成强制性清洁生产审核验收后的第三年。

　　上市公司、发债企业应当连续三年纳入企业名单；期间再次发生本办法第八条规定情形的，应当自三年期限届满后，再连续三年纳入企业名单。

　　对同时符合本条规定的两种以上情形的企业，应当按照最长期限纳入企业名单。

第三章　披露内容和时限

　　第十一条　生态环境部负责制定企业环境信息依法披露格式准则（以下简称准则），并根据生态环境管理需要适时进行调整。

　　企业应当按照准则编制年度环境信息依法披露报告和临时环境信息依法披露报告，并上传至企业环境信息依法披露系统。

　　第十二条　企业年度环境信息依法披露报告应当包括以下内容：

　　（一）企业基本信息，包括企业生产和生态环境保护等方面的基础信息；

　　（二）企业环境管理信息，包括生态环境行政许可、环境保护税、环境污染责任保险、环保信用评价等方面的信息；

　　（三）污染物产生、治理与排放信息，包括污染防治设施，污染物排放，有毒有害物质排放，工业固体废物和危险废物产生、贮存、流向、利用、处置，自行监测等方面的信息；

　　（四）碳排放信息，包括排放量、排放设施等方面的信息；

　　（五）生态环境应急信息，包括突发环境事件应急预案、重污染天气应急响应等方面的信息；

　　（六）生态环境违法信息；

　　（七）本年度临时环境信息依法披露情况；

（八）法律法规规定的其他环境信息。

第十三条　重点排污单位披露年度环境信息时，应当披露本办法第十二条规定的环境信息。

第十四条　实施强制性清洁生产审核的企业披露年度环境信息时，除了披露本办法第十二条规定的环境信息外，还应当披露以下信息：

（一）实施强制性清洁生产审核的原因；

（二）强制性清洁生产审核的实施情况、评估与验收结果。

第十五条　上市公司和发债企业披露年度环境信息时，除了披露本办法第十二条规定的环境信息外，还应当按照以下规定披露相关信息：

（一）上市公司通过发行股票、债券、存托凭证、中期票据、短期融资券、超短期融资券、资产证券化、银行贷款等形式进行融资的，应当披露年度融资形式、金额、投向等信息，以及融资所投项目的应对气候变化、生态环境保护等相关信息；

（二）发债企业通过发行股票、债券、存托凭证、可交换债、中期票据、短期融资券、超短期融资券、资产证券化、银行贷款等形式融资的，应当披露年度融资形式、金额、投向等信息，以及融资所投项目的应对气候变化、生态环境保护等相关信息。

上市公司和发债企业属于强制性清洁生产审核企业的，还应当按照本办法第十四条的规定披露相关环境信息。

第十六条　企业未产生本办法规定的环境信息的，可以不予披露。

第十七条　企业应当自收到相关法律文书之日起五个工作日内，以临时环境信息依法披露报告的形式，披露以下环境信息：

（一）生态环境行政许可准予、变更、延续、撤销等信息；

（二）因生态环境违法行为受到行政处罚的信息；

（三）因生态环境违法行为，其法定代表人、主要负责人、直接负责的主管人员和其他直接责任人员被依法处以行政拘留的信息；

（四）因生态环境违法行为，企业或者其法定代表人、主要负责人、直接负责的主管人员和其他直接责任人员被追究刑事责任的信息；

（五）生态环境损害赔偿及协议信息。

企业发生突发环境事件的，应当依照有关法律法规规定披露相关信息。

第十八条　企业可以根据实际情况对已披露的环境信息进行变更；进行变更的，应当以临时环境信息依法披露报告的形式变更，并说明变更事项和理由。

第十九条　企业应当于每年 3 月 15 日前披露上一年度 1 月 1 日至 12 月 31 日的环境信息。

第二十条　企业在企业名单公布前存在本办法第十七条规定的环境信息的，应当于企业名单公布后十个工作日内以临时环境信息依法披露报告的形式披露本年度企业名单公布前的相关信息。

第四章　监督管理

第二十一条　生态环境部、设区的市级以上地方生态环境主管部门应当依托政府网站等设立企业环境信息依法披露系统，集中公布企业环境信息依法披露内容，供社会公众免费查询，不得向企业收取任何费用。

第二十二条　生态环境主管部门应当加强企业环境信息依法披露系统与全国排污许可证管理信息平台等生态环境相关信息系统的互联互通，充分利用信息化手段避免企业重复填报。

生态环境主管部门应当加强企业环境信息依法披露系统与信用信息共享平台、金融信用信息基础数据库对接，推动环境信息跨部门、跨领域、跨地区互联互通、共享共用，及时将相关环境信息提供给有关部门。

第二十三条　设区的市级生态环境主管部门应当于每年 3 月底前，将上一年度本行政区域环境信息依法披露情况报送省级生态环境主管部门。省级生态环境主管部门应当于每年 4 月底前将相关情况报送生态环境部。

报送的环境信息依法披露情况应当包括以下内容：

（一）企业开展环境信息依法披露的总体情况；

（二）对企业环境信息依法披露的监督检查情况；

（三）其他应当报送的信息。

第二十四条　生态环境主管部门应当会同有关部门加强对企业环境信息依法

披露活动的监督检查，及时受理社会公众举报，依法查处企业未按规定披露环境信息的行为。鼓励生态环境主管部门运用大数据分析、人工智能等技术手段开展监督检查。

第二十五条 公民、法人或者其他组织发现企业有违反本办法规定行为的，有权向生态环境主管部门举报。接受举报的生态环境主管部门应当依法进行核实处理，并对举报人的相关信息予以保密，保护举报人的合法权益。

生态环境主管部门应当畅通投诉举报渠道，引导社会公众、新闻媒体等对企业环境信息依法披露进行监督。

第二十六条 设区的市级以上生态环境主管部门应当按照国家有关规定，将环境信息依法披露纳入企业信用管理，作为评价企业信用的重要指标，并将企业违反环境信息依法披露要求的行政处罚信息记入信用记录。

第五章 罚则

第二十七条 法律法规对企业环境信息公开或者披露规定了法律责任的，依照其规定执行。

第二十八条 企业违反本办法规定，不披露环境信息，或者披露的环境信息不真实、不准确的，由设区的市级以上生态环境主管部门责令改正，通报批评，并可以处一万元以上十万元以下的罚款。

第二十九条 企业违反本办法规定，有下列行为之一的，由设区的市级以上生态环境主管部门责令改正，通报批评，并可以处五万元以下的罚款：

（一）披露环境信息不符合准则要求的；

（二）披露环境信息超过规定时限的；

（三）未将环境信息上传至企业环境信息依法披露系统的。

第三十条 设区的市级以上地方生态环境主管部门在企业环境信息依法披露监督管理中有玩忽职守、滥用职权、徇私舞弊行为的，依法依纪对直接负责的主管人员或者其他直接责任人员给予处分。

第六章　附　则

第三十一条　事业单位依法披露环境信息的，参照本办法执行。

第三十二条　本办法由生态环境部负责解释。

第三十三条　本办法自 2022 年 2 月 8 日起施行。《企业事业单位环境信息公开办法》（环境保护部令第 31 号）同时废止。

"十四五"全国危险废物规范化环境管理评估工作方案

环办固体〔2021〕20号

（生态环境部 2021 年 9 月 1 日印发）

为贯彻落实《中华人民共和国固体废物污染环境防治法》等法律法规，按照《强化危险废物监管和利用处置能力改革实施方案》有关要求，加强危险废物污染防治，巩固和深化危险废物规范化环境管理工作成效，进一步推动各级地方政府和相关部门落实危险废物监管职责，强化危险废物监管和利用处置能力，促进危险废物产生单位（以下简称产废单位）和危险废物经营单位（以下简称经营单位）落实各项法律制度和相关标准规范，全面提升危险废物规范化环境管理水平，有效防控危险废物环境风险，制定本方案。

一、总体要求

（一）落实企业主体责任。强化危险废物规范化环境管理，综合运用法律、行政、经济等多种手段，持续推动企业落实危险废物污染环境防治的主体责任，防范环境风险，保障环境安全。

（二）推动政府和部门落实监管责任。合理设立评估指标，推动各地和相关部门落实危险废物监管和利用处置能力保障等工作的组织领导、方案编制、责任落实、能力建设、工作成效等事项。

（三）建立分级负责评估机制。危险废物规范化环境管理评估以省（区、市）组织开展为主。市级生态环境主管部门抽取产废单位和经营单位进行评估；省级生态环境主管部门对市级生态环境主管部门进行评估，抽取产废单位和经营单位进行评估。生态环境部抽取部分省（区、市）进行评估。

（四）突出评估重点。年度工作方案的制定应按照评估要求，根据危险废物的危害特性、产生数量和环境风险等因素，突出评估危险废物环境重点监管单位，同时通过评估核实其他单位的危险废物环境管理相关情况。

二、评估方式

（一）国家评估。生态环境部每年按照《危险废物规范化环境管理评估指标》（以下简称《评估指标》，见附件 1），结合统筹强化监督等，现场评估部分省（区、市）上年度危险废物规范化环境管理情况。

（二）地方评估。省级生态环境主管部门对市级生态环境主管部门的评估，可结合本省（区、市）实际，参照《评估指标》表 1 执行，具体指标可适当调整。各级地方生态环境主管部门按照《评估指标》表 2 和表 3 对产废单位和经营单位进行评估，并填写《被抽查单位评估情况记录表》（见附件 2）。固体废物管理、环境执法、环境影响评价与排污许可等部门要对危险废物规范化环境管理评估工作做好必要的政策指导。有条件的地区，可以采取购买第三方服务等方式，为危险废物规范化环境管理评估工作提供技术支撑。

（三）评估安排。各省级生态环境主管部门应于每年 1 月 31 日前按照《评估指标》表 1 进行自评打分，总结上一年度危险废物规范化环境管理评估情况（要求见附件 3），制定本年度评估工作方案，并将上述 3 项材料报送生态环境部，抄送生态环境部固体废物与化学品管理技术中心。

三、评估要求

（一）省级评估

原则上，优先选取纳入危险废物环境重点监管单位清单的单位

开展评估，每年度评估数量要求具体如下：

1. 经营单位：不少于 20 家，若经营单位总数不足 20 家时则全部进行评估。"十四五"期间实现对本地区所有经营单位评估全覆盖。

2. 产废单位：危险废物年产生量 100 吨及以上的或拥有危险废物自行利用处置设施的重点产废单位不少于 60 家，若总数不足 60 家时则全部进行评估；其他产废单位不少于 20 家，若总数不足 20 家时则全部进行评估。

3. 省级生态环境主管部门评估市级生态环境主管部门时所抽取评估的单位，计入省级评估数量。

4. 评估单位数量不足最低要求的 80%，直接判定为《评估指标》评估结果中的 C。

（二）市级评估

各省级生态环境主管部门结合各设区市实际情况，在年度评估工作方案中明确市级评估要求。原则上，经营单位、重点产废单位、

其他产废单位市级评估数量不得低于省级评估数量要求。

四、评估结果应用

（一）各级生态环境主管部门

国家评估过程中，对推进危险废物规范化环境管理工作取得良好效果的地方生态环境主管部门予以通报表扬，并在安排危险废物相关项目时优先考虑、予以倾斜，提供政策和资金支持；对推进危险废物规范化环境管理工作差的地方生态环境主管部门予以通报批评。

各省级生态环境主管部门应在年度评估工作方案中强化评估结果应用，敦促地方和相关部门落实监管责任。

（二）产废单位和经营单位

鼓励省级生态环境主管部门将危险废物规范化环境管理评估达标、环境管理水平高的企业纳入生态环境监督执法正面清单，适当减少"双随机、一公开"抽查频次。

将评估中发现的涉嫌环境违法问题与环境执法工作相衔接。对在评估中发现的企业违法行为，各级生态环境主管部门要严格依据《中华人民共和国环境保护法》《中华人民共和国固体废物污染环境防治法》等法律法规和《最高人民法院、最高人民检察院关于办理环境污染刑事案件适用法律若干问题的解释》等进行查处，涉嫌环境犯罪的移送公安机关。

附件：1. 危险废物规范化环境管理评估指标

　　　2. 被抽查单位评估情况记录表

　　　3. 危险废物规范化环境管理评估年度工作总结要求

表2　危险废物规范化环境管理评估指标（工业危险废物产生单位）（节选）

评估项目	评估内容	评估方法	备注
加分项	A.在危险废物相关重点环节和关键节点应用视频监控的，加0.5分；在危险废物相关重点环节和关键节点应用电子标签的，加0.5分。 B.对管理人员和从事危险废物收集、运输、贮存、利用和处置等工作的人员进行培训的，加0.5分；参加培训人员对危险废物管理制度、相应岗位危险废物管理要求等较熟悉的，加0.5分。 C.投保环境污染责任保险的，加1分。	查阅相关资料、现场核查	

表3　危险废物规范化环境管理评估指标（危险废物经营单位）（节选）

评估项目	评估内容	评估方法	备注
加分项	A.在危险废物相关重点环节和关键节点应用视频监控的，加0.5分；在危险废物相关重点环节和关键节点应用电子标签的，加0.5分。 B.投保环境污染责任保险的，加1分。	查阅相关资料、现场核查	

关于加强自由贸易试验区生态环境保护
推动高质量发展的指导意见

环综合〔2021〕44 号

（生态环境部等八部委 2021 年 5 月 17 日联合印发）

【参与发文部委：商务部、国家发展和改革委员会、住房和城乡建设部、中国人民银行、海关总署、国家能源局、国家林业和草原局】

推动重大生态环保改革举措优先在自贸试验区试点示范，深入推进环境信息依法披露、排污口监督管理、危险废物监管和利用处置能力、生态环境损害赔偿、环境污染强制责任保险等制度改革。

关于提升危险废物环境监管能力、利用处置能力
和环境风险防范能力的指导意见

环固体〔2019〕92 号

（生态环境部 2019 年 10 月 15 日印发）

各省、自治区、直辖市生态环境厅（局），新疆生产建设兵团生态环境局：

危险废物环境管理是生态文明建设和生态环境保护的重要方面，是打好污染防治攻坚战的重要内容，对于改善环境质量，防范环境风险，维护生态环境安全，保障人体健康具有重要意义。为切实提升危险废物环境监管能力、利用处置能力和环境风险防范能力（以下简称"三个能力"），提出以下意见。

一、总体要求

以习近平新时代中国特色社会主义思想为指导，深入贯彻落实习近平生态文明思想和全国生态环境保护大会精神，以改善环境质量为核心，以有效防范环境风险为目标，以疏堵结合、先行先试、分步实施、联防联控为原则，聚焦重点地区和重点行业，围绕打好污染防治攻坚战，着力提升危险废物"三个能力"，切实维护生态环境安全和人民群众身体健康。

到 2025 年年底，建立健全"源头严防、过程严管、后果严惩"的危险废物环境监管体系；各省（区、市）危险废物利用处置能力与实际需求基本匹配，全国危险废物利用处置能力与实际需要总体平衡，布局趋于合理；危险废物环境风险防范能力显著提升，危险废物非法转移倾倒案件高发态势得到有效遏制。其中，2020 年年底前，长三角地区（包括上海市、江苏省、浙江省）及"无废城市"建设试点城市率先实现；2022 年年底前，珠三角、京津冀和长江经济带其他地区提前实现。

二、着力强化危险废物环境监管能力

（一）完善危险废物监管源清单。各级生态环境部门要结合第二次全国污染源普查、环境统计工作分别健全危险废物产生单位清单和拥有危险废物自行利用处置设施的单位清单，在此基础上，结合危险废物经营单位清单，建立危险废物重点监管单位清单。自 2020 年起，上述清单纳入全国固体废物管理信息系统统一管理。

（二）持续推进危险废物规范化环境管理。地方各级生态环境部门要加强危险废物环境执法检查，督促企业落实相关法律制度和标准规范要求。各省（区、市）应当将危险废物规范化环境管理情况纳入对地方环境保护绩效考核的指标体系中，督促地方政府落实监管责任。推进企业环境信用评价，将违法企业纳入生态环境保护领域违法失信名单，实行公开曝光，开展联合惩戒。依法将危险废物产生单位和危险废物经营单位纳入环境污染强制责任保险投保范围

（三）强化危险废物全过程环境监管。地方各级生态环境部门要严格危险废物经营许可证审批，不得违反国家法律法规擅自下放审批权限；应建立危险废物经

营许可证审批与环境影响评价文件审批的有效衔接机制。新建项目要严格执行《建设项目危险废物环境影响评价指南》及《危险废物处置工程技术导则》；加大涉危险废物重点行业建设项目环境影响评价文件的技术校核抽查比例，长期投运企业的危险废物产生种类、数量以及利用处置方式与原环境影响评价文件严重不一致的，应尽快按现有危险废物法律法规和指南等文件要求整改；构成违法行为的，依法严格处罚到位。结合实施固定污染源排污许可制度，依法将固体废物纳入排污许可管理。将危险废物日常环境监管纳入生态环境执法"双随机一公开"内容。优化危险废物跨省转移审批手续、明确审批时限、运行电子联单，为危险废物跨区域转移利用提供便利。

（四）加强监管机构和人才队伍建设。强化全国危险废物环境管理培训，鼓励依托条件较好的危险废物产生单位和危险废物经营单位建设危险废物培训实习基地，加强生态环境保护督察、环境影响评价、排污许可、环境执法和固体废物管理机构人员的技术培训与交流。加强危险废物专业机构及人才队伍建设，组建危险废物环境管理专家团队，强化重点难点问题的技术支撑。

（五）提升信息化监管能力和水平。开展危险废物产生单位在线申报登记和管理计划在线备案，全面运行危险废物转移电子联单，2019年年底前实现全国危险废物信息化管理"一张网"。各地应当保障固体废物管理信息系统运维人员和经费，确保联网运行和网络信息安全。通过信息系统依法公开危险废物相关信息，搭建信息交流平台。鼓励有条件的地区在重点单位的重点环节和关键节点推行应用视频监控、电子标签等集成智能监控手段，实现对危险废物全过程跟踪管理。各地应充分利用"互联网+监管"系统，加强事中事后环境监管，归集共享各类相关数据，及时发现和防范苗头性风险。

三、着力强化危险废物利用处置能力

（六）统筹危险废物处置能力建设。推动建立"省域内能力总体匹配、省域间协同合作、特殊类别全国统筹"的危险废物处置体系。

各省级生态环境部门应于2020年年底前完成危险废物产生、利用处置能力和设施运行情况评估，科学制定并实施危险废物集中处置设施建设规划，推动地方政府将危险废物集中处置设施纳入当地公共基础设施统筹建设，并针对集中焚烧和填埋处置危险废物在税收、资金投入和建设用地等方面给予政策保障。

长三角、珠三角、京津冀和长江经济带其他地区等应当开展危险废物集中处置区域合作，跨省域协同规划、共享危险废物集中处置能力。鼓励开展区域合作的省份之间，探索以"白名单"方式对危险废物跨省转移审批实行简化许可。探索建立危险废物跨区域转移处置的生态环境保护补偿机制。

对多氯联苯废物等需要特殊处置的危险废物和含汞废物等具有地域分布特征的危险废物，实行全国统筹和相对集中布局，打造专业化利用处置基地。加强废酸、废盐、生活垃圾焚烧飞灰等危险废物利用处置能力建设。

鼓励石油开采、石化、化工、有色等产业基地、大型企业集团根据需要自行配套建设高标准的危险废物利用处置设施。鼓励化工等工业园区配套建设危险废物集中贮存、预处理和处置设施。

（七）促进危险废物源头减量与资源化利用。企业应采取清洁生产等措施，从源头减少危险废物的产生量和危害性，优先实行企业内部资源化利用危险废物。鼓励有条件的地区结合本地实际情况制定危险废物资源化利用污染控制标准或技术规范。鼓励省级生态环境部门在环境风险可控前提下，探索开展危险废物"点对点"定向利用的危险废物经营许可豁免管理试点。

（八）推进危险废物利用处置能力结构优化。鼓励危险废物龙头企业通过兼并重组等方式做大做强，推行危险废物专业化、规模化利用，建设技术先进的大型危险废物焚烧处置设施，控制可焚烧减量的危险废物直接填埋。制定重点类别危险废物经营许可证审查指南，开展危险废物利用处置设施绩效评估。支持大型企业集团跨区域统筹布局，集团内部共享危险废物利用处置设施。

（九）健全危险废物收集体系。鼓励省级生态环境部门选择典型区域、典型企业和典型危险废物类别，组织开展危险废物集中收集贮存试点工作。落实生产者责任延伸制，推动有条件的生产企业依托销售网点回收其产品使用过程产生的危险废物，开展铅蓄电池生产企业集中收集和跨区域转运制度试点工作，依托矿物油生产企业开展废矿物油收集网络建设试点。

（十）推动医疗废物处置设施建设。加强与卫生健康部门配合，制定医疗废集中处置设施建设规划，2020 年年底前设区市的医疗废物处置能力满足本地区实际需求；2022 年 6 月底前各县（市）具有较为完善的医疗废物收集转运处置体系。不具备集中处置条件的医疗卫生机构，应配套自建符合要求的医疗废物处置设施。鼓励发展移动式医疗废物处置设施，为偏远基层提供就地处置服务。各省（区、市）应建立医疗废物协同应急处置机制，保障突发疫情、处置设施检修等期间医疗废物应急处置能力。

（十一）规范水泥窑及工业炉窑协同处置。适度发展水泥窑协同处置危险废物项目，将其作为危险废物利用处置能力的有益补充。能有效发挥协同处置危险废物功能的水泥窑，在重污染天气预警期间，可根据实际处置能力减免相应减排措施。支持工业炉窑协同处置危险废物技术研发，依托有条件的企业开展钢铁冶炼等工业炉窑协同处置危险废物试点。

四、着力强化危险废物环境风险防范能力

（十二）完善政策法规标准体系。贯彻落实《中华人民共和国固体废物污染环境防治法》，研究修订《危险废物经营许可证管理办法》《危险废物转移联单管理办法》等法规规章。修订危险废物贮存、焚烧以及水泥窑协同处置等污染控制标准。配合有关部门完善《资源综合利用产品和劳务增值税优惠目录》，推动完善危险废物利用税收优惠政策和处置收费制度。

（十三）着力解决危险废物鉴别难问题。推动危险废物分级分类管理，动态修订《国家危险废物名录》及豁免管理清单，研究建立危险废物排除清单。修订《危险废物鉴别标准》《危险废物鉴别技术规范》等标准规范。研究制定危险废物鉴别单位管理办法，强化企业的危险废物鉴别主体责任，鼓励科研院所、规范化检测机构开展危险废物鉴别。

（十四）建立区域和部门联防联控联治机制。推进长三角等区域编制危险废物联防联治实施方案。地方各级生态环境部门依照有关环境保护法律法规加强危险废物环境监督管理，应与发展改革、卫生健康、交通运输、公安、应急等相关行政主管部门建立合作机制，强化信息共享和协作配合；生态环境执法检查中发现涉嫌危险废物环境违法犯罪的问题，应及时移交公安机关；发现涉及安全、消防

等方面的问题，应及时将线索移交相关行政主管部门

（十五）强化化工园区环境风险防控。深入排查化工园区环境风险隐患，督促落实化工园区环境保护主体责任和"一园一策"危险废物利用处置要求。新建园区要科学评估园区内企业危险废物产生种类和数量，保障危险废物利用处置能力。鼓励有条件的化工园区建立危险废物智能化可追溯管控平台，实现园区内危险废物全程管控。

（十六）提升危险废物环境应急响应能力。深入推进跨区域、跨部门协同应急处置突发环境事件及其处理过程中产生的危险废物，完善现场指挥与协调制度以及信息报告和公开机制。加强突发环境事件及其处理过程中产生的危险废物应急处置的管理队伍、专家队伍建设，将危险废物利用处置龙头企业纳入突发环境事件应急处置工作体系。

（十七）严厉打击固体废物环境违法行为。截至 2020 年 10 月底，聚焦长江经济带，深入开展"清废行动"；会同相关部门，以医疗废物、废酸、废铅蓄电池、废矿物油等危险废物为重点，持续开展打击固体废物环境违法犯罪活动。结合生态环境保护统筹强化监督，分期分批分类开展危险废物经营单位专项检查。

（十八）加强危险废物污染防治科技支撑。建设区域性危险废物和化学品测试分析、环境风险评估与污染控制技术实验室，充分发挥国家环境保护危险废物处置工程技术中心的作用，加强危险废物环境风险评估、污染控制技术等基础研究。鼓励废酸、废盐、生活垃圾焚烧飞灰等难处置危险废物污染防治和利用处置技术研发、应用、示范和推广。开展重点行业危险废物调查，分阶段分步骤制定重点行业、重点类别危险废物污染防治配套政策和标准规范。

五、保障措施

（十九）加强组织实施。各级生态环境部门要充分认识提升危险废物"三个能力"的重要性，细化工作措施，明确任务分工、时间表、路线图、责任人，确保各项任务落实到位。

（二十）压实地方责任。建立健全危险废物污染环境督察问责长效机制，对危险废物环境违法案件频发、处置能力严重不足并造成严重环境污染或恶劣社会影

响的地方，视情开展专项督察，并依纪依法实施督察问责。

（二十一）加大投入力度。加强危险废物"三个能力"建设的工作经费保障。各地应结合实际，通过统筹各类专项资金、引导社会资金参与等多种形式建立危险废物"三个能力"建设的资金渠道。

（二十二）强化公众参与。鼓励将举报危险废物非法转移、倾倒、处置等列入重点奖励范围，提高公众、社会组织参与积极性。推进危险废物利用处置设施向公众开放。加强对涉危险废物重大环境案件查处情况的宣传，形成强力震慑，营造良好社会氛围

生态环境部

2019 年 10 月 15 日

"无废城市"建设指标体系（试行）

环办固体函〔2019〕467 号

（生态环境部办公厅 2019 年 5 月 8 日印发）

一、指标设置

《指标体系》由一级指标、二级指标和三级指标组成，其中一级指标 5 个、二级指标 18 个、三级指标 59 个（具体见表 1）。三级指标分为 3 类：第 1 类（标注★）为必选指标，共 22 项，是所有试点城市均需开展调查的指标；第 2 类为可选指标，共 37 项，试点城市结合城市类型、特点及试点任务安排选择对应指标；第 3 类为自选指标，由试点城市结合自身发展定位、发展阶段、资源禀赋、产业结构、经济技术基础等差异性自行设置，为完善我国固体废物统计制度提供支撑。各项指标数据主要来源于现有统计调查数据，或专项调查数据，用于反映城市试点建设成效和发展趋势。试点城市应结合自身城市发展定位、试点建设实际需求等，科学设定各项指标于 2020 年达到的目标值，但不应低于国家、所在省（区、市）的要求。

表 1 "无废城市"建设指标体系（试行）

序号	一级指标	二级指标	三级指标	数据来源
43	保障能力	市场体系建设	危险废物经营单位环境污染责任保险覆盖率	市生态环境局、市银保监局或地方金融监管局

二、指标说明

43．危险废物经营单位环境污染责任保险覆盖率

（1）指标解释：纳入环境污染责任保险的危险废物经营单位数量占危险废物

经营单位总数的比例。

（2）发展趋势：该指标应不断提高，并实现危险废物经营单位全覆盖。

（3）数据来源：市生态环境局、市银保监局或地方金融监管局。

关于支持服务民营企业绿色发展的意见

环综合〔2019〕6 号

（生态环境部、中华全国工商业联合会 2019 年 1 月 11 日印发）

完善环境污染责任强制保险制度，将环境风险高、环境污染事件较为集中的行业企业纳入投保范围。

生态环境部回答全国人大常委会围绕审议《土壤污染防治法》执法检查报告进行的专题询问

（2020 年 10 月 17 日）

谭耀宗：我的问题是《土壤污染防治法》的出台和实施，让土壤污染得到了有效的控制，但是有关土壤污染修复的权责问题一直受到社会的关注，《土壤污染防治法》中虽然确定了"谁污染、谁修复"的权责关系，但是在现实中，土壤污染有滞后性，当发现污染的时候，之前造成污染的企业已经搬走或关闭，难以再找到企业负责人追责，或者企业已无资金力量进行修复，这就形成了"企业污染、政府买单"的恶性循环问题。请问，政府面对这样的情况，除了增加资金投入，是否会考虑构建高环境风险企业的强制环境责任险体系，又或者鼓励社会力量参与协助土地修复？谢谢。

王晨：这个问题请生态环境部部长黄润秋同志回答。

黄润秋：尊敬的栗战书委员长、各位副委员长、秘书长、各位委员，大家上午好。非常感谢谭耀宗委员刚才提的问题，这个问题非常重要，正像您刚才谈到的，不能说我们发现土壤污染以后都是政府去修，都是政府去买单。但是，问题的另外一方面，土地污染以后，造成污染的企业也并不是都有资金和能力去治理污染，刚才您也谈到了。所以怎样构建一个高土壤污染风险的行业企业保险制度就显得非常重要了，这样可以很好地平衡关系。

但是建立强制责任保险制度，确确实实也是一个制度创新，也是需要我们去探索、去做多方面努力的，所以难度还是挺大的。从制度上讲，全国人大常委会2014 年在修订通过的《环境保护法》的时候已经明确，鼓励企业投保环境污染责任保险，用的是"鼓励"。今年 4 月，修订通过了《固体废物污染环境防治法》，在这方面有进步，特别是对收集、贮存、运输、利用、处置危险废物的高风险企业，提的是"应当"，即"应当按照国家有关规定，投保环境污染责任保险"，这就是提出了法定要求，就不是鼓励了。党中央、国务院对这项工作高度重视，2015 年，中共中央、国务院印发《生态文明体制改革总体方案》，以及那个时候中央深改领导小组，现在是中央深改委通过的《关于构建绿色金融体系的指导意见》，也都明确要在环境高风险领域建立环境污染强制部回答全国人大常委会围绕责任保险制度。

根据中央的这些改革精神和法律的要求，我们这些年来和银保监会一直在研究推动怎么样出台一个办法，也就是《环境污染责任保险管理办法》。实际上这项试点工作在 2015 年就已经开始了，许多地方也在一些高风险行业，比如涉重金属、石化、危险废物处置这些领域开展企业的环责险的投保，国内许多保险公司也参与了这项工作。据我们统计，到目前为止，全国大概是有 2 100 亿元的保额，这是试点工作情况。

2019 年，我们统计投环责险的有 1.6 万家企业，总共涉及赔偿范围达到 531 亿元，保费是 4.25 亿元。通过这组数字可以看出，由于这个险种的设立和企业的投保，企业在环境高风险的污染赔偿领域中，它的赔偿能力就扩大到了 100 多倍，所以这项制度应该说还是作用非常大的。

我特别想要提的是，近年来，有不少城市结合无废城市试点还有《固体废物污染环境防治法》的实施，加快推进了危险废物经营单位的一些环境污染责任险的制度建设，也取得了很好的进展。比如北京市经济技术开发区完成了危险废物收集处置单位环境污染责任险的投保。深圳市截至 2019 年全市环境污染责任险的投保企业有 628 家，包头市把全市 16 家危险废物经营单位全部纳入环责险的范围，实现 100%的覆盖。下一步我们将按照常委会意见，会同银保监会进一步推动我们目前正在做的这项制度的出台。

刚才提到的另外一个问题，就是怎么鼓励社会力量参与协助土地修复，我觉得这也是一个很有意义、很重要的问题，因为它也是我们解决土壤污染资金不足的一个很重要的渠道。当前，应该说土地污染修复的市场是完全开放的，各方面主体都可以进来，包括民营企业、社会力量，我们也非常支持和欢迎社会各界能够参与到土壤污染防治工作中来。我认为这项工作怎么样鼓励社会主体参与到污染防治，还得依靠市场机制，政府做好引导，市场机制还是主要的。这方面也有一些好的做法，比如从 2013 年开始，湖南在省里搞了一个专项债券，叫"湘江流域重金属污染治理专项债券"，到 2015 年已经发行了 125 亿元，搞了 43 个重金属污染治理项目，应该说是成效是比较好的。

另外，2018 年《土壤污染防治法》出台以后，我们有关部门对这项工作高度重视，财政部、生态环境部联合 6 个部委出台《土壤污染防治基金管理办法》，鼓励地方用这个资金撬动社会资本进入土壤污染防治领域。各个地方也正在积极开展试点，现在做在前面的包括吉林省已经把这项基金建立起来了，初步规模是 13 亿元，今年支持额度为 3 000 万元，福建、广西这些省份正在组织开展这项工作。

今年 7 月，财政部和生态环境部包括上海市，牵头出台国家绿色发展基金，总规模达到了 850 亿元，中央财政为 100 亿元，地方和社会筹资 700 多亿元。这项资金也可以大大撬动社会资金的投入，也可以作为土壤污染防治资金多渠道筹措的一个有力补充。

有一些地方完全是社会资金投入的机制，比如广州市一家农药厂关闭搬迁以后，这个农药厂没有能力修复，怎么办？还有出让金，如果污染治理做得好还可以增值，这个时候一家投资公司进来，帮他做调查、做修复，从最后的土地出让金回报里拿出 10%～20% 给这家投资公司，我觉得这也是一个纯民间、纯社会力量的一个很好的合作例子。

总之，在社会力量投入土壤污染防治领域里，特别是在基金里还是有很多模式可以探讨。下一步我们将和相关部门继续研讨、继续沟通。这里关键还是有一些利益机制，比如好的土地，大家都愿意投，差的土地，可能回报比较少，这个时候社会资金的进入愿望就比较低，所以关键是怎么样把回报机制设计好，我们会再继续研究，感谢您的提问。

谭耀宗：谢谢黄部长刚才很具体的答复，我这个问题提出来的方向，已经这样落实了，但是我希望在这方面还要继续努力，特别是怎么鼓励社会力量方面的参与，让大家越来越重视环保，而且土地产生出来的东西是我们吃的，要更加重视，所以我觉得这个方面要继续努力。谢谢。

生态环境部对十三届全国人大三次会议第 4762 号建议的答复

(2020 年 10 月 17 日)

章联生代表:

您提出的"关于出台强制购买环境污染责任保险制度的建议",由我部会同银保监会办理。经认真研究,答复如下:

生态环境部积极会同银保监会完善环境污染责任保险(以下简称环责险)相关制度建设,加强对地方环责险的试点指导,推动环责险成为防范环境风险的重要工具。

一、推动完善环责险制度

一是积极推动将环责险写入制修订的法律法规。《固体废物污染环境防治法》(2020 年修订)第九十九条明确规定:"收集、贮存、运输、利用、处置危险废物的单位,应当按照国家有关规定,投保环境污染责任保险。"积极向全国人大常委会法制工作委员会建议,在由其牵头起草的《长江保护法》中写入环境污染责任保险条款。二是积极推动环责险政策制定。中共中央办公厅、国务院办公厅联合印发的《关于构建现代环境治理体系的指导意见》明确提出:"在环境高风险领域研究建立环境污染强制责任保险制度。"生态环境部印发的《关于提升危险废物环境监管能力、利用处置能力和环境风险防范能力的指导意见》(环固体〔2019〕92 号),明确了"依法将危险废物产生单位和危险废物经营单位纳入环境污染强制责任保险投保范围"。银保监会印发的《关于推动银行业和保险业高质量发展的指导意见》(银保监发〔2019〕52 号)提出"探索碳金融、气候债券、蓝色债券、环境污染责任保险、气候保险等创新型绿色金融产品……坚决打好污染防治攻坚战"。

二、指导开展环责险试点工作

一是推动地方环责险试点取得积极进展。生态环境部配合银保监会，指导地方不断拓展环责险覆盖行业范围。目前，北京、江苏、贵州等省（市）开展了环境污染强制责任保险试点，覆盖冶金、制药、造纸、火电等 20 余个高环境风险行业。二是探索共保体承保环责险业务。贵州省委托华泰保险经纪有限公司开展环境污染强制责任保险经纪服务，组织平安财险、大地财险、太平洋财险、人保财险、阳光财险、人寿财险、太平财险和华安财险 8 家保险公司成立共保体，以社会化、市场化途径减轻企业在环境事故中本应承担的赔偿责任。三是创新提供环责险产品及服务。北京市生态环境局鼓励保险公司创新环责险产品，主要推出 400万元和 800 万元保额的两款环责险，费率分别约为 1.15% 和 1%，为市场提供了更多环责险产品的选择。江苏省无锡市形成基于环境风险管理的环责险第三方评估模式，创新引进专家团队提供免费环境评估报告。

下一步，生态环境部将认真贯彻落实《固体废物污染环境防治法》关于环责险的相关规定，指导地方探索符合当地特点的环境污染强制责任保险工作模式，鼓励保险业金融机构创新提供满足市场需求的环责险产品，推动环责险制度建设和实践工作走向深化。

感谢您对生态环境工作的关心和支持。

生态环境部关于政协十三届全国委员会第三次会议第 4789 号提案答复的函

（2020 年 9 月 19 日）

孙洁委员：

您提出的"关于加快环境污染责任保险制度建设，促进生态文明发展的提案"，由我部会同银保监会办理。经认真研究，答复如下：

生态环境部积极会同银保监会完善环境污染责任保险（以下简称环责险）相关制度建设，加强对地方环责险的试点指导，推动环责险成为防范环境风险的重要工具。

一、推动完善环责险制度

一是积极推动将环责险写入制修订的法律法规。《固体废物污染环境防治法》（2020 年修订）第九十九条明确规定："收集、贮存、运输、利用、处置危险废物的单位，应当按照国家有关规定，投保环境污染责任保险。"积极向全国人大常委会法制工作委员会建议，在由其牵头起草的《长江保护法》中，写入环境污染责任保险条款。二是积极推动环责险政策制定。中共中央办公厅、国务院办公厅联合印发的《关于构建现代环境治理体系的指导意见》明确提出："在环境高风险领域研究建立环境污染强制责任保险制度"。生态环境部印发《关于提升危险废物环境监管能力、利用处置能力和环境风险防范能力的指导意见》（环固体〔2019〕92 号），明确了"依法将危险废物产生单位和危险废物经营单位纳入环境污染强制责任保险投保范围"。银保监会印发的《关于推动银行业和保险业高质量发展的指导意见》（银保监发〔2019〕52 号）提出"探索碳金融、气候债券、蓝色债券、环境污染责任保险、气候保险等创新型绿色金融产品……坚决打好污染防治攻坚战"。

二、指导开展环责险试点工作

一是推动地方环责险试点取得积极进展。生态环境部配合银保监会，指导地方不断拓展环责险覆盖行业范围。目前，北京、江苏、贵州等省（市）开展了环境污染强制责任保险试点，覆盖冶金、制药、造纸、火电等 20 余个高环境风险行业。二是探索共保体承保环责险业务。贵州省委托华泰保险经纪有限公司开展环境污染强制责任保险经纪服务，组织平安财险、大地财险、太平洋财险、人保财险、阳光财险、人寿财险、太平财险和华安财险 8 家保险公司成立共保体，以社会化、市场化途径减轻企业在环境事故中本应承担的赔偿责任。三是创新提供环责险产品及服务。北京市生态环境局鼓励保险公司创新环责险产品，主要推出 400 万元和 800 万元保额的两款环责险，费率分别约为 1.15% 和 1%，为市场提供了更多环责险产品选择。江苏省无锡市形成基于环境风险管理的环责险第三方评估模式，创新引进专家团队提供免费环境评估报告。

三、加强生态环境损害赔偿鉴定评估

生态环境部已印发《生态环境损害鉴定评估系列技术方法》，涉及地表水、地下水、土壤、沉积物等方面，基本实现了生态环境损害鉴定评估技术的各环节要素的全覆盖。2019 年，生态环境部与国家市场监管总局联合发布《危险废物鉴别标准　通则》等规范，完善物质属性鉴别的程序和方法；编制了突发环境事件环境影响和损失评估管理办法，以及应急处置阶段直接经济损失的核算细则，规范突发环境事件损害鉴定评估工作。为推进生态环境损害鉴定评估专业力量建设，生态环境部在有关省级生态环境部门推荐和生态环境损害鉴定评估机构自荐的基础上，推荐了三批生态环境损害鉴定评估机构，基本实现了全国 31 个省（自治区、直辖市）和新疆生产建设兵团的生态环境鉴定评估机构全覆盖。

下一步，生态环境部将认真贯彻落实《固体废物污染环境防治法》关于环责险的相关规定，指导地方探索符合当地特点的环境污染强制责任保险工作模式，鼓励保险业金融机构创新提供满足市场需求的环责险产品，推动环责险制度建设和实践工作走向深化。

感谢您对生态环境工作的关心和支持。

生态环境部关于政协十三届全国委员会第二次会议第2297号（财税金融类205号）提案答复的函

（2019年7月1日）

陈倩雯等10位委员：

你们提出的"关于强力推行环境污染强制责任保险，运用市场手段提升生态环境风险防范水平的提案"收悉。经认真研究，就涉及我部职能部分答复如下：

一、关于将环境污染强制责任保险纳入国家有关法律

一直以来，我部积极协调和配合全国人大有关专门委员会、司法部等部门，研究将环境污染强制责任保险纳入国家有关法律。2018年7月，按照立法程序，我部就《固体废物污染环境防治法（修订草案）》公开征集意见。《固体废物污染环境防治法（修订草案）》中增加关于环境污染强制责任保险的条款，要求涉危险废物企业强制参保。2019年6月5日，国务院常务会议审议通过了该修订草案。6月25日，十三届全国人大常委会第十一次会议对草案进行了初次审议。

下一步，我部将积极配合立法机构，推动将环境污染强制责任保险纳入相关法律法规。一是配合全国人大常委会审议《固体废物污染环境防治法（修订草案）》，围绕涉危险废物企业强制参保的必要性、可行性等方面，提供充分、翔实的论证材料，推动尽快建立该项制度。二是在有关立法机构启动修订《环境保护法》时，我部将积极修改完善该法的第五十二条，争取增加在环境高风险领域建立环境污染强制责任保险制度的规定。

二、关于制定重点领域风险管理、损害赔偿相关技术规范

一直以来，我部积极组织制定重点行业环境风险管理规范、生态环境损害赔偿技术规范。一是专门针对部分环境高风险领域，制定便于保险机构掌握和使用

的环境风险等级划分规范。2009 年以来，先后制定印发《环境风险评估技术指南——硫酸企业环境风险等级划分方法（试行）》《环境风险评估技术指南——氯碱企业环境风险等级划分方法》《环境风险评估技术指南——粗铅冶炼企业环境风险等级划分方法（试行）》，指导生产企业、保险机构等方面开展环境风险等级划分。二是将重点领域环境风险评估纳入国家环境保护标准中。2015 年、2018 年，先后制定发布了《尾矿库环境风险评估技术导则（试行）》（HJ 740—2015）和《企业突发环境事件风险分级方法》（HJ 941—2018）。保险机构可以参考或者运用这些标准，对相关领域企业开展环境风险评估。三是研究制定生态环境损害评估鉴定相关技术规范。2016 年以来，先后制定印发了《生态环境损害鉴定评估技术指南 总纲》《生态环境损害鉴定评估技术指南 损害调查》《生态环境损害鉴定评估技术指南 土壤与地下水》，指导生态环境损害评估鉴定工作。

下一步，我部将积极会同有关部门，在强化事前预防、事中管控、事后处置等方面加快出台相应行业风险管理规范，进一步提升规范的针对性和可操作性。配合有关主管部门，结合保险机构对投保企业开展环境风险防控的需求，推动制定相关技术标准，规范和提升保险机构服务水平，保障环境污染强制责任保险事业健康发展。

感谢你们对生态环境工作的关心和支持！

生态环境部对十三届全国人大一次会议
第 1086 号建议的答复

(2018 年 8 月 31 日)

周燕芳代表：

您提出的"关于完善强制环责险制度，助力绿色发展的建议"，由我部会同财政部、银保监会办理。经认真研究，答复如下：

一、关于建立强制环责险制度

近年来国家将强制环境污染责任保险（以下简称环责险）制度建设纳入重大改革和重点工作。2015 年，中共中央、国务院联合印发的《生态文明体制改革总体方案》提出："在环境高风险领域建立环境污染强制责任保险制度。"2016 年，经中央全面深化改革领导小组第二十七次会议审议通过后，人民银行和我部等 7 部门联合印发《关于构建绿色金融体系的指导意见》，专列"发展绿色保险"部分，就"在环境高风险领域建立环境污染强制责任保险制度"做了较为详尽的工作部署。2018 年 6 月，中共中央、国务院联合印发的《关于全面加强生态环境保护 坚决打好污染防治攻坚战的意见》强调："推动环境污染责任保险发展，在环境高风险领域建立环境污染强制责任保险制度。"

根据党中央、国务院工作部署，我部会同银保监会，全面梳理全国环责险工作进展情况，并且在赴十余个省份开展实地调研的基础上，联合起草了《环境污染强制责任保险管理办法（草案）》，重点聚焦环境高风险物质、企业和行业，明确了强制投保范围和保险赔偿责任，对投保合同、风险管理均进行了规范，拟以两部门规章联合颁布实施。2017 年 6 月，两部门就《环境污染强制责任保险管理办法（草案）》公开向社会征求意见。目前，《环境污染强制责任保险管理办法（草案）》已经由我部部务会审议并原则通过，正待银保监会审议。

下一步，我们将加快《环境污染强制责任保险管理办法（草案）》的出台与实施，建立健全强制环责险制度，全力保障强制环责险重大改革加快推进。同时，将继续指导地方，结合地方保险业发展实际和生态环境保护需求，积极探索符合地方特点的强制环责险工作模式。

二、关于优化地方政府作用和建立联动机制

在指导、支持地方进行环责险立法探索方面。2015 年 1 月，广东省人大常委会修订的《广东省环境保护条例》第六十一条明确建立和实施环责险制度，并在重点区域、重点行业依法实行强制环责险。上海市、四川省人大常委会也先后在修订的地方环境保护条例中规定，鼓励和支持企业投保环责险。

在推进生态环境损害赔偿制度改革和环境公益诉讼方面。一是广泛深入推进生态环境损害赔偿制度改革试点。中共中央办公厅、国务院办公厅先后印发《生态环境损害赔偿制度改革试点方案》《生态环境损害赔偿制度改革方案》，生态环境损害赔偿制度由吉林、山东、江苏、湖南、重庆、贵州、云南 7 省（市）试点向全国试行深入推进，推动有效破解"企业污染、群众受害、政府买单"的困局。二是密切配合司法机关办理环境公益诉讼案件。2017 年，全国司法机关依法审理检察机关提起的环境公益诉讼案件 1 383 件、社会组织提起的环境公益诉讼案件 252 件。江苏、浙江、贵州等法院探索实施环境修复司法举措，促进生态保护。宁夏法院审结腾格里沙漠环境污染公益诉讼系列案，责令 8 家企业投入 5.69 亿元修复受损生态环境。

在强化地方政府生态环境保护监管责任方面。2014 年修订的《环境保护法》进一步明确了地方政府环境保护监管责任。近年来，中央环境保护督察始终紧盯地方党委和政府，从发展理念、工作落实、责任担当等方面进行分析，查找地方党委和政府及其有关部门在履行生态环境保护责任方面存在的问题及深层次原因，并在督察反馈意见中严肃指出，督促制定整改方案，扎实推进整改工作。截至 2017 年年底，第一轮中央环境保护督察实现对全国 31 个省份全覆盖，向地方移交了 387 个生态环境损害责任追究问题案卷，均涉及地方党委、政府及其有关部门责任不落实甚至不作为、乱作为的问题。通过督察问责并向社会

公开，发挥了很好的教育、警示和震慑作用，进一步夯实了地方各级党委、政府生态环境保护的政治责任。

下一步，我部将继续会同有关部门，积极支持地方生态环境主管部门，配合立法机关，将强制环责险内容纳入生态环境保护领域地方性法规中；推动深化生态环境损害赔偿制度改革、完善生态环境保护领域民事公益诉讼制度，加大生态环境违法犯罪行为的制裁和惩处力度；持续开展中央生态环境保护督察，推动地方党委、政府切实落实生态环境监管责任。

三、关于环责险相关财税政策支持

关于环责险相关税收支持政策。目前，国家没有就机动车交通事故责任强制保险、井下职工意外伤害险等强制保险险种实施相关税收减免政策。如果单独针对强制环责险制定税收减免政策，将不利于维护税法的公平性和统一性。关于设立环责险相关专项基金。2014 年，国务院印发的《关于改革和完善中央对地方转移支付制度的意见》明确规定："市场竞争机制能够有效调节的事项原则上不得新设专项转移支付，维护公平竞争的市场环境""专项转移支付项目应当依据法律、行政法规和国务院的规定设立"。因此，不宜由财政资金设立环责险推广专项资金、环境污染专项风险基金。下一步，我部将继续配合有关部门开展相关基础研究，推动完善强制环责险相关税收、财政政策。

四、关于加强生态环境主管部门与保险行业的协调合作

在推进企业环境信息收集与共享方面。我部自 2007 年启动国控重点污染源自动监控能力建设项目，目前已建成部、省、市三级 352 个污染源监控中心，对 20 142 家排污单位、33 335 个监控点实施污染源自动监控。根据《控制污染物排放许可制实施方案》的要求，按照"发证一个企业，联网一个企业"的原则，我部建设了全国污染源监测数据管理系统。截至 2017 年年底，31 个省（自治区、直辖市）及新疆生产建设兵团已全部联通，实现全国重点污染源排放自行监测与监督性监测数据统一采集、处理、分析、评价与发布。我部将各省（自治区、直辖市）污染源监测信息发布平台的网址向社会公告，方便公众查询。定期对各省

（自治区、直辖市）企业自行监测和监督性监测的信息公开情况进行通报，不断强化涉企环境信息公开。在此基础上，积极指导地方依法依规向社会公开环境行政处罚等信息，便于保险公司及时获取。

在推进环境污染损害鉴定与评估方面。我部和司法部积极开展环境损害鉴定评估试点和机构推荐工作，将环境损害纳入司法鉴定统一登记管理。2014年、2016年，我部向社会推荐了两批共29家环境损害鉴定评估机构。2017年4月，两部门联合向社会公告了298位全国环境损害司法鉴定机构登记评审专家库（国家库）专家。目前，全国大多数省份已建立地方专家库，10多个省份开展了环境损害司法鉴定机构登记评审或者变更登记等工作，为环境污染损害鉴定评估提供了较好的技术支撑。

下一步，我部将继续会同保险监管机构，推动保险行业全面收集、整理企业环境信息，并指导地方生态环境主管部门与保险监管机构逐步建立健全信息共享机制；配合司法部门继续推动完善环境损害鉴定工作机制，鼓励环境损害司法鉴定机构有序发展，为强制环责险业务提供有力保障。

感谢您对生态环境工作的关心和支持！

生态环境部对十三届全国人大一次会议第 7832 号建议的答复

（2018 年 8 月 19 日）

王筱虹代表：

您提出的"关于严格执法，强化生态环境损害赔偿，杜绝废弃物偷排的建议"，由我部会同中国银行保险监督管理委员会办理。经认真研究，答复如下：

一、关于参考车辆强制保险制度，设立强制性的废弃污染责任险

在环境高风险领域建立"环境污染强制责任保险制度"，是贯彻落实党的十九大精神的有力措施和具体行动，是建立健全绿色金融体系的必然要求和重要内容。《环境保护法》《生态文明体制改革总体方案》《关于构建绿色金融体系的指导意见》等法律和重要文件，对环境污染责任保险作出了原则规定，要求在环境高风险领域建立强制性环境责任保险制度。我部与中国银行保险监督管理委员会高度重视环境污染责任保险发展，积极推动建章立制。2013 年，环境保护部与保监会印发《关于开展环境污染强制责任保险试点工作的指导意见》，鼓励"产生、收集、贮存、运输、利用和处置危险废物的企业"投保环境污染责任保险。通过推动试点、实践探索、鼓励创新等方式，推动环境污染责任保险发展，以保险方式分散环境污染风险，目前试点省（自治区、直辖市）扩展至 30 多个，覆盖涉重金属、石化、危险化学品、危险废物处置等领域。2017 年，环境污染责任保险签单数量 1.68 万单，提供风险保障 305.73 亿元。在前期试点的基础上，我部正在牵头制定《环境污染强制责任保险管理办法（草案）》，明确将危险废物等纳入强制保险范围。2018 年 7 月，我部研究起草的《固体废物污染环境防治法（修订草案）》（征求意见稿）公开征求意见，其中明确要求收集、贮存、运输、利用、处置危险废物的单位，应按照国家有关规定，参加环境污染强制责任保险。

下一步，我们将结合您的建议，加快完善制度环境，推动将投保环境污染强制保险写入法律法规，推进环境污染责任保险强制进程。积极优化环境污染责任保险发展环境，鼓励保险公司创新保险产品，拓宽保障范围，做好风险保障管理和理赔服务，为投保公司分担环境损害修复赔偿费用，缓解环境污染修复费用支出难问题。

二、关于强化生态环境损害连带赔偿责任

2015 年 11 月，中共中央办公厅、国务院办公厅印发《生态环境损害赔偿制度改革试点方案》，2016 年 4 月，国务院授权吉林、山东、江苏、湖南、重庆、贵州、云南 7 省（市）人民政府在本行政区域内作为生态环境损害赔偿权利人开展改革试点。试点启动以来，吉林等 7 省（市）深入推进生态环境损害赔偿制度改革，形成相关配套文件 75 项，探索开展试点案例 27 件，提供了宝贵的实践经验。2017 年 12 月，中共中央办公厅、国务院办公厅印发《生态环境损害赔偿制度改革方案》（以下简称《方案》），规定自 2018 年 1 月 1 日起，在全国范围内试行生态环境损害赔偿制度改革。

诚如您所言，强化固体废物产生者特别是实际控制人的责任，可避免固体废物产生者恶意付费转移责任的行为，减少偷倒行为发生。2018 年 5 月，我部印发《关于坚决遏制固体废物非法转移和倾倒 进一步加强危险废物全过程监管的通知》，要求各级环保部门配合公安等部门持续开展打击固体废物环境违法犯罪行为，对非法收运、转移、倾倒、处置固体废物的企业、中间商、承运人、接收人等一追到底、严肃惩处，并根据需要开展生态环境损害赔偿工作。《固体废物污染环境防治法（修订草案）》（征求意见稿）提出固体废物产生者承担污染防治责任，委托合同不能转移产生者固体废物污染防治的法定责任，产生者应对其委托者的运输、利用、处置行为进行跟踪，确保委托者上述行为合法合规，并大幅提高了固体废物违法行为的处罚力度。在环境损害赔偿具体实施方面，《生态环境损害赔偿制度改革方案》明确规定："违反法律法规，造成生态环境损害的单位或个人，应当承担生态环境损害赔偿责任，做到应赔尽赔……各地区可根据需要扩大生态环境损害赔偿义务人范围，提出相关立法建议。"目前来看，承担连

带赔偿责任的构成要件是违反法律法规、具有因果关系、造成损害后果。

下一步，我们将配合各地立法、司法等部门，做好统筹协调、业务指导和跟踪督促，会同最高人民法院、最高人民检察院、自然资源部、司法部、财政部等相关业务指导部门，推动解决各地在环境损害赔偿工作试行过程中遇到的问题。进一步研究环境损害连带赔偿责任问题，解决其中涉及的较为复杂的责任界定等法律问题及赔偿义务连带责任实施的具体操作标准，强化固体废物产生者主体责任，指导改革试行地方进行相关探索，在充分借鉴总结地方经验基础上，研究提出相关立法建议。

三、关于加大废弃污染物信息公开的处罚力度，实现全社会全过程监督

《环境保护法》第五十五条规定，重点排污单位应当如实向社会公开其主要污染物的名称、排放方式、排放浓度和总量、超标排放等情况，并接受社会监督。我部制定发布的《企业事业单位环境信息公开办法》，规定了重点排污单位应当公开的环境信息及相关责任。《固体废物污染环境防治法（修订草案）》（征求意见稿）中明确要求产生、利用、处置固体废物的企业，应当按照国家有关规定，及时公开固体废物产生、转移、利用、处置等信息，主动接受社会监督。上市公司应当公开固体废物污染环境防治信息。近期，我部正在加强研究，拟对企业环境信息公开进一步提出四个方面的强制要求：一是设区的市级以上地方人民政府生态环境主管部门应依法依规于每年 3 月底前确定本行政区域内重点排污单位名录，并向社会公布。二是地方生态环境主管部门要督促重点排污单位，在名录公布后 90 日内通过便于公众知晓的方式及时准确公开其基础信息、污染物排放信息、防治污染设施建设运行情况等环境信息，接受社会监督。三是地方生态环境主管部门要每年组织一次摸底排查。对于信息不公开，或公开内容不全、不真实、不及时的，依法严肃查处，并实施跟踪检查，结果在当地生态环境主管部门网站公开。四是加强组织领导和信息调度，及时汇总和报送企业环境信息公开阶段性工作进展。

下一步，我们将继续强化企业信息披露，积极配合立法、司法等部门，研究

对信息公开弄虚作假、故意隐瞒等主观故意行为进行从重处罚的具体细则，探讨对不按规定公开信息造成环境污染行为进行从重处罚的具体要求，强化源头监管，严厉打击涉固体废物环境违法行为。

感谢您对生态环境工作的关心和支持。

第五部分

中国银保监会文件节录

财产保险公司保险条款和保险费率管理办法

银保监会令〔2021〕10 号

第一章 总 则

第一条 为了加强和改进对财产保险公司保险条款和保险费率的监督管理，保护投保人、被保险人和受益人的合法权益，维护保险市场秩序，鼓励财产保险公司创新，根据《中华人民共和国保险法》，制定本办法。

第二条 中国银行保险监督管理委员会（以下简称银保监会）及其派出机构依法对财产保险公司及其分支机构的保险条款和保险费率实施监督管理，遵循保护社会公众利益、防止不正当竞争、与市场行为监管协调配合原则。

第三条 财产保险公司保险条款和保险费率实施分类监管、属地监管，具体由银保监会另行规定。

第四条 财产保险公司应当依据法律、行政法规和银保监会的有关规定制订保险条款和保险费率，并对保险条款和保险费率承担相应的责任。

第五条 财产保险公司应当依据本办法的规定向银保监会或其省一级派出机构申报保险条款和保险费率审批或者备案。财产保险公司分支机构不得申报保险条款和保险费率审批或者备案。

第六条 中国保险行业协会应当切实履行保险条款和保险费率行业自律管理职责，推进保险条款和保险费率的通俗化、标准化、规范化工作，研究制订修订主要险种的行业示范条款，建立保险条款费率评估和创新保护机制。中国精算师协会应当研究制订修订主要险种的行业基准纯风险损失率。

第二章 条款开发和费率厘定

第七条 财产保险公司的保险条款和保险费率，应当依法合规，公平合理，不侵害投保人、被保险人和受益人的合法权益，不危及财产保险公司财务稳健和偿付能力；应当符合保险原理，尊重社会公德，不违背公序良俗，不损害社会公共利益，符合《中华人民共和国保险法》等法律、行政法规和银保监会的有关规定。

第八条　财产保险公司的保险条款应当要素完整、结构清晰、文字准确、表述严谨、通俗易懂，名称符合命名规则。

第九条　财产保险公司的保险费率应当按照合理、公平、充足原则科学厘定，不得妨碍市场公平竞争；保险费率可以上下浮动的，应当明确保险费率调整的条件和范围。

第十条　财产保险公司的合规负责人和总精算师分别负责保险条款审查和保险费率审查，并承担相应的责任。

第十一条　财产保险公司应当向合规负责人和总精算师提供其履行工作职责所必需的信息，并充分尊重其专业意见。

财产保险公司应当加强对合规负责人和总精算师的管理，按照银保监会的相关规定，建立健全相应的内部管控及问责机制。

第十二条　财产保险公司应当按照本办法规定提交由合规负责人出具的法律审查声明书。合规负责人应对以下内容进行审查：

（一）保险条款符合《中华人民共和国保险法》等法律、行政法规和银保监会的有关规定；

（二）保险条款公平合理，符合保险原理，不损害社会公共利益，不侵害投保人、被保险人和受益人的合法权益，并已通过消费者权益保护审查；

（三）命名符合规定，要素完备、文字准确、语言通俗、表述严谨。

第十三条　财产保险公司应当按照本办法规定提交由总精算师签署的精算报告和出具的精算审查声明书。总精算师应对以下内容进行审查：

（一）精算报告内容完备；

（二）精算假设和精算方法符合通用精算原理；

（三）保险费率厘定科学准确，满足合理性、公平性和充足性原则，并已通过消费者权益保护审查；

（四）保险费率符合《中华人民共和国保险法》等法律、行政法规和银保监会的有关规定。

第三章　审批和备案

第十四条　财产保险公司应当将关系社会公众利益的保险险种、依法实行强制保险的险种的保险条款和保险费率报银保监会审批。

其他险种的保险条款和保险费率，财产保险公司应当报银保监会或其省一级派出机构备案。

具体应当报送审批或者备案的险种，由银保监会另行规定。

第十五条　对于应当审批的保险条款和保险费率，在银保监会批准前，财产保险公司不得经营使用。

对于应当备案的保险条款和保险费率，财产保险公司应当在经营使用后十个工作日内报银保监会或其省一级派出机构备案。

第十六条　财产保险公司报送审批或者备案保险条款和保险费率，应当提交下列材料：

（一）申请文件；

（二）保险条款和保险费率文本；

（三）可行性报告，包括可行性分析、保险条款和保险费率的主要特点、经营模式、风险分析以及风险控制措施等；

（四）总精算师签署的保险费率精算报告，包括费率结果、基础数据及数据来源、厘定方法和模型，以及费率厘定的主要假设、参数和精算职业判断等；

（五）法律审查声明书，精算审查声明书；

（六）银保监会规定的其他材料。

第十七条　财产保险公司使用中国保险行业协会示范条款的，无需提交可行性报告。

财产保险公司使用行业基准纯风险损失率的，应当在精算报告中予以说明，无需提供纯风险损失率数据来源。

附加险无需提供可行性报告及精算报告，另有规定的除外。

第十八条　财产保险公司修改经批准或备案的保险条款或者保险费率的，应当依照本办法重新报送审批或备案。财产保险公司报送修改保险条款或者保险费率的，除应当提交本办法第十六条规定的材料外，还应当提交保险条款或保险费率的修改前后对比表和修订说明。

修改后的保险条款和保险费率经批准或者备案后，原保险条款和保险费率自动废止，财产保险公司不得在新订立的保险合同中使用原保险条款和保险费率。

第十九条　财产保险公司因名称发生变更，仅申请变更其保险条款和保险费率中涉及的公司名称的，无需提交本办法第十六条中（三）、（四）项规定的材料。

第二十条　银保监会或其省一级派出机构收到备案材料后，应根据下列情况分别作出处理：

（一）备案材料不完整齐备的，要求财产保险公司补正材料；

（二）备案材料完整齐备的，编号后反馈财产保险公司。

第二十一条　财产保险公司及其分支机构可以对已经审批或者备案的保险条款和保险费率进行组合式经营使用，但应当分别列明各保险条款对应的保险费和保险金额。

财产保险公司及其分支机构经营使用组合式保险条款和保险费率，不得修改已经审批或者备案的保险条款和保险费率。如需修改，应当按照本办法的规定重新报送审批或者备案。

第二十二条　在共保业务中，其他财产保险公司可直接使用首席承保人经审批或者备案的保险条款和保险费率，无需另行申报。

第四章　监督管理

第二十三条　财产保险公司及其分支机构应当严格执行经批准或者备案的保险条款和保险费率，不得违反本办法规定以任何方式改变保险条款或者保险费率。

第二十四条　财产保险公司及其分支机构使用的保险条款或者保险费率被发现违反法律、行政法规或者本办法第七条、第八条、第九条规定的，由银保监会或其省一级派出机构责令停止使用、限期修改；情节严重的，可以在一定期限内禁止申报新的保险条款和保险费率。

第二十五条　财产保险公司应当制定保险条款和保险费率开发管理制度，建立审议机制，对保险条款和保险费率开发和管理的重大事项进行审议。

第二十六条　财产保险公司应当指定专门部门履行保险条款和保险费率开发管理职能，负责研究开发、报送审批备案、验证修订、清理注销等全流程归口管理。

第二十七条　财产保险公司应当加强对使用中保险条款和保险费率的管理，指定专门部门进行跟踪评估、完善修订，对不再使用的及时清理。

第二十八条　财产保险公司应当于每年3月底前，统计分析前一年保险条款和保险费率的开发情况、修订情况和清理情况，并形成财产保险公司保险条款和保险费率年度分析报告和汇总明细表，经公司产品管理委员会审议通过后同时报银保监会和其省一级派出机构。

第二十九条　财产保险公司履行保险条款和保险费率开发管理职能的部门负责人对本公司保险条款和保险费率开发管理工作负直接责任。合规负责人对保险条款审查负直接责任，总精算师对保险费率审查负直接责任。

第三十条　财产保险公司履行保险条款和保险费率开发管理职能的部门负责人、合规负责人、总精算师违反本办法规定的，由银保监会或其省一级派出机构责令改正、提交书面检查，并可责令公司作出问责处理。

第五章　法律责任

第三十一条　财产保险公司未按照规定申请批准保险条款、保险费率的，由银保监会依法采取监督管理措施或予以行政处罚。

第三十二条　财产保险公司有下列行为之一的，由银保监会或其省一级派出机构依法采取监督管理措施或予以行政处罚：

（一）未按照规定报送保险条款、保险费率备案的；

（二）未按照规定报送或者保管保险条款、保险费率相关的报告、报表、文件、资料的，或者未按照规定提供有关信息、资料的。

第三十三条　财产保险公司报送审批、备案保险条款和保险费率时，编制或者提供虚假的报告、报表、文件、资料的，由银保监会或其省一级派出机构依法采取监督管理措施或予以行政处罚。

第三十四条　财产保险公司及其分支机构有违反本办法第二十三条规定的，由银保监会或其派出机构依法采取监督管理措施或予以行政处罚。

第三十五条　银保监会或其省一级派出机构依照本办法第二十四条的规定，责令财产保险公司及其分支机构停止使用或限期修改保险条款和保险费率，财产保险公司未停止使用或逾期不改正的，依法采取监督管理措施或予以行政处罚。

第三十六条　财产保险公司及其分支机构违反相关规定的，银保监会或其派出机构除依法对该单位给予处罚外，对其直接负责的主管人员和其他直接责任人员依法采取监督管理措施或予以行政处罚。

第六章　附　则

第三十七条　银保监会对财产保险公司保险条款和保险费率的审批程序，适用《中华人民共和国行政许可法》和银保监会的有关规定。

第三十八条　法律、行政法规和国务院对机动车辆保险、农业保险、出口信用保险另有规定的，适用其规定。

第三十九条　本办法由银保监会负责解释。

第四十条　本办法自 2021 年 10 月 1 日起施行。原中国保险监督管理委员会 2010 年 2 月 5 日发布的《财产保险公司保险条款和保险费率管理办法》（中国保险监督管理委员会令 2010 年第 3 号）同时废止。

保险中介机构信息化工作监管办法

银保监办发〔2021〕3 号

（中国银保监会办公厅 2021 年 1 月 5 日印发）

第一章　总　则

第一条　为加强保险中介监管，提高保险中介机构信息化工作与经营管理水平，推动保险中介行业高质量发展，根据《中华人民共和国保险法》《中华人民共和国网络安全法》《保险代理人监管规定》《保险经纪人监管规定》《保险公估人监管规定》等法律、行政法规，制定本办法。

第二条　在中华人民共和国境内依法设立的保险中介机构适用本办法。

第三条　本办法所称保险中介机构，是指保险代理人（不含个人代理人）、保险经纪人和保险公估人，包括法人机构和分支机构。保险代理人（不含个人代理人）包括保险专业代理机构和保险兼业代理机构。

本办法所称保险中介机构信息化工作，是指保险中介机构将计算机、通信、网络等现代信息技术，应用于业务处理、经营管理和内部控制等方面，以持续提高运营效率、优化内部资源配置和提升风险防范水平为目的所开展的工作。其中保险兼业代理机构信息化工作，仅指该机构与保险兼业代理业务相关的信息化工作。

本办法所称信息化突发事件，是指信息系统或信息化基础设施出现故障、受到网络攻击，导致保险中介机构在同一省份的营业网点、电子渠道业务中断 3 小时以上，或在两个及以上省份的营业网点、电子渠道业务中断 30 分钟以上；或者因网络欺诈或其他信息安全事件，导致保险中介机构或客户资金损失 1 000 万元以上，或造成重大社会影响；或者保险中介机构丢失或泄露大量重要数据或客户信息等，已经或可能造成重大损失、严重影响。

第四条 保险中介机构信息化工作应当符合中华人民共和国法律、行政法规和中国银行保险监督管理委员会（以下简称银保监会）监管制度要求。

保险中介机构信息化工作要遵循安全性、可靠性和有效性相统一、技术路线与业务发展方向相一致、信息系统与管理需求相匹配的原则。

第五条 保险中介机构是本机构信息化工作的责任主体，保险中介机构法定代表人或主要负责人对本机构信息化工作承担首要责任。

第六条 银保监会及其派出机构依法对保险中介机构信息化工作实施监督管理。

第二章 基本要求

第七条 保险中介机构应履行以下信息化工作职责：

（一）贯彻国家网络安全与信息化工作的法律、行政法规、技术标准和银保监会监管制度。

（二）制定本机构信息化工作规划，确保与总体业务规划相一致。

（三）制定信息化工作制度，建立分工合理、职责明确、报告关系清晰的信息化管理机制。

（四）编制信息化预算，保障信息化工作所需资金。

（五）开展本机构信息化建设，确保完整掌握本机构信息系统和数据的管理权。

（六）制定本机构信息化突发事件应急预案，组织开展应急演练，及时报告、快速响应和处置本机构发生的信息化突发事件。

（七）配合银保监会及其派出机构开展的信息化工作监督检查，如实提供相关文件资料，并按照监管意见进行整改。

（八）开展信息化培训，强化本机构人员的信息化意识、信息安全意识和软件正版化意识。

（九）银保监会规定的其他信息化工作职责。

第八条 保险中介机构应自主开展信息化工作。信息化工作与关联企业（含股东、参股企业、其他关联企业）有关联的，保险中介机构应厘清与关联企业之间的信息化工作职责，各自承担信息安全管理责任。保险中介机构的重要信息化机制、设施及其管理应保持独立完整,与关联企业相关设施有效隔离,严格规范信息系统和数据的访问、使用、转移、复制等行为,不得违规向关联企业泄露保单、个人信息等数据信息。重要信息化机制、设施包括但不限于信息化治理与规划、业务、财务、人员等重要信息系统及其中的数据信息。

信息化事项外包给关联企业的,应按照本办法外包要求实施有效管理。

第九条　保险中介法人机构应指定一名高级管理人员统筹负责法人机构及分支机构的信息化管理工作。

第十条　保险中介法人机构应设置信息化部门或信息化岗位,负责信息化工作的正式工作人员不少于一人。分支机构应有正式工作人员辅助法人机构开展信息化工作。

第十一条　申请开展保险中介业务的法人机构应按照本办法开展信息化建设,并向机构营业执照登记注册地银保监会派出机构报送信息化工作情况报告,报告内容应包括信息化管理机制和制度情况、信息系统满足本办法第十七条要求的情况、信息系统采购合同或知识产权证书等。

设立保险中介机构分支机构,保险中介法人机构或其省级分支机构应向分支机构营业执照登记注册地银保监会派出机构报送法人机构及该分支机构的信息化工作情况报告。

第十二条　保险中介法人机构应加强分支机构信息化管理,除法律、行政法规和银保监会监管制度另有规定外,法人机构与分支机构应使用同一套信息系统。法人机构应督促分支机构及时录入经营数据,通过信息系统对各分支机构的经营情况进行管理与监控。

第十三条　保险中介机构应按监管要求通过保险中介监管相关信息系统及时向银保监会及其派出机构报告监管事项、报送监管数据。

第十四条　保险中介机构发生信息化突发事件的,应按照银保监会信息化突发事件信息报告相关规定在24小时内向机构营业执照登记注册地银保监会派出机构报告信息。特别重大、可能造成严重社会影响的信息化突发事件发生后,保险中介机构应在30分钟内电话报告相关信息、1小时内书面报告信息。

第十五条　保险中介机构应使用正版软件,禁止复制、传播或使用非授权软件。对本机构拥有自主知识产权的信息系统采取有效措施加以保护，切实提高软件正版化意识和知识产权保护意识。

第十六条 保险中介机构应主动跟踪、研究、应用新兴信息技术，在防范风险的前提下积极推进业务创新与服务创新，提升核心竞争力。

第三章 信息系统

第十七条 保险中介法人机构应根据业务规模和发展需要，建立相匹配的业务管理、财务管理和人员管理等信息系统，并符合以下要求：

（一）业务管理系统能够记录并管理业务协议、保险业务详细情况、客户信息、相关凭证和其他业务情况等。

（二）财务管理系统能够记录并管理财务总账、科目明细账、应收应付、会计报表、发票等。

（三）人员管理系统能够记录并管理保险中介从业人员的基本信息、入职离职、用工合同、执业登记、人力薪酬、培训和奖惩等情况。

（四）业务管理、财务管理与人员管理系统的数据能够匹配一致、相互验证。

（五）通过技术手段实现与合作保险公司的系统互通、业务互联、数据对接。

（六）能够生成符合监管要求的数据文件，通过技术手段实现与保险中介监管相关信息系统的数据对接。

（七）能够按照合作机构、分支机构、业务类别、业务渠道、险种、收支口径、区域、时间等维度对机构经营情况进行汇总和分析。

（八）具备用户权限管理功能，能够按照不同角色为用户配置数据的增加、删除、修改和查看权限。

（九）具备日志管理功能，能够记录用户操作行为和操作时间。

（十）遵循国家标准化管理部门和银保监会发布的相关行业标准和技术规范。

第十八条 保险中介机构可采取自主开发、合作开发、定制开发、外包开发和购买云服务等形式建设信息系统。

保险中介机构应充分认识和有效控制信息化建设相关的风险，不论以何种方式建设信息系统，保险中介机构均应遵守本办法、承担信息安全管理责任。

第十九条　采用合作开发、定制开发、外包开发和购买云服务等外包模式建设信息系统的，保险中介机构应识别和分析信息科技外包风险，加强对外包服务商的资质审查，加强对外包服务的风险管理，规范外包合同条款，明确外包范围、责任边界、安全保密和个人信息保护责任，采取有效手段保障数据和信息系统安全且持续可控。保险中介机构应提高自主研发能力，逐步降低对外包服务商的依赖。

第二十条　保险中介机构应按照最少功能、最小权限原则合理确定信息系统访问权限并定期检查核对，确保用户权限与其工作职责相匹配。严格控制系统访问权限，禁止未经授权查看、下载数据。严格控制通过系统后台修改数据，确需修改的要做到事前批准、事中监控和事后留痕。

第二十一条　保险中介机构应通过信息系统全面、准确、完整地记录管理业务、财务和人员等情况，确保信息系统记录管理的数据与真实业务经营情况一致。

保险中介机构应在各保险业务环节发生之日起 3 个工作日内，将业务明细数据录入信息系统，如同时涉及财务、人员事项应同步完成财务和人员明细数据录入。

第二十二条　保险中介机构开展信息系统投产、变更或数据迁移等工作的，应组织风险评估，编制实施计划，制定系统回退和应急处置方案，开展演练测试和培训，审慎实施，并在实施完成后进行有效性验证。

第四章　信息安全

第二十三条　保险中介机构应建立健全信息安全管理制度，部署实施边界防护、病毒防护、入侵检测、数据备份、灾难恢复等信息安全措施，保障业务持续和数据安全。

第二十四条　保险中介机构应按照国家网络安全等级保护相关规定，合理确定信息系统的安全等级，并按照国家网络安全等级保护相关标准进行防护，获得相应的国家网络安全等级保护认证。

第二十五条　保险中介机构应对重要数据采取保护措施，保障数据在收集、存储、传输、使用、提供、备份、恢复和销毁等过程中的安全，合法使用数据，严防数据泄露、篡改和损毁，保障数据的完整性、保密性和可用性。

保险中介机构应采取可靠措施进行数据存储和备份，定期开展备份数据恢复验证。系统数据应至少保存五年，系统日志应至少保存六个月。

第二十六条　保险中介机构收集、处理和应用数据涉及个人信息的，应遵循合法、正当、必要的原则，遵守国家相关法律、行政法规，符合与个人信息安全相关的国家标准。

未经允许或授权，保险中介机构不得收集与其提供的服务无关的个人信息；不得违反法律、行政法规和合同约定收集、使用、提供和处理个人信息；不得泄露、篡改个人信息。

第二十七条　保险中介机构应加强对台式计算机、便携式计算机、智能手机、平板电脑、移动存储介质等终端设备的管理，根据法律、行政法规要求和本机构网络安全实际情况对终端设备选择实施登录控制、病毒防护、软件安装与卸载管理、移动存储介质管理、固定资产管理、网络准入、违规监测等安全措施。

第二十八条　保险中介机构应经常开展信息化培训、信息安全培训和保密教育，与员工签订信息安全和保密协议，督促员工履行与其工作岗位相应的信息安全和保密职责。

第五章　监督管理

第二十九条　银保监会在有效防范保险中介市场风险、维护信息安全的基础上，建立健全符合保险中介行业发展特点的信息化监管机制，引导保险中介机构不断提高信息化工作水平，推动保险公司与中介机构系统对接，营造透明、规范、高效的市场环境，促进保险中介行业高质量发展。

第三十条　银保监会负责制定保险中介机构信息化工作监管制度，授权各派出机构开展保险中介机构信息化工作日常监管、指导与检查。

银保监会及其派出机构应加强风险识别、评估和预警，合理分配资源，统筹监管联动，有序开展监管工作。

第三十一条　银保监会及其派出机构应审查保险中介机构信息化工作。

保险中介机构信息化工作不符合本办法要求的，视为不符合《保险代理人监管规定》第七条、第十二条、第十八条，《保险经纪人监管规定》第七条、第十六条，《保险公估人监管规定》第十六条、第十八条等相关条件，不得经营保险中介业务。

第三十二条　银保监会及其派出机构重点对存在下列情形的保险中介机构进行信息化工作检查：

（一）信息化工作存在重大安全隐患或不符合本办法要求的。

（二）发生信息化突发事件的。

（三）违反银保监会信息化突发事件信息报告相关规定的。

（四）对严重信息安全隐患未采取整改措施或整改不力的。

（五）恶意对信息系统或数据进行篡改、删除或关闭，逃避监督检查的。

（六）违规收集、使用、提供和处理个人信息或泄露、篡改个人信息的。

（七）向银保监会及其派出机构报送数据、报表、报告，存在误报、漏报、错报、迟报等行为的。

（八）银保监会及其派出机构认为有必要进行信息化工作检查的其他情形。

第三十三条　银保监会及其派出机构依据法律、行政法规和相关规定，对违反本办法的保险中介机构采取监管措施或实施行政处罚，并追究相关人员责任。

第六章　附　　则

第三十四条　保险中介机构应按照本办法进行信息化工作自查，在本办法实施之日起一年内完成整改。完成整改后，保险中介机构法人机构将信息化工作情况报告报送至机构营业执照登记注册地银保监会派出机构。

第三十五条　本办法由银保监会负责解释和修订。

第三十六条　本办法自 2021 年 2 月 1 日起施行，《关于加强保险中介机构信息化建设的通知》（保监发〔2007〕28 号）同时废止。

责任保险业务监管办法

银保监办发〔2020〕117 号

（中国银保监会办公厅 2020 年 12 月 22 日印发）

第一章 总 则

第一条 为规范责任保险经营行为，保护责任保险活动当事人合法权益，更好服务经济社会全局，促进责任保险业务持续健康发展，根据《中华人民共和国保险法》等法律、行政法规，制定本办法。

第二条 本办法所称责任保险，是指以被保险人对第三者依法应负的赔偿责任为保险标的的保险。

本办法所称保险公司，是指依法设立的财产保险公司。

本办法所称保险服务，是指保险公司为被保险人提供的与保险标的有关的风险防范、应急处置、纠纷调处等相关服务。

第三条 保险公司开展责任保险业务，应当严格遵守法律、行政法规及各项监管规定，遵循保险原理，准确把握回归本源、防范风险的总体要求，不得损害社会公共利益和保险消费者的合法权益。

第四条 保险公司应当不断丰富责任保险产品，改进保险服务，提升保障水平，聚焦重大战略，服务实体经济，积极发挥责任保险在参与社会治理、化解矛盾纠纷、保障和改善民生中的积极作用。

第二章 经营规则

第五条 保险公司经营责任保险业务，应当遵守偿付能力监管要求，科学评估自身风险管控能力、客户服务能力，合理确定经营险种及区域。

第六条 责任保险应当承保被保险人给第三者造成损害依法应负的赔偿责

任。保险公司应当准确把握责任保险定义，厘清相关概念及权利义务关系，严格界定保险责任，不得通过责任保险承保以下风险或损失：

（一）被保险人故意制造事故导致的赔偿责任；

（二）刑事罚金、行政罚款；

（三）履约信用风险；

（四）确定的损失；

（五）投机风险；

（六）银保监会规定的其他风险或损失。

第七条　保险公司开展责任保险业务时，应当自觉维护市场竞争秩序，不得存在以下经营行为：

（一）未按照规定使用经批准或者备案的保险条款、保险费率，包括但不限于通过保单特别约定、签订补充协议等形式改变经审批或者备案的保险产品；

（二）夸大保险保障范围、隐瞒责任免除、虚假宣传等误导投保人和被保险人的行为；

（三）以承保担保机构责任等形式实质承保融资性信用风险；

（四）以利益输送、商业贿赂等手段开展不正当竞争；

（五）作出不符合保险原理的承诺；

（六）借助中介机构、行业协会或其他组织排除、限制竞争；

（七）银保监会规定的其他行为。

第八条　保险公司应当厘清责任保险与财产损失保险、信用保险、保证保险、意外伤害保险等险种的关系，合理确定承保险种。

保险公司开展机动车第三者责任保险等归属机动车辆保险的保险业务，应当遵守机动车辆保险相关监管规定。不得以机动车辆保险以外的责任保险主险或附加险承保机动车第三者责任。

第九条　保险公司提供保险服务，应当遵循合理性、必要性原则，明确对应的被保险人、保险标的和服务内容，以降低赔付风险为主要目的，不得随意扩大服务范围、服务内容。

第十条　保险公司应当严格按照会计准则对保险服务进行账务处理，确保数据真实准确，不得通过保险服务套取费用或从事其他违法违规行为。

第十一条 保险公司可以自行或委托监测机构、评估机构、培训机构等第三方机构开展保险服务。保险公司与第三方机构的合作，不得损害被保险人的合法权益。

第十二条 保险公司参加各级政府部门组织开展的责任保险项目时，应当加强与政府部门、投保人、被保险人沟通，不得盲目扩大保障范围。对不属于责任保险承保范围的，不得以责任保险名义承保。

第十三条 保险公司通过保险中介展业，支付的保险佣金应与实际中介服务相匹配，不得通过保险中介为其他机构或者个人牟取不正当利益。

第十四条 保险公司应当严格按照保险合同约定履行赔偿义务，及时支付赔款，主动提升理赔服务水平，优化客户体验。

第十五条 保险公司对同一承保主体的同一保险责任，除法律、行政法规、司法解释另有规定外，不得出具与保险合同的法律效力类似且具有担保性质的函件。

第十六条 保险公司应根据保险标的风险，综合考虑风险管理水平、违法行为、事故记录、诚信记录等因素，科学合理厘定费率，促进被保险人主动提高风险管理能力。

中国保险行业协会发布的行业纯风险损失率表或费率表，保险公司可以参考使用。

第三章　内控管理

第十七条 保险公司应当加强责任保险业务管理，根据公司业务及风险情况确定高风险业务标准和内部授权机制。高风险业务应由总公司集中管理或在总公司授权范围内开展。

第十八条 保险公司应当根据各级机构的经营能力、管理水平、风险状况和业务发展需要，建立授权体系，明确各级机构、部门、岗位、人员权限，实行动态调整，加强授权管控，强化监督落实。

第十九条 保险公司应当配备具有责任保险专业知识的产品开发人员、核保人员、核赔人员、精算人员，不断加强业务培训和人才培养，满足责任保险的承保、理赔、风险防范等需求。专业责任保险公司的总公司及分公司，应当单独设立责任保险业务部门，并配备相应人员。

第二十条　保险公司应当建立责任保险承保、理赔、精算、风险管理、保险服务等制度，并可以根据险种特点制定具体管理办法。

第二十一条　保险公司应当建立责任保险业务单独核算制度，严格执行费用分摊标准，据实列支经营费用，不得将其他险种费用纳入责任保险核算。

第二十二条　保险公司应当建立功能完整、能够满足业务财务核算和管理需求的责任保险信息管理系统，提高信息化管理水平。

第二十三条　保险公司应当建立健全责任保险数据统计制度，按照监管要求，及时准确完整地报送统计数据。

保险公司应当建立内部数据治理机制，定期开展数据核查分析，避免出现数据错报、漏报、迟报、报送口径不一致等问题。

第二十四条　保险公司应当强化责任保险数据安全管理，不得泄露投保人、被保险人信息，不得利用投保人、被保险人提供的信息从事与保险业务无关或损害投保人、被保险人及其他第三人利益的活动。

第二十五条　保险公司应当规范案件注销、注销恢复、重开赔案、零结案件、拒赔案件、特殊案件、追偿赔案等案件的审核流程，明确审批权限，强化案件管理。

第二十六条　保险公司通过互联网开展责任保险业务，应当严格遵守互联网保险业务监管规定，加强自身风险管理能力和客户服务能力建设。

第二十七条　保险公司经营责任保险时，应当严格按照会计准则和监管规定，遵循非寿险精算的原理和方法，审慎评估业务风险，合理提取和结转相关准备金。

第二十八条　保险公司经营责任保险业务，应当充分评估自身风险承受能力，确定风控标准，制定风险预案。保险公司应当审慎承保高风险业务，并通过再保险、共同保险等方式分散和分担风险。

第四章　监督管理

第二十九条　保险公司应当建立责任保险突发事件报告机制，按照银保监会关于突发事件信息报告要求，及时报送突发事件信息。

第三十条　保险公司应于每年 2 月底前报送责任保险上年度经营报告，直接监管公司向银保监会报送，属地监管公司向属地监管局报送。报告内容包括但不限于以下内容：

（一）业务整体经营情况，包括但不限于经营成果、赔付情况、保险服务开展情况、创新亮点、典型赔案、存在的问题及建议等；

（二）由总公司集中管理的高风险业务经营情况；

（三）责任保险统计制度未单独列明的险种中，年保费收入占比超过本公司责任保险保费收入 5% 的单一险种有关情况；

（四）下一年度责任保险业务发展规划；

（五）银保监会要求报告的其他情况。

第三十一条　保险公司在经营责任保险业务中，违反本办法相关规定的，银保监会及其派出机构可以依法采取监管谈话、限期整改、通报批评等监管措施，违反《中华人民共和国保险法》有关规定的，依法予以行政处罚。

第五章　附　则

第三十二条　本办法相关内容，法律、行政法规另有规定的，从其规定。

第三十三条　其他相关险种另有规定的，从其规定。

第三十四条　本办法由银保监会负责解释。

第三十五条　本办法自 2021 年 1 月 1 日起施行。

关于切实加强保险专业中介机构从业人员
管理的通知

银保监办发〔2020〕42 号

（中国银保监会办公厅 2020 年 5 月 12 日印发）

各银保监局，各保险专业中介机构：

2019 年，银保监会部署开展了保险专业中介机构从业人员（包括保险专业代理机构的代理从业人员、保险经纪人的经纪从业人员、保险公估人的公估从业人员，以下统称从业人员）执业登记清核工作。从清核情况看，近年来保险专业中介机构从业人员数量增长较快，素质参差不齐，有的甚至走向无序发展，反映出多数机构在从业人员管理理念、管理制度、管理举措等方面存在偏差缺失。为切实推动保险专业中介机构落实主体责任，从强管理、提素质、促转变、树形象等方面全面加强从业人员队伍管理，现就有关事项通知如下：

一、保险专业中介机构应全面承担起管理主体责任。保险专业中介机构授权从业人员以本机构名义、品牌和信用开展业务活动，必须依法承担从业人员相应业务活动的法律责任，担当起管理从业人员的主体责任，董事会、经营管理层要发挥管理主责和指挥棒作用，形成层层有责、层层负责、事事明责的工作机制，全方位、全流程加强从业人员管理。

二、保险专业中介机构应加强对从业人员的统筹管理。各法人机构要自上而下建立从业人员管理的责任体系。在组织机构、职能分工、工作机制、操作流程、奖惩考核等方面进行全面安排，明确从业人员管理部门和责任人体系，主要负责人承担领导责任，分管负责人承担管理责任，相关管理部门和分支机构负责人承担落实责任。系统建立从业人员管理制度体系，健全内部监察制度，强化从业人员管理责任的督导考核和奖惩约束，完善风险监控及追责机制。

三、保险专业中介机构应严格从业人员招录管理。坚持严格选人、持续育人、事业留人导向，制定统一的从业人员招录管理办法，严禁招录监管规定不允许从事保险业务的人员。严格销售宣传资料管理，规范招录信息发布，严禁授权个人发布招录广告或单独招录人员，严禁恶意挖角、怂恿同业从业人员频繁无序流动，严禁利用互联网无序发展从业人员，严禁对非本机构从业人员进行执业登记，严禁授权未经执业登记的人员从事保险业务活动。

四、保险专业中介机构应严格从业人员培训管理。针对从业人员入职和在职两个环节制定全周期的培育规划。切实抓好入职从业人员的岗前培训，持续开展从业人员在职教育。切实加强从业人员合规守法教育，将法律法规、监管规则标准、职业道德规范等内容作为入职和在职培训基本内容，每人每年培训时间不得少于30小时。新入职人员未通过专门考试评估，不得进行执业登记。授权从业人员销售新的保险产品前，应组织开展专门培训和相应测试。

五、保险专业中介机构应建立从业人员销售能力分级体系。要综合考察从业人员的从业年限、学历知识、诚信记录等方面情况，严格区分从业人员能力进行委托授权。积极支持行业自律组织发挥平台优势作用，顺应保险业高质量发展要求推动销售人员销售能力分级工作，建立销售人员销售能力资质分级体系和相应的培训测试机制。鼓励保险专业中介机构根据保险产品的复杂程度和专业知识要求，对本机构从业人员设置多级能力资质，并建立针对性培训和测试制度，形成长效机制。

六、保险专业中介机构应严格从业人员诚信管理。严格防范从业人员在从业中出现《中华人民共和国保险法》第一百三十一条、《保险公估人监管规定》第三十一条列示的禁止性行为，发现从业人员违法违规的，要及时惩戒和内部追责。切实加强从业人员诚信管理，按照监管要求在保险中介监管信息系统准确、及时、完整地录入表彰奖励、监管行政处罚等信息；从业人员离职的，相关诚信记录信息应当在注销执业登记前完成录入。要加强从业人员失信联合惩戒，支持行业自律组织搭建失信行为管理平台、建立失信联合惩戒机制。发现从业人员在保险服务活动或其他经济社会活动中存在严重失信行为的，应及时向失信行为管理平台报告，并严肃处理直至解除代理（劳动）合同，解除合同后两年内不得再次录用。

七、保险专业中介机构应切实夯实从业人员管理基础。积极依托信息技术，对从业人员的身份信息、业务信息、财务信息等情况进行全面记录和管理，确保数据全面、真实、可回溯。严格按照执业登记管理规定要求，落实从业人员入职、在职、离职的全过程执业信息登记和维护，确保从业人员基本信息真实、准确、完整。切实加强不同系统中数据的勾稽审查核对，确保本机构在保险中介监管信息系统执业登记的从业人员数据与内部人员管理系统记载的人员数据一致。

八、依法严格监管、严厉处罚和严肃责任追究。银保监会及各级派出机构应持续强化保险专业中介机构从业人员监管监督，着力完善执业登记机制，组织开展专项检查，深化人员数据质量治理，积极利用大数据互联网等技术手段改进提升监管效果。对违反监管要求、落实从业人员管理责任不到位的保险专业中介机构及其管理人员，依法严厉处罚，依规严肃追责。对保险专业中介机构忽视从业人员管理主体责任，未按照本通知要求建立管理制度、执业登记管理存在纰漏、执业过程管理流于形式、存在违法违规行为或者所属从业人员出现重大失信行为产生恶劣影响的，严格依法对机构与责任人员实行双处罚、对管理人员实行上下双追责，同时依法采取监管措施。

九、对监管履职不力者依法依规严肃问责。银保监会派出机构应全面落实属地监管要求、履行属地监管责任，切实加强保险专业中介机构从业人员监管，做到守土有责、守土担责、守土尽职，做到敢管敢查、会管会查、严管严查。派出机构未全面履行属地监管责任，或因失职失责渎职导致发生从业人员严重违法违规、重大风险及严重群体性事件等的，依法依规开展监管问责，做到有责必问、问责必严，切实把问责压力转化为监管履职动力。

此前有关文件与本通知不一致的，以本通知为准。各银保监局、各保险专业中介机构在执行中遇到相关问题，请及时向银保监会报告。

银行业保险业消费投诉处理管理办法

（中国银保监会令 2020 年第 3 号，自 2020 年 3 月 1 日起施行）

第一章　总　则

第一条　为了规范银行业保险业消费投诉处理工作，保护消费者合法权益，根据《中华人民共和国银行业监督管理法》《中华人民共和国商业银行法》《中华人民共和国保险法》《中华人民共和国消费者权益保护法》等法律法规，制定本办法。

第二条　本办法所称银行业保险业消费投诉（以下简称"消费投诉"），是指消费者因购买银行、保险产品或者接受银行、保险相关服务与银行保险机构或者其从业人员产生纠纷（以下简称"消费纠纷"），并向银行保险机构主张其民事权益的行为。

第三条　银行业保险业消费投诉处理工作应当坚持依法合规、便捷高效、标本兼治和多元化解原则。

第四条　银行保险机构是维护消费者合法权益、处理消费投诉的责任主体，负责对本单位及其分支机构消费投诉处理工作的管理、指导和考核，协调、督促其分支机构妥善处理各类消费投诉。

第五条　各相关行业协会应当充分发挥在消费纠纷化解方面的行业自律作用，协调、促进其会员单位通过协商、调解、仲裁、诉讼等方式妥善处理消费纠纷。

第六条　中国银行保险监督管理委员会（以下简称"中国银保监会"）是全国银行业保险业消费投诉处理工作的监督单位，对全国银行业保险业消费投诉处理工作进行监督指导。

中国银保监会各级派出机构应当对辖区内银行业保险业消费投诉处理工作进

行监督指导，推动辖区内建立完善消费纠纷多元化解机制。

第二章 组织管理

第七条 银行保险机构应当从人力、物力、财力上保证消费投诉处理工作顺利开展，指定高级管理人员或者机构负责人分管本单位消费投诉处理工作，设立或者指定本单位消费投诉处理工作的管理部门和岗位，合理配备工作人员。

银行保险机构应当畅通投诉渠道，设立或者指定投诉接待区域，配备录音录像等设备记录并保存消费投诉接待处理过程，加强消费投诉管理信息系统建设，规范消费投诉处理流程和管理。

第八条 银行保险机构应当在官方网站、移动客户端、营业场所或者办公场所醒目位置公布本单位的投诉电话、通讯地址等投诉渠道信息和消费投诉处理流程，开通电子邮件、官网平台等互联网投诉渠道的，应当公布本单位接收消费投诉的电子邮箱、网址等。在产品或者服务合约中，银行保险机构应当提供投诉电话或者其他投诉渠道信息。

第九条 银行保险机构开展消费投诉处理工作应当属地管理、分级负责，充分考虑和尊重消费者的合理诉求，公平合法作出处理结论。及时查找引发投诉事项的原因，健全完善溯源整改机制，切实注重消费者消费体验，提升服务水平。

第十条 银行保险机构应当加强对第三方机构合作业务消费投诉的管理，因合作销售产品或者提供服务而产生消费纠纷的，银行保险机构应当要求相关第三方机构配合处理消费投诉，对消费投诉事项进行核实，及时提供相关情况，促进消费投诉顺利解决。银行保险机构应当将第三方机构对消费投诉处理工作的配合情况纳入合作第三方机构的准入退出评估机制。

第三章 银行业保险业消费投诉处理

第十一条 银行保险机构应当负责处理因购买其产品或者接受其服务产生的消费投诉。

第十二条 银行保险机构可以要求投诉人通过其公布的投诉渠道提出消费投诉。

采取面谈方式提出消费投诉的，银行保险机构可以要求投诉人在其指定的接待场所提出。多名投诉人采取面谈方式提出共同消费投诉的，应当推选代表，代表人数不超过 5 名。

第十三条 银行保险机构可以要求投诉人提供以下材料或者信息：

（一）投诉人的基本情况，包括：自然人或者其法定代理人姓名、身份信息、联系方式；法人或者其他组织的名称、住所、统一社会信用代码，法定代表人或者主要负责人的姓名、身份信息、联系方式，法人或者其他组织投诉代理人的姓名、身份信息、联系方式、授权委托书；

（二）被投诉人的基本情况，包括：被投诉的银行保险机构的名称；被投诉的银行业保险业从业人员的相关情况以及其所属机构的名称；

（三）投诉请求、主要事实和相关依据；

（四）投诉人提交书面材料的，应当由投诉人签字或者盖章。

银行保险机构已经掌握或者通过查询内部信息档案可以获得的材料，不得要求投诉人提供。

第十四条 投诉人提出消费投诉确有困难的，银行保险机构应当接受投诉人委托他人代为投诉，除第十三条规定材料或者信息外，可以要求提供经投诉人亲笔签名或者盖章的授权委托书原件，受托人身份证明和有效联系方式。

银行保险机构应当接受消费者继承人提出的消费投诉，除第十三条规定材料或者信息外，可以要求提供继承关系证明。

第十五条 银行保险机构可以接受投诉人撤回消费投诉。投诉人撤回消费投诉的，消费投诉处理程序自银行保险机构收到撤回申请当日终止。

第十六条 投诉人提出消费投诉，应当客观真实，对所提供材料内容的真实性负责，不得提供虚假信息或者捏造、歪曲事实，不得诬告、陷害他人。

投诉人在消费投诉过程中应当遵守法律、行政法规和国家有关规定，维护社会公共秩序和消费投诉处理单位的办公经营秩序。

第十七条 银行保险机构应当建立消费投诉处理回避制度，收到消费投诉后，应当指定与被投诉事项无直接利益关系的人员核实消费投诉内容，及时与投诉人沟通，积极通过协商方式解决消费纠纷。

第十八条　银行保险机构应当依照相关法律法规、合同约定，公平公正作出处理决定，对于事实清楚、争议情况简单的消费投诉，应当自收到消费投诉之日起 15 日内作出处理决定并告知投诉人，情况复杂的可以延长至 30 日；情况特别复杂或者有其他特殊原因的，经其上级机构或者总行、总公司高级管理人员审批并告知投诉人，可以再延长 30 日。

消费投诉处理过程中需外部机构进行鉴定、检测、评估等工作的，相关期间可以不计入消费投诉处理期限，但应当及时告知投诉人。

投诉人在消费投诉处理期限内再次提出同一消费投诉的，银行保险机构可以合并处理，如投诉人提出新的事实和理由，处理期限自收到新的投诉材料之日起重新计算。

在消费投诉处理过程中，发现消费投诉不是由投诉人或者其法定代理人、受托人提出的，银行保险机构可以不予办理，并告知投诉提出人。

第十九条　银行保险机构在告知投诉人处理决定的同时，应当说明对消费投诉内容的核实情况、作出决定的有关依据和理由，以及投诉人可以采取的申请核查、调解、仲裁、诉讼等救济途径。

第二十条　投诉人对银行保险机构分支机构消费投诉处理结果有异议的，可以自收到处理决定之日起 30 日内向其上级机构书面申请核查。核查机构应当对消费投诉处理过程、处理时限和处理结果进行核查，自收到核查申请之日起 30 日内作出核查决定并告知投诉人。

第二十一条　银行保险机构应当依照本办法的规定向投诉人告知相关事项并保留相关证明资料，投诉人无法联系的除外。

采取书面形式告知的，应当在本办法规定的告知期限内当面递交，或者通过邮寄方式寄出。

采取短信、电子邮件等可以保存的电子信息形式告知的，应当在本办法规定的告知期限内发出。

采取电话形式告知的，应当在本办法规定的告知期限内拨打投诉人电话。

银行保险机构与投诉人对消费投诉处理决定、告知期限、告知方式等事项协商一致的，按照协商确定的内容履行。

第二十二条　银行保险机构在消费投诉处理工作中，应当核实投诉人身份，保护投诉人信息安全，依法保护国家秘密、商业秘密和个人隐私不受侵犯。

第二十三条　银行保险机构在消费投诉处理过程中，可以根据需要向投诉人提出通过调解方式解决消费纠纷的建议。投诉人同意调解的，银行保险机构和投诉人应当向调解组织提出申请。调解期间不计入消费投诉处理期限。

第二十四条　银行保险机构应当充分运用当地消费纠纷调解处理机制，通过建立临时授权、异地授权、快速审批等机制促进消费纠纷化解。

第四章　银行业保险业消费投诉处理工作制度

第二十五条　银行保险机构应当根据本办法健全本单位消费投诉处理工作制度，明确消费投诉处理流程、责任分工、处理时限等要求。

第二十六条　银行保险机构应当建立消费投诉统计分析、溯源整改、信息披露、责任追究制度，定期开展消费投诉情况分析，及时有效整改问题；通过年报等方式对年度消费投诉情况进行披露；对于消费投诉处理中发现的违规行为，要依照相关规定追究直接责任人员和管理人员责任。

第二十七条　银行保险机构应当健全消费投诉处理考核评价制度，综合运用正向激励和负面约束手段，将消费投诉以及处理工作情况纳入各级机构综合绩效考核指标体系，并在各级机构高级管理人员、机构负责人和相关部门人员的薪酬分配、职务晋升等方面设定合理考核权重。

第二十八条　银行保险机构应当建立消费投诉处理登记制度和档案管理制度。消费投诉登记记录、处理意见等书面资料或者信息档案应当存档备查，法律、行政法规对保存期限有规定的，依照其规定执行。

第二十九条　银行保险机构应当依照国家有关规定制定重大消费投诉处理应急预案，做好重大消费投诉的预防、报告和应急处理工作。

重大消费投诉包括以下情形：

（一）因重大自然灾害、安全事故、公共卫生事件等引发的消费投诉；

（二）20 名以上投诉人采取面谈方式提出共同消费投诉的群体性投诉；

（三）中国银保监会及其派出机构（以下统称"银行保险监督管理机构"）认

定的其他重大消费投诉。

第五章　监督管理

第三十条　银行保险监督管理机构应当明确银行保险机构消费投诉处理工作的监督管理部门。

第三十一条　银行保险监督管理机构设立消费投诉转办服务渠道，方便投诉人反映与银行保险机构的消费纠纷。

第三十二条　投诉人反映与银行保险机构的消费纠纷，同时提出应当由银行保险监督管理机构负责处理的其他事项的，依照有关规定处理。

第三十三条　银行保险监督管理机构的消费投诉处理监督管理部门应当自收到辖区内消费投诉之日起 7 个工作日内，将消费投诉转送被投诉银行保险机构并告知投诉人，投诉人无法联系的除外。

第三十四条　银行保险监督管理机构应当对银行保险机构消费投诉处理情况进行监督检查。

第三十五条　银行保险机构应当按照银行保险监督管理机构的要求，报告本单位消费投诉处理工作相关制度、消费投诉管理工作责任人名单，以及上述事项的变动情况。

第三十六条　银行保险机构应当按照银行保险监督管理机构的要求，报告本单位消费投诉数据、消费投诉处理工作情况，并对报送的数据、文件、资料的真实性、完整性、准确性负责。

第三十七条　银行保险监督管理机构应当定期将转送银行保险机构的消费投诉情况进行通报和对外披露，督促银行保险机构做好消费者权益保护工作。

第三十八条　银行保险监督管理机构应当将银行保险机构消费投诉处理工作情况纳入年度消费者权益保护监管评价。

第三十九条　银行保险监督管理机构要加强对银行业保险业消费纠纷调解组织建设的指导，推动建立行业调解规则和标准，促进行业调解组织各项工作健康、规范、有序开展。

第四十条　银行保险机构在处理消费投诉中有下列情形之一的，银行保险监督管理机构可以提出整改要求，并监督其限期整改：

（一）未按照本办法第八条规定公布消费投诉处理相关信息的；

（二）未按照本办法规定程序办理消费投诉并告知的；

（三）无正当理由拒绝配合调解工作或者履行调解协议的。

第四十一条 银行保险机构违反本办法规定，有下列情形之一的，银行保险监督管理机构应当责令限期改正；逾期未改正的，区别情形，银行保险监督管理机构可以进行监督管理谈话，并对银行业金融机构依照《中华人民共和国银行业监督管理法》采取暂停相关业务、责令调整高级管理人员、停止批准增设分支机构以及行政处罚等措施，对保险机构、保险中介机构依照《中华人民共和国保险法》采取罚款、限制其业务范围、责令停止接受新业务等措施，对银行保险监督管理机构负责监管的其他主体依照相关法律法规采取相应措施。

（一）未按照本办法规定建立并实施消费投诉处理相关制度的；

（二）未按照本办法规定报告消费投诉处理工作有关情况的；

（三）违反本办法第四十条规定并未按照要求整改的；

（四）其他违反本办法规定，造成严重后果的。

第六章　附　则

第四十二条 本办法所称银行保险机构包括银行业金融机构、保险机构、保险中介机构以及银行保险监督管理机构负责监管的其他主体。

第四十三条 本办法所称的"以内""以上"均包含本数。

本办法中除"7个工作日"以外的"日"均为自然日。

第四十四条 本办法由中国银保监会负责解释。

第四十五条 本办法自2020年3月1日起施行，原《保险消费投诉处理管理办法》（保监会令2013年第8号）和《中国银监会办公厅关于印发银监会机关银行业消费者投诉处理规程的通知》（银监办发〔2018〕13号）同时废止。原中国银监会、原中国保监会发布的规定与本办法不一致的，以本办法为准。

银行保险违法行为举报处理办法

（中国银保监会令 2019 年第 8 号，自 2020 年 3 月 1 日起施行）

第一条　为规范中国银行保险监督管理委员会及派出机构（以下统称银行保险监督管理机构）对银行保险违法行为举报处理工作，维护经济金融秩序，根据《中华人民共和国银行业监督管理法》《中华人民共和国商业银行法》《中华人民共和国保险法》等有关法律、行政法规，制定本办法。

第二条　自然人、法人或者其他组织（以下简称举报人），对被举报人违反相关银行保险监管法律、行政法规、部门规章和其他规范性文件的行为向银行保险监督管理机构举报，请求银行保险监督管理机构依法履行查处职责，银行保险监督管理机构对该举报的处理，适用本办法。

本办法所称被举报人，包括银行业金融机构及从业人员，保险机构、保险中介机构及从业人员，银行保险监督管理机构负责监管的其他主体，以及涉嫌非法设立银行业金融机构、保险机构、保险中介机构和非法经营银行业务、保险业务、保险中介业务的自然人、法人或者其他组织。

第三条　举报处理工作应当遵循统一领导、属地管理、分级负责的原则。

银行保险监督管理机构应当明确举报处理工作的管理部门和承办部门，分别负责对举报处理工作进行管理和办理。

第四条　银行保险监督管理机构应当遵循依法、公正、及时的原则，建立健全举报处理工作机制。

第五条　银行保险监督管理机构应当在官方网站公开受理举报的通信地址、联系电话、举报受理范围等信息。

第六条　银行保险监督管理机构对被举报人违法行为的管辖，根据银行保险监督管理机构对被举报人的直接监管职权管辖范围确定。

不同银行保险监督管理机构对同一举报事项的管辖权有争议的，报请共同的上级机构确定。

第七条 举报分为实名举报和匿名举报。在举报时提供本人真实姓名（名称）、有效身份信息和有效联系方式、身份证复印件等信息并签字（盖章）的，为实名举报。

对举报人采取书面邮寄方式向银行保险监督管理机构提出举报的，银行保险监督管理机构应当依据书面举报材料进行处理。对采取面谈方式提出举报的，银行保险监督管理机构应当予以记录并经其本人签字确认后提交。对采取电话方式提出举报的，举报人应当补充提交书面举报材料。拒绝签字确认或补充提交书面材料的，视为匿名举报。

五名以上举报人拟采取面谈方式共同提出举报的，应当推选一至二名代表。

对于实名举报，银行保险监督管理机构需按本办法要求，履行相关告知程序。对于匿名举报，银行保险监督管理机构根据举报内容及举报人提供的相关证明材料等情况依法进行处理，不受本办法规定的期限限制，也不履行本办法规定的相关告知程序。

第八条 举报同时符合下列条件的，予以受理：

（一）举报事项属于本机构的监管职责范围；

（二）有明确的被举报人；

（三）有被举报人违反相关银行保险监管法律、行政法规、部门规章和其他规范性文件行为的具体事实及相关的证明材料。

第九条 有下列情形之一的，银行保险监督管理机构不予受理：

（一）不符合本办法第八条规定的受理条件的；

（二）已经受理的举报，举报人在处理期间再次举报，且举报内容无新的事实、证明材料的；

（三）已经办结的举报，举报人再次举报，且举报内容无新的事实、证明材料的；

（四）已经或依法应当通过诉讼、仲裁、行政复议等法定途径予以解决的；

（五）反映的被举报人银行保险违法行为已由其他银行保险监督管理机构依法处理，或已由本机构通过举报以外的途径发现并依法处理的；

（六）已经或者依法应当由其他国家机关处理的；

（七）其他依法不应当受理的情形。

银行保险监督管理机构经审核认为举报材料中部分事项或诉求属于受理范围，部分事项或诉求不属于受理范围的，可做部分受理，并书面告知举报人。

银行保险监督管理机构在受理举报材料后发现存在本条所列情形的，可作出撤销举报材料受理的决定，并书面告知举报人。

第十条　银行保险监督管理机构应当在收到举报之日起 15 日内审查决定是否受理，并书面告知举报人。

举报材料不符合本办法第八条第二项、第三项规定，或举报人提供的身份信息等材料不符合实名举报的要求的，银行保险监督管理机构可以要求举报人在合理期限内补充提供有关材料。受理审查时限自收到完整材料之日起计算。举报人无正当理由逾期未补充提供符合本办法第八条第二项、第三项规定的举报材料的，视为放弃举报。举报人无正当理由逾期未补充提供符合实名举报要求的身份信息等材料的，视为匿名举报。

第十一条　对于不属于本机构负责处理，但属于其他银行保险监督管理机构负责处理的举报，应当在收到举报之日起 15 日内转交其他有职责的单位，同时将举报转交情形告知举报人。

接受转交举报的银行保险监督管理机构，应当在收到转交举报之日起 15 日内审查决定是否受理，并书面告知举报人。

对于不属于银行保险监督管理机构负责处理的举报，应当在收到举报之日起 15 日内书面告知举报人向有权机关提出。

第十二条　银行保险监督管理机构应当在受理后及时开展对举报的调查工作。自受理之日起 60 日内，对被举报的违法行为作出书面调查意见，并及时书面告知举报人，但不得泄露国家秘密、商业秘密和个人隐私。举报人在办理期限内针对已经受理的同一举报事项提出新的事实、证明材料和理由，并需要查证的，或多个举报人就同一事项提出举报的，可以合并处理。举报办理期限自收到新材料之日起重新计算，并书面告知举报人。法律、行政法规另有规定的，从其规定。

银行保险监督管理机构决定或协调组织开展鉴定以及需要其他行政机关进行

协查等工作的，所需时间不计入前款规定的期限。

银行保险监督管理机构依法对被举报的违法行为进行调查后，如发现存在违法违规行为，但无法在受理之日起 60 日内作出行政处罚、监管强制措施等决定的，在书面调查意见中应当告知举报人将依法予以处理。

在本条规定的 60 日期限内发现情况复杂，需要延长调查期限的，经批准可以适当延期，一般不超过 30 日，并应当书面告知举报人。

上级机构可以将本机构受理的举报事项交由下级机构调查。接受交办的下级机构应当及时向上级机构反馈有关情况。

第十三条　在举报调查期限内，举报人主动提出撤回举报申请的，视为放弃举报。银行保险监督管理机构不再将调查处理情况告知举报人。

第十四条　被举报人应当配合银行保险监督管理机构调查，如实提供相关材料。

第十五条　银行保险监督管理机构及其工作人员在举报处理工作中，应当依法对举报人的个人隐私及举报材料中需要保密的内容或有关情况履行必要的保密义务，未经批准，不得随意对外泄露。

银行保险监督管理机构工作人员与举报事项、举报人或者被举报人有直接利害关系的，应当回避。

第十六条　举报人提出举报，应当实事求是，遵守法律、行政法规、部门规章，对所提供材料内容的真实性负责。举报人捏造、歪曲事实，诬告陷害他人的，依法承担法律责任。

第十七条　中国银行保险监督管理委员会建立举报处理工作年度报告制度，各省级派出机构应当于每年 4 月 30 日前向中国银行保险监督管理委员会报告上一年度举报处理工作情况。

各派出机构发生重大举报事项的，应当及时向上一级机构报告。

第十八条　对有重大社会影响的银行保险违法行为举报典型案例，银行保险监督管理机构可以向社会公布，但涉及国家秘密、商业秘密和个人隐私的除外。

第十九条　银行保险监督管理机构可以使用举报处理专用章办理本办法规定的举报事项。

第二十条 对银行保险违法违规问题的举报，相关法律、行政法规和国务院文件有专门规定的，按相关规定处理。

第二十一条 本办法所称"日"为自然日。

本办法所称"书面告知"，包括纸质告知以及通过平台短信等电子信息形式进行的告知。

第二十二条 各省级派出机构可以根据本办法制定实施细则。

第二十三条 本办法由中国银行保险监督管理委员会负责解释。

第二十四条 本办法自 2020 年 3 月 1 日起施行。《保险违法行为举报处理工作办法》和《保险消费投诉处理管理办法》同时废止。原中国银监会、原中国保监会以前发布的规定与本办法不一致的，以本办法为准。

关于切实加强和改进保险服务的通知

银保监发〔2018〕40 号

各保险公司、各保险中介机构：

加强和改进保险服务是保险业落实"以人民为中心"发展思想和服务实体经济的必然要求。近年来，各保险公司、各保险中介机构日益重视并采取措施加强和改进保险服务，取得了一定成效，但仍然存在销售行为不规范、理赔服务不到位、纠纷处理不及时等突出问题。为促进保险业进一步提升服务质量和水平，维护保险消费者合法权益，现就有关要求通知如下：

一、严格规范保险销售行为。各保险公司、各保险中介机构要强化销售宣传内容管理，防止片面不实宣传。保险销售宣传内容要与保险合同条款保持一致，不得错误解读监管政策，不得使用或者变相使用监管机构及其工作人员的名义或者形象作商业宣传。保险产品在宣传时应当与其他性质、类别的金融产品区分展示，并标明其保险性质。严格管控本公司及所属保险从业人员的自媒体保险营销宣传行为，杜绝出现违法违规和不当宣传。要用通俗清晰的语言，准确、全面地向消费者说明保险产品和服务，重点突出承保公司、产品类别、保障范围、保险期限、保险金额、保险费用、免除保险人责任条款等可能影响其决策的信息。不得夸大产品功能，不得虚假承诺，不得诱导误导消费者。严格执行销售行为可回溯制度，切实落实"销售行为可回放、重要信息可查询、问题责任可确认"的监管要求。

二、切实改进保险理赔服务。各保险公司要加大理赔服务设施投入，强化营业网点理赔服务功能，为消费者提供便捷理赔服务。要告知消费者其所在区域的理赔服务网点，以便消费者就近获得服务。畅通客户服务电话，提高电话呼入人工接通率和客户服务代表的服务满意率。充实理赔力量，配齐理赔岗位，加强对理赔、客户服务以及投诉处理等人员的教育培训。简化理赔手续，减少不必要的理赔材料，降低理赔支付周期，深入推进小额理赔案件快速处理机制建设。完善重大突发事件应急预案，事件发生后建立快速理赔通道，主动排查消费者情况，为消费者提供力所能及的应急服务。

三、大力加强互联网保险业务管理。各保险公司、各保险中介机构要加强互联网保险业务管理，规范服务行为，提高服务质量。宣传销售页面要用简单、准确的语言描述产品的主要功能和特点，突出说明容易引发歧义或消费者容易忽视的内容，禁止使用误导性的词语。互联网保险销售要充分考虑售后服务配套能力，保证互联网保险消费者享有不低于其他业务渠道的保险服务。不得违规捆绑销售，不得使用强制勾选、默认勾选等方式销售保险。明示线上客户服务、投诉电话等消费维权途径，建立与消费者的线上线下沟通协商机制，确保双方信息沟通顺畅。严格防控消费者信息泄露风险，保障消费者隐私权、信息安全权。加强对所委托第三方网络平台的管控，对违反保险监管规定且不改正的第三方网络平台，终止与其合作。

四、积极化解矛盾纠纷。各保险公司、各保险专业中介机构要建立"信、访、电、网"等多样化的投诉渠道，通过营业场所、官方网站等渠道公示投诉电话、投诉办理流程和办理时限等，并在承保时告知消费者。健全保险纠纷协商和解机制，与消费者及时沟通，将纠纷化解在公司层面，化解在初始阶段。积极参加保险纠纷调解机制，保障和鼓励分支机构通过调解解决保险纠纷。定期汇总分析投诉数据，发现当前服务中存在的短板和问题，并及时整改。落实责任追究，对投诉处理不到位造成矛盾升级或多次投诉的，严肃追究相关人员责任。

各保险公司、各保险中介机构要认真落实本通知要求，加强领导，落实责任，结合本公司实际抓紧出台推动服务提升的具体措施，持续加强和改进保险服务，提升保险业社会信誉，更好地服务实体经济和广大人民群众。

中国银行保险监督管理委员会

2018 年 7 月 18 日

核保险巨灾责任准备金管理办法

银保监发〔2020〕47 号

（中国银保监会　财政部　生态环境部 2020 年 10 月 15 日印发）

第一章　总　则

第一条　为进一步完善重大核事故保险风险分散机制，规范核保险巨灾责任准备金管理，促进核保险持续稳健发展，更好地服务我国核电事业，根据《中华人民共和国保险法》《中华人民共和国核安全法》《国务院关于加快发展现代保险服务业的若干意见》（国发〔2014〕29 号）和《金融企业财务规则》（中华人民共和国财政部令　第 42 号）等有关法律法规，制定本办法。

第二条　本办法所称核保险，是指核设施发生事故或与核设施相关的核材料、放射性废物在运输过程中发生事故，造成被保险人或第三者的财产损失或人身伤亡，保险人依照保险合同承担赔偿责任的保险。包括核物质损失及营业中断保险、核第三者责任保险、核雇主责任保险、核物质运输保险，以及中国银保监会认定的其他为核设施投保的保险业务，但不包括核设施在首次装（投）料前所投保的不涉及核风险的保险。

第三条　本办法适用于中国境内直接保险公司和再保险公司（以下统称保险公司）经营的保险标的在境内的核保险业务（以下简称境内核保险业务）和从中国境外分入的保险标的在境外的核保险业务（以下简称境外核保险业务）。本办法所称经营核保险业务，包括直接保险、再保险和转分保等多种经营形式。

第四条　本办法所称核保险巨灾责任准备金（以下简称核巨灾准备金），是指保险公司根据本办法规定，在经营核保险业务过程中，为增强风险抵御能力、应对核保险巨灾损失而专门计提的准备金。

第五条　核巨灾准备金的管理遵循以下原则：

（一）独立运作。保险公司根据本办法规定计提、使用和管理核巨灾准备金，独立核算。

（二）公开透明。核巨灾准备金的计提、使用和管理应当公开透明，依法接受监督。

（三）统筹使用。保险公司计提的核巨灾准备金可以在该公司各种核保险业务之间、境内境外核保险业务之间统筹使用。

第二章　计　提

第六条　保险公司应当根据本办法规定，按照核保险业务承保利润的一定比例，及时足额计提核巨灾准备金，逐年滚存，并在年度财务报表中予以反映。

第七条　保险公司年度核保险业务综合成本率低于 100% 的，应当在依法提取法定公积金、一般（风险）准备金后，从年度净利润中计提核巨灾准备金，计提标准为核保险业务承保利润的 75%（年度净利润如不足核保险业务承保利润的 75%，则全额计提）。核巨灾准备金不得用于分红、转增资本，计提顺序在农业保险大灾风险利润准备金之后。

本办法所称核保险业务承保利润 = 核保险业务已赚保费 ×（1 - 核保险业务综合成本率）。其中，保险公司核保险业务综合成本率以经审计的数据为准。

第八条　保险公司的核巨灾准备金滚存余额达到其所承担的未完全终止的核保险责任的单一事故自留责任最大值时，可以暂停计提；如滚存余额因支付赔款而降低或单一事故自留责任上限提高时，应恢复计提。

本办法所称核保险责任完全终止，是指核保险合同终止并超过合同所约定的最长追诉期。

本办法所称单一事故自留责任，是指保险公司对一个危险单位在一次保险事故中所承担的核保险各险种分保后自留部分的合计赔偿责任。

第三章　使　用

第九条　核巨灾准备金专项用于弥补核保险巨灾风险损失。保险公司在使用核巨灾准备金时，应当履行内部相关程序。

第十条 当一次保险事故造成的核保险行业自留责任预估赔款超过 3 亿元人民币或等值外币，且核保险行业自留责任年度已报告赔付率超过 150%时，或发生其他经中国银保监会或财政部认可的情形时，可以使用核巨灾准备金。

核保险行业自留责任年度已报告赔付率以行业监管部门发布数据为准。

本办法所称核保险行业自留责任年度已报告赔付率=（核保险行业自留责任已决赔款+核保险行业自留责任已发生已报告赔案的估损金额）/核保险行业已赚保费。

第十一条 核巨灾准备金的使用额度，以保险公司核保险应付赔款超过当年核保险已赚保费部分为限。

第四章 管 理

第十二条 保险公司应及时、准确计量当期会计年度核保险业务，不得人为调节相关科目。

保险公司计提的核巨灾准备金，在所有者权益项下列示。

第十三条 保险公司应当根据保险资金运用的有关规定，按照其内部投资管理制度，审慎开展核巨灾准备金的资金运用，资金运用收益纳入核巨灾准备金管理。

第十四条 保险公司不再经营核保险业务且其核保险责任完全终止后，可以将以前年度计提的核巨灾准备金作为未分配利润释放。保险公司不再经营核保险业务、需释放核巨灾准备金的，应提前 3 个月向中国银保监会和财政部报告。

第十五条 保险公司不再经营核保险业务后又在五年内恢复经营的，应按照以前年度释放为可支配利润的核巨灾准备金的总金额重新计提核巨灾准备金。

第十六条 保险公司可以根据上一年境内核保险业务所计提的核巨灾准备金占境内核保险业务净自留保费的比例，从应付给境外再保险人的分出保费中按不高于该比例的标准扣存分保保证金。

第十七条 保险公司不得通过与境外再保险人设置利润共享机制、支付纯益手续费、向保险中介机构支付中介费等手段，变相规避本办法有关核巨灾准备金的管理要求。

第十八条 境内保险公司应于每年 5 月底前，将上年度核巨灾准备金计提、使用、管理等情况报告中国银保监会、财政部、生态环境部。

第五章 监 督

第十九条 中国银保监会及其派出机构、各级财政部门依法对核巨灾准备金的计提、管理、使用等实施监督。

第二十条 再保险人、保险中介公司帮助保险公司实施违反本办法规定行为的，中国银保监会可将其从中国再保险登记系统有效清单中剔除，且 2 年内不得恢复、不得再次登记。

第六章 附 则

第二十一条 本办法由中国银保监会会同财政部、生态环境部负责解释。

第二十二条 本办法自发布之日起施行。

中国银保监会关于印发实施车险综合改革
指导意见的通知

（中国银保监会 2020 年 9 月 2 日印发）

为贯彻以人民为中心的发展思想，深化供给侧结构性改革，更好维护消费者权益，让市场在资源配置中起决定性作用，推动车险高质量发展，银保监会研究制定了《关于实施车险综合改革的指导意见》，现印发给你们，自 2020 年 9 月 19 日起开始施行，请认真贯彻落实。

中国银保监会

2020 年 9 月 2 日

关于实施车险综合改革的指导意见

车险与人民群众的利益关系密切。我国车险经过多年的改革发展，取得了积极成效，但一些长期存在的深层次矛盾和问题仍然没有得到根本解决，高定价、高手续费、经营粗放、竞争失序、数据失真等问题比较突出，离高质量发展要求还有较大差距。为贯彻以人民为中心的发展思想和高质量发展要求，深化供给侧结构性改革，更好维护消费者权益，实现车险高质量发展，根据《中华人民共和国保险法》《中共中央、国务院关于新时代加快完善社会主义市场经济体制的意见》和全国金融工作会议等精神，现就实施车险综合改革提出如下意见。

一、总体要求

（一）指导思想

　　坚持以习近平新时代中国特色社会主义思想为指导，深入学习贯彻党的十九大和十九届二中、三中、四中全会精神，认真落实党中央、国务院决策部署，坚持稳中求进工作总基调，贯彻新发展理念，按照人民导向、市场导向、发展导向、渐进方式实施车险综合改革，健全市场化条款费率形成机制，激发市场活力，规范市场秩序，提升服务水平，有效强化监管，促进车险高质量发展，更好地满足人民美好生活需要。

　　（二）基本原则

　　一是市场决定，监管引导。充分发挥市场在车险资源配置中的决定性作用，更好发挥政府作用，最大限度减少监管对车险微观经济活动的直接干预。运用市场化法治化手段，改进事前事中事后监管，加大市场秩序整治力度，提高准备金等监管有效性，强化偿付能力监管刚性约束。

　　二是健全机制，优化结构。加大车险供给侧结构性改革力度，健全以市场为导向、以风险为基础的车险条款费率形成机制。优化条款责任，理顺价格成本结构，科学厘定基准费率，引导市场费率更加合理，促进各险种各车型各区域车险价格与风险更加匹配。

　　三是提升保障，改进服务。不断丰富车险产品，优化示范产品，支持差异化产品创新。规范险类险种，扩大保障范围和保障额度，改进车险服务，提升车险经营效率和服务能力，提高消费者满意度。

　　四是简政放权，协调推进。深化"放管服"改革，稳步放开前端产品和服务准入，提升微观主体自主能力和创新能力，增强市场活力。把有利于消费者作为正确处理改革发展稳定关系的结合点，把握好改革的时机、节奏和力度，防止大起大落，促进市场稳定。

　　（三）主要目标

　　以"保护消费者权益"为主要目标，具体包括：市场化条款费率形成机制建立、保障责任优化、产品服务丰富、附加费用合理、市场体系健全、市场竞争有序、经营效益提升、车险高质量发展等。短期内将"降价、增保、提质"作为阶段性目标。

二、提升交强险保障水平

（四）提高交强险责任限额

为更好发挥交强险保障功能作用，根据《机动车交通事故责任强制保险条例》，银保监会会同公安部、卫生健康委、农业农村部研究提高交强险责任限额，将交强险总责任限额从 12.2 万元提高到 20 万元，其中死亡伤残赔偿限额从 11 万元提高到 18 万元，医疗费用赔偿限额从 1 万元提高到 1.8 万元，财产损失赔偿限额维持 0.2 万元不变。无责任赔偿限额按照相同比例进行调整，其中死亡伤残赔偿限额从 1.1 万元提高到 1.8 万元，医疗费用赔偿限额从 1000 元提高到 1800 元，财产损失赔偿限额维持 100 元不变。

（五）优化交强险道路交通事故费率浮动系数

在提高交强险责任限额的基础上，结合各地区交强险综合赔付率水平，在道路交通事故费率调整系数中引入区域浮动因子，浮动比率中的上限保持 30%不变，下浮由原来最低的-30%扩大到-50%，提高对未发生赔付消费者的费率优惠幅度。对于轻微交通事故，鼓励当事人采取"互碰自赔"、在线处理等方式进行快速处理，并研究不纳入费率上调浮动因素。

三、拓展和优化商车险保障服务

（六）理顺商车险主险和附加险责任

在基本不增加消费者保费支出的原则下，支持行业拓展商车险保障责任范围。引导行业将机动车示范产品的车损险主险条款在现有保险责任基础上，增加机动车全车盗抢、玻璃单独破碎、自燃、发动机涉水、不计免赔率、无法找到第三方特约等保险责任，为消费者提供更加全面完善的车险保障服务。支持行业开发车轮单独损失险、医保外用药责任险等附加险产品。

（七）优化商车险保障服务

引导行业合理删减实践中容易引发理赔争议的免责条款，合理删减事故责任免赔率、无法找到第三方免赔率等免赔约定。

（八）提升商车险责任限额

结合经济社会发展水平，支持行业将示范产品商业三责险责任限额从 5 万—500 万元档次提升到 10 万～1000 万元档次，更加有利于满足消费者风险保障需求，更好发挥经济补偿和化解矛盾纠纷的功能作用。

（九）丰富商车险产品

支持行业制定新能源车险、驾乘人员意外险、机动车延长保修险示范条款，探索在新能源汽车和具备条件的传统汽车中开发机动车里程保险（UBI）等创新产品。引导行业规范增值服务，制定包括代送检、道路救援、代驾服务、安全检测等增值服务的示范条款，为消费者提供更加规范和丰富的车险保障服务。

四、健全商车险条款费率市场化形成机制

（十）完善行业纯风险保费测算机制

支持行业根据市场实际风险情况，重新测算商车险行业纯风险保费。建立每 1—3 年调整一次的商车险行业纯风险保费测算的常态化机制。

（十一）合理下调附加费用率

引导行业将商车险产品设定附加费用率的上限由 35% 下调为 25%，预期赔付率由 65% 提高到 75%。适时支持财险公司报批报备附加费用率上限低于 25% 的网销、电销等渠道的商车险产品。

（十二）逐步放开自主定价系数浮动范围

引导行业将"自主渠道系数"和"自主核保系数"整合为"自主定价系数"。第一步将自主定价系数范围确定为[0.65－1.35]，第二步适时完全放开自主定价系数的范围。为更好地保护消费者权益，在综合改革实施初期，对新车的"自主定价系数"上限暂时实行更加严格的约束。

（十三）优化无赔款优待系数

引导行业在拟订商车险无赔款优待系数时，将考虑赔付记录的范围由前 1 年扩大到至少前 3 年，并降低对偶然赔付消费者的费率上调幅度。

（十四）科学设定手续费比例上限

引导行业根据商车险产品附加费用率上限、市场经营实际和市场主体差异，合理设定手续费比例上限，降低一些销售领域过高的手续费水平。在各地区科学

设定商车险手续费比例上限时，各银保监局要积极主动发挥引导作用。

五、改革车险产品准入和管理方式

（十五）发布新的统一的交强险产品

支持行业按照修订后的交强险责任限额和道路交通事故费率浮动系数，拟订并报批新的统一的交强险条款、基础费率、与道路交通事故相联系的浮动比率。

（十六）发布新的商车险示范产品

支持行业按照修订后的保险条款、基准纯风险保费和无赔款优待系数，发布新的商车险行业示范产品。各地区目前在商车险产品中已使用的交通违法系数因子，在实施综合改革后仍可继续使用。

（十七）商车险示范产品的准入方式由审批制改为备案制

财险公司使用商车险行业示范条款费率的，应当报银保监会备案。财险公司开发商车险创新型条款费率的，应当报银保监会审批。在财险公司设定各地区商车险产品自主定价系数范围时，各银保监局要积极主动发挥引导作用。

（十八）支持中小财险公司优先开发差异化的创新产品

出台支持政策，鼓励中小财险公司优先开发差异化、专业化、特色化的商车险产品，优先开发网销、电销等渠道的商车险产品，促进中小财险公司健康发展，健全多层次财险市场体系。

六、推进配套基础建设改革

（十九）全面推行车险实名缴费制度

财险公司要加强投保人身份验证，做好保单签名、条款解释、免责说明等工作，推进实名缴费，促进信息透明，防止销售误导、垫付保费、代签名等行为，维护消费者合法权益。

（二十）积极推广电子保单制度

在保障消费者知情权和选择权的基础上，鼓励财险公司通过电子保单方式，为消费者提供更加便捷的车险承保、理赔等服务。

（二十一）加强新技术研究应用

支持行业运用生物科技、图像识别、人工智能、大数据等科技手段，提升车险产品、保障、服务等的信息化、数字化、线上化水平。加强对车联网、新能源、自动驾驶等新技术新应用的研究，提升车险运行效率，夯实车险服务基础，优化车险发展环境，促进车险创新发展。

七、全面加强和改进车险监管

（二十二）完善费率回溯和产品纠偏机制

运用实际经营结果加强对车险费率厘定假设的回溯分析。对于报批报备产品的利润测试与实际偏离度大，甚至以此进行不正当竞争的，银保监会及其派出机构可依法责令财险公司调整商车险费率。对于费率实际执行情况与报批报备水平偏差较大、手续费比例超过报批报备上限等行为，银保监会及其派出机构可依法责令财险公司停止使用商车险条款费率。

（二十三）提高准备金监管有效性

完善车险准备金监管制度，健全保费不足准备金计提标准，及时准确体现经营损益情况，倒逼财险公司理性经营，防范非理性竞争行为。要加强准备金充足性指标监测，及时对指标异常经营行为进行干预。要严肃查处未按照规定提转责任准备金、违规调整责任准备金以操纵财务业务数据等行为。

（二十四）强化偿付能力监管刚性约束

健全完善偿付能力监管制度规则，抓好实施运用，督促财险公司强化质量和效益意识，建立健全全面风险管理制度，促进依法合规和理性经营。

（二十五）强化中介监管

建立健全车险领域保险机构和中介机构同查同处制度，严厉打击虚构中介业务套取手续费、虚开发票、捆绑销售等违法违规行为。推动保险机构与中介机构完善信息系统对接等建设，规范手续费结算支付，禁止销售人员垫付行为。禁止中介机构违规开展异地车险业务。

（二十六）防范垄断行为和不正当竞争

鼓励和保护公平竞争，保护车险消费者和经营者的合法权益。禁止为谋取交易机会或者竞争优势进行贿赂、虚假宣传、误导消费者、编造误导性信息等扰乱车险市场秩序的行为。对车辆销售渠道、网络信息平台等滥用市场支配地位破坏公平竞争、损害车险消费者权益的行为，要会同有关部门依法严肃查处。

八、明确重点任务职责分工

（二十七）监管部门要发挥统筹推进作用

银保监会及其派出机构要加强顶层设计，补齐监管制度短板，建立健全商车险条款费率备案细则、费率回溯规则、保费不足准备金制度、停止使用条款费率机制和车险经营回避制度等规则。要及时关注车险综合改革进展，持续开展动态监测，改进非现场监管，强化现场检查调查，严肃查处违法违规行为。

（二十八）财险公司要履行市场主体职责

财险公司要贯彻新发展理念，走高质量发展道路，调整优化考核机制，降低保费规模、业务增速、市场份额的考核权重，提高消费者满意度、合规经营、质量效益的考核要求。要按照车险综合改革要求，及时做好产品开发和报批报备、信息系统改造等工作，加强条款费率回溯，防范保费不足等风险。要加强业务培训和队伍建设，完善承保理赔制度，做好产品销售理赔解释说明工作，提升承保理赔服务质量，使消费者真正享受改革红利。

（二十九）相关单位要做好配套技术支持

中国保险行业协会要加强沟通协调，及时发布新的商车险示范条款和无赔款优待系数，加强车险行业自律，开展车险反欺诈经验交流合作。中国精算师协会要及时科学测算和发布商车险基准纯风险保费，为商车险无赔款优待系数的拟订提供科学测算依据。中国银行保险信息技术管理有限公司要及时升级车险信息平台，提供数据和系统支持，做好费率异动预警，研究增加保费不足准备金监测、手续费监测等子项目，保障车险综合改革和经营平稳有序。

九、强化保障落实

（三十）加强组织领导

各单位、各部门要提高思想认识，结合自身实际，加强沟通协调，建立工作机制，切实履行职责，统筹推进车险综合改革任务。

（三十一）及时跟进督促

各单位、各部门要关注车险综合改革动态，认真分析评估改革实施进展情况和成效，及时反映改革中遇到的问题和困难，研究出台政策措施。

（三十二）做好宣传引导

各单位、各部门要结合实际，灵活采取方式，科学解读车险综合改革政策，努力营造有利于改革的良好环境。要加强舆情监测分析，及时请示报告，认真做好舆情应对工作，保障车险综合改革顺利推进。

关于进一步明确农业保险业务经营条件的通知

银保监办发〔2020〕51号

（中国银保监会办公厅 2020 年 6 月 1 日印发）

各银保监局，各财产保险公司：

为深入贯彻中央全面深化改革委员会关于加快农业保险高质量发展的总体部署，落实好农业保险领域"放管服"改革要求，进一步深化农业保险供给侧结构性改革，建立健全农业保险业务经营条件管理机制，现将有关事项通知如下：

一、根据《保险法》《农业保险条例》等规定，符合相关法律法规和本通知要求的保险机构，可经营农业保险业务。

二、如无特别说明，本通知所称保险机构，是指财产保险总公司及其分支机构。

本通知所称保险公司省级分公司是指财产保险公司省分公司、计划单列市分公司。

三、农业保险坚持适度竞争原则。鼓励保险机构在西部地区、深度贫困地区和农业保险经营机构相对较少地区经营农业保险业务。鼓励保险机构加大投入力度，优化机构布局，完善农业保险基层服务网络。

四、保险公司总公司经营农业保险业务，应当具备以下条件：

（一）符合《保险法》《农业保险条例》等法律法规规定。

（二）公司业务范围包含农业保险。

（三）公司治理和内控管理良好，近 3 年内未因农业保险业务受到重大行政处罚。

（四）有经股东会或董事会批准的农业保险发展规划，包括经营策略、组织架构和风控体系等。

（五）有专门的农业保险管理部门，并配备 8 名以上农业、保险等相关专业人员，具有较强的农业保险经营和风险管理能力。

（六）具备相对独立、完善的农业保险信息管理系统，与设立在中国银行保险信息技术管理有限公司的全国农业保险信息管理平台实现数据对接，能完整、及时、准确报送农业保险数据信息。

（七）有稳健的农业再保险、大灾风险安排以及风险应对预案。

（八）上一年度末及最近两个季度末综合偿付能力充足率180%以上；其中专业性农业保险公司上一年度末及最近两个季度末综合偿付能力充足率150%以上。

（九）农业保险业务与其他业务分开管理，单独核算损益。

（十）中国银保监会规定的其他条件。

五、保险公司省级分公司经营农业保险业务，应当具备以下条件：

（一）符合《保险法》《农业保险条例》等法律法规规定。

（二）总公司符合本通知第四条规定的农业保险业务经营条件。

（三）总公司批准同意开展农业保险业务。

（四）具备完善的农业保险管理制度体系，内控管理良好，近3年内未因农业保险业务受到重大行政处罚。

（五）有专门的农业保险管理部门，并配备5名以上农业、保险等相关专业人员，具有较强的核保核赔和风险管理能力。

（六）在经营农业保险业务的县级区域内设有分支机构，分支机构的信息系统、查勘设备和交通工具等办公条件能够满足业务管理和农业保险服务的要求，并建立与业务规模相适应的农业保险基层服务网络。

（七）在经营农业保险业务的县级分支机构应配备农业保险专职人员，专职人员的数量应当能满足当地农业保险业务管理和服务的需要。

六、保险公司总公司所在地的省级分公司符合下列条件的，可向所在地银保监局提出豁免适用本通知第五条第（二）项规定的申请，所在地银保监局在统筹考虑相关情况的基础上按程序予以豁免：

（一）拟开展的农业保险业务符合国家精准扶贫、乡村振兴等战略。

（二）总公司上一年度末和最近两个季度末综合偿付能力充足率100%以上。

（三）符合本通知第五条除第（二）项外的其他条件。

所在地银保监局豁免的省级分公司家数不得超过1家。

七、不具备农业保险业务经营条件的省级分公司不得以共保的形式参与当地农业保险经营。

农业保险共保体要加强自身管理，明确各方权利义务，强化风险管控，鼓励适度竞争和创新，提升服务能力和水平。

八、保险机构不符合条件经营农业保险业务的，由银保监会或其派出机构责令限期改正，停止接受新业务；逾期不改正或者造成严重后果的，处 10 万元以上 50 万元以下的罚款，可以责令停业整顿或者吊销经营保险业务许可证。

九、保险公司总公司因自身原因主动退出农业保险经营的，应当向银保监会报告。

保险公司省级分公司因自身原因主动退出农业保险经营的，应当向所在地银保监局报告。

十、保险公司总公司退出农业保险经营的，其所有省级分公司自动退出农业保险经营。

十一、保险机构退出农业保险经营的，要严格按照规定处理未了责任，做好交接工作，妥善做好后续事宜。

保险机构退出后，未妥善做好后续事宜造成严重影响的，银保监会或其派出机构将依法依规采取监管措施。

十二、保险机构存在本通知第九条规定的情形满三年的，如需重新经营农业保险业务，仍应符合本通知规定的条件。

十三、银保监会适时对保险公司总公司农业保险业务经营管理等情况进行综合考评；银保监局适时对保险公司省级分公司农业保险业务经营管理情况进行综合考评。

十四、各银保监局应根据本通知要求，结合当地实际，细化制定辖区内的农业保险业务经营条件管理规定。

各银保监局应将管理规定和符合辖区内农业保险业务经营条件的保险机构目录，自公布之日起十个工作日内报送银保监会。保险机构退出农业保险经营的，各银保监局应在十个工作日内向银保监会报告。

十五、本通知下发前已获得农业保险业务经营资格或开展农业保险共保业务的保险机构，如不符合本通知要求，应在本通知施行后两年内达到本通知要求。届时仍未符合条件的，不得继续经营农业保险业务。

十六、本通知所称农业保险业务，包括有政策支持的农业保险业务和商业性农业保险业务。保险机构经营有政策支持的涉农保险，参照适用本通知规定。

十七、本通知所称重大行政处罚，是指保险机构或公司董事、监事和高级管理人员因农业保险（含涉农保险）业务受到下列行政处罚：限制业务范围、责令停止接受新业务、责令停业整顿、吊销业务许可证、公司高管被撤销任职资格或者行业禁入处罚。

十八、依法设立的其他保险组织经营农业保险业务，参照适用本通知规定。

十九、本通知由银保监会负责解释。

关于加快农业保险高质量发展的指导意见

财金〔2019〕102 号

（财政部　农业农村部　银保监会　林草局　2019 年 9 月 19 日印发）

农业保险作为分散农业生产经营风险的重要手段，对推进现代农业发展、促进乡村产业振兴、改进农村社会治理、保障农民收益等具有重要作用。近年来，在党中央、国务院正确领导下，各地区、各有关部门积极推动农业保险发展，不断健全农业保险政策体系，取得了明显成效。但农业保险发展仍面临一些困难和问题，与服务"三农"的实际需求相比仍有较大差距。为加快农业保险高质量发展，现提出以下意见。

一、总体要求

（一）指导思想。以习近平新时代中国特色社会主义思想为指导，全面贯彻党的十九大和十九届二中、三中全会精神，按照党中央、国务院决策部署，紧紧围绕实施乡村振兴战略和打赢脱贫攻坚战，立足深化农业供给侧结构性改革，按照适应世贸组织规则、保护农民利益、支持农业发展和"扩面、增品、提标"的要求，进一步完善农业保险政策，提高农业保险服务能力，优化农业保险运行机制，推动农业保险高质量发展，更好地满足"三农"领域日益增长的风险保障需求。

（二）基本原则。

政府引导。更好发挥政府引导和推动作用，通过加大政策扶持力度，强化业务监管，规范市场秩序，为农业保险发展营造良好环境。

市场运作。与农业保险发展内在规律相适应，充分发挥市场在资源配置中的决定性作用，坚持以需求为导向，强化创新引领，发挥好保险机构在农业保险经营中的自主性和创造性。

自主自愿。充分尊重农民和农业生产经营组织意愿，不得强迫、限制其参加农业保险。结合实际探索符合不同地区特点的农业保险经营模式，充分调动农业保险各参与方的积极性。

协同推进。加强协同配合，统筹兼顾新型农业经营主体和小农户，既充分发挥农业保险经济补偿和风险管理功能，又注重融入农村社会治理，共同推进农业保险工作。

（三）主要目标。

到 2022 年，基本建成功能完善、运行规范、基础完备，与农业农村现代化发展阶段相适应、与农户风险保障需求相契合、中央与地方分工负责的多层次农业保险体系。稻谷、小麦、玉米 3 大主粮作物农业保险覆盖率达到 70%以上，收入保险成为我国农业保险的重要险种，农业保险深度（保费/第一产业增加值）达到 1%，农业保险密度（保费/农业从业人口）达到 500 元/人。

到 2030 年，农业保险持续提质增效、转型升级，总体发展基本达到国际先进水平，实现补贴有效率、产业有保障、农民得实惠、机构可持续的多赢格局。

二、提高农业保险服务能力

（四）扩大农业保险覆盖面。推进政策性农业保险改革试点，在增强农业保险产品内在吸引力的基础上，结合实施重要农产品保障战略，稳步扩大关系国计民生和国家粮食安全的大宗农产品保险覆盖面，提高小农户农业保险投保率，实现愿保尽保。探索依托养殖企业和规模养殖场（户）创新养殖保险模式和财政支持方式，提高保险机构开展养殖保险的积极性。鼓励各地因地制宜开展优势特色农产品保险，逐步提高其占农业保险的比重。适时调整完善森林和草原保险制度，制定相关管理办法。

（五）提高农业保险保障水平。结合农业产业结构调整和生产成本变动，建立农业保险保障水平动态调整机制，在覆盖农业生产直接物化成本的基础上，扩大农业大灾保险试点，逐步提高保障水平。推进稻谷、小麦、玉米完全成本保险和收入保险试点，推动农业保险"保价格、保收入"，防范自然灾害和市场变动双重风险。稳妥有序推进收入保险，促进农户收入稳定。

（六）拓宽农业保险服务领域。满足多元化的风险保障需求，探索构建涵盖财政补贴基本险、商业险和附加险等的农业保险产品体系。稳步推广指数保险、区域产量保险、涉农保险，探索开展一揽子综合险，将农机大棚、农房仓库等农业生产设施设备纳入保障范围。开发满足新型农业经营主体需求的保险产品。创新开展环境污染责任险、农产品质量险。支持开展农民短期意外伤害险。鼓励保险机构为农业对外合作提供更好的保险服务。将农业保险纳入农业灾害事故防范救助体系，充分发挥保险在事前风险防预、事中风险控制、事后理赔服务等方面的功能作用。

（七）落实便民惠民举措。落实国家强农惠农富农政策，切实维护投保农民和农业生产经营组织利益，充分保障其知情权，推动农业保险条款通俗化、标准化。保险机构要做到惠农政策、承保情况、理赔结果、服务标准、监管要求"五公开"，做到定损到户、理赔到户，不惜赔、不拖赔，切实提高承保理赔效率，健全科学精准高效的查勘定损机制。鼓励各地因地制宜建立损失核定委员会，鼓励保险机构实行无赔款优待政策。

三、优化农业保险运行机制

（八）明晰政府与市场边界。地方各级政府不参与农业保险的具体经营。在充分尊重保险机构产品开发、精算定价、承保理赔等经营自主权的基础上，通过给予必要的保费补贴、大灾赔付、提供信息数据等支持，调动市场主体积极性。基层政府部门和相关单位可以按照有关规定，协助办理农业保险业务。

（九）完善大灾风险分散机制。加快建立财政支持的多方参与、风险共担、多层分散的农业保险大灾风险分散机制。落实农业保险大灾风险准备金制度，增强保险机构应对农业大灾风险能力。增加农业再保险供给，扩大农业再保险承保能力，完善再保险体系和分保机制。合理界定保险机构与再保险机构的市场定位，明确划分中央和地方各自承担的责任与义务。

（十）清理规范农业保险市场。加强财政补贴资金监管，对骗取财政补贴资金的保险机构，依法予以处理，实行失信联合惩戒。进一步规范农业保险市场秩序，降低农业保险运行成本，加大对保险机构资本不实、大灾风险安排不足、虚假承保、虚假理赔等处罚力度，对未达到基本经营要求、存在重大违规行为和重大风险隐患的保险机构，坚决依法清退出农业保险市场。

（十一）鼓励探索开展"农业保险+"。建立健全保险机构与灾害预报、农业农村、林业草原等部门的合作机制，加强农业保险赔付资金与政府救灾资金的协同运用。推进农业保险与信贷、担保、期货（权）等金融工具联动，扩大"保险+期货"试点，探索"订单农业+保险+期货（权）"试点。建立健全农村信用体系，通过农业保险的增信功能，提高农户信用等级，缓解农户"贷款难、贷款贵"问题。

四、加强农业保险基础设施建设

（十二）完善保险条款和费率拟订机制。加强农业保险风险区划研究，构建农业生产风险地图，发布农业保险纯风险损失费率，研究制定主要农作物、主要牲畜、重要"菜蓝子"品种和森林草原保险示范性条款，为保险机构产品开发、费率调整提供技术支持。建立科学的保险费率拟订和动态调整机制，实现基于地区风险的差异化定价，真实反映农业生产风险状况。

（十三）加强农业保险信息共享。加大投入力度，不断提升农业保险信息化水平。逐步整合财政、农业农村、保险监督管理、林业草原等部门以及保险机构的涉农数据和信息，动态掌握参保农民和农业生产经营组织相关情况，从源头上防止弄虚作假和骗取财政补贴资金等行为。

（十四）优化保险机构布局。支持保险机构建立健全基层服务体系，切实改善保险服务。经营政策性农业保险业务的保险机构，应当在县级区域内设立分支机构。制定全国统一的农业保险招投标办法，加强对保险机构的规范管理。各地要结合本地区实际，建立以服务能力为导向的保险机构招投标和动态考评制度。依法设立的农业互助保险等保险组织可按规定开展农业保险业务。

（十五）完善风险防范机制。强化保险机构防范风险的主体责任，坚持审慎经营，提升风险预警、识别、管控能力，加大预防投入，健全风险防范和应急处置机制。督促保险机构严守财务会计规则和金融监管要求，强化偿付能力管理，保证充足的风险吸收能力。加强保险机构公司治理，细化完善内控体系，有效防范和化解各类风险。

五、做好组织实施工作

（十六）强化协同配合。各地区、各有关部门要高度重视加快农业保险高质量发展工作，加强沟通协调，形成工作合力。财政部会同中央农办、农业农村部、银保监会、国家林草局等部门成立农业保险工作小组，统筹规划、协同推进农业保险工作。有关部门要抓紧制定相关配套措施，确保各项政策落实到位。各省级党委和政府要组织制定工作方案，成立由财政部门牵头，农业农村、保险监管和林业草原等部门参与的农业保险工作小组，确定本地区农业保险财政支持政策和重点，统筹推进农业保险工作。

（十七）加大政策扶持。优化农业保险财政支持政策，探索完善农业保险补贴方式，加强农业保险与相关财政补贴政策的统筹衔接。中央财政农业保险保费补贴重点支持粮食生产功能区和重要农产品生产保护区以及深度贫困地区，并逐步向保障市场风险倾斜。对地方优势特色农产品保险，中央财政实施以奖代补予以支持。农业农村、林业草原等部门在制定行业规划和相关政策时，要注重引导和扶持农业保险发展，促进保险机构开展农业保险产品创新，鼓励和引导农户和农业生产经营组织参保，帮助保险机构有效识别防范农业风险。

（十八）营造良好市场环境。深化农业保险领域"放管服"改革，健全农业保险法规政策体系。研究设立农业保险宣传教育培训计划。发挥保险行业协会等自律组织作用。加大农业保险领域监督检查力度，建立常态化检查机制，充分利用银保监会派出机构资源，加强基层保险监管，严厉查处违法违规行为，对滥用职权、玩忽职守、徇私舞弊、查处不力的，严格追究有关部门和相关人员责任，构成犯罪的，坚决依法追究刑事责任。

关于进一步加强车险监管有关事项的通知

银保监办发〔2019〕7 号

（中国银保监会办公厅　2019 年 4 月 17 日印发）

各银保监局，各财产保险公司，保险业协会，中国保信：

为进一步加强车险业务监管，整治市场乱象，维护车险消费者合法权益，为下一步商业车险改革营造公平、规范、有序竞争的市场环境，现就有关事项通知如下：

一、各财产保险公司使用车险条款、费率应严格按照法律、行政法规或者国务院保险监督管理机构的有关规定执行，严禁以下行为：

（一）未经批准，擅自修改或变相修改条款、费率水平；

（二）通过给予或者承诺给予投保人、被保险人保险合同约定以外的利益变相突破报批费率水平；

（三）通过虚列其他费用套取手续费变相突破报批手续费率水平；

（四）新车业务未按照规定使用经批准费率。

二、各财产保险公司应加强业务财务数据真实性管理，确保各项经营成本费用真实并及时入账，严禁以下行为：

（一）以直接业务虚挂中介业务等方式套取手续费；

（二）以虚列业务及管理费等方式套取费用；

（三）通过违规计提责任准备金调整经营结果；

（四）通过人为延迟费用入账调整经营结果。

三、各派出机构按照职责，依法对辖区内财产保险公司车险经营违法违规行为进行查处。

（一）各派出机构可在银保监会内网"部室导航-财险部-商业车险条款费率"专栏查询各财产保险公司的商业车险条款、费率相关材料。

（二）各派出机构查实财产保险公司未按照规定使用车险条款、费率的行为后，按照授权对相关财产保险公司采取责令停止使用车险条款和费率、限期修改等监管措施，依法对相关财产保险公司及责任人员进行处罚。

四、中国保险行业协会应建立对会员单位投诉举报的受理、核查制度，对于涉及未按照规定使用经批准的条款、费率的违法违规线索，应及时报送银保监会财产保险监管部。

五、各财产保险公司应及时、准确上传相关数据至车险信息平台。中国保险信息技术管理有限责任公司应建立车险费率执行相关数据的监测机制，对于财产保险公司出现监测数据异常的情况，应及时报送银保监会财产保险监管部。

2019 年 1 月 14 日

中国银保监会

第六部分

省（市）级地方性法规节录

浙江省生态环境保护条例

(2022 年 5 月 27 日通过，自 2022 年 8 月 1 日起施行)

第二十七条 鼓励和支持从事铅蓄电池制造、皮革及其制品生产、化学原料及化学制品制造等具有高环境风险的企业投保环境污染责任保险。国家规定应当投保环境污染强制责任保险的，按照国家规定执行。

鼓励和支持保险企业开展环境污染责任保险业务，完善环境污染责任保险产品体系。

广西壮族自治区固体废物污染环境防治条例

(2022 年 5 月 13 日通过，自 2022 年 7 月 1 日起施行)

第五十一条 鼓励和支持保险企业开发有关危险废物的环境污染责任险；收集、贮存、运输、利用、处置危险废物的单位应当投保环境污染责任险。

福建省生态环境保护条例

(2022 年 3 月 30 日通过，自 2022 年 5 月 1 日起施行)

第五十三条 推行环境污染责任保险。在环境风险较高的领域，企业事业单位和其他生产经营者应当按照国家规定，投保环境污染责任保险。

青海省生态环境保护条例

（2022 年 3 月 29 日通过，自 2022 年 5 月 1 日施行）

第五十九条 鼓励支持企业事业单位和其他生产经营者投保环境污染责任保险。

吉林省生态环境保护条例

（2020 年 11 月 27 日通过，自 2021 年 1 月 1 日起施行）

第五十五条 鼓励和支持企业事业单位和其他生产经营者按照国家有关规定投保环境污染责任保险。

浙江省曹娥江流域水环境保护条例

（2020 年 11 月 27 日修正，自 2011 年 3 月 1 日起施行）

第三十条 金融机构应当将曹娥江流域内的企业环境保护情况作为授信条件，对节能环保企业和项目优先给予授信支持，对有污染行为的企业严格控制贷款，对限制和淘汰类项目不得提供信贷支持。生态环境主管部门应当及时提供有关信息。

县级以上人民政府应当采取措施，鼓励、引导水污染事故易发的区域和企业实行环境污染责任保险制度。

云南省创建生态文明建设排头兵促进条例

（2020 年 5 月 12 日通过，自 2020 年 7 月 1 日起施行）

第三十二条　县级以上人民政府应当建立突发环境事件应对机制，指导督促企业事业单位制定突发环境事件应急预案，依法公开相关信息，及时启动应急处置措施，防止或者减少突发环境事件对人民群众生产、生活和健康的影响。

县级以上人民政府应当建立环境风险管理的长效机制，鼓励化学原料、化学制品和产生有毒有害物质的高环境风险企业投保环境污染责任保险。

湖南省实施《中华人民共和国土壤污染防治法》办法

（2020 年 3 月 31 日通过，自 2020 年 7 月 1 日起施行）

第十四条　省、设区的市、自治州人民政府生态环境主管部门按照国家规定建立的土壤污染重点监管单位名录应当适时更新，并向社会公开。

设区的市、自治州人民政府生态环境主管部门应当将有色金属矿采选、化工（含磷石膏）、电解锰等行业的重点尾矿库纳入土壤污染重点监管单位名录。

土壤污染重点监管单位应当履行下列义务：

（一）按照相关规定每年至少对其用地开展一次土壤和地下水监测，并将监测数据报设区的市、自治州人民政府生态环境主管部门；

（二）建设涉及有毒有害物质的生产装置、储罐和管道，或者建设污水处理池、应急池等存在土壤污染风险的设施，应当严格遵守国家有关标准和规范；

（三）按照国家和省环境信息公开有关规定，向社会公开其产生的污染物名称、排放方式、排放浓度与总量、污染防治设施建设与运行情况、自行监测等信息，接受社会监督；

（四）按照国家有关规定购买环境污染责任保险，防范环境污染风险；

（五）法律法规规定的其他义务。

河北省生态环境保护条例

（2020 年 3 月 27 日通过，自 2020 年 7 月 1 日起施行）

第三十二条　鼓励和支持企业事业单位和其他生产经营者投保环境污染责任保险。

安徽省巢湖流域水污染防治条例

（2019 年 12 月 21 日修订，自 2020 年 3 月 1 日起施行）

第五十二条　县级以上人民政府应当根据国家规定开展环境污染强制责任保险、排污权交易，落实污水处理、污泥无害化处理、垃圾收集处理等方面优惠政策，实施有利于生态环境保护的经济政策。

山西省土壤污染防治条例

（2019 年 11 月 29 日通过，自 2020 年 1 月 1 日起施行）

第四十条　鼓励土壤污染重点监管单位按照国家相关规定购买环境污染责任保险。

湖北省土壤污染防治条例

（2019 年 11 月 29 日修正，自 2016 年 10 月 1 日起施行）

第十九条　省人民政府生态环境主管部门应当根据土壤环境质量状况调查结果，制定土壤污染高风险行业名录，并及时更新和公布；高风险行业名录应当包括有色金属、制革、石油、矿山、煤炭、焦化、化工、医药、铅酸蓄电池和电镀等。

县级以上人民政府生态环境主管部门应当公布土壤污染高风险行业企业名单，对其废水、废气、固体废物等处理情况及其用地和周边土壤环境进行监测、监控、监督检查，监测数据实时上传土壤环境信息化管理平台。

土壤污染高风险行业企业应当按照生态环境主管部门的规定和监测规范，对其用地及周边土壤环境每年至少开展一次监测，监测结果如实报所在地县级人民政府生态环境主管部门备案。

推行土壤污染责任保险制度，对土壤污染高风险行业企业依据国家规定实行土壤污染强制责任保险。

广东省环境保护条例

（2019 年 11 月 29 日修正，自 2015 年 7 月 1 日起施行）

第六十一条　本省建立和实施环境污染责任保险制度。鼓励和支持保险企业开发环境污染责任保险，企业事业单位和其他生产经营者投保环境污染责任保险。在重点区域、重点行业依法实行强制性环境污染责任保险。

环境污染责任保险的具体办法由省人民政府另行制定。

江西省大气污染防治条例

(2019 年 11 月 27 日修正,自 2017 年 3 月 1 日起施行)

第十一条 本省控制新建、扩建钢铁、石油、化工、有色金属、水泥、平板玻璃、建筑陶瓷等行业的高排放、高污染项目。

对钢铁、石油、化工、煤炭、电力、有色金属、水泥、平板玻璃、建筑陶瓷等重点行业依法实施清洁生产审核,采用先进清洁生产技术、工艺和装备。

城市建成区内人口密集区、环境脆弱敏感区周边的钢铁、石油、化工、有色金属、水泥、平板玻璃、建筑陶瓷等行业中的高排放、高污染项目,应当逐步进行搬迁、改造或者转型、退出。

鼓励大气重污染企业投保环境污染责任保险。

湖南省环境保护条例

(2019 年 9 月 28 日修订,自 2020 年 1 月 1 日起施行)

第二十七条 环境污染高风险企业应当按照国家有关规定购买环境污染责任保险,鼓励其他排污单位购买环境污染责任保险。

陕西省大气污染防治条例

(2019 年 7 月 31 日修正,自 2014 年 1 月 1 日起施行)

第二十一条 逐步推行企业环境污染责任保险制度,降低企业环境风险,保障公众环境权益。

省生态环境行政主管部门根据区域环境敏感度和企业环境风险度,定期制定和发布强制投保环境污染责任保险行业和企业目录。

鼓励、引导强制投保目录以外的企业积极参加环境污染责任保险。

陕西省固体废物污染环境防治条例

（2019 年 7 月 31 日修正，自 2016 年 4 月 1 日起施行）

第九条　产生、收集、贮存、运输、利用、处置危险废物的单位和个人可以参加环境污染责任保险，提高对环境污染事故损失的赔付能力。

四川省沱江流域水环境保护条例

（2019 年 5 月 23 日通过，自 2019 年 9 月 1 日起施行）

第九条　推动环境污染责任保险发展，依法在环境高风险领域建立环境污染强制责任保险制度。

天津市生态环境保护条例

（2019 年 1 月 18 日通过，自 2019 年 3 月 1 日起施行）

第六十二条　鼓励和支持企业事业单位和其他生产经营者投保环境污染责任保险。

上海市环境保护条例

(2018 年 12 月 20 日修正，自 2016 年 10 月 1 日起施行)

第四十五条 本市探索建立环境污染责任保险制度，鼓励石油、化工、钢铁、电力、冶金等相关企业投保环境污染责任险。

上海市饮用水水源保护条例

(2018 年 12 月 20 日修正，自 2010 年 3 月 1 日起施行)

第二十二条 鼓励饮用水水源保护区内的企业，以及运输危险品的船舶投保有关环境污染责任保险。

贵州省生态文明建设促进条例

(2018 年 11 月 29 日修正，自 2014 年 7 月 1 日起施行)

第四十八条 省人民政府应当建立健全自然资源资产产权制度和用途管制制度，编制自然资源资产负债表；制定有利于生态文明建设的资源有偿使用、绿色信贷、绿色税收、环境污染责任保险、生态补偿、环境损害赔偿以及碳排放权、排污权、节能量、水权交易等环境经济政策。逐步划定自然资源资产产权，并进行确权登记。

省人民政府发展改革、环境保护主管部门应当推行环境污染第三方治理，推进环境自动监控设施社会化、专业化运营，支持发展环境污染损害鉴定中介评估机构，推动相关环保产业良性发展。

广东省固体废物污染环境防治条例

（2018 年 11 月 29 日修订，自 2019 年 3 月 1 日起施行）

第十七条 鼓励和支持保险企业开展与固体废物污染环境防治相关的责任保险工作。

产生、收集、贮存、运输、利用、处置固体废物的企业事业单位和其他生产经营者应当按照国家和省有关规定投保环境污染责任保险。

山西省减少污染物排放条例

（2018 年 9 月 30 日修正，自 2011 年 1 月 1 日起施行）

第十八条 鼓励有毒有害化学品生产、危险废物处理等重污染排污单位参加环境污染责任保险。

安徽省大气污染防治条例

（2018 年 9 月 29 日修正，自 2015 年 3 月 1 日起施行）

第二十九条 推行企业环境污染责任保险制度，鼓励企业投保环境污染责任保险，防控企业环境风险，保障公众环境权益。

福建省生态文明建设促进条例

（2018 年 9 月 30 日通过，自 2018 年 11 月 1 日起施行）

第三十三条 县级以上地方人民政府应当探索利用市场化机制推进生态环境保护，培育发展环境治理和生态保护市场主体；吸引社会资本投入生态环境保护市场，推广政府和社会资本合作模式；加大环境污染整治技术的研究和投入；健全环境污染责任保险机制。

县级以上地方人民政府应当对排放污染物超过规定标准或者总量控制要求、存在严重环境污染隐患且拒不自行治理的违法排污企业，探索建立第三方治理机制，加强对第三方治理机构的监管，建立违法行为信息公开、责任追究和退出机制。

第五十五条 推进生态文明建设和环境保护项目的市场化、产业化运作。鼓励金融机构发展绿色信贷、绿色保险、绿色债券等绿色金融业务，探索建立政府财政贴息、助保金等绿色扶持机制。

新疆维吾尔自治区环境保护条例

（2018 年 9 月 21 日修正，自 2017 年 1 月 1 日起施行）

第五十五条 鼓励保险企业开展环境污染责任保险；鼓励从事涉重金属、石油化工、危险化学品运输等高风险环境的企业和其他生产经营者投保环境污染责任保险。

四川省固体废物污染环境防治条例

（2018 年 7 月 26 日修正，自 2014 年 1 月 1 日起施行）

第四十四条 鼓励和支持产生、收集、贮存、运输、利用、处置危险废物的单位参加环境污染责任保险。

青海省湟水流域水污染防治条例

（2018 年 3 月 30 日修正，自 2014 年 1 月 1 日起施行）

第二十六条 湟水流域内工业企业应当加强环境风险防范管理。高环境风险企业推行环境污染责任保险制度，及时赔偿污染受害者损失，保护污染受害者权益。

江苏省通榆河水污染防治条例

（2018 年 3 月 28 日修正，自 2012 年 4 月 1 日起施行）

第二十七条 推行环境污染责任保险制度。鼓励和支持保险企业在沿线地区开发环境污染保险产品，引导排放水污染物的单位投保环境污染责任险。

河南省大气污染防治条例

（2017 年 12 月 1 日通过，自 2018 年 3 月 1 日起施行）

第三十五条 县级以上人民政府应当严格控制新建、扩建钢铁冶炼、水泥、有色金属冶炼、平板玻璃、化工、建筑陶瓷等行业的高排放、高污染项目。

城市建成区内人口密集区、环境脆弱敏感区周边的钢铁冶炼、化工、有色金属冶炼、水泥、平板玻璃、建筑陶瓷等行业中的高排放、高污染项目，应当限期搬迁、升级改造或者转型、退出。

鼓励大气重污染企业投保环境污染责任保险。

海南省环境保护条例

(2017 年 11 月 30 日修正，自 2012 年 10 月 1 日起施行)

第五十九条 县级以上人民政府应当编制突发环境污染事件应急预案，做好突发环境污染事件的应急准备、应急处置和事后恢复等工作。

各类产业园区以及重点排污和危险化学品生产使用、危险废物处理、放射源使用等可能发生污染事故的单位，应当制定污染事故应急方案，报所在地的市、县、自治县人民政府环境保护主管部门备案，落实环境风险防范措施，配备必要的应急设施、设备，并定期进行演练。

企业事业单位在可能发生或者已经发生污染事故时，应当立即启动应急方案、采取应急措施，并向事故发生地的县级以上人民政府或者环境保护主管部门报告，并通知可能受到污染危害的单位和个人。环境保护主管部门接到报告后，应当及时向本级人民政府报告。

鼓励危险化学品生产使用、危险废物处理、放射源使用等环境风险大的单位参加环境污染责任保险。

四川省环境保护条例

(2017 年 9 月 22 日修订，自 2018 年 1 月 1 日起施行)

第七十一条 鼓励和支持企业事业单位和其他生产经营者投保环境污染责任

保险。

广西壮族自治区饮用水水源保护条例

（2017 年 1 月 18 日通过，自 2017 年 5 月 1 日起施行）

第五十条 县级以上人民政府鼓励、引导饮用水水源周边企业，以及运输危险品的车辆、船舶投保环境污染责任保险。

福建省海洋环境保护条例

（2016 年 4 月 1 日修正，自 2002 年 12 月 1 日起施行）

第三十条 从事船舶供油、残油回收、清洗油舱或者船舶垃圾接收等作业活动的，必须配备相应的作业装备和专业从业人员，并具有安全与防污染操作规程、应急措施和实际操作记录。

在港内从事油料补给和残油、污油水接收处理的船舶，应当依法办理油污损害民事责任保险。

第三十三条 载运具有危险性或者污染危害性货物的船舶，其航运公司或者管理单位应当建立安全营运和防止污染管理体系，防止船舶海难事故发生，造成海洋环境污染。

载运散装油类的船舶应当依法办理油污损害民事责任保险。

河北省固体废物污染环境防治条例

（2015 年 3 月 26 日通过，自 2015 年 6 月 1 日起施行）

第七条 鼓励产生、收集、贮存、运输、利用和处置固体废物的单位和个人参加环境污染责任保险，提高对环境污染事故的赔付能力。

湖南省湘江保护条例

（2018 年 11 月 30 日修正，自 2013 年 4 月 1 日起施行）

第四十四条 鼓励湘江流域重点排污单位购买环境污染责任保险，防范环境污染风险。

湘江流域涉重金属等环境污染高风险企业应当按照国家有关规定购买环境污染责任保险。

福建省流域水环境保护条例

（2011 年 12 月 2 日通过，自 2012 年 2 月 1 日起施行）

第四十三条 县级以上地方人民政府及其有关主管部门应当将排污单位遵守流域水环境保护法律、法规的情况纳入企业诚信评价体系。

鼓励排污单位投保环境污染责任保险。

江西省环境污染防治条例

（2011 年 12 月 1 日修正，自 2009 年 1 月 1 日起施行）

第四条 县级以上人民政府应当对本行政区域内环境质量负责，政府主要负责人是第一责任人。

县级以上人民政府在环境污染防治方面履行下列职责：

（一）根据本省主体功能区规划、本行政区域环境承载力和生态状况，科学制定本行政区域环境保护规划，并纳入当地的国民经济和社会发展规划；

（二）根据国家和上级人民政府核定的污染物总量控制指标，确定本行政区域内主要污染物年度减排目标，制定年度减排计划，落实污染减排工作责任制；

（三）组织编制突发环境事件应急预案，逐步推行环境污染责任保险；

（四）制定和实施有利于环境保护的经济和社会发展政策；

（五）根据国家产业政策，依法强制淘汰落后工艺技术、设备和生产能力；

（六）鼓励发展环境保护产业，推进环境污染防治设施运营专业化、市场化；

（七）逐步增加环境保护投入，使环境污染防治与经济建设和社会发展相协调；

（八）加强环境保护宣传教育，普及环境污染防治知识，提高全民环境保护意识，形成重视环境、保护环境、美化环境的社会风尚；

（九）对在环境污染防治工作中有显著成绩的单位和个人给予表彰、奖励。

湖北省武汉城市圈资源节约型和环境友好型社会建设综合配套改革试验促进条例

（2009 年 7 月 31 日通过，自 2009 年 10 月 1 日起施行）

第十七条 以水环境生态治理修复、森林保护以及大气污染、农业面源污染防治为重点，建立规划环境影响评价、生态环境补偿、环境责任保险、排污权交易等制度，完善环境生态保护的体制机制，健全环境信息公开共享、环境监督执法联动的协同监管体系，实现环境保护与生态建设一体化，保障生态安全。

加快大东湖生态水网构建等重点工程的规划建设，加强湖泊、湿地及长江、汉江湖北流域的保护、治理和监督管理。

第七部分

地市（县）级地方性法规节录

广州市生态环境保护条例

（2021 年 10 月 27 日通过，2022 年 6 月 5 日正式实施）

第四十四条 鼓励和支持排污单位投保环境污染责任保险，重点区域、重点行业的排污单位应当依法投保强制性环境污染责任保险。

深圳经济特区绿色金融条例

（2020 年 10 月 29 日通过，自 2021 年 3 月 1 日起施行）

第二十二条 保险业金融机构应当创新绿色保险产品和服务，开展环境污染强制责任保险、绿色建筑质量保险、绿色产业产品质量责任保险以及其他绿色保险业务。

建立巨灾保险制度，优化巨灾保险共保体，完善以保障自然灾害风险和重大事故风险的巨灾保障体系。

第二十三条 从事涉及重金属、危险废物、有毒有害物质等环境高风险企业，应当投保环境污染强制责任保险。投保环境污染强制责任保险的企业范围由市生态环境部门另行制定并公布。

保险业金融机构应当建立风险管理机制，在承保前开展环境风险评估，承保后开展风险管理服务，排查风险隐患，并按照合同履行理赔责任。

国家银行保险监管部门驻深机构应当建立环境污染强制责任保险产品和服务监管机制，实行统一的保险条款和基础保险费率。

第六十五条 环境高风险企业违反本条例第二十三条第一款的规定，未投保或者续保环境污染强制责任保险的，由市生态环境部门责令限期投保或者续保；拒不投保或者续保的，处保险费三倍罚款。

珠海经济特区海域海岛保护条例

（2020 年 5 月 27 日修正，自 2019 年 5 月 1 日起施行）

第三十二条 经营滨海石油、化工、危险品生产和储运等项目、可能造成严重海洋污染的企业，应当加强对环境污染的风险管理，制定污染事故应急计划并向生态环境行政主管部门备案。

鼓励企业购买环境污染责任保险，预防和减少环境污染事故对海洋环境造成的损害。

本溪市观音阁水库饮用水水源保护条例

（2020 年 3 月 31 日通过，自 2020 年 6 月 5 日起施行）

第三十条 鼓励饮用水水源二级保护区和准保护区内的企业，以及运输危险品的船舶、车辆投保有关环境污染责任保险。

宝鸡市大气污染防治条例

（2019 年 10 月 30 日通过，自 2020 年 3 月 1 日起施行）

第十九条 鼓励向大气排放污染物的企业事业单位和其他生产经营者积极参加环境污染责任保险，降低企业环境风险，保障公众环境权益。

苏州市生活垃圾分类管理条例

（2019 年 10 月 25 日通过，自 2020 年 6 月 1 日起施行）

第二十五条 生活垃圾处置单位应当按照国家、省有关规定和技术标准分类处置生活垃圾。

鼓励生活垃圾处置单位投保环境污染责任保险。

长阳土家族自治县河流保护条例

（2019 年 3 月 29 日修正，自 2016 年 1 月 1 日起施行）

第三十四条 鼓励重点排污单位投保环境污染责任保险，防范环境污染风险。

宁波市生活垃圾分类管理条例

（2019 年 2 月 16 日通过，自 2019 年 10 月 1 日起施行）

第三十二条 厨余垃圾、其他垃圾经营性处置单位，应当按照国家有关规定取得城市生活垃圾经营性处置服务许可证，并签订处置经营协议。

鼓励处置单位投保环境污染责任保险。

大连市环境保护条例

（2019 年 1 月 12 日修订，自 2019 年 6 月 1 日起施行）

第四十一条 鼓励石油、化工、钢铁、电力、冶金、表面处理等高环境风险企业投保环境污染责任保险。

深圳经济特区海域污染防治条例

（2018 年 12 月 27 日修正，自 2000 年 3 月 1 日起施行）

第十七条 禁止下列船舶进行装卸作业：

（一）船舶所有人投保船舶油污损害民事责任保险、取得的财务担保额度达不到油污赔偿限额的；

（二）一年内违反规定发生两次以上"大或重大"污染事故的。

揭阳市重点流域水环境保护条例

（2018 年 9 月 20 日通过，自 2019 年 3 月 1 日起施行）

第十二条 县级以上人民政府应当加强与有关银行业金融机构和监管机构的协作联动，建立企业水环境信用体系，构建守信激励与失信惩戒机制。

推行绿色信贷，支持企业污染治理和符合国家产业政策的技术改造。

对涉及危险化学品运输、重金属、石油化工等高环境风险行业实行环境污染强制责任保险，鼓励水污染防治相关行业投保环境污染责任保险。

南平市饮用水水源保护办法

（2018 年 7 月 31 日通过，自 2018 年 12 月 1 日起施行）

第二十九条 市、县级人民政府应当组织编制饮用水水源污染事故应急预案，配备相应的应急救援物资，建立专业应急救援队伍，并定期开展应急演练；相关重点水污染物排放单位、供水单位应当编制本单位饮用水水源污染事故的应急方案，做好应急准备工作。

发生事故或者突发性事故，有关责任单位或者个人应当采取应急措施，并立即报告生态环境主管部门和其他有关部门。市、县级人民政府视情启动相应的饮用水水源污染事故应急预案。生态环境主管部门应当依法、及时、准确向社会公布水污染事故信息。

市、县级人民政府鼓励、引导饮用水水源周边企业，以及运输危险品的车辆、船舶投保环境污染责任保险。

东莞市生态文明建设促进与保障条例

（2018 年 7 月 27 日通过，自 2019 年 1 月 1 日起施行）

第五十二条 市人民政府、镇人民政府（街道办事处、园区管理委员会）鼓励生产经营企业和个人购买环境污染责任保险。

眉山市集中式饮用水水源地保护条例

（2017 年 10 月 26 日通过，自 2018 年 4 月 1 日起施行）

第四十七条 鼓励集中式饮用水水源二级保护区和准保护区内的企业，以及运输危险品的船舶、车辆投保有关环境污染责任保险。

南京市水环境保护条例

（2017 年 7 月 21 日修正，自 2012 年 4 月 1 日起施行）

第四十四条　鼓励污水处理厂、垃圾填埋场和危险废物处置单位，以及重点石油化工、重金属污染物等排污单位投保水环境污染责任保险。

荆门市生态环境保护条例

（2017 年 6 月 28 日通过，自 2018 年 3 月 1 日起施行）

第五十四条　建立环境污染责任保险制度，优先在环境敏感地区、重污染行业、重点监控企业推行。

保定市大气污染防治条例

（2016 年 11 月 10 日通过，自 2017 年 5 月 1 日起施行）

第二十一条　重点排污单位应当按照国家、省有关规定和标准规范的要求，开展突发大气环境事件风险评估，完善突发大气环境事件风险防控措施。

鼓励重点排污单位和排放国家公布的有毒有害大气污染物名录的企业投保环境污染责任保险。

济宁市大气污染防治条例

（2016 年 8 月 31 日通过，自 2017 年 1 月 1 日起施行）

第四条 任何单位和个人都有保护大气环境的义务，应当遵守大气污染防治法律、法规，树立大气环境保护意识，践行绿色、低碳、节俭、文明的生产、生活方式。

排放大气污染物的单位和个人应当落实大气污染防治主体责任。单位主要负责人对本单位的大气污染防治工作全面负责。

单位和个人应当采取有效措施，防止、减少大气污染，对所造成的损害依法承担责任。

鼓励投保环境污染责任保险。

长沙市湘江流域水污染防治条例

（2016 年 6 月 27 日通过，自 2017 年 1 月 1 日起施行）

第十八条 长沙市湘江流域涉重金属企业应当按照规定购买环境污染责任保险。

环境保护主管部门应当采取多种措施，鼓励长沙市湘江流域涉危险废物、危险化学品等环境污染高风险的企业购买环境污染责任保险。

宁波市大气污染防治条例

(2016 年 2 月 26 日通过，自 2016 年 7 月 1 日起施行)

第八条 企业事业单位和其他生产经营者应当采取有效措施，防止、减少大气污染，对所造成的损害依法承担责任。本市鼓励投保环境污染责任保险。

公民负有保护大气环境的义务，应当遵守大气污染防治法律法规，树立大气环境保护意识，践行低碳、节俭、文明的生活方式。

鼓励和支持社会团体和公众参与大气污染防治工作和相关公益活动。

杭州市生态文明建设促进条例

(2015 年 12 月 25 日通过，自 2016 年 5 月 1 日起施行)

第二十二条 金融机构应当在行业监管政策的指引下，积极开展与产业政策、财政政策相协同的绿色金融业务，在信贷、证券等金融业务中应当优先考虑环境信用情况。

加快建立健全环境污染责任保险制度，率先在环境敏感地区、重污染行业、重点监管企业推行。

第八部分

地方规范性文件和
信息节录

关于印发《湖北省环境污染责任保险
管理办法》的通知

(2021 年 12 月 7 日)

各市、州、直管市、神农架林区生态环境局，各银保监分局及直管监管组：

现将《湖北省环境污染责任保险管理办法》印发给你们，请认真贯彻执行。

湖北省生态环境厅

中国银行保险监督管理委员会湖北监管局

2021 年 12 月 7 日

湖北省环境污染责任保险管理办法

第一章 总 则

第一条 为完善生态环境污染损害赔偿机制，规范环境污染责任保险活动，提高环境风险防范能力，根据《中华人民共和国民法典》《中华人民共和国环境保护法》《中华人民共和国保险法》《中华人民共和国固体废物污染环境防治法》，党中央、国务院印发的《生态文明体制改革总体方案》以及中国人民银行等七部委印发的《关于构建绿色金融体系的指导意见》（银发〔2016〕228 号），制定本办法。

第二条 本办法所称环境污染责任保险（简称环责险），是指以生态环境污染损害赔偿责任为标的的保险。

第三条 湖北省境内投保环责险的企（事）业单位和其他经营者（简称投保

人）、承保环责险的保险机构、保险中介及环境风险评估等服务机构开展环责险业务的，应当遵守本办法。

第四条　开展环责险工作应当遵循政府推动、市场运作、专业经营、强化服务、严格监管、风险可控的基本原则。

第五条　中国银行保险监督管理委员会湖北监管局及其派出机构（以下统称银行保险监督管理机构）依法对全省保险公司和保险中介机构的环责险业务经营情况进行监督管理。市（州）级以上生态环境主管部门依法对投保人投保环责险的情况实施监督管理。

第六条　鼓励保险公司或者保险行业协会搭建环责险服务统一平台，创新服务内容和形式，提升服务水平。

第二章　投保与承保

第七条　收集、贮存、运输、利用、处置危险废物的单位，应当依法投保环责险。

以下环境高风险企（事）业单位，应当按照国家有关规定投保环责险：

（一）从事石油和天然气开采，基础化学原料制造、合成材料制造，化学药品原料药制造，III类及以上高风险放射源的移动探伤、测井；

（二）建设或者使用尾矿库；

（三）经营液体化工码头、油气码头；

（四）生产、储存、使用、经营、运输《企业突发环境事件风险等级方法》（HJ 941—2018）所列物质并且达到或者超过临界量；

（五）生产《环境保护综合名录（2021 年版）》所列具有"高污染、高环境风险"特性的产品；

（六）从事铜、铅锌、镍钴、锡、锑冶炼，铅蓄电池极板制造、组装，皮革鞣制加工，电镀，或生产经营活动中使用含汞催化剂生产氯乙烯、氯碱、乙醛、聚氨酯等；

（七）近三年以来发生过特别重大、重大或者较大突发环境事件的企（事）业单位；

（八）应当投保环责险的其他情形。

鼓励非前两款规定范围的企（事）业单位投保环责险。

第八条 环责险的保险责任范围应当包括：

（一）第三者人身损害，即投保人因突发环境事件或者经营过程中污染环境，导致第三者生命、健康、身体遭受侵害，造成人体疾病、伤残、死亡等，应当承担的赔偿责任。

（二）第三者财产损失，即投保人因突发环境事件或者在经营过程中污染环境，直接造成第三者财产损失而应当承担的赔偿责任。

（三）生态环境损害，即投保人发生特别重大突发环境事件、重大突发环境事件或较大突发环境事件，或者发生地方政府规定的其他严重影响生态环境的行为，导致生态环境损害而应当承担的赔偿责任，包括生态环境修复费用，生态环境修复期间服务功能的损失和生态环境功能永久性损害造成的损失，生态环境损害调查、鉴定评估等合理费用，以及清除污染、修复生态环境的费用。

（四）应急处置与清污费用，即投保人、第三者或者政府有关部门，为避免或者减少第三者人身损害、财产损失或者生态环境损害，依据突发环境事件应急预案或者现场应急处置、监测方案，防止损害发生和扩大而支出的必要的应急监测费用、污染物清理及处置费用。

（五）发生环境污染意外事件后，为妥善处置事件所需的诉讼费、鉴定费、调查取证费等必要费用。

第九条 保险公司应当根据有关规章、规范性文件关于责任保险不得承保的风险或者损失等相关规定，合理确定环责险的除外责任，但是不得通过设定除外责任等方式改变或者缩小本办法第八条规定的保险责任范围。

第十条 根据企（事）业单位的不同类型实行不同的责任限额，具体责任限额等级，根据风险级别和企（事）业单位规模、行业特点、周围敏感程度等因素确定。

第十一条 保险公司不得通过保单特别约定、签订补充协议等形式实质改变经审批或者备案的保险条款费率。保险公司修改经审批或者备案的保险条款费率的，应重新备案。

环责险费率包括基准费率和浮动费率。基准费率按照投保人主营业务类型、生产经营规模、风险等级、责任限额、服务频次等因素确定。在基准费率基础上，综合投保人企业管理水平、事故情况、环境信用评价等级等因素，实行差别化浮动费率。基准费率与浮动费率应严格按照依法审批或者备案的条款费率执行。

第十二条　投保人应当与具备承保能力的保险公司或组成承保共同体的保险公司依法订立环责险合同（以下简称保险合同）。保险合同订立后，保险公司应当书面通知投保人所在地的市（州）级生态环境主管部门。

第十三条　投保人投保时，应当向保险公司如实告知其影响环境风险情况的重要事项。投保人的环境风险显著增加时，应当及时通知保险公司，保险公司可以按照保险合同约定增加保险费。

未履行前款规定的通知义务的，因其环境风险显著增加而发生的保险事故，保险公司不承担赔偿保险金的责任。

第十四条　订立保险合同，采用保险公司提供的格式条款的，保险公司向投保人提供的投保单应当附格式条款，保险公司应当向投保人说明合同的内容。

对于保险合同中按照本办法第八条规定确定的除外责任条款，保险公司在订立合同时应当在投保单、保险单或者其他保险凭证上作出足以引起投保人注意的提示，并对该条款的内容以书面或者口头形式向投保人作出明确说明；未作提示或者明确说明的，该条款不产生效力。

第十五条　采用保险公司提供的格式条款订立的保险合同中的下列条款无效：

（一）免除保险公司依法应承担的义务或者加重投保人、被保险人责任的；

（二）排除投保人、被保险人依法享有的权利的。

第十六条　除符合《中华人民共和国保险法》规定的情形外，保险合同成立后，保险公司不得解除。

保险合同解除后，保险公司应当收回保险单，并书面通知投保人所在地市（州）级生态环境主管部门。

第十七条　环责险的保险期间为1年，投保人可以在合同期满前及时续保。续保时，保险公司应与投保人签订续保合同，保险公司应当书面通知投保人所在地的市（州）级生态环境主管部门续保情况。

第三章 风险评估与排查

第十八条 保险公司在承保前，应对拟投保企（事）业单位进行环境风险评估，作为费率厘定的基础和依据，投保人应当予以配合。投保人已经按照国家有关规定制定并发布突发环境事件应预案的，应当将突发环境事件应急预案中的环境风险评估报告提交保险公司。

第十九条 保险公司应当充分发挥风险管理专业优势，建立面向投保人的环境风险监测和预警机制。

保险公司应与投保人协商，在保险合同中明确应由保险公司提供的风险排查及提示服务。保险公司在合同有效期内，应当为投保人提供至少两次环境安全隐患排查服务。

对于保险合同中明确的服务内容，投保人应当予以配合。保险公司应根据风险排查情况，及时提示环境风险信息，并向投保人、被保险人提出消除不安全因素和隐患的书面建议。

第二十条 承保人应当建立投保人的风险管理服务档案，并纳入投保人风险管理服务相关信息系统。

风险管理服务档案应当包括：

（一）保险公司承保前的风险评估报告，投保人已经按照国家有关规定制定并发布的突发环境事件应预案、环境风险评估报告等；

（二）保险公司组织编制的环境安全隐患现场排查报告、重大环境安全隐患排除建议书。

投保企业对突发环境事件应急预案进行修订的，应当将修订后的应急预案及时告知承保保险公司。

风险管理服务档案保存期限不少于5年。保险公司应当为投保人查阅本企（事）业单位风险管理服务档案提供必要的协助。

上述风险评估、风险排查、风险提示、风险评估报告、风险建议书编制等工作，保险公司可与投保人协商，共同委托生态环境部推荐的生态环境损害鉴定评估机构或具有生态环境损害司法鉴定资质的机构实施。

第四章　保险理赔

第二十一条　投保人知道或者应当知道可能发生保险事故的,应及时通知保险公司。

保险公司接到通知后,应当按照法律法规等相关规定和保险合同的约定,及时开展事故勘查、定损和责任认定。

第二十二条　生态环境污染损害发生后,投保人按照保险合同请求保险公司赔偿保险金时,应当向保险公司提供其所能提供的与确认生态环境污染损害的性质、原因、损失程度等有关的证明和资料。

保险公司按照保险合同的约定,认为有关的证明和资料不完整的,应当及时一次性通知投保人补充提供。

第二十三条　保险公司应当按照《中华人民共和国保险法》和其他有关法律法规等相关规定,核定投保人、受到损害的第三者、政府及其有关部门、公益组织提出的生态环境损害赔偿请求,并及时赔偿保险金。

对损害责任认定较为清晰的第三者人身损害或者财产损失,保险公司应当积极预付赔款,加快理赔进度。

第二十四条　保险公司、投保人可以委托生态环境部推荐的生态环境损害鉴定评估机构或具有生态环境损害司法鉴定资质的机构出具损害鉴定评估报告或司法鉴定意见书,作为赔偿保险金的参考依据。

已经被环境民事公益诉讼、环境侵权民事诉讼的生效判决认定的事实,可以直接作为赔偿保险金的依据。

第五章　保障措施

第二十五条　鼓励保险公司开发适应各类投保企(事)业单位需求的个性化环责险产品。

鼓励有关行业组织、社会化服务机构为环责险业务提供技术支撑。

第二十六条　生态环境主管部门与银行保险监督管理机构建立信息共享机制。生态环境主管部门应当将投保企(事)业单位相关信息与银行保险监督管理机构共享。银行保险监督管理机构应当将保险机构和保险中介开展环责险业务的情况与生态环境主管部门共享。

第二十七条　生态环境主管部门可以结合实际情况，推动和配合市（州）、直管市、神农架林区人民政府及其有关部门制定有利于环责险业务发展的各项激励政策措施，整合生态环境保护方面的专项资金，统筹用于环责险业务发展的支持与激励。

第二十八条　生态环境主管部门会同有关部门建立企业信用评价制度时，应当包含企业投保、续保环责险的情况。对于应当投保，未按照规定投保或者续保的企（事）业单位，由企（事）业单位所在地的生态环境主管部门责令限期投保或者续保，并通过湖北省企业环境信用评价系统对其环境信用进行评价。

第六章　附　则

第二十九条　本办法由湖北省生态环境厅与中国银行保险监督管理委员会湖北监管局负责解释。

第三十条　本办法有效期五年，自印发之日起施行。

深圳市生态环境局龙岗管理局关于公布辖区内应当参加环境污染强制责任保险的单位名单（2021 年度第二批）的通知

（2021 年 9 月 13 日）

各相关单位：

根据《深圳市环境污染强制责任保险实施办法》（以下简称《办法》）的规定，现将辖区内应当参加环境污染强制责任保险的单位名单（2021 年度第二批）予以公布。

名单内的单位应当按照《办法》的要求参加环境污染强制责任保险，投保环境污染强制责任保险不得低于最低责任限额。鼓励各单位根据自身环境风险防控需要增加保险金额，提高风险保障能力。各单位对名单有疑问或者有异议的，可以通过深圳市企业环保服务平台（https://ep.meeb.sz.gov.cn/cep/login，我要办事—环责险咨询及申诉模块）进行咨询和申述。

附件：深圳市龙岗区应当参加环境污染强制责任保险的单位名单（2021 年度第二批）

深圳市生态环境局龙岗管理局

2021 年 9 月 13 日

附件

深圳市龙岗区应当参加环境污染强制责任保险的单位名单
（2021 年度第二批）

序号	企业名称	统一信用代码	最低责任限额/万元
1	深圳麦克维尔空调有限公司	91440300618807092W	160
2	文迪五金制品（深圳）有限公司	91440300589182547L	220
3	深圳市绿绿达环保有限公司	914403007152762115	220
4	深圳市森宝表面处理有限公司	91440300056183635Q	250
5	深圳钰湖电力有限公司	91440300618874658X	190
6	深圳市深水环境科技有限公司（丁山河河口应急水质提升项目）	91440300MA5F856B56	180
7	深圳市环保科技集团股份有限公司龙岗分公司	91440300MA5F0PT45L	640
8	深圳市深水布吉水质净化有限公司	91440300MA5GB6816B	200
9	深圳市南方水务有限公司横岗污水处理厂（二期）	91440300685379855S	180
10	深圳市朗坤生物科技有限公司	91440300071100332O	400
11	深圳市泰力废旧电池回收技术有限公司	914403006670849788	460
12	永保科技（深圳）有限公司	91440300052751113S	130
13	深圳万基隆电子科技有限公司	91440300771627290Q	370
14	深圳市益盛环保技术有限公司	914403007451973708	130
15	深圳市浙新实业有限公司	91440300192419235R	70
16	同兴隆服装（深圳）有限公司	91440300565743434F	140
17	深圳市富华明贵科技有限公司	914403003426001298	60
18	深圳市鑫盛隆线业有限公司	914403005990850620	100
19	恒生昌印刷（深圳）有限公司	91440300075813129H	100
20	深圳市寰宇贵金属科技有限公司	914403003194035812	60
21	迈高精细高新材料（深圳）有限公司	91440300741223957L	60
22	飞达运动品（深圳）有限公司	91440300736264703T	120
23	深圳市裕同包装科技股份有限公司龙岗分公司	914403007341708695	150
24	深圳开瑞环保科技有限公司	91440300MA5DP9M5XB	260
25	深圳市科泰珠宝首饰有限公司	91440300797967066W	60
26	中万印刷（深圳）有限公司	91440300564224456C	100
27	深圳市美百年服装有限公司	914403007412312361	120
28	深圳市史丹福实业有限公司	91440300758624773X	100
29	中星中大印刷（深圳）有限公司	91440300593048340A	130
30	时佳科技（深圳）有限公司	91440300577693841G	160

序号	企业名称	统一信用代码	最低责任限额/万元
31	深圳北控创新投资有限公司	91440300736250117H	180
32	深圳市深能环保东部有限公司	914403003595281351	400
33	深圳市正基电子有限公司	91440300764978623P	200
34	深圳市瀚洋污水处理有限公司	914403007504704743	180
35	深圳市永富五金电镀制品有限公司	91440300MA5FMW0M7F	230
36	深圳市龙岗区东江工业废物处置有限公司	914403007504983972	460
37	深圳市民达科技有限公司	91440300577656469B	470
38	新美时五金制品(深圳)有限公司	91440300053978854H	200
39	深圳市龙岗区横岗镇昊志成眼镜加工厂	924403007247 4294X8	160
40	深圳市宏烽盛五金制品有限公司	914403007904506545	100
41	高日鑫五金制品（深圳）有限公司	91440300591892935E	100
42	达威珠宝钟表（深圳）有限公司	914403005907014714	150
43	深圳市龙岗区横岗高华眼镜厂	91440300X18844535T	200
44	深圳天旭五金化工有限公司	91440300618913936K	220
45	同兴塑胶五金（深圳）有限公司	91440300MA5DQC5L66	260
46	金峰盛泰五金制品(深圳)有限公司	91440300 5685348659	230
47	港安电镀（深圳）有限公司	91440300571950894W	230
48	红门智能科技股份有限公司	914403006641558733	130
49	深圳市泰宇铝业有限公司	91440300793882719Q	120
50	深圳市裕珍实业有限公司	91440300192406493P	180
51	深圳市国立伟实业有限公司	914403002794053627	170
52	川亿电脑（深圳）有限公司	91440300618901660W	330
53	大亚秋田电子科技（深圳）有限公司	91440300567098950N	90
54	深圳市联兴发科技开发有限公司	91440300793860261T	100
55	深圳市欧得亿实业有限公司	914403007412078 0XB	250
56	金宏致电子（深圳）有限公司	91440300567078677X	400
57	深圳市百家味食品有限公司	914403007451760196	60
58	深圳市星之光实业发展有限公司	91440300746636726R	310
59	德兴昌电子（深圳）有限公司	91440300582720162P	300
60	深圳市铁发科技有限公司	914403007892471733	200
61	天德永生电镀（深圳）有限公司	91440300582723072Q	180
62	世纪盈实业（深圳）有限公司	91440300741218197P	160
63	宾士来五金制品（深圳）有限公司	91440300687562877J	180
64	深圳年丰鸿兴科技有限公司	91440300595656059B	210
65	杰克金发五金（深圳）有限公司	91440300310582966P	140
66	深圳市江浩金属制品有限公司	91440300786552789H	120
67	椿益五金电镀（深圳）有限公司	91440300570049543F	350
68	深圳市龙岗区福泰金属制品厂	91440300752504180C	340

序号	企业名称	统一信用代码	最低责任限额/万元
69	深圳北控丰泰投资有限公司	91440300750478484X	180
70	深圳市同华实业有限公司	91440300745165977A	200
71	深圳市高力成五金塑胶有限公司	914403007663591054	250
72	深圳市经纬达拉链有限公司	91440300775578211P	100
73	深圳市超普表面工程有限公司	91440300192451534W	230
74	深圳市鸿骏丰表面处理有限公司	91440300585646025 2	160
75	深圳沃兰德药业有限公司	9144030061890620XX	100
76	深圳市深永达五金表面处理有限公司	91440300785270827X	100
77	皇亿纺织（深圳）有限公司	91440300565743784M	180
78	深圳市联升达五金塑胶制品有限公司	914403005840796639	370
79	深圳市吉恩西实业有限公司	914403007604550756	170
80	加达美服饰（深圳）有限公司	91440300761966774W	100
81	深圳金湖电镀有限公司	9144030061888387XW	220
82	深圳市展达毛皮有限公司	9144030059776677XR	170
83	深圳市新西湖实业有限公司	914403007247229819	220
84	深圳美之顺五金塑胶制品有限公司	9144030055719085XH	370
85	深圳市兴明珠五金塑胶有限公司	91440300761992104X	240
86	深圳市坂雪岗水质净化有限公司	91440300MA5F0DLT64	180
87	华润五丰肉类食品（深圳）有限公司龙岗分公司	914403008921702072	240
88	深圳市普利泰金属制品有限公司	914403007649974297	370
89	深圳市永恒旺五金氧化有限公司	91440300724704337K	350
90	深圳市龙岗区龙岗镇雄鑫五金制品厂	92440300L00046677P	260
91	深圳市尚笠五金制品有限公司	91440300769172207A	350
92	永利辉五金电镀（深圳）有限公司	91440300587904569M	350
93	深圳市佳力得五金制品有限公司	914403007904692912	160
94	深圳市和美科技有限公司	9144030076916846XK	270
95	深圳市同乐电镀有限公司	91440300594341362X	180
96	明辉金属制品（深圳）有限公司	914403005879210519	200
97	深圳市城市废物处置中心（玉龙坑垃圾填埋场）	12440300568509360F	150
98	天品钮扣制品（深圳）有限公司	914403005788081967	180
99	深圳市金正龙科技有限公司	91440300326400776M	60
100	深圳市南方水务有限公司埔地吓水质净化厂（一期）	91440300 6853795855	180
101	深圳市南方水务有限公司鹅公岭污水处理厂	91440300 6853795855	180
102	深圳碧汇源环保科技有限公司（埔地吓水质净化厂二期项目）	91440300MA5EU0WF90	180
103	深圳娃哈哈荣泰实业有限公司	91440300729841090X	160
104	巨群自行车配件（深圳）有限公司	91440300618897710U	60
105	深圳市南方水务有限公司平湖污水处理厂	91440300 6853795855	180

序号	企业名称	统一信用代码	最低责任限额/万元
106	深圳柔宇显示技术有限公司	91440300MA5DCJXM5T	410
107	深圳百事可乐饮料有限公司	91440300618908184H	240
108	深圳市康铨机电有限公司	914403007504658948	60
109	七彩人生集团有限公司	914403007556945811	60
110	深圳市美宝涂料有限公司	9144030079259554XX	220
111	天马微电子股份有限公司龙岗分公司	914403007556854668	170
112	新辉开科技（深圳）有限公司	91440300618897120T	140
113	中金精炼（深圳）科技集团有限公司	91440300570040389R	60
114	深圳市伟利丰塑胶制品有限公司	914403005685042953	60
115	深圳飞动盒业有限公司	91440300763481869U	90
116	祥恩五金制品（深圳）有限公司	91440300084643803J	150
117	兄弟高科技（深圳）有限公司宝龙分公司	91440300MA5DB325X7	60
118	恒隆胶品（深圳）有限公司	91440300618904570X	100
119	深圳广业环保再生能源有限公司（龙岗区平湖垃圾焚烧发电厂一期）	9144030072988164XK	260
120	深圳市天楹环保能源有限公司	91440300774120903K	260
121	深圳方正微电子有限公司	91440300755682249E	320
122	大埔中奇油漆化工（深圳）有限公司	914403006179269974	180
123	深圳市瑞兴化工原料有限公司	914403007634912150	430
124	深圳市奇士美涂料有限公司	914403007954317000	150
125	深圳市华大电路科技有限公司	9144030075425615XW	400
126	深圳深爱半导体股份有限公司	91440300618831447R	270
127	深圳市田景实业有限公司	91440300724743424N	530
128	深圳市鸿发化工有限公司	91440300771614393A	300
129	深圳市顾康力化工有限公司	91440300746604556U	800
130	深圳市广汇源环保水务服务有限公司（坪西垃圾卫生填埋场渗滤液处理站）	91440300MA5DDFPGX0	380
131	深圳华安液化石油气有限公司	914403006188880720	430
132	深圳市东方达商贸有限公司	91440300664183196F	200
133	深圳市凯帆商贸有限公司	91440300769174181Q	530
134	深圳市福安泰实业有限公司	91440300746609226U	180
135	瑞联电路板（深圳）有限公司	914403007576266894	160
136	惠华佳彩涂料（深圳）有限公司	9144030069907810XC	260
137	太平柔性电路（深圳）有限公司	91440300561545019N	200
138	深南电路股份有限公司	914403001921957616	480
139	深圳市千万里科技发展有限公司	91440300708497569G	220

深圳市生态环境局　中国银行保险监督管理委员会深圳监管局关于印发《深圳市环境污染强制责任保险实施办法》的通知

（2021 年 7 月 15 日）

各有关单位：

为充分发挥保险在生态环境保护领域的社会保障功能，运用市场手段构建生态环境风险防控体系，保障公众健康和生态环境安全，根据《深圳经济特区绿色金融条例》等规定，制定了《深圳市环境污染强制责任保险实施办法》。现予印发，请遵照执行。

深圳市生态环境局

中国银行保险监督管理委员会深圳监管局

2021 年 7 月 1 日

深圳市环境污染强制责任保险实施办法

第一章　总　则

第一条　为充分发挥保险在生态环境保护领域的社会保障功能，提高环境风险防范能力，落实深圳建设中国特色社会主义先行示范区综合改革试点要求，根据《中华人民共和国民法典》《中华人民共和国保险法》《中华人民共和国固体废物污染环境防治法》《深圳经济特区绿色金融条例》等法律法规，制定本办法。

第二条　本办法适用于本市行政区域内环境污染强制责任保险的监督管理。

本办法所称环境污染强制责任保险，是指以企业事业单位和其他生产经营者（以下称单位）污染环境导致损害应当承担的赔偿责任为保险标的的强制性保险。

第三条 中国银行保险监督管理委员会驻深监管机构（以下称银行保险监管部门）对保险公司的环境污染强制责任保险业务实施监督管理。

市生态环境主管部门对单位投保环境污染强制责任保险的情况实施监督管理。

市生态环境主管部门各派出机构根据本办法规定公示本辖区应当参加环境污染强制责任保险的单位名单，依法监督检查辖区内单位投保环境污染强制责任保险的情况。

第四条 市生态环境主管部门会同银行保险监管部门建立环境污染强制责任保险信息平台（以下简称信息平台），实现信息共享和统一管理。投保单位、保险公司应当通过信息平台报送投保、承保、风险管理和理赔信息。

第五条 市保险行业协会应当开展行业自律工作，提升会员单位开展环境污染强制责任保险业务能力。

鼓励其他行业协会等社会组织督促会员单位投保环境污染强制责任保险，做好环境污染强制责任保险的宣传。

第二章 投保与承保

第六条 有下列情形之一的单位，应当投保环境污染强制责任保险：

（一）依法实行排污许可重点管理的；

（二）纳入深圳市重点排污单位名录的；

（三）企业突发环境事件应急预案中确定的环境风险等级为较大及以上环境风险的；

（四）法律法规规定的应当投保环境污染强制责任保险的其他情形。

前款第一项、第二项所列单位，不包括医院。

第七条 市生态环境主管部门派出机构应当公示本辖区参加环境污染强制责任保险的单位名单，并实行动态管理。

第八条 环境污染强制责任保险的保险责任应当包括：

（一）第三者人身损害。投保单位因突发环境事件或者生产经营活动中污染环境，导致第三者生命、健康、身体遭受侵害，造成人体疾病、伤残、死亡等，依法应当承担的赔偿费用；

（二）第三者财产损失。投保单位因突发环境事件或者生产经营活动中污染环境，造成第三者财产损失，依法应当承担的赔偿费用；

（三）生态环境损害。投保单位因突发环境事件或者生产经营活动中造成生态环境损害应当承担的赔偿费用，包括生态环境受到损害至修复完成期间服务功能丧失导致的损失，生态环境功能永久性损害造成的损失，以及生态环境损害调查、鉴定评估等费用，修复生态环境费用，防止损害的发生和扩大所支出的合理费用；

（四）应急处置与清污费用。投保单位、第三者或者政府有关部门，为避免或者减少第三者人身损害、财产损失或者生态环境损害，支出的应急监测及处置费用、污染物清理及处理费用；

（五）其他费用。环境事件或者生产经营活动污染环境引发的必要的、合理的诉讼费、仲裁费、律师费等法律费用。

第九条　环境污染强制责任保险实行统一的保险条款、基础保险费率和浮动费率。市保险行业协会制订统一的保险条款、基础保险费率和浮动费率，报银行保险监管部门审查后发布实施。

基础保险费率和浮动费率应当根据投保单位环境风险以及不同环境风险致使第三者人身、财产以及生态环境遭受损害范围、程度、赔偿金额等因素和赔付率，按照保本微利原则确定。

保险公司应当按照统一的保险条款、基础保险费率和浮动费率依法向银行保险监管部门备案后，方可开展环境污染强制责任保险业务。

第十条　环境污染强制责任保险实施统一的最低责任限额。最低责任限额由市生态环境主管部门组织相关部门根据不同环境风险的单位可能致使第三者以及生态环境遭受损害范围、程度等因素确定或者调整。

单位投保环境污染强制责任保险不得低于最低责任限额。鼓励单位根据自身环境风险防控需要增加保险金额，提高风险保障能力。

第十一条　保险公司的环境污染强制责任保险业务，应当与其他保险业务分开管理，单独核算。

银行保险监管部门定期对保险公司的环境污染强制责任保险业务情况进行核查，根据总体盈利或者亏损情况，可以组织调整保险条款、基础保险费率和浮动费率。具体调整程序依照本办法第九条规定执行。

第十二条 单位在投保前，应当向保险公司提交排污许可证、环境风险应急预案等与投保相关的材料。

保险公司应当按照相关规定组织开展环境风险评估，并根据评估结果确定保险费，单位应当予以配合。

鼓励保险公司建立环境风险线上评估与承保平台，开展风险线上评估与承保。

第十三条 投保单位应当依法与保险公司订立环境污染强制责任保险合同并履行告知和说明义务，保险公司无正当理由不得向投保单位提出附加条件或者拒绝、拖延承保。

环境污染强制责任保险投保实行属地管理。外地集团公司在本市设立的分支机构，应当按照本办法要求单独购买环境污染强制责任保险。

第十四条 保险公司应当向投保单位签发保险单、保险标志，保险标志式样由市保险行业协会统一规定。保险单、保险标志应当注明保险单号码、统一社会信用代码、保险期限、保险人的名称、地址和理赔电话号码等信息。

投保单位应当在生产经营场所的显著位置张贴或者悬挂保险标志。

保险公司应当在保险合同签订后 5 个工作日内通过信息平台提交承保信息。

第十五条 投保后环境风险发生显著变化的，投保单位应当按照保险合同约定及时告知保险公司，保险公司可以按照保险合同约定调整保险费。

未履行前款告知义务的投保单位，因其环境风险显著增加而发生的保险事故，保险公司根据法律法规的规定或者合同约定不承担赔偿保险金的责任。

第十六条 保险合同成立后，出现法定的保险公司有权解除保险合同的情形，保险公司可以依法解除保险合同。

保险公司因投保单位未履行如实告知重要事项义务，依法要求解除合同的，应当书面通知投保单位，投保单位自收到通知之日起 5 日内履行如实告知义务的，保险公司可以不解除合同。

第十七条 环境污染强制责任保险合同解除时，保险公司应当按照合同约定退还剩余保险费。

环境污染强制责任保险合同解除后，保险公司应当要求投保单位交回保险单和保险标志，并通过信息平台提交解除合同的相关信息。

第十八条 环境污染强制责任保险的保险期为1年。

环境污染强制责任保险合同期满前，投保单位应当及时续保。

第三章 环境风险防控服务

第十九条 保险公司应当按要求建立环境风险防控服务制度，明确环境风险防控服务的机制、内容、防控服务要求。

第二十条 保险公司应当每年从环境污染强制责任保险费中提取不低于保费总额的25%，专项用于环境风险防控服务。环境风险防控服务包括但不限于风险预警、风险评估、隐患排查、教育培训等内容。

环境风险防控服务费用实行预算管理、总额控制、专款专用、据实列支。

第二十一条 保险公司聘请或者委托专业技术机构或者专家，根据合同约定为投保单位开展环境风险评估或者隐患排查，出具风险评估或者隐患排查报告，及时提醒投保单位存在的隐患并督促其整改。

第二十二条 保险公司应当充分发挥风险管理专业优势，建立面向投保单位的环境风险监测与预警机制，及时提示风险信息。

鼓励保险公司或者保险行业协会搭建环境风险防控服务统一平台，创新风险防控服务内容和形式，提升行业服务水平。

第二十三条 保险公司应当每年定期为投保单位开展多种形式的环境风险防控、应急等环保方面的培训或者交流活动。

第二十四条 保险公司应当在完成环境风险防控服务10个工作日内，在信息平台上提交相关服务信息和材料。

第四章 赔偿

第二十五条 投保单位在保险合同有效期内因污染环境造成损害的，受到损害的第三者、政府以及其他有关单位自知道或者应当知道受到损害之日起的法定有效期内向投保单位提起赔偿请求。须由投保单位承担赔偿责任的，保险公司应当依法依约予以赔偿。

第二十六条 有下列情形之一的，保险公司不予赔偿：

（一）因战争或者地震、火山爆发、海啸等不可抗拒的自然灾害导致的损害，依法可以免除投保单位赔偿责任的；

（二）投保单位构成污染环境犯罪被追究刑事责任，其犯罪行为引发环境污染造成损害的；

（三）投保单位故意采取通过暗管、渗井、渗坑、灌注等逃避监管的方式违法排放污染物直接导致损害的；

（四）法律法规规定的不予赔偿的其他情形。

第二十七条 投保单位在保险期间因污染环境造成损害的，投保单位知道保险事故发生后，应当及时通知保险公司。

保险事故发生时，投保单位应当尽力采取必要的措施，防止或者减少损失。

第二十八条 投保单位按照保险合同请求保险公司赔偿保险金时，应当向保险公司提供与确认事故损害的性质、原因、损失程度等有关的资料文件。

保险公司按照保险合同的约定，认为有关的资料文件不完整的，应当及时一次性告知投保单位补充提供。

投保单位怠于向保险公司请求赔偿保险金的，受到损害的第三者也可以就其应当获得赔偿部分直接向保险公司请求赔偿。

第二十九条 保险公司可以直接向受到损害的第三者赔偿保险金。投保单位支付赔偿款后，保险公司应当按照约定向投保单位支付保险金。

第三十条 保险公司应当自收到投保单位提供的资料文件之日起30日内，对是否属于保险责任作出核定，并将结果告知投保单位；不属于保险责任的，应当说明理由；属于保险责任的，在与投保单位达成赔偿保险金的协议后10日内赔偿保险金。

对损害责任认定较为清晰的第三者人身伤亡或者财产损失，保险公司应当积极预付赔偿，加快理赔进度。

第三十一条　发生保险事故后，投保单位依法配合保险公司进行事故调查。

保险公司、投保单位可以委托从事环境损害鉴定评估的机构或者专家出具损害评估或者专家意见，作为赔偿保险金的重要参考依据。

已被环境民事公益诉讼、生态环境损害赔偿诉讼、环境侵权民事诉讼的生效判决认定的事实以及经司法确定的生态环境损害赔偿磋商协议认定的事实，可以直接作为赔偿保险金的依据。

发生与保险赔偿有关的仲裁或者诉讼、生态环境损害赔偿案件时，投保单位应当及时通知保险公司。

第三十二条　因环境应急处置需要保险公司预先支付应急费用的，保险公司在接到投保单位的通知后，应当根据保险合同约定的数额先行支付。

保险公司先行支付应急费用需要向有关部门、环境应急处置单位等核实有关情况的，有关部门、环境应急处置单位等应当予以配合。

第三十三条　投保单位、保险公司、受到损害的第三者对赔偿有争议的，可以按照保险合同约定方式解决，也可以依法申请仲裁或者提起诉讼。

第五章　监督管理

第三十四条　市生态环境主管部门和银行保险监管部门可以结合工作实际，建立健全环境污染强制责任保险领域的地方标准体系。

鼓励和支持保险公司、保险行业协会组织制定环境污染强制责仟保险领域的企业标准或者团体标准，完善配套制度规范。

第三十五条　开展环境污染强制责任保险业务的保险公司，应当于每年1月31日前向银行保险监管部门、市生态环境主管部门提交环境污染强制责任保险上年度报告，上年度报告应当包括环境污染强制责任保险的承保、风控服务、理赔情况。

银行保险监管部门会同市生态环境主管部门建立环境污染强制责任保险考核机制，考核结果作为评优评先、信用管理等依据。

第三十六条　投保单位应当在排污许可证年度执行报告中如实报告环境污染强制责任保险投保情况，并按规定向排污许可证管理部门提交排污许可证年度执行报告。

第三十七条　依法纳入企业突发环境事件应急预案备案管理的投保单位，在编制或者修改企业突发环境事件应急预案时，应当载明环境污染强制责任保险投保情况。

第三十八条　投保单位应当按照规定及时公开投保环境污染强制责任保险情况。

银行保险监管部门、市生态环境主管部门依法公开环境污染强制责任保险相关信息。

第三十九条　对拒不投保或者续保的单位，市生态环境主管部门责令改正，拒不改正的，依法予以处罚。

第四十条　银行保险监管部门应当对保险公司的环境污染强制责任保险业务进行监督检查，并依法处理违法行为。

第四十一条　行政机关及其工作人员在推行环境污染强制责任保险工作中，应当忠于职守，依法办事，公正廉洁，不得利用职务便利牟取不正当利益，不得泄露所知悉的有关单位和个人的商业秘密。

第六章　附　则

第四十二条　本办法由深圳市生态环境局和中国银行保险监督管理委员会深圳监管局负责解释。

第四十三条　本办法自 2021 年 7 月 1 日起施行，有效期 5 年。原深圳市人居环境委员会　中国保险监督管理委员会深圳监管局印发的《深圳市环境污染强制责任保险试点工作方案》（深人环规〔2017〕5 号）同时废止。

深圳市环境污染强制责任保险实施办法
（征求意见稿）

（2021 年 1 月 29 日）

第一章 总 则

第一条 【目的与依据】为充分发挥保险在生态环境保护领域的社会管理功能，运用市场手段构建生态环境风险防控体系，保障公众健康和生态环境安全，落实《深圳建设中国特色社会主义先行示范区综合改革试点实施方案（2020—2025 年）》，根据《中华人民共和国保险法》《深圳经济特区绿色金融条例》，制定本办法。

第二条 【适用范围与定义】本市行政区域内的生产经营单位投保环境污染强制责任保险，以及保险公司承保环境污染强制责任保险，适用本办法。

本办法所称环境污染强制责任保险，是指以生产经营单位污染环境导致损害应当承担的赔偿责任为保险标的的强制性保险。

第三条 【原则】环境污染强制责任保险应当遵循强制投保、风险防控和损害担责的原则。

第四条 【部门职责】市生态环境主管部门负责明确投保环境污染强制责任保险的生产经营单位范围，依法对参加环境污染强制责任保险的情况实施监督检查。

银行保险监督管理机构负责建立环境污染强制责任保险产品和服务监管机制，依法对保险公司的环境污染强制责任保险业务实施监督管理。

其他负有生态环境保护监督管理职责的部门应当在各自职责范围内做好环境污染强制责任保险相关工作。

第五条 【信息共享机制】市生态环境主管部门、银行保险监督管理机构以及其他有关部门应当逐步建立环境污染强制责任保险、环境违法行为和环境污染事故的信息共享机制。

第六条 【社会共治】鼓励生产经营单位、保险公司和相关行业协会建立沟通协商机制，加强环境污染强制责任保险行业自律和管理。

第二章 投 保

第七条 【保险责任】环境污染强制责任保险的保险责任应当包括：

（一）第三者人身损害、财产损失，即投保人因生产经营过程中污染环境，导致第三者生命、健康、身体遭受侵害，造成人体疾病、伤残、死亡或者导致财产损失等，应当承担的赔偿责任。

（二）生态环境损害，即投保人因生产经营过程中导致生态环境损害而应当承担的赔偿责任，包括生态环境受到损害至修复完成期间服务功能丧失导致的损失，生态环境功能永久性损害造成的损失，生态环境损害调查、鉴定评估等费用，清除污染、修复生态环境费用，防止损害的发生和扩大所支出的合理费用。

（三）法律费用。诉讼费等相关法律费用。

第八条 【保险条款和基础费率】环境污染强制责任保险实行统一的行业示范保险条款和基础保险费率。

保险行业协会组织制定前款行业示范保险条款和基础保险费率时，应当根据生产经营单位环境风险类型，以及不同环境风险致使第三者人身、财产以及生态环境遭受损害范围、程度、赔偿金额和保本微利等因素确定，组织开展专家论证、精算评估后，由市保险同业公会发布实施。

第九条 【浮动费率】保险费率应当根据投保期间环境污染发生情况、赔付率、环境风险情况实行浮动费率。

第十条 【责任限额】环境污染强制责任保险在全市范围内实施统一的最低责任限额。最低责任限额由市生态环境部门会同银行保险监督管理机构综合考虑不同环境风险的企业可能致使第三者以及生态环境遭受损害范围、程度等因素确定。

鼓励企业根据自身情况购买更高责任限额的保险保障。

第十一条　【强制参保范围】纳入固定污染源排污许可分类管理名录重点管理和简化管理的生产经营单位，具有下列情形之一的，应当依法投保环境污染强制责任保险：

（一）从事环境高风险经营活动的，包括从事基础化学原料制造、合成材料制造、化学药品原料药制造的，收集、贮存、利用、处置危险废物或年产生危险废物量 100 吨以上的，经营液体化工码头、油气码头的；

（二）生产经营活动中涉及高环境风险物质的，包括生产、储存、使用或释放"突发环境事件环境风险物质及临界量清单"所列物质并且最大存在量达到或者超过临界量，生产 "环境保护综合名录"所列高环境风险产品的；

（三）生产活动中排放重金属和有毒有害污染物的，包括从事电镀、印制电路制造、铅蓄电池极板制造、组装等排放重金属和有毒有害污染物的；

（四）污水处理厂、垃圾填埋场、垃圾焚烧发电厂等提供环境公共服务的；

（五）纳入重点排污单位名录的。

第十二条　【保险展业要求】鼓励保险公司从事环境污染强制责任保险业务。

保险公司开展环境污染强制责任保险业务的，应当建立面向企业的环境风险监控和预警机制，实时开展风险监测，及时提示风险隐患。

银行保险监督管理机构应当将具备从事环境污染强制责任保险业务资格的保险公司向社会公示。

投保人在投保时应当选择从事环境污染强制责任保险的保险公司，被选择的保险公司不得拒绝或者拖延承保。

第十三条　【单独核算】保险公司的环境污染强制责任保险业务，应当与其他保险业务分开管理，单独核算。

银行保险监督管理机构应当每年对保险公司的环境污染强制责任保险业务情况进行核查，并向社会公布；根据保险公司环境污染强制责任保险业务的总体盈利或者亏损情况，可以要求或者允许保险公司相应调整保险费率。

第十四条　【投保事前告知】投保人投保时，应当向保险公司如实告知重要事项。

企业投保前，已经按照国家有关规定制定并发布突发环境事件应急预案的，应当将突发环境事件应急预案中的环境风险评估报告提交保险公司，并向保险公司提供环境风险说明材料。

保险公司可以在承保前开展环境风险评估，企业应当积极配合保险公司开展风险评估。

第十五条　【订立合同】环境污染强制责任保险由生产经营单位投保，保险费根据投保的生产经营单位环境风险情况确定，不得以任何方式摊派给从业人员个人。

集团公司在本市设立的分支机构，应当按照本市要求单独购买环境污染责任强制保险。深圳市内同一法人单位在本市不同地点设立的企业，可以统一购买。

签订环境污染强制责任保险合同时，保险公司不得强制投保人订立商业保险合同以及提出附加其他条件的要求。

第十六条　【保险标识公示】签订环境污染强制责任保险合同时，投保人应当一次支付全部保险费；保险公司应当向投保人签发保险单、保险标志。保险单、保险标志应当注明保险单号码、统一社会信用代码、保险期限、保险公司的名称、地址和理赔电话号码。

投保人应当在生产经营场所的显著位置张贴保险标志，便于社会监督。保险标志式样由市保险行业协会统一规定。

第十七条　【保险公司解除合同】保险公司不得解除环境污染强制责任保险合同；但是，投保人对重要事项未履行如实告知义务的除外。

投保人对重要事项未履行如实告知义务，保险公司解除合同前，应当书面通知投保人，投保人应当自收到通知之日起 5 日内履行如实告知义务；投保人在上述期限内履行如实告知义务的，保险公司不得解除合同。

保险公司解除环境污染强制责任保险合同的，应当收回保险单和保险标志，并书面通知生态环境主管部门。

第十八条　【投保人解除合同】环境污染强制责任保险投保人不得解除环境污染强制责任保险合同，但有下列情形之一的除外：

（一）投保人被依法注销登记的；

（二）投保人破产清算的；

（三）投保人停产、停业的。

环境污染强制责任保险合同解除前，保险公司应当按照合同承担保险责任。合同解除时，保险公司应将剩余部分的保险费退还投保人，并将解除结果书面通知生态环境主管部门。

第十九条　【保险期间与续保】环境污染强制责任保险的保险期间为 1 年。

环境污染强制责任保险合同期满，投保人应当及时续保，并提供上一年度的保险单。

第三章　风险管理

第二十条　【风险管理服务费用】保险公司每年从环境污染强制责任保险费中提取不低于保费总额的 25%，作为环境风险服务费，用于企业环境风险评估、承保中的风险防控服务。

环境风险服务费用由保险公司分别实行分级管理，统筹安排，专款专用，据实列支。

第二十一条　【保险公司环境风险防控能力建设】保险公司应当建立健全风险防控服务体系，建立健全面向高环境风险企业的环境风险监控和预警机制，充分发挥风险管理专业优势，实时开展风险监测，及时提示风险隐患。

第二十二条　【环境应急预案】保险公司应当编制环境风险与突发环境事故应急与处置预案，并定期组织演练。保险公司应当指导和参加企业开展的环境应急预案演练。

第二十三条　【风险排查与评估】保险合同应当约定在合同有效期内开展环境风险隐患排查和环境风险评估的相关事项。

保险公司可以委托风险评估机构或者组建专家团队，定期或者不定期地对环境风险进行排查或者环境风险评估。投保企业应当配合排查与风险评估工作。

发现环境风险安全隐患或者环境风险的，投保人拒不整改或者拖延整改的，保险公司有权增加保险费或者解除合同，并向市生态环境主管部门书面报告。

第二十四条　【投保后风险变化告知】投保人因转型升级，生产产品、工艺、生产规模发生重大调整，导致环境风险物质种类及数量发生重大变化的，投保人应当向保险公司提供必要的环境风险变化情况说明材料。

在保险合同有效期内,投保人提供环境风险变化说明材料的,保险公司经与投保人协商一致后,对于风险降低和提高的部分,保险人应及时向投保人、被保险人退还或要求增加相应保费。

第二十五条 【风险管理服务档案】保险公司应当建立投保人的风险管理服务档案。风险管理服务档案应当包括:

(一)投保人提供的环境风险评估报告、环境风险现状说明材料和环境风险变化情况说明材料;

(二)保险公司组织编制的环境安全隐患现场排查报告等服务相关文件记录等。

第二十六条 【档案应用】保险公司应当将风险管理服务档案统一纳入投保人风险管理服务相关信息系统。

保险公司应当为投保人查阅本企业风险管理服务档案提供必要的协助。

第二十七条 【统一服务】鼓励保险公司之间加强合作,搭建环境风险防控服务平台,实现风险分担、统一服务标准,创新风险防控服务内容和形式。

第四章 赔 偿

第二十八条 【保险责任触发】企业在保险合同有效期内因污染环境造成损害的,可在保险合同有效期届满后五年内向企业提起环境损害赔偿请求,须由生产经营单位依法承担赔偿责任的,保险公司应依法在环境污染强制责任保险责任限额内对其承保期间造成的污染损害予以赔偿。

第二十九条 【除外责任】因自然灾害(地震、海啸除外)导致企业发生环境污染,或者一般过失违法排放污染物,造成第三者人身、财产损害或者生态环境损害的,保险公司不得列为除外责任。

第三十条 【保险金给付请求】投保人知道第三者人身伤害、财产损失或生态环境损害发生后,应当及时通知保险公司。保险公司接到通知后,应当按照法律法规等相关规定和保险合同的约定,及时开展事故勘查、定损和责任认定。

第三十一条 【与生态环境损害赔偿案件调查的衔接】国家规定的机关或者

法律规定的组织在开展生态环境损害筛查、调查时，发现发生生态环境损害的，应当及时告知投保人和保险公司。

第三十二条 【保险金给付材料要求】保险事故发生后，按照保险合同请求保险公司赔偿保险金时，投保人应当向保险公司提供其所能提供的与确认事故损害的性质、原因、损失程度等有关的证明和资料。

保险公司按照保险合同的约定，认为有关的证明和资料不完整的，应当收到赔偿申请之日起1日内，书面告知投保人补充提供。

第三十三条 【保险核定】保险公司应当自收到被保险人提供的证明和资料之日起5日内，对是否属于保险责任作出核定，并将结果通知被保险人；对不属于保险责任的，应当书面说明理由；对属于保险责任的，在与被保险人达成赔偿保险金的协议后10日内，赔偿保险金。

第三十四条 【预赔付与环境应急费用垫付】对于案情复杂或损失较大的环境污染事故，在损失初步确定的情况下，应积极预付赔款，加快理赔进度。

因环境应急需要保险公司支付或者垫付应急费用的，保险公司在接到生态环境主管部门通知后，经核对应当及时向环境应急单位支付或者垫付应急处置费用。

保险公司赔偿保险金或者垫付应急费用，需要向有关部门、环境应急处置单位核实有关情况的，有关部门、环境应急处置单位应当予以配合。

第三十五条 【事故核定】保险公司收到赔偿保险金的请求和相关证明、资料后，应当及时做出核定；情形复杂的，应当在30日内作出核定，但保险合同另有约定的除外。保险公司应当将核定结果通知投保人以及其他相关主体；对属于保险责任的，达成赔偿保险金的协议后10日内，履行赔偿保险金义务。

第三十六条 【现场查勘和事故调查】发生保险事故后，被保险人应当积极协助保险人进行现场查勘和事故调查。

保险公司、投保人可以委托共同认可的环境损害鉴定评估机构或专家团队出具损害鉴定评估意见，作为赔偿保险金的重要参考依据。

已经被环境民事公益诉讼、生态环境损害赔偿诉讼的生效判决认定的事实，可以直接作为赔偿保险金的依据。

发生与保险赔偿有关的仲裁或者诉讼时，被保险人应当及时书面通知保险人。

第三十七条　【第三者直接向保险人请求权】保险人对责任保险的被保险人给第三者造成的损害，依照法律的规定或者合同的约定，直接向该第三者赔偿保险金。

责任保险的被保险人给第三者造成损害，被保险人对第三者应负的赔偿责任确定的，根据被保险人的请求，保险人应当直接向该第三者赔偿保险金。被保险人怠于请求的，第三者有权就其应获赔偿部分直接向保险人请求赔偿保险金。

前款第三者包括《中华人民共和国民法典》第一千二百三十五条所列的国家规定的机关或者法律规定的组织。

第五章　监督管理

第三十八条　【标准与技术规范】建立健全环境污染强制责任保险领域标准体系。市生态环境主管部门和银行保险监督管理机构可以结合工作实际，研究制定风险评估、防控服务、定损理赔、生态环境损害赔偿等相关标准或者技术规范。

鼓励和支持保险公司、环保行业协会、保险行业协会制定环境污染强制责任保险领域的标准、技术规范或指南。

第三十九条　【投保企业保险信息披露】投保企业应当建立信息公开制度，按照规定及时公开投保环境污染强制责任保险情况；投保企业属于上市公司的，应当按要求上市公司披露环境污染强制责任保险投保情况。

第四十条　【保险公司信息披露】保险公司应当在公司网站每年度披露环境污染强制责任保险承保与风险防控服务相关信息。保险行业协会应当公开环境污染强制责任保险行业信息。

第四十一条　【政府信息公开】生态环境部门、银行保险监督管理机构应当依法公开环境污染强制责任保险相关政府信息，依法为金融机构、行业协会和社会公众查询生产经营单位投保环境污染强制责任保险的情况提供便利。

有关部门、社会征信系统应当将生产经营单位投保环境污染强制责任保险作为重点行业企业风险控制、信用评价和履行社会责任的重要指标。

第四十二条　【投保企业监管】市生态环境部门及其派出机构应当对投保环境污染强制责任保险的情况进行监督检查，对拒不投保或者续保的，根据《深圳经济特区绿色金融条例》第六十五条规定予以处理。

第四十三条　【保险公司监督管理】银行保险监督管理机构应当对保险公司的环境污染强制责任保险业务进行监督检查，对违反《中华人民共和国保险法》或者其他法律法规的行为，依法责令改正、予以处罚。

第四十四条　【行政责任】行政机关及其工作人员在推行环境污染强制责任保险工作中滥用职权、玩忽职守、徇私舞弊的，对直接负责的主管人员和其他责任人员依法给予处分；构成犯罪的，依法追究刑事责任。

第四十五条　【纠纷处理】投保人、保险公司、受到损害的第三者、政府及其有关部门、公益组织对保险合同或其履行发生争议的，可以按照保险合同约定方式解决。

第四十六条　【解释】本办法由深圳市生态环境局与中国银行保险监督管理委员会深圳监管局负责解释。

【实施时间】本办法自　年　月　日起施行。原深圳市人居环境委员会　中国保险监督管理委员会深圳监管局印发的《深圳市环境污染强制责任保险试点工作方案》（深人环规〔2017〕5号）同时废止。

关于《深圳市环境污染强制责任保险实施办法》 （征求意见稿）的说明

为充分发挥保险在生态环境保护领域的社会管理功能，运用市场手段构建生态环境风险防控体系，保障公众健康和生态环境安全，落实《深圳建设中国特色社会主义先行示范区综合改革试点实施方案（2020—2025年）》，根据《中华人民共和国保险法》《深圳经济特区绿色金融条例》，我局组织研究起草了《深圳市环境污染强制责任保险实施办法》（征求意见稿）（以下简称《办法》）。现将有关情况说明如下：

一、实施环境污染强制责任保险制度的必要性

（一）是贯彻落实国家生态文明体制改革和综合改革试点的需要

2015年9月，中共中央、国务院印发的《生态文明体制改革总体方案》规定："在环境高风险领域建立环境污染强制责任保险制度。"2016年8月31日，中国人民银行等七部委联合发布的《关于构建绿色金融体系的指导意见》第二十二条规定："在环境高风险领域建立环境污染强制责任保险制度。"2020年10月11日，中共中央办公厅、国务院办公厅印发《深圳建设中国特色社会主义先行示范区综合改革试点实施方案（2020－2025年）》，明确要求"实行环境污染强制责任保险制度"，是此次综合改革试点中涉及保险领域的唯一改革项目。

（二）是实施《深圳经济特区绿色金融条例》的需要

2020年10月29日，深圳市第六届人民代表大会常务委员会第四十五次会议审议通过的《深圳经济特区绿色金融条例》中创设了环境污染强制责任保险制度，为全国首个在地方立法中建立该项制度的城市。明确了强制投保范围、保险公司义务、生态环境主管部门与国家银行保险监管部门驻深机构职责和环境高风险企业未投保或者续保的，处保险费三倍罚款，该条例将于2021年3月1日实施，为做好条例实施工作，需配套制定环境污染强制责任保险专项实施办法，进一步细

化投保、产品、风险管理和理赔等内容。

（三）是解决现实问题、巩固试点成果的需要

深圳是全国环境污染责任保险首批试点城市之一，2009 年以来率先开展环境污染责任保险试点和 2017 年率先开展环境污染强制责任保险试点，推行工作中存在以下问题待解决：制度基础薄弱、监管机制尚不健全、保险公司提供的风控服务质量和内容难以满足企业需求，需要通过专项办法予以细化规定。此外，深圳市在 10 余年环境污染责任保险改革中，经过多年探索、试点，构建了具有深圳特色的环境污染强制责任保险工作制度，推出了许多新做法、新措施，为全国、全省生态文明体制改革提供了先行经验。如保费与风险等级挂钩、生态环境损害赔偿纳入赔偿责任、风险预防费专项列支、预赔付等做法，也需要在制度层面进一步明确，巩固试点的成果。

二、《办法》主要内容

（一）主要思路

《办法》从总则、投保、风险管理、赔偿、监督管理、附则六个方面建立了环境污染强制责任保险实施办法。基本思路为：一是突出强制性。参考机动车交通事故责任强制保险、船舶污染损害民事责任保险，从投保范围、保障范围、保险条款、基础保险费率、风险管理、理赔条件提出强制性要求。并按照强制责任保险的监管思路，提出每年度定期调整费率。二是突出预防性。突出保险的防灾减损功能，从风险防控服务费、环境风险防控能力建设、风险排查、投保后风险变化告知、风险服务档案、环境风险与突发环境事故应急预案等方面全面预防风险。三是突出保障性。根据《中华人民共和国民法典》的规定，扩大保障范围，纳入生态环境损害赔偿。此外，国务院办公厅印发的《控制污染物排放许可制实施方案》提出了"一证式"改革要求，为落实该项要求，《办法》明确具体投保环境污染强制责任保险的企业范围与固定污染源排污许可分类管理名录保持一致，实现环境高风险企业全覆盖。设置了预赔付与环境应急费用垫付机制。

（二）关于保险责任、产品和责任限额

①关于保险责任。经评估，深圳市先行开展环境污染强制责任保险试点的产

品保障范围主要为较大及以上的突发性损害赔偿，尚不包括危害更大、后果更严重的累进式、渐进式污染损害的赔偿责任。2021 年 1 月 1 日施行的《中华人民共和国民法典》第七章专章规定了环境污染和生态破坏责任。其中第一千二百二十九条规定："因污染环境、破坏生态造成他人损害的，侵权人应当承担侵权责任。"第一千二百三十五条规定："违反国家规定造成生态环境损害的，国家规定的机关或者法律规定的组织有权请求侵权人赔偿下列损失和费用：（一）生态环境受到损害至修复完成期间服务功能丧失导致的损失；（二）生态环境功能永久性损害造成的损失；（三）生态环境损害调查、鉴定评估等费用；（四）清除污染、修复生态环境费用；（五）防止损害的发生和扩大所支出的合理费用。"《办法》保险责任除了第三者人身、财产保险责任之外，还将生态环境损害赔偿纳入了保障范围，赔偿类型与民法典保持了一致。

②关于保险条款与保险费率。一是参考机动车交通事故责任强制保险、船舶污染损害民事责任保险，要求环境污染强制责任保险实行统一的行业示范保险条款和基础保险费率。二是明确条款与基础保险费率确定的要求和程序。深圳开展环境污染强制责任保险试点是采取风险等级评估确定费率、限额不能完全反映风险源。明确保险行业协会组织制定前款行业示范保险条款和基础保险费率时，应当根据生产经营单位环境风险类型，以及不同环境风险致使第三者人身、财产以及生态环境遭受损害范围、程度、赔偿金额和保本微利等因素确定，组织开展专家论证、精算评估后，由市保险同业公会发布实施。三是规定了浮动费率。明确保险费率应当根据投保期间环境污染发生情况、赔付率、环境风险情况实行浮动费率，加大费率浮动杠杆，压实企业风险防控主体责任。

③关于保险责任限额。规定了环境污染强制责任保险在全市范围内实施统一的最低责任限额。最低责任限额由市生态环境部门会同国家银行保险监管部门驻深机构综合考虑不同环境风险的企业可能致使第三者以及生态环境遭受损害范围、程度等因素确定。此外，鼓励企业根据自身情况购买更高责任限额的保险保障。

（三）关于强制投保范围与保险公司展业要求

①关于强制投保范围。结合试点工作经验，纳入固定污染源排污许可分类管

理名录重点管理和简化管理的生产经营单位，具有下列情形之一的，应当依法投保环境污染强制责任保险：一是从事环境高风险经营活动的，包括从事基础化学原料制造、合成材料制造、化学药品原料药制造的，收集、贮存、利用、处置危险废物或年产生危险废物量 100 吨以上的，经营液体化工码头、油气码头的；二是生产经营活动中涉及高环境风险物质的，包括生产、储存、使用或释放"突发环境事件环境风险物质及临界量清单"所列物质并且最大存在量达到或者超过临界量，生产 "环境保护综合名录"所列高环境风险产品的；三是生产活动中排放重金属和有毒有害污染物的，包括从事电镀、印制电路制造、铅蓄电池极板制造、组装等排放重金属和有毒有害污染物的；四是污水处理厂、垃圾填埋场、垃圾焚烧发电厂等提供环境公共服务的；五是纳入重点排污单位名录的。

②展业条件。环境污染强制责任保险属于公益性的险种。根据《深圳经济特区绿色金融条例》第二十三条第二款规定："保险业金融机构应当建立风险管理机制，在承保前开展环境风险评估，承保后开展风险管理服务，排查风险隐患，并按照合同履行理赔责任。"《办法》一是规定了保险公司开展环境污染强制责任保险业务的，应当建立面向企业的环境风险监控和预警机制，实时开展风险监测，及时提示风险隐患。二是国家银行保险监管部门驻深机构应当将具备从事环境污染强制责任保险业务资格的保险公司向社会公示。三是明确投保人在投保时应当选择从事环境污染强制责任保险的保险公司，被选择的保险公司不得拒绝或者拖延承保。

③单独核算。参考机动车交通事故责任强制保险的核算模式，《办法》明确规定了保险公司的环境污染强制责任保险业务，应当与其他保险业务分开管理，单独核算。此外，还规定了国家银行保险监管部门驻深机构应当每年对保险公司的环境污染强制责任保险业务情况进行核查，并向社会公布；根据保险公司环境污染强制责任保险业务的总体盈利或者亏损情况，可以要求或者允许保险公司相应调整保险费率。

（四）关于保险标志与合同解除

①保险标识。为了便于监管执法和公众监督，《办法》明确要求，签订环境污染强制责任保险合同时，投保人应当一次支付全部保险费；保险公司应当向投

保人签发保险单、保险标志。保险单、保险标志应当注明保险单号码、统一社会信用代码、保险期限、保险公司的名称、地址和理赔电话号码。投保人应当在生产经营场所的显著位置张贴保险标志，便于社会监督。保险标志式样由市保险行业协会统一规定。

②合同解除。《办法》一是规定保险公司不得解除环境污染强制责任保险合同；但是，投保人对重要事项未履行如实告知义务的除外。并明确保险公司解除环境污染强制责任保险合同的，应当收回保险单和保险标志，并书面通知生态环境主管部门。二是明确了投保人解除合同的情形。规定了环境污染强制责任保险投保人不得解除环境污染强制责任保险合同，但有下列情形之一的除外：（一）投保人被依法注销登记的；（二）投保人破产清算的；（三）投保人停产、停业的。环境污染强制责任保险合同解除前，保险公司应当按照合同承担保险责任。合同解除时，保险公司应将剩余部分的保险费退还投保人，并将解除结果书面通知生态环境主管部门。

（五）关于风险管理

①风险防控服务费。结合深圳率先开展环境污染强制责任保险试点的工作来看，专项风险防控服务费是保险公司开展环境风险管理的根本保证。《办法》延续了试点工作方案做法，规定了保险公司每年从环境污染强制责任保险费中提取不低于保费总额的25%，作为环境风险服务费，用于企业环境风险评估、承保中的风险防控服务。此外，明确环境风险服务费用由保险公司分别实行分级管理，统筹安排，专款专用，据实列支。

②服务内容。《办法》一是规定了环境风险防控能力建设。试点工作表明，保险公司风控服务能力弱。保险公司提供的风控服务质量和内容难以满足企业需求，规定了保险公司应当建立健全风险防控服务体系，提升能力。此外，保险公司应当编制环境风险与突发环境事故应急与处置预案，并定期组织演练。二是风险排查。明确规定保险合同应当约定在合同有效期内开展环境风险隐患排查的相关事项。保险公司可以委托风险评估机构或者组建专家团队，定期或者不定期地对环境风险进行排查。三是明确规定了投保后风险变化告知义务。明确了投保人因转型升级，生产产品、工艺、生产规模发生重大调整，导致环境风险物质种类

及数量发生重大变化的，投保人应当向保险公司提供必要的环境风险变化情况说明材料。

（六）关于赔偿

①责任触发与除外责任。根据调查，目前深圳环境污染事故包括渐进性污染，渐进性污染的时间一般来说比较长，结合环境风险评估专业意见，延长试点保险方案的日落期至 5 年，以进一步保障企业渐进性污染事故风险。经评估，将因自然灾害（地震、海啸除外）导致企业发生环境污染，或者一般过失违法排放污染物，造成第三者人身、财产损害或者生态环境损害的，保险公司不得列为除外责任。

②预赔付与应急费用垫付。《办法》明确对于案情复杂或损失较大的环境污染事故，在损失初步确定的情况下，应积极预付赔款，加快理赔进度。

因环境应急需要保险公司支付或者垫付应急费用的，保险公司在接到生态环境主管部门通知后，经核对应当及时向环境应急单位支付或者垫付应急处置费用。保险公司赔偿保险金或者垫付应急费用，需要向有关部门、环境应急处置单位核实有关情况的，有关部门、环境应急处置单位应当予以配合。

③与生态环境损害赔偿案件的衔接。生态环境损害赔偿制度是生态文明制度体系的重要组成部分。2017 年，中共中央办公厅 国务院办公厅印发了《生态环境损害赔偿制度改革方案》，明确了省级、市地级政府可指定相关部门或机构负责生态环境损害赔偿具体工作，开展磋商、诉讼等。为保持衔接，《办法》一是明确被指定开展生态环境损害赔偿工作的部门、机构在开展生态环境损害筛查、调查时，发现发生生态环境损害的，应当及时告知投保人和保险公司。二是与《中华人民共和国民法典》第一千二百三十五条所明确的"国家规定的机关或者法律规定的组织"有权请求侵权人赔偿生态环境损害相衔接，《办法》明确国家规定的机关或者法律规定的组织可以作为受害第三者，直接向保险人请求赔偿。

深圳市生态环境局关于《深圳市环境污染强制责任保险实施办法（征求意见稿）》公开征求意见的情况反馈

（2021 年 3 月 11 日）

我局于 2021 年 1 月 29 日发布《市生态环境局关于公开征求〈深圳市环境污染强制责任保险实施办法（征求意见稿）〉意见的通知》，向社会各界广泛征求意见。现就公开征求意见期间收集到的公众意见及采纳情况说明如下。

序号	单位名称	意见内容	采纳情况及理由
1	中国人民财产保险股份有限公司深圳市分公司	一、针对"第二章 投保"建议反馈如下： 1. "第七条【保险责任】"中"（二）生态环境损害"。建议进一步明确生态环境损害责任，避免产生争议，因此建议修改如下：生态环境损害，即投保人因生产经营过程中发生较大以上（含较大）突发环境事件导致生态环境损害而应当承担物赔偿责任，包括生态环境受到损害至修复完成期间服务功能丧失导致的损失，生态环境功能永久性损害造成的损失，生态环境损害调查、鉴定评估等费用，清除污染、修复生态环境费用，防止损害的发生和扩大所支出的合理费用	解释说明。理由：《生态环境损害赔偿制度改革方案》明确本方案所称生态环境损害，是指因污染环境、破坏生态造成大气、地表水、地下水、土壤、森林等环境要素和植物、动物、微生物等生物要素的不利改变，以及上述要素构成的生态系统功能退化。生态环境损害责任不限于发生较大以上（含较大）突发环境事件导致生态环境损害而应当承担的赔偿责任
2		2. "第十三条【单独核算】"建议反馈意见如下：保险公司的系统是按照险种大类进行设计并统计核算的，如果针对环境污染强制责任保险单独进行核算、分开管理将改变原有的架构模式，并加大保险公司经营成本，不利于该险种的发展，因此建议改为由保险公司将环境污染强制责任保险的承保理赔数据等及时向监管部门上报	解释说明。参考《机动车交通事故责任强制保险条例》第七条第一款"保险公司的机动车交通事故责任强制保险业务，应当与其他保险业务分开管理，单独核算"的规定，便于环境污染强制责任保险的

序号	单位名称	意见内容	采纳情况及理由
3	中国人民财产保险股份有限公司深圳市分公司	二、针对"第五章　监督管理"建议反馈如下：按规定，保险公司承保环境污染强制责任保险时，都要在承保前进行环境风险评估，确定风险等级；承保后进行环境风险隐患排查，出具风险隐患排查报告。若发现环境风险隐患，提供整改建议，督促企业及时整改。目前，保险公司一般都会聘请专业第三方机构来完成，这样第三方环境技术服务机构就构成了环境污染强制责任保险运行过程中重要的一环，因此建议增加对第三方环境技术服务机构监督管理的内容，保证其履职到位	采纳。在第二十三条增加"受委托机构应当按照法律、法规的规定及委托合同约定,开展环境风险评估"
4	温生	1. 第六条：鼓励生产经营单位、保险公司和相关行业协会建立沟通协商机制……建议："行业协会"改为"行业组织"	采纳。全文已统一表述为"保险行业协会组织"
5		2. 第八条：保险行业协会组织制定前款行业示范保险条款和基础保险费率时……建议："保险行业协会"改为"市保险同业公会"；去掉"前款"	采纳
6		3. 第十六条、第三十八条、第四十条："保险行业协会"相关称谓建议："保险行业协会"改为"市保险同业公会"	采纳。全文已统一表述为"保险行业协会组织"
7		4. 第十七条和第二十三条保险公司相关解除合同情形不一致	采纳。已整合相关表述
8		5. 第三十三条和第三十五条相关内容有点重复强调，建议考虑合并	采纳。已根据银保监局意见删除第三十五条内容
9		6. 第四十条：保险行业协会应当公开环境污染强制责任保险行业信息。建议：是否需要写明哪类或哪些行业信息	采纳。该条已删除
10	平安智慧城市	建议经制参保范围修改如下：【强制参保范围】依照法律规定纳入排污许可管理的企业事业单位和其他生产经营者，应当依法投保环境污染强制责任保险，具备以下情形的除外：依《排污许可证管理条例》第二十四条污染物产生量、排放量和对环境的影响程度都很小的企业事业单位和其他生产经营者，应当填报排污登记表，不需要申请取得排污许可证的	采纳。调整表述

关于促进河北省绿色金融发展的实施意见

(2021 年 7 月 12 日)

（十三）创新发展绿色保险产品和服务。支持保险机构积极创新绿色保险产品和服务，探索开展环保技术装备保险、低碳环保类消费品的产品质量安全责任保险、森林保险、农牧业灾害保险等产品。探索推进环境污染责任保险，依法实施环境污染强制责任保险。督导保险机构依法履行保险合同，建立健全保险理赔服务体系。鼓励保险机构降低费率，扩大保险覆盖面。

中国人民银行石家庄中心支行

河北省地方金融监督管理局

河北银保监局

河北证监局

河北省发展和改革委员会

河北省财政厅

河北省生态环境厅

关于印发《河北省企业生态环境信用管理办法（试行）》的通知

冀环规范〔2021〕2 号

（2021 年 7 月 6 日）

各市（含定州、辛集市）生态环境局、河北雄安新区管理委员会生态环境局，各市（含定州、辛集市）、雄安新区社会信用体系建设牵头部门：

根据《关于进一步完善失信约束制度构建诚信建设长效机制的指导意见》（国办发〔2020〕49 号），省生态环境厅会同省社会信用体系建设领导小组对《河北省企业生态环境信用管理办法（试行）》进行了修订。现将修订后的《河北省企业生态环境信用管理办法（试行）》印发给你们，请遵照执行。

附件：河北省企业生态环境信用管理办法（试行）

河北省生态环境厅

河北省政务服务管理办公室

2021 年 7 月 6 日

河北省企业生态环境信用管理办法（试行）

第一章　总则

第一条　为规范企业生态环境信用评价管理工作，促进企业依法诚信经营，自觉履行生态环境保护法律义务和社会责任，依据《中华人民共和国环境保护法》《国务院关于建立完善守信联合激励和失信联合惩戒制度加快推进社会诚信建设的指导意见》（国发〔2016〕33 号）、《关于进一步完善失信约束制度构建诚信建设长效机制的指导意见》（国办发〔2020〕49号）和《关于进一步加快社会信用体系建设的实施意见》（冀政字〔2019〕30号）等规定和要求，结合本省实际，制定本办法。

第二条 本办法适用于对本省区域内重点排污单位的生态环境信用管理。

第三条 本办法所称生态环境信用管理，是指生态环境部门依据企业生态环境行为的有关信息，按照生态环境信用评价标准和程序，生成企业生态环境信用级别，并依法依规与有关部门联合实施激励惩戒措施的活动。

第四条 生态环境信用管理遵循客观公正、公开透明、动态更新、部门联动、奖惩并重的原则。

第五条 省生态环境厅负责制定全省统一的企业生态环境信用评价标准，指导全省企业生态环境信用评价及信用修复工作。

各市（含雄安新区，定州、辛集市）生态环境部门负责组织本辖区企业生态环境信用初次评价、动态评价等具体管理工作。

第二章 信用级别

第六条 本省重点排污单位应当全部纳入企业生态环境信用管理体系。

第七条 企业生态环境信用级别分为A类、B类、C类、D类、E类五个级别。

第八条 企业生态环境信用级别分值计算指标实行百分制。

（一）A类企业：分值85分及以上；

（二）B类企业：分值70-84分；

（三）C类企业：分值50分—69分；

（四）D类企业：分值30分—49分；

（五）E类企业：分值29分及以下。

第三章 初次评价标准及实施

第九条 生态环境部门对首次纳入生态环境信用管理体系的企业予以生态环境信用初次评价。根据现场检查情况、相关材料等，按照《河北省企业生态环境信用初次评价标准》赋予企业生态环境信用初始分值。

第十条　生态环境信用初次评价内容包括环境保护行政许可制度、污染物排放控制、大气污染物管控、水污染物管控、工业固体废物管控、土壤污染风险管控、环境监测管理、重污染天气应对、环境应急管理、环境敏感区保护、企业内部环境管理等。

第十一条　生态环境信用初始分值生成后，企业所在地生态环境部门应当于七个工作日内以书面方式告知企业。企业有异议的，自知道或应当知道之日起十个工作日内向所在地生态环境部门提出书面核查申请，并提供相关材料；生态环境部门应当及时核实。

第十二条　在规定期限内企业未提出异议或者经核实无误的，生态环境部门及时通过企业生态环境信用管理系统公开，并将有关信用信息推送至省信用信息共享平台，纳入全省信用管理体系。

第十三条　生态环境部门应当于本办法施行之日起，两个月内对现有重点排污单位生态环境信用级别进行调整。

生态环境部门应当于每年公布重点排污单位名录后，两个月内完成对新增重点排污单位的生态环境信用初次评价。

第四章　动态信用标准

第十四条　生态环境部门应当对已经完成生态环境信用初次评价的企业，实施生态环境信用动态管理，直至企业终止。

第十五条　企业生态环境信用动态评价标准包括分值计算指标和直接定级指标。

第十六条　分值计算指标按照《河北省企业生态环境信用动态评价标准》执行，由失信指标分值和激励指标分值两类组成。对企业违反生态环境法律法规的行为赋予相应失信分值，对企业主动采取污染物减排措施、开展清洁生产审核等环境友好行为赋予相应激励分值。

第十七条　企业有下列情形之一的，计零分，直接列为 E 类企业：

（一）因严重污染环境构成犯罪的；

（二）因以逃避监管方式排放污染物被行政拘留的；

（三）被生态环境部门报经有批准权的人民政府责令停业、关闭的；

（四）对中央、省生态环境保护督察交办的突出环境违法问题，逾期不整改或整改不到位的；

（五）发生重大或者特大突发环境事件的；

（六）拒不履行行政处罚决定或者拒不执行停止建设、限制生产、停止排污、停产整治等行政决定的；

（七）依照法律法规应列为生态环境信用严重失信主体的情形。

第五章　动态信用管理

第十八条　对企业生态环境信用动态管理以相应行政处罚决定、行政命令等法律文书和正式文件为依据。

第十九条　企业生态环境信用动态评价分值计算指标中的激励分值信息由企业自主提供。企业所在地生态环境部门在收到相关材料之日起七个工作日内予以核实，并录入企业生态环境信用管理系统。

企业生态环境信用动态评价分值计算指标中的失信分值信息、直接定级指标信息，由生态环境部门收集核实，并在相关信用信息产生的七个工作日内录入企业生态环境信用管理系统。

企业生态环境信用级别在企业生态环境信用管理系统内自动生成、动态更新。

第二十条　企业生态环境信用级别发生变动的，企业所在地生态环境部门应当于七个工作日内以书面方式告知企业。

第二十一条　企业对生态环境信用级别有异议的，自知道或应当知道之日起十个工作日内向所在地生态环境部门提出书面核查申请，并提供相关说明材料。

生态环境部门应当自收到申请之日起七个工作日内予以核实。原录入信息确实有误的，应当于两个工作日内更正。

第二十二条　在规定期限内企业未提出异议或者经核实无误的，生态环境部门及时通过企业生态环境信用管理系统公开；也可以同时以报纸、广播、电视、网络、公告栏等途径以及新闻发布会等形式向社会公布。

第二十三条　生态环境部门应当将 A 类、E 类企业信息，推送至省信用信息共享平台，纳入全省信用管理体系。

第二十四条　生态环境违法企业应当对生态环境失信行为及时整改；整改完成后，可以向生态环境部门提出信用修复申请，并提交相关材料。生态环境部门应当于七个工作日内进行核实，根据核实结果对企业信用级别进行调整。

第二十五条　直接定级为 E 类企业的，自完成生态环境失信行为整改之日起六个月内未出现新的生态环境违法行为的，上调一个级别；对存在本办法第十七条第（一）、（三）、（五）项情形之一的，一年内不得调整级别。

第六章　激励与惩戒

第二十六条　对 A 类企业符合相关条件的，省、市级生态环境管理部门采取纳入生态环境监督执法正面清单、生态环境监管正面清单等激励性措施。

第二十七条　对 C 类、D 类、E 类企业，生态环境部门可以采取加强日常监管、开展提示性约谈和警示性约谈、督促完善内部环境管理制度等管理措施。

第二十八条　对 C 类、D 类、E 类企业的惩戒措施按照有关法律法规执行。

第二十九条　违反本办法规定，滥用职权、徇私舞弊、玩忽职守的，依法依规追究相关责任人责任。

第七章　附　则

第三十条　生态环境部门应当在作出行政处罚后七个工作日内依法对行政处罚信息通过政府网站公开，并及时归集至各级信用信息共享平台和国家企业信用信息公示系统。

第三十一条　法律、行政法规或者党中央、国务院政策文件另有规定的，从其规定。

第三十二条　本办法自发布之日起施行，《河北省企业生态环境信用管理办法（试行）》（冀环规范〔2019〕4 号）同时废止。

河北省企业生态环境信用动态评价标准（节选）

评价指标		评分依据	分值
激励指标	4 环境污染责任保险	自主投保环境污染责任保险。	+3 分

河北省人民政府办公厅关于印发河北省强化危险废物监管和利用处置能力改革行动方案的通知

冀政办字〔2021〕83号

（2021年7月2日）

各市（含定州、辛集市）人民政府，雄安新区管委会，省政府各部门：

《河北省强化危险废物监管和利用处置能力改革行动方案》已经省政府同意，现印发给你们，请认真组织实施。

河北省人民政府办公厅

2021年7月2日

附：

河北省强化危险废物监管和利用处置能力改革行动方案

（九）落实企业主体责任。危险废物产生、收集、贮存、运输、利用、处置企业（以下统称危险废物相关企业）的主要负责人（法定代表人、实际控制人）是危险废物污染环境防治和安全生产第一责任人，建立企业主体责任承诺制，压实企业污染环境防治和安全生产主体责任，严格落实危险废物污染环境防治和安全生产法律法规制度，依法依规投保环境污染责任保险。（省生态环境厅、省公安厅、省交通运输厅、省应急管理厅、河北银保监局等按职责分工负责）

企业要按照国家有关规定建立危险废物管理台账，及时通过省固体废物信息平台申报危险废物相关资料，依法公开危险废物污染环境防治信息。利用、处置危险废物的单位，要依法向公众开放设施、场所，提高公众环境保护意识和参与程度。（省生态环境厅负责）

无锡市宜兴生态环境局
关于做好 2021 年环境污染责任保险工作的通知

（2021 年 4 月 2 日）

结合今年我市环境安全形势和专项整治工作要求，此次将重点排污单位、国家和省环保督查企业、化工企业、全市年产固体废物 5 吨以上单位等列为 2021 年度环境污染责任保险重点参保单位（具体名单附后），请各镇（园区、街道）按照"应保尽保"原则，依法依规监管、有力有效服务、扎实稳妥推进列入名单的企业投保环境污染责任保险，督促企业配合环境风险评估专业机构对企业开展环境风险勘查、隐患排查和风险评估服务工作，并严格把好环境污染责任保险保费补贴申领审核关。各镇（园区、街道）的环境污染责任保险工作开展情况将作为年度绩效考核指标之一。

附件：宜兴市 2021 年度环境污染责任保险企业参保名单

附件：

宜兴市 2021 年度环境污染责任保险企业参保名单

序号	企业名称	备注	新（续）保
1	江苏多诚纺织品有限公司	重点排污单位	续保
13	无锡市大禾电子材料有限公司	其他	续保
15	江苏宇星工贸有限公司	化工"一企一策"/重点排污单位/中央环保督察	续保
17	国泰新科工业科技（宜兴）有限公司	化工"一企一策"	续保
31	无锡意中达纺织有限公司	产废 5 吨以上/重点排污单位/处罚名单/中央环保督察	续保
32	江苏文灿压铸有限公司	产废 5 吨以上/重点排污单位/处罚名单	续保
33	江苏爱娇实业股份有限公司	产废 5 吨以上/重点排污单位	续保
40	宜兴市兴宁化工科技有限公司	产废 5 吨以上/化工"一企一策"/重点排污单位/中央环保督察	续保

序号	企业名称	备注	新（续）保
41	宜兴市创新精细化工有限公司	产废5吨以上/化工"一企一策"/重点排污单位/处罚名单	续保
42	江苏雷蒙新材料有限公司	产废5吨以上/化工"一企一策"/重点排污单位	续保
45	江苏德美科化工有限公司	产废5吨以上/化工"一企一策"	续保
50	江苏昊通汽车销售有限公司	产废5吨以上	续保
58	圣欧（无锡）纺织品有限公司	重点排污单位/处罚名单	新保
60	宜兴市爱娇色织有限公司	重点排污单位	新保
67	灵谷化工有限公司	化工"一企一策"/重点排污单位	新保
69	宜兴市丰科生物科技有限公司	化工"一企一策"/处罚名单	新保
74	无锡开成无纺科技有限公司	处罚名单	新保
91	红牛维他命饮料（江苏）有限公司	产废5吨以上/重点排污单位	新保
94	宜兴慕森智能家居有限公司	产废5吨以上/中央环保督察	新保
95	宜兴市恒信汽车销售服务有限公司	产废5吨以上/处罚名单	新保
97	宜兴市公共交通有限公司汽修厂	产废5吨以上	新保
128	江苏中耐催化剂再生技术有限公司	重点排污单位/处罚名单/中央环保督察	续保
130	宜兴新威利成稀土有限公司	其他/处罚名单	续保
131	江苏汉光甜味剂有限公司	其他	续保
134	宜兴汉光高新石化有限公司	化工"一企一策"	续保
135	宜兴市佳汇建陶有限公司	产废5吨以上/重点排污单位/处罚名单	续保
136	江苏东泰电源有限公司	产废5吨以上/重点排污单位	续保
144	宜兴慕艺诚茶具有限公司	处罚名单	新保
174	丰烨医药（无锡）有限公司	其他	续保
175	宜兴市星宇药业有限公司	产废5吨以上/重点排污单位	续保
176	虎皇新材料科技集团有限公司	产废5吨以上/化工"一企一策"	续保
177	江苏华王化工有限公司	其他	续保
178	宜兴市福盛化工有限公司	化工"一企一策"/处罚名单	续保
191	远东电缆有限公司	产废5吨以上/重点排污单位	续保
192	新远东电缆有限公司	产废5吨以上/处罚名单	续保
194	宜兴市兴华树脂有限公司	化工"一企一策"/重点排污单位	新保
196	无锡市翔宇化工有限公司	化工"一企一策"/处罚名单	新保
221	碧馨环保科技集团有限公司	处罚名单	新保
226	无锡市苏邦橱柜制造有限公司	产废5吨以上/重点排污单位	新保
227	江苏金运通化工有限公司	产废5吨以上/化工"一企一策"	新保
230	宜兴市凌霞固废处置有限公司	重点排污单位/处罚名单	续保
235	无锡市宾王化工厂（普通合伙）	化工"一企一策"	续保
237	加宏科技（无锡）股份有限公司	产废5吨以上/重点排污单位	续保
242	江苏三木化工股份有限公司	产废5吨以上/化工"一企一策"/重点排污单位/处罚名单	续保

序号	企业名称	备注	新（续）保
243	江苏永昇复合材料有限公司	产废5吨以上/化工"一企一策"/处罚名单	续保
261	无锡市曼优丽新型复合材料有限公司	产废5吨以上/中央环保督察	新保
262	安腾工艺品（江苏）有限公司	产废5吨以上/处罚名单	新保
270	宜兴市宝光纺织科技有限公司	其他	续保
273	宜兴市东方绝缘材料研究院有限公司	化工"一企一策"/重点排污单位/中央环保督察	续保
274	宜兴市顺安达塑业科技有限公司	化工"一企一策"/重点排污单位	续保
279	江苏润禾纺织实业有限公司	产废5吨以上/重点排污单位	续保
282	无锡市银杏塑业科技有限公司	产废5吨以上/化工"一企一策"/重点排污单位/中央环保督察	续保
283	宜兴市宜州化学制品有限公司	产废5吨以上/化工"一企一策"	续保
284	宜兴佳成印染有限公司	重点排污单位/处罚名单	新保
288	江苏鹏鹭电源有限公司	产废5吨以上/重点排污单位	新保
289	江苏杰夏环保科技有限公司	重点排污单位/处罚名单	续保
290	宜兴市金墅水泥有限公司	重点排污单位	续保
291	江苏科创石化有限公司	化工"一企一策"/重点排污单位	续保
295	无锡市天能电源有限公司	产废5吨以上/重点排污单位	续保
298	江苏双普化工科技有限公司	产废5吨以上/化工"一企一策"/重点排污单位/处罚名单	续保
299	江苏宏盛化学有限公司	产废5吨以上/化工"一企一策"/重点排污单位	续保
304	江苏卡欧化工股份有限公司	产废5吨以上/化工"一企一策"	续保
307	江苏立霸实业股份有限公司	重点排污单位/中央环保督察	新保
308	江苏新街南方水泥有限公司	重点排污单位	新保
309	宜兴华润热电有限公司	中央环保督察	新保
310	宜兴市迅达树脂有限公司	化工"一企一策"/重点排污单位	新保
317	宜兴市恒鑫热镀锌有限公司	处罚名单	新保
321	光大环保能源（宜兴）有限公司	产废5吨以上/重点排污单位	新保
323	宜兴市祥业化工有限公司	产废5吨以上/化工"一企一策"/重点排污单位	新保
336	宜兴市鼎力印染有限公司	重点排污单位/处罚名单	续保
337	无锡市荣盛涂料有限公司	重点排污单位	续保
340	江苏添竹化工科技有限公司	产废5吨以上/化工"一企一策"/重点排污单位	续保
349	无锡三友新材料科技有限公司	其他	续保
350	宜兴市普利泰电子材料有限公司	化工"一企一策"	续保
351	江苏巨珩新材料科技有限公司	产废5吨以上/化工"一企一策"	续保
359	江苏森蔚智能家居有限公司	处罚名单	新保

序号	企业名称	备注	新（续）保
367	宜兴市舜昌亚麻纺织有限公司	重点排污单位/中央环保督察	续保
368	宜兴市伟业印染有限公司	重点排污单位/处罚名单/中央环保督察	续保
371	宜兴市新伟隆印染有限公司	产废5吨以上/重点排污单位/中央环保督察	续保
377	宜兴市聚金信科技有限公司	其他/处罚名单	续保
382	宜兴金美莱纺织印染有限公司	产废5吨以上/重点排污单位/处罚名单	续保
383	江苏华亚化纤有限公司	产废5吨以上/重点排污单位	续保
384	江苏昌吉利新能源科技有限公司	产废5吨以上/化工"一企一策"	续保
386	宜兴市锦润织造有限公司	重点排污单位/处罚名单	新保
391	江苏杰成生物工程有限公司	中央环保督察	新保
392	宜兴市前成生物有限公司	化工"一企一策"/重点排污单位/处罚名单	新保
396	无锡市海凌石化有限公司	化工"一企一策"/处罚名单	新保
411	宜兴市海陆物资有限公司	处罚名单	新保
413	无锡华燕新电源有限公司	产废5吨以上/重点排污单位/处罚名单	新保
414	江苏禾业制带有限公司	产废5吨以上/重点排污单位	新保
415	宜兴市聚金信化工有限公司	产废5吨以上/化工"一企一策"	新保
416	江苏共昌轧辊股份有限公司	产废5吨以上	新保
419	宜兴市高新电源有限公司	产废5吨以上/重点排污单位	续保
422	江苏聚丰稀土合金有限公司	其他/处罚名单	续保
423	潞安宏泰新型铜材科技宜兴有限公司	其他	续保
428	宜兴法阿姆工业电池有限公司	产废5吨以上/重点排污单位	续保
429	江苏高科石化股份有限公司	产废5吨以上/化工"一企一策"/重点排污单位	续保
431	宜兴市铁流铸造材料有限公司	重点排污单位/处罚名单	新保
436	宜兴市藕池富马酸有限公司	化工"一企一策"/重点排污单位	新保
437	江苏金兴环保科技有限公司	化工"一企一策"/处罚名单	新保
452	江苏福瑞森塑木科技股份有限公司	处罚名单	新保
459	宜兴市中宇药化技术有限公司	产废5吨以上/化工"一企一策"/中央环保督察	新保
470	宜兴市中医医院	重点排污单位	新保
472	宜兴市立谱蓄电池有限公司	产废5吨以上/重点排污单位	续保
474	无锡市精密钢管有限公司	其他	续保
477	江苏中信国安新材料有限公司	产废5吨以上/化工"一企一策"/重点排污单位	续保

衢州市应急管理局关于 2020 年度安全生产和环境污染综合责任保险补贴兑现工作的通知

（2021 年 3 月 4 日）

市级相关部门、人保财险衢州市分公司、相关企业：

根据《关于印发衢州市安全生产和环境污染综合责任保险补贴专项资金考核办法的通知》（衢应急〔2020〕83 号）、《关于印发〈调整优化推进创新驱动加快经济高质量发展若干政策操作细则〉的通知》（衢经信转升〔2020〕113 号）等的规定，我局启动 2020 年度安全生产和环境污染综合责任保险（简称安环险）补贴的兑现工作，现将相关事项通知如下：

一、受理范围

截至发文之日，市本级范围内投保安环险期满一个年度保险期且未兑现的企业，以及承保的保险公司。

二、申办程序

（一）由人保财险衢州市分公司负责对保险公司和投保企业保费金额补贴形成汇总材料，报送市应急管理局，并在衢州市政策信息服务平台上填报、上传申请表以及规定的考核项证明资料等扫描件。投保企业仅需配合保险公司做好申报工作，无须提供申报资料。

（二）市应急管理局、市生态环境局按照各自职能进行政策性审核；市应急管理局负责牵头组织召开部门联审。

三、其他事项

市生态环境局及时向市应急管理局提交对符合补贴条件企业的相关考核证明资料（加盖单位公章）。

吉林省生态环境污染强制责任保险
统保项目中标公告

(中国政府采购网 2020 年 12 月 31 日发布，招标文件编号：ZJ2020-1208-FW010)

四、主要标的信息

序号	供应商名称	服务名称	服务范围	服务要求	服务时间	服务标准
1	中国大地财产保险股份有限公司	吉林省生态环境污染强制责任保险统保项目	为吉林省生态环境污染强制责任保险统保项目提供保险服务	提供优质服务	三年	提供优质服务

序号	供应商名称	服务名称	服务范围	服务要求	服务时间	服务标准
2	中国太平洋财产保险股份有限公司	吉林省生态环境污染强制责任保险统保项目	为吉林省生态环境污染强制责任保险统保项目提供保险服务	提供优质服务	三年	提供优质服务

序号	供应商名称	服务名称	服务范围	服务要求	服务时间	服务标准
3	中国平安财产保险股份有限公司	吉林省生态环境污染强制责任保险统保项目	为吉林省生态环境污染强制责任保险统保项目提供保险服务	提供优质服务	三年	提供优质服务

序号	供应商名称	服务名称	服务范围	服务要求	服务时间	服务标准
4	中国人民财产保险股份有限公司	吉林省生态环境污染强制责任保险统保项目	为吉林省生态环境污染强制责任保险统保项目提供保险服务	提供优质服务	三年	提供优质服务

序号	供应商名称	服务名称	服务范围	服务要求	服务时间	服务标准
5	中国人寿财产保险股份有限公司	吉林省生态环境污染强制责任保险统保项目	为吉林省生态环境污染强制责任保险统保项目提供保险服务	提供优质服务	三年	提供优质服务

八、其他补充事宜

......

中国大地财产保险股份有限公司为本项目的首席承保人，承保比例为 35%；

中国太平洋财产保险股份有限公司为本项目的第一共保人，承保比例为 25%；

中国平安财产保险股份有限公司为本项目的第二共保人，承保比例为 20%；

中国人民财产保险股份有限公司为本项目的第三共保人，承保比例为 15%；

中国人寿财产保险股份有限公司为本项目的第四共保人，承保比例为 5%；

服务周期：自签订合同之日起三年。

广州市生态环境局南沙区分局关于进一步推进环境污染强制责任保险试点工作的通知

（2020 年 8 月 18 日）

各相关企业：

根据原环境保护部、原中国保险监督管理委员会《关于开展环境污染强制责任保险试点工作的指导意见》（环发〔2013〕10 号），以及广东省环境保护厅、广东省保监局《关于开展环境污染责任保险试点工作的指导意见的通知》（粤环〔2012〕47 号）和《关于开展环境污染强制责任保险试点工作的指导意见的通知》（粤环〔2013〕46 号）要求，为贯彻广州市环保局《广州市环境保护局办公室转发关于贯彻落实国务院加快发展现代保险服务业若干意见实施方案的通知》（穗环办〔2015〕87 号）要求，现将相关事项通知如下：

一、环境污染责任保险试点企业范围包括：生产、储存、运输、使用危险化学品的企业；储存、运输、处理处置危险废物的企业；铅蓄电池和再生铅企业；涉重金属企业；钢铁、石油化工、电镀、印染、化学制浆造纸、污水处理厂等生产经营企业；被列为国家、省、市重点监控生产企业；曾发生一般（TV 级）及以上级别突发环境事件企业；其他高环境风险企业。

二、按照上级文件要求，我区继续在重点行业和纳入 2018 年信用评价工作范围内的企业推进环境污染责任保险试点工作（名单见附件）。

三、环境污染责任保险按年签订，请 2019 年已经购买环责险的上述企业完成该保险的续签工作，尚未办理环责险的企业请于 2020 年 8 月 31 日前联系对应保险公司办理。

四、已投保企业可优先办理环保行政许可及上市环保核查，优先获得环保资金补助，申请优惠贷款利率或保险费率。在广州市企业环保信用评价中，环责险得分项占比 5%。

五、对应当投保而未及时投保的企业，环保部门将在建设项目审批、排污许可证核发、危险废物管理、清洁生产审核、环保信用评价、上市环保核查等制度的把关上与是否投保紧密结合；暂停受理企业的环境保护专项资金、重金属污染防治专项资金等相关专项资金的申请；将该企业未按规定投保的信息及时提供给银行业金融机构，为其客户评级、信贷准入退出和管理提供重要依据。

请各企业重视环境污染责任保险，在完成投保工作 10 天内，将保单、合同等资料送至我局环保监察大队备案（可快递至广州市南沙区黄阁镇麒麟新城黄梅路408 号南沙区环保水务局环保监察大队，另需把扫描件发送至 1148987369@qq.com。

特此通知。

附件：南沙区重点企业名单及环境信用评价企业名单

附件：

南沙区重点企业名单及环境信用评价企业名单

序号	行业类型	责任单位	企业名称
1	表面处理行业	大队	广州威羊汽车零部件有限公司
10		大队	钢光（番禺）喇叭制品有限公司
11		大队	番禺精美五金塑料制品有限公司
14		东涌所	广州市宝和天日用品有限公司
21		榄核组	丰亿（广州）电子有限公司
22		榄核组	广州市番禺区榄核八沙元艺电镀有限公司
26		大岗所	广州赋力实业有限公司
1	印染行业	大队	广州番禺盈峰泰纺织有限公司
14		东涌所	广州市番禺奥斯卡印染有限公司
15		榄核组	广州市顺河纺织有限公司
18		大岗所	广州市番禺利华纺织实业有限公司
1	化工行业	大队	沙伯基础创新塑料（中国）有限公司
22		大队	上海新高姿化妆品有限公司广州分公司
28		大队	久泰能源（广州）有限公司
43		东涌所	广州市德林制胶有限公司
44		榄核组	广州斯达利电子原料有限公司
45		大岗所	广州市长安粘胶制造有限公司
1	皮革行业	大队	番禺祥发制革有限公司
2		大队	广州市兆其皮革有限公司

序号	行业类型	责任单位	企业名称
1	钢铁行业	大队	广州 JFE 钢板有限公司
2		大队	广州市番禺裕丰钢铁有限公司
1	污水处理厂	大队	广州市番禺污水治理有限公司（东涌污水处理厂）
7		大岗所	广州市番禺污水治理有限公司（大岗污水处理厂）
8		榄核组	广州市番禺污水治理有限公司（榄核污水处理厂）
1	2018年省级环境信用评价企业	大队	广州中科成污水净化有限公司
12		大岗所	广州市番禺污水治理有限公司（大岗污水处理厂）
13		东涌所	广州市番禺东涌工业污水处理有限公司
14		榄核组	广州威万事家居股份有限公司
1	2018年市级环境信用评价企业	大队	番禺精美五金塑料制品有限公司
24		大队	巴斯夫聚氨酯（中国）有限公司
25		大岗所	广东芬尼克兹节能设备有限公司
27		东涌所	万利佳（广州）首饰有限公司
36		榄核组	广州市杰泰五金有限公司
41		榄核组	广州市强杰五金塑料有限公司
42		榄核组	广州市番禺污水治理有限公司（榄核净水厂）

山西1609家高风险企业环责险试点：
用市场化手段把企业环境风险降下来

(2020年8月23日，来源为《中国环境报》、山西省生态环境厅)

"用市场化的手段把企业的环境风险降下来，促进企业绿色转型，这是我们推行环责险的最终目标"。山西省生态环境厅法规处相关负责人对记者说。2020年6月，山西省生态环境厅印发了《山西省生态环境厅关于环境污染强制责任保险试点有关工作的通知》（晋环法规〔2020〕41号），这标志着山西省环境污染强制责任保险试点工作正式启动。

山西省根据行业类型特点，列出了8类高风险行业，甄别出1609家高风险企业进行环责险试点。自2007年以来，环境污染强制责任保险（以下简称环责险）试点工作在曲折中前进。随着《生态文明体制改革总体方案》颁布和新修订的《固体废物污染环境防治法》的实施，经过10余年的探索，山西走出了独特的环责险之路。

甄选14家绩优公司，在全省竞争承保

实行统一费率标准，设立3个累计责任限额投保档次

2018年，山西省生态环境厅出台了《关于推进环境污染强制责任保险试点工作的指导意见》，旨在通过试点区域重点行业和企业环责险的先行先试，到2020年在全省范围内全面推开环境污染强制责任保险，形成规范稳健的环境污染强制责任保险市场，初步建立起山西省环境高风险领域环境环责险制度。

公开、良性的市场竞争是推行环责险的重要前提。承保主体的资质，决定了未来环责险推行的质量。为了实现公开竞争、择优选用，山西省生态环境厅从25家具有承保资质的保险公司中甄选出14家绩优公司，在全省竞争承保。据悉，山西省此次对承保主体的招标是由生态环境部门直接进行，没有中间额外费用，提

高了保险公司的积极性，也提供了公开有序的市场环境。

为了推行环责险，山西省开始从规范市场秩序上寻找出路。为了扩展服务范围，山西省把环责险的赔偿范围从环境事故扩大到了企业造成的环境污染和生态破坏；为了提升服务品质，山西省制定标准，要求保险公司抽出保费的34%对企业进行定期体检，排查风险隐患。

如果费率标准不一样，就会出现竞相降价、忽视服务的恶性循环。为了避免这个问题，山西省环责险实行全省统一费率标准，设立3个累计责任限额投保档次，分别对应山西省企业突发环境应急预案中的风险等级中一般、较大、重大三个风险等级，投保人根据突发环境应急预案中的风险等级选择对应的最低累计责任限额。

"现在费率统一了，承保主体为了获得更多客户，就需要在提供优质服务上下功夫。只有服务水平高的承保主体，才能在竞争中获得优势。这样良好的市场竞争机制，有利于进一步完善环责险制度，也有利于提升企业参保积极性。"山西省生态环境厅法规处相关负责人介绍。

这种市场化的风险解决机制具有很强的保障功能，一方面有利于分散企业的经营风险，促使其在发生环境污染事故后迅速恢复正常生产，减轻压力；另一方面通过污染者付费使污染者自己承担环境污染的后果，有利于减少环境治理成本和行政监控成本，从而减轻政府负担，促进职能转变。

对参保企业环保体检

每季度组织对企业环境风险隐患排查，降低环境风险

环责险制度推行至今已经多年，但其中一直存在阻力，其中利润高、成本低、理赔难、服务少是重要原因。以往的环责险，主要是针对环境污染事故后发生的第三方人身伤害或财产损害赔偿，适用范围小，保障空间窄，只收保费而无服务的环责险很难行稳致远。

绿色发展，转型升级是近年来山西经济发展的总体趋势，但不少企业在治理污染、降低环境风险上仍缺乏先进的技术支撑。在推行环责险制度的同时，山西省生态环境厅也在进一步了解投保企业的情况。据介绍，山西省一些企业缺乏环保相关的专业指导，对政策、标准、技术规范等方面了解较少，但又无法及时求助于专家。

如今企业的这些困难，在投保环责险之后都可以迎刃而解。山西省的企业投保环责险后，保险公司要按照《环境风险隐患排查指南》聘请第三方专业人员对投保企业每季度组织一次环境风险隐患排查，出具报告，提出整改建议。环责险搭建了专业人员同投保企业沟通的桥梁，专家的"把脉问诊"和答疑释惑可以有效降低环境风险。

"现在我们推行的环责险，着重强调对参保企业的环保体检，咬住参保企业降风险的目标，让保险公司从保费中抽出 34%，用于排查风险，防止环境事故发生；风险率降低后，保险公司也能减少理赔，增加收益；生态环境部门的管理压力和处置压力也会大大降低，这样形成一个三方共赢格局。"山西省生态环境厅法规处相关负责人说。

为了实现更高效的服务，山西省正在筹划建设环责险管理服务平台。在平台搭建过程中，承保主体发挥主要作用，生态环境部门加强引导，根据《环境风险隐患排查指南》搭建信息平台，记录对企业风险排查的数据信息，通过数据信息的汇总，更好地掌握企业、行业以及区域的环境风险点，实现大数据共享，整体把握 1 609 家企业的环境风险情况。

引导保险公司参与，制定多项标准

鼓励企业投保，投保企业将会获得 5 分的信用分数加成

推进环境高风险领域环境污染强制责任保险，完善市场运作机制的前提是制定统一合理的标准体系。为了避免环责险市场走入劣币驱逐良币的恶性循环，山西省生态环境厅同各承保主体进行了多次磋商，引导各保险公司参与，共同制定了多项标准。

面对市场机遇，山西省多家保险公司都积极尝试。在承保主体资质审核上，山西省选择了公开竞争、择优选用的方案。据悉，山西全省具有承保环责险资质的保险公司约有 25 家，山西省生态环境厅通过业务能力比对，从中选择了 14 家服务更为优质的保险公司，自由组合为 5 个承保主体，在全省参与承保。

如何服务,服务多少,山西省生态环境厅同 5 个承保主体签订了《山西省环境污染强制责任保险服务协议》,引导 5 个承保主体多次磋商、共同起草了《环境风险隐患排查指南》,把全省环责险的服务标准确定下来,让后期的工作有据可循。

服务有标准,考核有依据。为了解决个别保险公司存在的投保赔付率低、服务不到位等问题,山西省生态环境厅要求每个承保主体为每一家投保环责险的企业提供保险服务并进行自评,在保单终止后 10 个工作日内填写完毕,归入企业服务质量档案。

为了鼓励企业投保,山西省生态环境厅拟将投保纳入企业环境信用评价体系中,投保环责险的企业将会获得 5 分的信用分数加成,信用评级更高的企业将会获得更优惠的政策和社会声誉,从而实现良性发展。

为了防止呼声高、落实差的问题,山西省生态环境厅每年会对保险公司承保服务、理赔服务、环境风险防控服务及其他服务进行考核,对服务到位、质量高的承保主体在下一轮招标中优先选择;对考核不合格的承保主体,将终止其参与环境污染强制责任保险的服务。

为了不增加基层负担,山西省生态环境厅统筹实施招标、条款费率制定、规范服务标准等一系列工作,各市县生态环境部门主要发挥督促企业投保和监督保险公司服务的职能。

推行环责险是一项长期的系统工程,未来山西省将通过各地的启动会、多方面的宣贯把顶层设计落地;同时,推行环责险离不开对实践的反复考量,山西将逐步发现问题、总结经验,力争建立环境污染强制责任保险的"山西模式",做到全国一流。

山西省环境污染强制责任保险试点企业名录

（2020 年 6 月 28 日）

序号	地市	区县	企业名称
1	太原市	小店区	山西省煤炭中心医院
5	太原市	小店区	太原航空仪表有限公司
6	太原市	尖草坪区	太原市尖草坪区向阳金山电镀厂
7	太原市	迎泽区	太原润禾环卫工程设备有限公司
8	太原市	万柏林区	山西西山热电有限责任公司
9	太原市	阳曲县	山西隆辉煤气化有限公司
12	太原市	清徐县	山西美锦钢铁有限公司
22	太原市	清徐县	阳煤集团太原化工新材料有限公司
23	太原市	尖草坪区	山西西山煤电股份有限公司太原选煤厂
24	太原市	万柏林区	山西西山煤电股份有限公司西铭矿
29	太原市	尖草坪区	山西太钢不锈钢股份有限公司
31	太原市	不锈钢产业园区	山西太钢不锈钢钢管有限公司
32	太原市	综改区	太原市金聚猫建材有限公司
37	太原市	娄烦县	太原钢铁（集团）有限公司矿业分公司尖山铁矿
46	太原市	娄烦县	娄烦新开元矿业有限公司
47	太原市	古交市	古交市裕兴正洗煤有限公司
144	太原市	古交市	古交市宏祥洗煤厂
145	大同市	平城区	国电大同第二发电厂
146	大同市	平城区	国电电力有限责任公司
147	大同市	云冈区	山西绿福园农业开发有限责任公司
175	大同市	云冈区	漳泽电力有限公司
176	大同市	新荣区	大同煤矿天建钢铁有限公司
201	大同市	新荣区	山西煤炭运销集团黄土坡煤业有限责任公司
202	大同市	云州区	山西祥成实业有限责任公司
204	大同市	云州区	恒岳重工有限责任公司
205	大同市	经济技术开发区	国药集团威奇达药业有限公司
218	大同市	经济技术开发区	山西普德药业有限公司
219	大同市	阳高县	山纳合成橡胶有限责任公司
221	大同市	阳高县	大同市恒源化工有限公司
222	大同市	天镇县	天镇县嘉腾恒益矿业有限公司
224	大同市	天镇县	天镇县鑫鑫矿业有限责任公司
225	大同市	灵丘县	山西晋银矿业有限责任公司
228	大同市	灵丘县	灵丘县豪洋矿业有限公司
229	大同市	广灵县	广灵金隅水泥有限公司

序号	地市	区县	企业名称
230	大同市	广灵县	山西亿晨环保科技有限公司
231	大同市	左云县	大同煤矿集团马道头煤业有限责任公司
236	大同市	左云县	左云龙山活性炭有限责任公司
237	忻州市	忻府区	山西禹王煤炭气化有限公司
244	忻州市	定襄县	山西美锦钢铁有限公司定襄县史家岗铁矿
245	忻州市	定襄县	定襄县吉隆能源有限公司
246	忻州市	原平市	山西漳电同华发电有限公司
253	忻州市	原平市	大同煤矿集团同朔同盈煤业有限公司
254	忻州市	五台县	五台县城区洁源生活垃圾处理厂
257	忻州市	五台县	五台云海镁业有限公司
258	忻州市	代县	山西交通实业发展集团有限公司（原山西省代县林红伟石化有限公司）
268	忻州市	代县	代县久力新型球团厂
269	忻州市	繁峙县	繁峙县垃圾处理厂
277	忻州市	繁峙县	繁峙县金瑞缘矿业有限公司
278	忻州市	五寨县	五寨县污水处理厂
281	忻州市	五寨县	五寨县昌泰洗煤
282	忻州市	岢岚县	忻州鑫宇煤炭气化有限公司
290	忻州市	岢岚县	岢岚漪峰选煤有限公司
291	忻州市	神池县	神池县污水处理厂
294	忻州市	神池县	宁武华润发展有限公司
295	忻州市	宁武县	宁武县凤凰镇生活垃圾填埋场
310	忻州市	宁武县	山西宁武榆树坡煤业有限公司
311	忻州市	静乐县	山西大远煤业有限公司
329	忻州市	静乐县	静乐县垃圾卫生填埋厂
330	忻州市	河曲县	山西鲁能河曲发电有限公司
340	忻州市	河曲县	山西忻州神达台基麻地沟煤业有限公司
341	忻州市	偏关县	偏关县大乘电冶有限责任公司
346	忻州市	偏关县	偏关县垃圾填埋场
347	忻州市	保德县	中国神华能源股份有限公司保德煤矿
356	忻州市	保德县	忻州神达望田煤业有限公司
357	朔州市	平鲁区	山西朔州平鲁区森泰煤业有限公司
381	朔州市	平鲁区	平鲁区垃圾处理厂
382	朔州市	怀仁市	山西怀仁南窑晋通砂石煤业有限公司
383	朔州市	怀仁市	山西怀仁峙峰山煤业有限责任公司
384	朔州市	怀仁市	山西怀仁峙峰山吴家窑煤业有限公司
385	朔州市	怀仁市	大同煤矿集团朔州朔煤小峪煤矿
386	朔州市	朔城区	朔州天成电冶有限公司
393	朔州市	朔城区	山西弘运环保有限公司

序号	地市	区县	企业名称
394	朔州市	应县	应县东进陶瓷有限公司
418	朔州市	应县	山西晋北环境科技有限公司
419	朔州市	右玉县	大同煤矿集团铁峰煤业有限公司南阳坡煤矿
425	朔州市	右玉县	山西右玉教场坪煤业有限公司
426	朔州市	山阴县	中煤集团山西华昱能源有限公司
434	朔州市	山阴县	山西朔州山阴兰花口前煤业有限公司
435	朔州市	平鲁区	中电神头发电有限责任公司
437	朔州市	平鲁区	山西永皓煤矸石发电有限责任公司
438	朔州市	山阴县	山西昱光发电有限责任公司
442	朔州市	山阴县	山西梨花春酿酒集团有限公司
443	朔州市	应县	山西雅士利乳业有限公司
449	朔州市	应县	右玉县安德益源生物科技有限公司
450	朔州市	右玉县	右玉县宏士达垃圾处理有限责任公司
453	朔州市	右玉县	大同同星抗生素有限责任公司生物分公司
454	朔州市	怀仁市	怀仁县垃圾处理厂
457	朔州市	怀仁市	山西漳电国电王坪发电有限公司
458	朔州市	经济开发区	华电国际电力股份有限公司朔州热电分公司
459	朔州市	经济开发区	朔州市荣丰化工有限公司
460	阳泉市	平定县	山西平定古州东升阳胜煤业有限公司
527	阳泉市	平定县	平定县鸿振锌业有限公司
528	阳泉市	盂县	中信焦化有限公司
548	阳泉市	盂县	盂县石店煤业有限公司
549	阳泉市	郊区	山西天佑成煤炭洗选有限公司
566	阳泉市	郊区	阳泉市燕龛煤炭有限责任公司
567	阳泉市	城区	阳泉市南庄煤炭集团有限责任公司
569	阳泉市	城区	山西北方晋东化工有限公司
570	阳泉市	矿区	阳泉煤业（集团）股份有限公司一矿
576	阳泉市	矿区	阳泉六通丝网制造有限公司
577	阳泉市	经济技术开发区	山西兆丰铝业有限责任公司氧化铝分公司
578	吕梁市	方山县	霍州煤电集团吕梁山煤电有限公司（电厂）
584	吕梁市	方山县	山西方山金晖瑞隆煤业有限公司
585	吕梁市	兴县	山西中铝华润有限公司
626	吕梁市	兴县	兴县鑫兴煤业有限公司
627	吕梁市	文水县	山西金源科技有限公司
628	吕梁市	文水县	山西金桃园能源有限公司
629	吕梁市	岚县	岚县田野铁矿采矿场有限公司
632	吕梁市	岚县	山西岚县昌恒煤焦有限公司
633	吕梁市	中阳县	山西中阳钢铁有限公司

序号	地市	区县	企业名称
639	吕梁市	中阳县	山西离柳焦煤集团有限公司宏岩煤矿
640	吕梁市	交口县	交口县旺庄生铁有限责任公司
644	吕梁市	交口县	交口富瑞德镁业有限责任公司
645	吕梁市	临县	山西临县华润联盛黄家沟煤业有限公司
672	吕梁市	临县	山西临县国新燃气有限公司
673	吕梁市	柳林县	山西汾西矿业（集团）有限责任公司贺西煤矿
678	吕梁市	柳林县	柳林县森泽煤铝有限责任公司
679	吕梁市	孝义市	山西金岩和嘉能源有限公司焦化厂
691	吕梁市	孝义市	山西汾西矿业集团化工有限公司
692	吕梁市	汾阳市	汾阳市鹏城洗煤有限公司
737	吕梁市	汾阳市	汾阳市祥德隆再生资源利用有限责任公司
738	吕梁市	离石区	山西吕梁离石西山亚辰煤业有限公司
786	吕梁市	离石区	鑫苻宝废矿物油、电池、油桶收集运输项目
787	吕梁市	交城县	山西晋阳煤焦（集团）有限公司
793	吕梁市	交城县	山西瑞赛科环保科技有限公司
794	晋中市	榆次区	山西煤炭运销集团榆次巍山煤业有限公司
813	晋中市	榆次区	山西金恒化工集团股份有限公司
814	晋中市	山西示范区晋中开发区	山西太钢万邦炉料有限公司
815	晋中市	榆次区	榆次天龙洗煤有限责任公司
818	晋中市	榆次区	晋中市常青胶黏剂有限公司
819	晋中市	山西示范区晋中开发区	山西三维化工有限公司晋中分公司（原山西三维集团股份有限公司修文胶黏剂分公司）
820	晋中市	榆次区	山西斯普瑞机械制造股份有限公司
825	晋中市	榆次区	晋中开发区光明机械厂
826	晋中市	山西示范区晋中开发区	山西振东安特生物制药有限公司
827	晋中市	太谷县	山西新和太明化工有限公司
832	晋中市	太谷县	山西阳光美辰环保科技有限公司
833	晋中市	祁县	祁县日兴电器有限公司
834	晋中市	平遥县	兴盛煤化有限公司木家庄煤矿
857	晋中市	平遥县	山西耀光煤电有限责任公司
858	晋中市	介休市	山西金昌煤炭气化有限公司
886	晋中市	介休市	山西焦煤集团介休正益煤业有限公司
887	晋中市	灵石县	灵石县中煤九鑫焦化有限公司
923	晋中市	灵石县	山西灵石银源华强煤业有限公司
924	晋中市	寿阳县	阳煤集团新元煤炭有限公司
973	晋中市	寿阳县	寿阳县华安废旧物资回收有限公司
974	晋中市	昔阳县	中煤昔阳能源有限责任公司黄岩汇煤矿
1013	晋中市	昔阳县	昔阳县源厚氧化锌厂
1014	晋中市	和顺县	阳煤集团和顺化工有限公司

序号	地市	区县	企业名称
1039	晋中市	和顺县	和顺县人民医院
1040	晋中市	左权县	山西煤炭进出口集团左权宏远煤业有限公司
1045	晋中市	左权县	左权县华联冶金矿山有限责任公司
1046	晋中市	榆社县	榆社县云鑫制气有限责任公司
1051	晋中市	榆社县	榆社县人民医院
1052	长治市	潞州区	山西淮海工业集团有限公司
1065	长治市	潞州区	长治市嘉鸿科贸有限公司
1066	长治市	上党区	长治联盛太义掌煤业有限公司
1109	长治市	上党区	山西嘉洁再生资源利用有限公司
1110	长治市	长子县	中石油长治煤层气开发分公司
1120	长治市	长子县	潞安集团李村煤矿
1121	长治市	屯留区	山西尔安焦化集团有限责任公司
1128	长治市	屯留区	山西航天清华装备有限公司（屯留二厂）
1129	长治市	襄垣县	山西襄矿石板沟煤业有限公司
1159	长治市	襄垣县	山西瑞恒化工有限公司
1160	长治市	潞城区	山西潞安焦化有限责任公司（一分厂）
1193	长治市	潞城市	潞城市天元再生资源有限公司
1194	长治市	沁源县	沁源县鑫益煤业有限公司
1225	长治市	沁源县	山西康伟集团鸿泰洗煤厂
1226	长治市	武乡县	山西三元福达煤业有限公司
1232	长治市	武乡县	武乡兴源钙业有限公司
1233	长治市	黎城县	黎城县长福煤气焦化有限公司
1236	长治市	黎城县	山西黎城粉末冶金有限责任公司
1237	长治市	壶关县	壶关县常浩炼铁有限公司
1241	长治市	壶关县	山西常平集团实业有限公司
1242	长治市	沁县	山西襄矿集团沁县华安焦化有限公司
1243	晋城市	城区北石店	晋城市兴盛宝业工贸有限公司
1248	晋城市	城区西街办事处	山西康立生药业有限公司
1249	晋城市	城区北石店	晋城市健牛工贸有限公司
1250	晋城市	城区西上庄	晋城市恒光热力（集团）有限公司
1251	晋城市	城区钟家庄	晋城市正源水务发展有限公司
1252	晋城市	城区北石店	晋城无烟煤矿业集团有限责任公司物业分公司
1253	晋城市	开发区	山西皇城相府中道能源有限公司
1258	晋城市	开发区	晋城富泰华精密电子有限公司
1259	晋城市	泽州县	山西中煤华晋晋城热电有限责任公司
1298	晋城市	泽州县	晋城市华洁医疗废物处置有限公司
1299	晋城市	高平市	山西兰花药业股份有限公司
1331	晋城市	高平市	山西煤炭运销集团店上煤业有限公司

序号	地市	区县	企业名称
1332	晋城市	阳城县	山西金象煤化工有限责任公司
1359	晋城市	阳城县	山西煤炭运销集团阳城西河煤业有限公司
1360	晋城市	沁水县	山西明源集团沁泽焦化有限公司
1410	晋城市	沁水县	沁水县升华工贸福利有限公司
1411	晋城市	陵川县	晋城市鸿生化工有限公司
1423	晋城市	陵川县	陵川鑫源冶炼有限责任公司
1424	临汾市	汾西县	汾西县海利选矿厂
1497	临汾市	翼城县	翼城县志鹏工贸有限公司
1498	临汾市	翼城县	山西晋源实业有限公司
1499	运城市	万荣县	山西万生胶业有限公司
1502	运城市	万荣县	山西华康药业有限公司
1503	运城市	闻喜县	山西建龙实业有限公司
1509	运城市	闻喜县	山西银光征帆镁业有限责任公司
1510	运城市	夏县	运城市安康医疗废物处置厂
1511	运城市	夏县	夏县运力化工有限公司
1512	运城市	新绛县	山西高义钢铁有限公司
1525	运城市	新绛县	新绛县中信伟业化工有限公司
1526	运城市	垣曲	闻喜县中鑫矿业有限公司垣曲时沟选矿厂（马蹄沟尾矿库）
1535	运城市	垣曲	山西中条山集团篦子沟矿业有限公司
1536	运城市	稷山县	山西东方资源发展有限公司
1540	运城市	稷山县	阳煤丰喜泉稷能源有限公司
1541	运城市	风陵渡开发区	山西大唐国际运城发电有限责任公司
1545	运城市	风陵渡开发区	海泰电子材料有限公司
1546	运城市	平陆县	阳煤丰喜肥业（集团）有限责任公司平陆分公司
1547	运城市	平陆县	山西复晟铝业有限公司
1548	运城市	临猗县	阳煤丰喜肥业（集团）有限责任公司临猗分公司
1554	运城市	临猗县	山西澳迹药业有限公司
1555	运城市	芮城县	运城市锦汇化工有限公司
1575	运城市	芮城县	芮城绿曼生物药业有限公司
1576	运城市	绛县开发区	益沣源肥业有限公司
1577	运城市	绛县开发区	志信化工有限公司
1578	运城市	绛县	山西绛县明迈特有限公司
1583	运城市	绛县	山西卓源科技开发有限公司
1584	运城市	河津市	山西曙光船窝煤业有限公司
1604	运城市	河津市	山西鑫海翔新材料有限公司
1605	运城市	盐湖区	运城市盐湖区成业化工有限公司
1609	运城市	盐湖区	中磁科技股份有限公司

湖州市生态环境局关于公布湖州市
2020 年环境污染责任保险投保企业名单的通知

（2020 年 5 月 26 日）

　　根据《湖州市人民政府关于环境污染责任保险工作的实施意见》（湖政发〔2017〕54 号）和《湖州市人民政府办公室关于印发湖州市国家绿色金融改革创新试验区建设 2020 年推进计划的通知》（湖政办发明电〔2020〕6 号），为进一步推动我市环境污染责任险增量扩面，经研究，决定在原保险范围的基础上，将《湖州市 2020 年重点排污单位名录》（湖环函〔2020〕7 号）中的水环境、土壤环境重点监管工业企业列入投保范围。现将我市 2020 年企业环境污染责任保险投保企业名单进行公布（详见附件）。

　　附件：湖州市 2020 年环境污染责任保险投保企业名单

附件：

湖州市 2020 年环境污染责任保险投保企业名单

序号	区县名称	企业名称	行业类别
1	吴兴区	浙江台洋纺织科技有限公司	1713|棉印染精加工
6	吴兴区	湖州珍贝羊绒制品有限公司	1721|毛条和毛纱线加工
7	吴兴区	浙江喜盈盈纺织股份有限公司	1722|毛织造加工
8	吴兴区	浙江中新毛纺织有限公司	1723|毛染整精加工
9	吴兴区	浙江大港印染有限公司	1752|化纤织物染整精加工
12	吴兴区	浙江创赢新材料有限公司	2641|涂料制造
13	吴兴区	湖州乐通新材料科技有限公司	2642|油墨及类似产品制造
15	吴兴区	浙江久立特材科技股份有限公司	3130|钢压延加工
16	吴兴区	浙江鼎鑫金属制品有限公司	3340|金属丝绳及其制品制造
17	吴兴区	浙江米皇新材股份有限公司	3351|建筑、家具用金属配件制造
18	吴兴区	浙江鸿昌铝业有限公司	3360|金属表面处理及热处理加工

序号	区县名称	企业名称	行业类别
22	吴兴区	湖州华特不锈钢管制造有限公司	3499|其他未列明通用设备制造业
23	吴兴区	浙江东尼电子股份有限公司	3563|电子元器件与机电组件设备制造
27	吴兴区	湖州富联蓄电池回收有限公司	7724|危险废物治理
28	南浔区	浙江佳丰纺织印染有限公司	1711|棉纺纱加工
31	南浔区	浙江彩蝶实业股份有限公司	1712|棉织造加工
32	南浔区	湖州三地染整有限公司	1713|棉印染精加工
41	南浔区	湖州瑶庄纺织有限公司	1723|毛染整精加工
44	南浔区	湖州丰诚纺织有限公司	1743|丝印染精加工
47	南浔区	湖州新隆龙丝绸印花有限公司	1743|丝印染精加工
48	南浔区	湖州佳发丝织印染砂洗有限公司	1751|化纤织造加工
52	南浔区	浙江湖州新京福纺织染整有限公司	1752|化纤织物染整精加工
59	南浔区	浙江湖州梅月针织有限公司	1779|其他家用纺织制成品制造
60	南浔区	湖州同舟皮业有限公司	1910|皮革鞣制加工
61	南浔区	湖州鑫富新材料有限公司	2646|密封用填料及类似品制造
62	南浔区	湖州市菱湖新望化学有限公司	2669|其他专用化学产品制造
63	南浔区	湖州展望药业有限公司	2710|化学药品原料药制造
68	南浔区	湖州盛特隆金属制品有限公司	3120|炼钢
69	南浔区	浙江富钢金属制品有限公司	3130|钢压延加工
70	南浔区	湖州帅豪金属制品有限公司	3360|金属表面处理及热处理加工
73	南浔区	湖州南太湖环保能源有限公司	4419|其他电力生产
74	南太湖新区	华茂（湖州）保健品有限公司	1491|营养食品制造
75	南太湖新区	湖州新永盛纺织印染有限公司	1752|化纤织物染整精加工
76	南太湖新区	湖州达多皮革有限公司	1910|皮革鞣制加工
77	南太湖新区	湖州欧美化学有限公司	2661|化学试剂和助剂制造
78	南太湖新区	湖州原正化学有限公司	2669|其他专用化学产品制造
79	南太湖新区	浙江中维药业股份有限公司	2710|化学药品原料药制造
82	南太湖新区	永兴特种不锈钢股份有限公司	3120|炼钢
83	南太湖新区	湖州市弇南电镀厂	3360|金属表面处理及热处理加工
84	南太湖新区	浙江欧美环境工程有限公司	3463|气体、液体分离及纯净设备制造
85	南太湖新区	湖州市星鸿固体废物综合利用处置有限公司	7724|危险废物治理
86	南太湖新区	湖州欧汇环境科技有限公司	7724|危险废物治理
87	德清县	德清县新鑫达丝绸炼染有限公司	1713|棉印染精加工
91	德清县	德清县昌隆绢纺染整有限公司	1723|毛染整精加工
92	德清县	德清县利通绢纺塑化有限公司	1742|绢纺和丝织加工
93	德清县	德清县龙奇丝绸炼染有限公司	1743|丝印染精加工
96	德清县	德华兔宝宝装饰新材股份有限公司	2029|其他人造板制造
97	德清县	德清县上峰纸业有限公司	2221|机制纸及纸板制造
105	德清县	英格瓷（浙江）锆业有限公司	2613|无机盐制造

序号	区县名称	企业名称	行业类别
106	德清县	浙江大桥油漆有限公司	2641|涂料制造
108	德清县	浙江华源颜料股份有限公司	2643|工业颜料制造
109	德清县	浙江五龙新材股份有限公司	2661|化学试剂和助剂制造
110	德清县	漂莱特（中国）有限公司	2662|专项化学用品制造
111	德清县	浙江拓普药业股份有限公司	2710|化学药品原料药制造
113	德清县	浙江拜克生物科技有限公司	2761|生物药品制造
114	德清县	德清天润金属制品有限公司	3130|钢压延加工
117	德清县	浙江明贺钢管有限公司	3259|其他有色金属压延加工
118	德清县	德清沁道五金有限公司	3329|其他金属工具制造
120	德清县	德清县西文金属制品有限公司	3340|金属丝绳及其制品制造
121	德清县	德清县宏泰钢管制造有限公司	3360|金属表面处理及热处理加工
131	德清县	浙江剑麟金属制品有限公司	3389|其他金属制日用品制造
132	德清县	浙江瑞胜带钢有限公司	3393|锻件及粉末冶金制品制造
133	德清县	德清广汇金属材料有限公司	3399|其他未列明金属制品制造
137	德清县	浙江鼎力机械股份有限公司	3489|其他通用零部件制造
138	德清县	浙江金马特汽车零部件有限公司	3670|汽车零部件及配件制造
139	德清县	德清县欣勤电子有限公司	3932|广播电视接收设备制造
140	德清县	浙江同创顶立表面技术有限公司	4030|钟表与计时仪器制造
141	德清县	浙江新华机械制造有限公司	4390|其他机械和设备修理业
142	德清县	德清旺能环保能源有限公司	4419|其他电力生产
144	德清县	德清水一方环保科技有限公司	7724|危险废物治理
145	长兴县	湖州景兴纺织印染有限公司	1713|棉印染精加工
146	长兴县	浙江宇鑫纺织印染有限公司	1752|化纤织物染整精加工
158	长兴县	长兴海德纺织科技有限公司	1752|化纤织物染整精加工
159	长兴县	浙江金三发粘合衬有限公司	1779|其他家用纺织制成品制造
160	长兴县	杜拉克纺织（长兴）有限公司	1782|绳、索、缆制造
161	长兴县	长兴三山实久纺织整有限公司	1782|绳、索、缆制造
162	长兴县	浙江多蒙佳乐服饰有限公司	1819|其他机织服装制造
163	长兴县	浙江中山化工集团股份有限公司	2631|化学农药制造
164	长兴县	长兴晨龙化工有限公司	2661|化学试剂和助剂制造
165	长兴县	浙江大川新材料股份有限公司	2666|环境污染处理专用药剂材料制造
166	长兴县	长兴华晨化工股份有限公司	2669|其他专用化学产品制造
167	长兴县	长兴制药股份有限公司	2710|化学药品原料药制造
168	长兴县	浙江天能电源材料有限公司	3212|铅锌冶炼
169	长兴县	长兴百恒科技有限公司	3360|金属表面处理及热处理加工
170	长兴县	浙江天能动力能源有限公司	3843|铅蓄电池制造
183	长兴县	长兴诺力电源有限公司	3843|铅蓄电池制造
184	长兴县	长兴新城环保有限公司	4419|其他电力生产

序号	区县名称	企业名称	行业类别
185	安吉县	安吉祖名豆制食品有限公司	1392|豆制品制造
186	安吉县	浙江天草生物科技股份有限公司	1495|食品及饲料添加剂制造
187	安吉县	乌毡帽酒业有限公司	1514|黄酒制造
188	安吉县	安吉县誉福印花有限公司	1713|棉印染精加工
189	安吉县	安吉县龙鑫印染有限公司	1713|棉印染精加工
190	安吉县	浙江阿祥亚麻纺织有限公司	1732|麻织造加工
191	安吉县	安吉永宁尔纺织有限公司	1751|化纤织造加工
192	安吉县	安吉亚丽丝纺织有限公司	1752|化纤织物染整精加工
202	安吉县	湖州立丰纸业有限公司	2221|机制纸及纸板制造
203	安吉县	浙江吉木数码印刷版材有限公司	2320|装订及印刷相关服务
204	安吉县	安吉兴能溶剂有限公司	2614|有机化学原料制造
205	安吉县	浙江中法新材料有限公司	2651|初级形态塑料及合成树脂制造
206	安吉县	杭摩新材料集团股份有限公司	2669|其他专用化学产品制造
207	安吉县	浙江国森精细化工科技有限公司	2669|其他专用化学产品制造
208	安吉县	浙江安吉华逸化纤有限公司	2822|涤纶纤维制造
209	安吉县	浙江西雅普康大制革有限公司	2925|塑料人造革、合成革制造
210	安吉县	安吉高超活性白土有限公司	3099|其他非金属矿物制品制造
211	安吉县	安吉绿金金属材料有限公司	3212|铅锌冶炼
212	安吉县	浙江新祥铝业股份有限公司	3252|铝压延加工
213	安吉县	安吉晟达五金制品有限公司	3351|建筑、家具用金属配件制造
214	安吉县	浙江广隆电镀机械制品有限公司	3360|金属表面处理及热处理加工
218	安吉县	浙江银龙电力设备制造有限公司	3360|金属表面处理及热处理加工
219	安吉县	浙江美能电气有限公司	3843|铅蓄电池制造
220	安吉县	安吉美欣达再生资源开发有限公司	4220|非金属废料和碎屑加工处理
221	安吉县	安吉宏顺废油收购有限公司	4220|非金属废料和碎屑加工处理
222	安吉县	安吉正能废油回收有限公司	4220|非金属废料和碎屑加工处理
223	安吉县	安吉旺能再生资源利用有限公司	4419|其他电力生产

湖州市金融办 2020 年环境污染责任保险拟补助奖励名单第二轮公示

（2020 年 6 月 2 日）

序号	区名称	企业名称	风险等级	环境污染责任险数额/元	拟补贴金额/元
1	吴兴区	湖州乐通新材料科技有限公司	二级（一般）	38 810	17 464.5
2	吴兴区	湖州金牛纺织印染实业有限公司	三级（中等）	37 665	15 066
3	吴兴区	湖州三友印染有限公司	二级（一般）	31 533	14 189.9
4	吴兴区	湖州金业电镀有限公司	三级（中等）	37 665	15 066
5	吴兴区	湖州复兴纺织印染有限公司	三级（中等）	37 665	15 066
6	吴兴区	湖州和盛染整有限公司	三级（中等）	23 155	9 262
7	吴兴区	浙江中新毛纺有限公司	三级（中等）	23 155	9 262
8	吴兴区	湖州德加利印染有限公司	三级（中等）	23 155	9 262
9	吴兴区	湖州珍贝羊绒制品有限公司	二级（一般）	31 533	14 189.9
10	吴兴区	浙江大港印染有限公司	三级（中等）	21 955	8 782
11	吴兴区	湖州振生电镀有限公司	二级（一般）	16 545	7 445.3
12	吴兴区	浙江创赢新材料有限公司	二级（一般）	38 810	17 464.5
13	吴兴区	浙江华宝油墨有限公司	二级（一般）	38 810	17 464.5
14	吴兴区	浙江东尼电子股份有限公司	二级（一般）	48 686	21 908.7
15	吴兴区	浙江美欣达纺织印染科技有限公司	三级（中等）	35 781.75	14 312.7
16	吴兴区	浙江喜盈盈纺织股份有限公司	三级（中等）	35 781.75	14 312.7
17	吴兴区	湖州富联蓄电池回收有限公司	二级（一般）	20 603	9 271.4
18	吴兴区	浙江台洋纺织科技有限公司	三级（中等）	23 155	9 262
		吴兴区小计		564 463.5	239 052.1
19	南浔区	湖州新仲湖针织制衣有限公司	三级（中等）	35 781.75	14 312.7
20	南浔区	浙江湖州马可狮派皮毛制品有限公司	三级（中等）	30 276.5	12 110.6
21	南浔区	湖州三佳纺织有限公司	三级（中等）	35 781.75	14 312.7
22	南浔区	湖州帅豪金属制品有限公司	三级（中等）	21 997.25	8 798.9
23	南浔区	湖州丰诚纺织有限公司	三级（中等）	35 781.75	14 312.7
24	南浔区	湖州神龙服饰染整有限公司	三级（中等）	35 781.75	14 312.7
25	南浔区	湖州石淙印染有限公司	三级（中等）	35 781.75	14 312.7
26	南浔区	浙江佳丰纺织印染有限公司	三级（中等）	35 781.75	14 312.7
27	南浔区	湖州巨赢纺织有限公司	三级（中等）	35 781.75	14 312.7
28	南浔区	湖州喜得宝丝绸有限公司	三级（中等）	35 781.75	14 312.7
29	南浔区	浙江湖州梅月针织有限公司	二级（一般）	15 717.75	7 073

序号	区名称	企业名称	风险等级	环境污染责任险数额/元	拟补贴金额/元
30	南浔区	湖州三地染整有限公司	三级（中等）	37 665	15 066
31	南浔区	湖州鑫富新材料有限公司	三级（中等）	44 038.2	17 615.3
32	南浔区	湖州新隆龙丝绸印花有限公司	三级（中等）	35 781.75	14 312.7
33	南浔区	湖州繁华绢纺有限公司	三级（中等）	35 781.75	14 312.7
34	南浔区	湖州长辉电镀有限公司	三级（中等）	35 781.75	14 312.7
35	南浔区	浙江湖州新京福纺织染整有限公司	三级（中等）	35 781.75	14 312.7
36	南浔区	湖州盛利染整有限公司	三级（中等）	35 781.75	14 312.7
37	南浔区	湖州丝得莉染色有限公司	三级（中等）	35 781.75	14 312.7
38	南浔区	湖州市菱湖新望化学有限公司	三级（中等）	44 038.2	17 615.3
39	南浔区	湖州金骎印染实业有限公司	二级（一般）	29 956.35	13 480.4
40	南浔区	浙江彩蝶实业股份有限公司	三级（中等）	35 781.75	14 312.7
41	南浔区	湖州金久电镀有限公司	三级（中等）	35 781.75	14 312.7
42	南浔区	湖州同舟皮业有限公司	三级（中等）	30 276.5	12 110.6
43	南浔区	湖州江南恒盛炼染有限公司	三级（中等）	35 781.75	14 312.7
44	南浔区	湖州展望药业有限公司	三级（中等）	44 038.2	17 615.3
		南浔区小计		906 293.7	364 801.3
45	南太湖新区	湖州欧美化学有限公司	三级（中等）	46 356	18 542.4
46	南太湖新区	湖州市弁南电镀厂	二级（一般）	15 717.75	7 073
47	南太湖新区	湖州新永盛纺织印染有限公司	三级（中等）	21 997.25	8 798.9
48	南太湖新区	湖州欧汇环境科技有限公司	二级（一般）	25 454	11 454.3
49	南太湖新区	湖州原正化学有限公司	三级（中等）	28 498	11 399.2
50	南太湖新区	浙江中维药业股份有限公司	三级（中等）	44 038.2	17 615.3
51	南太湖新区	浙江大为药业有限公司	二级（一般）	20 363	9 163.4
52	南太湖新区	湖州达多皮革有限公司	三级（中等）	30 276.5	12 110.6
53	南太湖新区	湖州展望天明药业有限公司	三级（中等）	46 356	18 542.4
54	南太湖新区	华茂（湖州）保健品有限公司	二级（一般）	20 363	9 163.4
		南太湖新区小计		299 419.7	123 862.9
		市本级合计		1 770 176.9	727 716.3

湖州市金融办 2019 年环境污染责任保险拟补助奖励名单公示

（2019 年 12 月 6 日）

序号	区名称	企业名称	风险等级	环境污染责任险保费/万元	拟补贴金额/万元
1	吴兴区	浙江大东吴集团建设新材料有限公司	一般风险	3.88	1.75
2	吴兴区	珀莱雅化妆品股份有限公司湖州分公司	中等风险	4.64	1.85
3	吴兴区	浙江大港印染有限公司	中等风险	2.32	0.93
4	吴兴区	湖州乐通新材料科技有限公司	中等风险	4.64	1.85
5	吴兴区	浙江湖州富顺纺织有限公司	中等风险	2.32	0.93
6	吴兴区	湖州复兴纺织印染有限公司	中等风险	3.77	1.51
7	吴兴区	湖州珍贝羊绒制品有限公司	中等风险	3.77	1.51
8	吴兴区	浙江台洋纺织科技有限公司	中等风险	2.32	0.93
9	吴兴区	湖州德加利印染有限公司	中等风险	3.77	1.51
10	吴兴区	浙江中新毛纺织有限公司	中等风险	3.77	1.51
11	吴兴区	湖州和盛染整有限公司	中等风险	3.77	1.51
12	吴兴区	浙江华宝油墨有限公司	中等风险	4.64	1.85
13	吴兴区	浙江美欣达纺织印染科技有限公司	中等风险	3.77	1.51
14	吴兴区	湖州骥春纺织品有限公司	中等风险	3.77	1.51
15	吴兴区	湖州三友印染有限公司	中等风险	3.77	1.51
16	吴兴区	湖州金业电镀有限公司	中等风险	3.77	1.51
17	吴兴区	湖州市华曼化工有限公司	中等风险	4.64	1.85
18	吴兴区	浙江喜盈盈纺织股份有限公司	中等风险	3.77	1.51
19	吴兴区	湖州金牛纺织印染实业有限公司	中等风险	3.77	1.51
20	吴兴区	湖州振生电镀有限公司	一般风险	1.65	0.74
21	南浔区	湖州佳发丝织印染砂洗有限公司	一般风险	3.15	1.42
22	南浔区	湖州佳新丝绸炼染有限公司	中等风险	3.77	1.51
23	南浔区	湖州吉昌化学有限公司	中等风险	4.64	1.85
24	南浔区	湖州市菱湖天立化工有限公司	中等风险	2.85	1.14
25	南浔区	湖州展望药业有限公司	较高风险	7.58	2.65
26	南浔区	湖州周吴鼎盛化工有限公司	中等风险	4.64	1.85
27	南浔区	湖州新奥特医药化工有限公司	中等风险	4.64	1.85
28	南浔区	湖州同舟皮业有限公司	中等风险	3.19	1.27
29	南浔区	湖州市菱湖四贤化工有限公司	中等风险	4.64	1.85
30	南浔区	湖州天天绿洲染整有限公司	中等风险	3.77	1.51
31	南浔区	湖州金欢线业有限公司	中等风险	3.77	1.51
32	南浔区	湖州金久电镀有限公司	中等风险	3.77	1.51

序号	区名称	企业名称	风险等级	环境污染责任险保费/万元	拟补贴金额/万元
33	南浔区	浙江彩蝶实业有限公司	中等风险	3.77	1.51
34	南浔区	湖州新加纺织有限公司	较高风险	3.56	1.25
35	南浔区	湖州通宝精细化工有限公司	中等风险	4.64	1.85
36	南浔区	湖州鑫富新材料有限公司	中等风险	4.64	1.85
37	南浔区	湖州金骐印染实业有限公司	一般风险	3.15	1.42
38	南浔区	湖州得盛印染有限公司	中等风险	3.77	1.51
39	南浔区	湖州市菱湖新望化学有限公司	中等风险	4.64	1.85
40	南浔区	湖州三地染整有限公司	中等风险	3.77	1.51
41	南浔区	湖州凌立印染有限公司	中等风险	3.77	1.51
42	南浔区	湖州高盛毛纺有限公司	中等风险	3.77	1.51
43	南浔区	湖州喜得宝丝绸有限公司	中等风险	3.77	1.51
44	南浔区	湖州新泉能纺织有限公司	中等风险	3.77	1.51
45	南浔区	湖州巨赢纺织有限公司	中等风险	3.77	1.51
46	南浔区	浙江佳丰纺织印染有限公司	中等风险	3.77	1.51
47	南浔区	浙江湖州三川纺织面料有限公司	中等风险	3.77	1.51
48	南浔区	湖州石淙印染有限公司	中等风险	3.77	1.51
49	南浔区	湖州神龙服饰染整有限公司	中等风险	3.77	1.51
50	南浔区	湖州丰诚纺织有限公司	中等风险	3.77	1.51
51	南浔区	湖州帅豪金属制品有限公司	中等风险	2.32	0.93
52	南浔区	湖州三佳纺织有限公司	中等风险	3.77	1.51
53	南浔区	浙江湖州马可狮派皮毛制品有限公司	中等风险	3.19	1.27
54	南浔区	浙江湖州梅月针织有限公司	一般风险	1.65	0.74
55	南浔区	湖州新仲湖针织制衣有限公司	中等风险	3.77	1.51
56	南浔区	湖州丝得莉染色有限公司	中等风险	3.77	1.51
57	南浔区	浙江湖州新京福纺织染整有限公司	中等风险	3.77	1.51
58	南浔区	湖州盛利染整有限公司	中等风险	3.77	1.51
59	南浔区	湖州长辉电镀有限公司	中等风险	3.77	1.51
60	南浔区	湖州繁华绢纺有限公司	中等风险	3.77	1.51
61	南浔区	湖州新隆龙丝绸印花有限公司	中等风险	3.77	1.51
62	南浔区	湖州江南恒盛炼染有限公司	中等风险	3.77	1.51
63	南太湖新区	湖州市弁南电镀厂	一般风险	1.65	0.74
64	南太湖新区	湖州新永盛纺织印染有限公司	中等风险	2.32	0.93
65	南太湖新区	湖州达多皮革有限公司	中等风险	3.19	1.27
66	南太湖新区	浙江中维药业股份有限公司	中等风险	4.64	1.85
合　计				245.26	98.31

漳州市生态环境局关于公布 2020 年纳入
环境污染责任保险企业名单的公告

根据《福建省生态环境厅关于深入推进环责险制度有关工作的通知》（闽环保综合〔2020〕1 号）的要求，经过排查梳理，广泛听取各方意见，现将符合要求、拟纳入 2020 年度环境污染责任保险范围的企业名单予以公布。

如对纳入 2020 年度环境污染责任保险范围的企业名单有异议的，可在公告之日起七天内通过电话、信函、邮件等方式向我局反映。

附件：纳入 2020 年度环境污染责任保险范围的企业名单

漳州市生态环境局

2020 年 2 月 27 日

附件：

纳入 2020 年度环境污染责任保险范围的企业名单

（2020 年 2 月 27 日）

序号	企业名称	所在区县	纳入环境污染责任保险范围企业所属情形
1	福建三宝钢铁有限公司	芗城区	危险废物污染行业
4	福建漳州久依久化工有限公司	芗城区	其他环境高风险行业（较大）
7	漳州市佳峰运输有限公司	芗城区	危险废物运输企业
8	福建红旗股份有限公司	芗城区	高风险企业
9	漳州市龙文区福泰化工用品有限公司	龙文区	其他环境高风险行业（重大）
10	漳州市鸿荣精细化工用品有限公司	龙文区	其他环境高风险行业（较大）

序号	企业名称	所在区县	纳入环境污染责任保险范围企业所属情形
11	漳州市龙文翰苑化工有限公司	龙文区	其他环境高风险行业（重大）
12	漳州市龙文区艳阳工贸有限公司	龙文区	重金属污染行业
13	漳州市庆华金属制品有限公司	龙文区	重金属污染行业、危险废物污染行业
14	福建龙溪轴承（集团）股份有限公司（蓝田）	龙文区	危险废物污染行业
15	漳州龙文鑫锦湖运输有限公司	龙文区	危险废物运输企业
16	龙海市天科合金有限公司	龙海市	重金属污染行业
21	漳州市环境再生能源有限公司	龙海市	危险废物污染行业
22	华阳电业有限公司	龙海市	危险废物污染行业
23	福建亿源码头石油化工仓储有限公司	龙海市	其他环境高风险行业（较大）
24	华发纸业（福建）股份有限公司	龙海市	高风险企业
25	漳浦致远皮革有限公司	漳浦县	其他环境高风险行业（较大）、危险废物污染行业
26	福建泰庆皮革有限公司	漳浦县	重金属污染行业、危险废物污染行业
27	漳州市富盈皮革制品有限公司	漳浦县	重金属污染行业
40	瑞泰（漳浦）皮业有限公司	漳浦县	其他环境高风险行业（较大）、危险废物污染行业
41	漳州市丰耀五金塑胶有限公司	漳浦县	重金属污染行业
42	福建漳州市德昌皮业有限公司	漳浦县	重金属污染行业、危险废物污染行业
43	漳州市圣元环保电力有限公司	漳浦县	危险废物污染行业
46	漳浦文强危险品运输有限公司	漳浦县	危险废物运输企业
47	漳州连润能新源有限公司	诏安县	其他环境高风险行业（重大）
48	福建动力宝电源科技有限公司	诏安县	重金属污染行业、危险废物污染行业
49	漳州市华威电源科技有限公司	云霄县	重金属污染行业、危险废物污染行业
51	漳州印美油墨	云霄县	危险废物运输企业
52	漳州旗滨玻璃有限公司	东山县	危险废物污染行业（较大）其他环境高风险行业（较大）
53	南靖县金晶金属制品厂	南靖县	重金属污染行业
54	南靖县丰泽工业有限公司	南靖县	重金属污染行业、危险废物污染行业
55	万利（中国）有限公司	南靖县	危险废物污染行业
56	漳州三德利油漆涂料有限公司	南靖县	其他环境高风险行业（较大）
57	福建省南靖泰峰金属工业有限公司	南靖县	高风险企业
58	美艺陶（福建）高新建材有限公司	平和县	危险废物污染行业
65	福建省超优陶瓷有限公司	平和县	危险废物污染行业
66	协能（福建）拉链工业有限公司	长泰县	重金属污染行业
67	漳州建霖实业有限公司	长泰县	重金属污染行业、危险废物污染行业
71	漳州市华福化工有限公司	长泰县	危险废物污染行业
72	福建省厦鹭电化有限公司	长泰县	其他环境高风险行业（较大）

序号	企业名称	所在区县	纳入环境污染责任保险范围企业所属情形
73	福建省银泰有机化工有限公司	长泰县	其他环境高风险行业（重大）
74	福建荣树实业有限公司（长泰荣树纺织有限公司）	长泰县	高风险企业
75	漳州晋康化纤有限公司	长泰县	高风险企业
76	漳州市午阳半导体科技有限公司	华安县	重金属污染行业
77	漳钢（漳州）工贸有限公司	华安县	危险废物污染行业
82	龙翔实业有限公司	华安县	其他环境高风险行业（较大）
83	漳州华顺危险品运输有限公司	华安县	危险废物运输企业
84	漳州市东龙电子科技有限公司	漳州台商投资区	重金属污染行业
85	漳州雅色五金制造有限公司	漳州台商投资区	重金属污染行业、危险废物污染行业
102	福建福欣特殊钢有限公司	漳州台商投资区	危险废物污染行业
109	长春化工（漳州）有限公司	漳州台商投资区	其他环境高风险行业（较大）
110	龙海市伟和化工贸易有限公司	漳州台商投资区	其他环境高风险行业（较大）
111	漳州朝良工业有限公司	漳州台商投资区	危险废物污染行业
112	漳州源胜物流有限公司	漳州台商投资区	危险废物运输企业
113	康普（漳州）化工有限公司	古雷开发区	其他环境高风险行业（较大）
114	翔鹭石化（漳州）有限公司	古雷开发区	危险废物污染行业、其他环境高风险行业（重大）
116	漳州古雷海腾码头投资管理有限公司	古雷开发区	危险废物污染行业、其他环境高风险行业（较大）
117	翔鹭码头投资管理（漳州）有限公司	古雷开发区	危险废物污染行业
119	福建春达化工有限公司	古雷开发区	其他环境高风险行业（重大）
120	首钢凯西钢铁有限公司	漳州开发区	重金属污染行业、危险废物污染行业
121	漳州市中集集装箱有限公司	漳州开发区	危险废物污染行业、危险废物运输企业
122	福建全通资源再生工业园有限公司	漳州开发区	危险废物污染行业
123	福建储鑫环保科技有限公司	漳州高新区	危险废物污染行业
124	漳州市城市废弃物净化有限公司	漳州高新区	危险废物污染行业
125	瀚蓝（常山华侨经济开发区）固废处理有限公司	常山开发区	危险废物污染行业

山西省生态环境厅　中国银保监会山西监管局关于印发《环境污染强制责任保险试点实施方案（试行）》的通知

（2019 年 12 月 5 日）

根据《山西省生态环境厅　山西银保监局筹备组关于推进环境污染强制责任保险试点工作的指导意见》（晋环政法〔2018〕18 号）（以下简称《指导意见》），为切实做好环境污染强制责任保险试点工作，特制定本实施方案。

一、指导思想

坚持以习近平新时代中国特色社会主义思想为指导，全面贯彻党的十九大、十九届二中、三中、四中全会精神，认真落实中共中央、国务院《生态文明体制改革总体方案》《国务院关于支持山西省进一步深化改革促进资源型经济转型发展的意见》，在全省域推进环境高风险领域环境污染强制责任保险，完善市场运作机制，强化环境污染责任保险隐患排查服务工作，建立环境污染强制责任保险山西模式，做到全国一流。

二、推进试点工作原则

政府主导、市场运作。由省生态环境厅会同山西银保监局指导保险行业统一制定试点区域环境污染强制责任保险条款、费率和责任限额，规范环境污染强制责任保险市场。

省级统筹、市县推动。省生态环境厅统一确定承保模式，全面统筹试点工作。市县生态环境保护部门负责推动列入试点名录企业投保环境污染责任保险，建立相关工作机制，掌握企业投保和环境风险管理服务信息。

三、试点区域

全省域范围。

四、试点工作内容

试点工作主要包括以下主要内容：

（一）制定统一的环境污染强制责任保险条款、费率和责任限额；

（二）完善投保企业名录；

（三）公开招标选择环境污染责任保险承保主体；

（四）保险公司可选择第三方服务机构，建立环境污染责任保险服务专家库；

（五）推动试点名录内企业投保环境污染责任保险；

（六）制定环境风险隐患排查指南，开展环境风险防控服务；

（七）深入总结，研究完善环境污染责任保险服务生态环境管理的工作机制。

五、试点工作程序

（一）制定条款、费率和责任限额

省生态环境厅和山西银保监局共同指导保险行业制定基准费率、责任限额、保险条款，其中省生态环境厅负责确定保险责任限额，山西银保监局负责指导保险行业制定保险条款和基准费率。

（二）招标选择承保主体

省生态环境厅面向保险公司进行公开招标，通过对保险公司规模、偿付能力、服务网点、环境污染责任保险及同类政府统保项目经验等几方面实行考量，确定3～5个承保主体。保险公司可根据自身风险管理能力进行单独投标或自行组建共保体进行投标。共保体是由主承保保险公司和多家保险公司组建保险共保联合体，共同承保同一笔保险业务，按承保份额分摊风险和保费。主承保保险公司负责收取保费，出具保单，处理赔案，并组织对企业提供服务。各承保主体按照市场化原则开展竞争，为试点企业提供保险服务。

各承保主体共同建立统一的环境污染责任保险服务管理平台，依托平台开展环境污染责任保险工作，包括风险评估、投保、核保、隐患排查、理赔、数据分析统计等，形成环境污染责任保险大数据；共同选择 1 家中介服务机构，负责维护环境污染责任保险服务管理平台。

（三）完善投保企业名录

在太原、大同、晋中、长治、晋城五市已制定的保险企业名录基础上，朔州、忻州、阳泉、吕梁、临汾、运城六市按照《指导意见》制定本地区环境污染强制责任保险试点企业名录。

（四）选择环境污染责任保险服务机构

各承保主体可选择具有相应能力的环境技术服务机构，对投保企业开展环境污染责任保险服务工作；从生态环境管理机构以及高等院校或专业环评机构中聘请精通环境方面风险的专家，共同组建专家库，加强对环境污染责任保险服务工作的指导；同时负责制定《环境风险隐患排查指南》，保障环境污染责任保险服务质量。

（五）组织企业投保

试点名录中企业可以自主选择中标保险主体进行投保。各承保主体按照统一的环境污染责任保险条款、费率，对拟投保企业进行环境风险评估，确定企业环境风险等级，计算保险费用，并告知企业。企业在收到缴费通知后，应尽快缴纳保险费用。在企业完成缴费出单后，承保主体应及时将企业投保相关信息录入环责险服务管理平台。

试点名录中企业可以自主选择保险经纪公司，为其在投保、协助理赔、监督承保主体全面履行保险合同等方面提供中介服务。

（六）强化保险服务

加强保险培训。在企业投保后，各承保主体对投保企业进行保险培训。培训方式采取集中培训和个别培训相结合方式。对于企业提出特殊培训需求的，专门就相关主题组织进行培训。

保险期间的隐患排查。各承保主体对投保企业按照《环境风险隐患排查指南》每季度组织一次隐患排查，通过隐患排查与企业提供的核保材料进行对比，真实地了解每家企业的环境风险状况，并提出整改建议。完成隐患排查后，应出具隐患排查报告递交投保企业并同时录入环境污染责任保险管理服务平台。投保企业应当按照整改建议及时整改，有效降低企业环境风险。

建立赔案分析数据库。各承保主体要建立赔案分析数据库，定期向生态环境部门汇报。

日常风险及保险咨询。在保险期间，各承保主体定期对投保企业进行回访，为投保企业提供日常的保险及风险管理咨询服务。

六、加强试点工作保障

一是加强组织保障。省生态环境厅和山西银保监局成立省环境污染责任保险工作领导小组，根据工作职责，推进试点工作。

二是启动试点工作。由省生态环境厅和山西银保监局组织市级生态环境部门、银保监分局和保险公司、企业召开启动会议，安排部署环境污染强制责任险试点工作。市县生态环境部门要及时贯彻落实省启动会议精神，组织列入试点名录企业和中标保险主体召开推进会议，宣讲推行环境污染强制责任保险的政策导向和重要意义，讲解保险方案、投保方式及保险期间服务等。

三是建立环境污染责任保险管理服务平台。指导各承保主体共同建立集企业投保、环境风险服务、保险定损理赔、政策法规支持、服务以及数据归集与信息公开于一体的应用系统。各承保主体利用平台开展环境污染责任保险相关环境风险数据分析，及时向投保企业反馈环境风险。生态环境部门和保险监管部门通过平台掌握企业投保信息、理赔信息以及保险公司的服务情况。

四是加强监督指导。生态环境部门加强对企业的监督考核，积极推动列入投保企业名录的企业按要求投保；同时推进保险公司开展环境风险隐患排查服务工作。对服务到位、服务质量高的在下一轮招标中优先选择，对考核不合格的，终止其参与环境污染责任保险服务。保险监管部门加强对保险公司市场行为合规性监管，严肃查处不按规定使用条款费率、虚假列支环境污染防预费、拒不履行保险合同约定的赔偿义务等违规行为，并将有关查处情况通报生态环境部门。

五是开展阶段总结。生态环境部门采取印发调查问卷、走访座谈等多种形式听取试点企业意见，全面评估试点工作成效，形成专项工作总结。

河北省关于开展 2019 年度环境污染强制责任保险试点工作考核的通知

(2019 年 12 月 4 日)

各市（含定州、辛集市）生态环境局：

为落实党中央、国务院关于生态文明体制改革的有关部署，落实原环境保护部和原中国保监会联合印发的《关于开展环境污染强制责任保险试点工作的指导意见》（环发〔2013〕10 号）等有关文件精神，确保环境污染强制责任保险试点工作顺利开展，规范环境污染强制责任保险考核工作，我厅制定了《2019 年度河北省环境污染强制责任保险试点工作考核方案》。请你们做好自查自评，有关材料按时报省生态环境厅法规与标准处。

附件：1. 2019 年度河北省环境污染强制责任保险试点工作考核方案

2. 2019 年度环境污染强制责任保险试点工作考核评分细则

附件 1：

2019 年度河北省环境污染强制责任保险试点工作考核方案

为落实原环境保护部和原中国保监会联合印发的《关于开展环境污染强制责任保险试点工作的指导意见》（环发〔2013〕10 号）及我省《关于开展环境污染强制责任保险试点工作的实施意见》（冀环〔2014〕3 号）等有关文件精神，推进环境污染强制责任保险试点工作顺利开展，制定本考核方案。

一、考核范围

各市（含定州、辛集市）生态环境局的环境污染强制责任保险试点工作推进情况。

二、考核原则

遵循实事求是、客观公正、突出重点、科学规范、注重实绩的原则进行考核。

三、考核主体

考核工作由省生态环境厅组织实施。

四、考核内容

环境污染强制责任保险试点工作开展基本情况，具体业绩以各市 2019 年 12 月 1 日 24 时为时间节点的在保保单为准。

五、考核时间和安排

考核时间：2019 年 12 月 10—20 日。

考核采取自查自评和集中评查的方式进行：

（一）自查自评（2019 年 12 月 10—15 日）。对照《2019 年度环境污染强制责任保险试点工作考核评分细则》，各市认真开展自查自评，形成书面报告，并于 2020 年 12 月 15 日前报送省生态环境厅。报告内容包括自查自评总体情况、2019 年度推进环境污染强制责任保险试点工作主要措施以及主要成绩、存在问题和改进措施等。

（二）集中评审（2019 年 12 月 15—20 日）。省生态环境厅对各市报送的自查报告和相关资料进行集中评审。

六、考核结果

按考核结果对各市局进行排序并通报全省。

七、考核纪律

参与考核工作的部门和人员应当严格执行工作纪律，坚持原则，实事求是，确保考核结果客观公正。在考核中发现篡改、伪造统计数据等弄虚作假行为的，其考核等级确定为不合格，并予以通报；情节严重的报送纪检监察和组织（人事）部门，按照有关规定追究相关单位和人员的责任。

八、其他要求

请各市高度重视此次考核工作，以考核为契机，进一步提高环境污染强制责任保险试点工作质量，充分发挥保险的化解和防范环境风险作用，助力打好污染防治攻坚战。

九、方案解释

本方案由省生态环境厅负责解释。

附件 2：

2019 年度环境污染强制责任保险试点工作考核评分细则

序号	考核指标	分值	评分办法	备注
1	环责险保险广度方面	30 分	全市已投保企业数量/全市重点排污单位数量的比例排名（最高 30 分，每低一名递减 1 份）	
2	环责险保险密度方面	30 分	件均保费（单体保费）排名（最高 30 分，每低一名递减 1 分）	
3	环责险共保模式落实方面	10 分	按共保模式投保的企业数量/全市已投保企业数量比例排名（最高 10 分，每低一名递减 0.5 分）	
4	环责险增长率方面	10 分	（2019 年度投保企业数量−2018 年度投保企业数量）/2018 年度投保企业数量的比例排名（最高 10 分，每低一名递减 0.5 分）	
5	转移环境风险总额	10 分	实现环境风险转移总额排名（最高 10 分，每低一名递减 0.5 分）	
6	实现保费总额	10 分	实现保费总额排名（最高 10 分，每低一名递减 0.5 分）	

江苏省生态环境厅 江苏省财政厅
关于组织申报江苏省绿色金融奖补资金的通知

(2019 年 8 月 30 日)

各设区市、县（市）生态环境局、财政局：

为充分发挥绿色金融在调结构、转方式、推动经济转型发展方面的积极作用，更大限度地服务我省生态环境高质量发展，根据《江苏省生态环境厅江苏省地方金融监督管理局江苏省财政厅等七部门关于印发〈江苏省绿色债券贴息政策实施细则（试行）〉等四个文件的通知》（苏环办〔2019〕264 号），省生态环境厅、财政厅拟开展江苏省绿色金融奖补资金申报工作，现就有关事项通知如下：

一、绿色债券贴息

（一）支持对象

省内非企业金融企业 2018 年 9 月 30 日至 12 月 31 日首次成功付息。且募投项目位于省内的绿色债券，主要包括：

1. 由国家发展改革委核准发行的长江生态修复债券等绿色债券；

2. 由中国证监会核准或在中国证券业协会备案的绿色公司债券；

3. 在银行间市场交易商协会注册，在全国银行间债券市场发行和流通的非金融企业绿色债务融资工具。

（二）贴息金额

对成功发行绿色债券的非金融企业 2018 年度实际支付利息的30%进行贴息，单只债券（以相对应的核准文件、无异议函或接受注册通知书为准）每年最高不超过 200 万元。

1. 若某只债券存在分期发行情形，则按照每期的年度利息支付金额确定贴息金额，但每年各期贴息金额合计不超过 200 万元。

2. 若发行人同时申请对绿色债券、绿色公司债券和绿色债务融资工具进行贴息，或发行多只债券的，则贴息金额分别计算，但每年对单个发行人贴息总金额不超过 600 万元。

（三）申报材料

1. 国家发展改革委核准发行的绿色债券：（1）贴息申请表（附件 1）；（2）核准文件（复印件）；（3）债券发行结果公告或交易流通公告等发行结果证明（复印件）；（4）中央国债登记公司出具的证券付息/兑付通知书以及利息支付的相关凭证（复印件）；（5）省级财政专项资金项目申报信用承诺书（附件 6）。

2. 中国证监会核准或中国证券业协会备案的绿色公司债券：（1）贴息申请表；（2）核准文件或无异议函，以及募集说明书（复印件）；（3）债券发行情况公告或挂牌公告等发行结果证明（复印件）；（4）利息支付的相关凭证（复印件）；（5）省级财政专项资金项目申报信用承诺书。

3. 在银行间市场交易商协会注册的非金融企业绿色债务融资工具：（1）贴息申请表；（2）接受注册通知书（复印件）；（3）债务融资工具发行情况公告等发行结果证明（复印件）；（4）利息支付的相关凭证（复印件）；（5）省级财政专项资金项目申报信用承诺书。

以上申报材料按序装订成册一式三份，需加盖申请单位公章，地方生态环境部门留存 1 份。

二、绿色产业企业发行上市奖励

（一）支持对象

省内企业 2018 年 9 月 30 日至 12 月 31 日进入上市流程的，主营业务符合国家发展改革委《绿色产业指导目录（2019 年版）》（如有调整，以国家政策为准）中明确的节能环保产业、清洁生产产业、清洁能源产业、生态环境产业、基础设施绿色升级、绿色服务等方向。

（二）奖励金额

根据绿色产业企业所处的不同上市阶段分别予以奖励：

1．取得江苏证监局辅导备案确认日期通知的，一次性奖励 20 万元；

2．取得中国证监会首次公开发行股票并上市行政许可申请受理通知书的（申请科创板上市企业取得上海证券交易所受理通知的），一次性奖励 40 万元；

3．公司成功在上海证券交易所或深圳证券交易所上市的，一次性奖励 200 万元；

4．在境外成功上市的，一次性奖励 200 万元。

申请单位在上一年度满足两个及以上的上市阶段奖励情形的，应合并提交申请。

（三）申报材料

1．企业管业执照（复印件）；

2．绿色产业企业上市奖励申请书（附件2）；

3．申请单位所处上市阶段的证明材料（复印件）：

（1）处于上市辅导阶段的申请单位需提供江苏证监局关于确认辅导备案日期的通知；

（2）处于中国证监会发行上市审核阶段的申请单位需提供中国证监会首次公开发行股票并上市行政许可受理通知书，申请科创板上市企业需提供上海证券交易所受理通知；

（3）在上海证券交易所或深圳证券交易所成功上市的申请单位需提供中国证监会关于核准首次公开发行股票的批复、申请单位与上海证券交易所或深圳证券交易所签订的上市协议；

（4）境外成功上市的申请单位需提供境外交易所出具的同意发行股票上市的书面材料，英文材料需同时提供中文翻译文件。

4．省级财政专项资全项目申报信用承诺书。

以上申报材料按序装订成册一式三份，需加盖申请单位公章，地方生态环境部门留存 1 份。

三、环境污染责任保险保费补贴

（一）支持对象

2018 年 9 月 30 日至 12 月 31 日投保环境污染责任保险（以下简称环责险），且保险标的位于省内的企业（单位）。承保公司为经保险监督管理部门批准设立的保险公司或其分支机构，且营业场所位于省内。保险合同条款文本须为经保险监督管理部门审批或备案的正式文本，投保日期以环责险发票开具日期为准。

（二）补贴金额

对符合条件的投保企业（单位）按不超过年度实缴保费的 40% 给予补贴。

（三）申报材料

1. 保费补贴申请表（附件 3）；

2. 环责险保单、保险费发票以及保险费支付证明（复印件）；

3. 省级财政专项资金项目申报信用承诺书。

以上申报材料按序装订成册，提供原件及加盖投保单位公章的复印件各 1 份。环责险保单、保险费发票，保险费支付证明复印件由设区市、县（市）生态环境局核对与原件无异后，原件退回投保单位，复印件留存地方生态环境部门备查。

四、绿色担保奖补

（一）支持对象

2018 年 9 月 30 日至 12 月 31 日，为非金融企业发行长江生态修复债券等绿色债券（募投项目应位于省内）、我省中小企业绿色集合债提供担保的省内融资性担保公司、再担保公司。担保日期以担保发票开具日期为准。

（二）奖补金额

1. 绿色债券担保奖励。担保机构为非金融企业发行长江生态修复债券等绿色债券发行提供担保征信的，每只债券给予 30 万元奖励，同一担保机构每年奖励金额不超过 600 万元。

2. 中小企业绿色集合债担保风险补偿。担保机构开展中小企业绿色集合债担

保业务，对出现代偿后实际损失金额的 30%进行补偿，单只债券最高不超过 300
万元。

（三）申报材料

1．绿色债券担保奖励：（1）资金申请报告；（2）营业执照以及融资性
担保机构经营许可证（复印件）；（3）绿色债券担保奖励申请表（附件 4）；
（4）发债担保合同以及收费发票记账联（复印件）；（5）担保绿色债券的核准文
件、无异议函或接受注册通知书（复印件）；（6）省级财政专项资金项目申报信
用承诺书。

2．中小企业绿色集合债担保风险补偿：（1）资金申请报告；（2）营业执
照以及融资性担保机构经营许可证（复印件）；（3）中小企业绿色集合债担保
风险补偿申请表（附件 5）；（4）发债担保合同、收费发票记账联（复印件）；
（5）代偿通知书、履行代偿票据以及法院终结执行裁定书等（复印件）；（6）省
级财政专项资全项目申报信用承诺书。

以上申报材料按序装订成册一式三份，需加盖申请单位公章，地方生态环境
部门留存 1 份。

五，其他要求

（一）各设区市、县（市）生态环境部门，财政部门要抓紧向当地企业（单位）
布置绿色金融奖补资金申报工作，要求各申报单位真实、合规开展本次申报工作。
各申报单位将申报材料报送当地生态环境局、省属企业将申报材料报送至省生态
环境厅。

按照《关于印发省级财政专项资金管理应用信用信息暂行规定的通知》（苏
财规〔2016〕10 号），各设区市、具（市）财政部门、生态环境部门应严格按照
申报通知要求，依托各级公共信用信息系统，对申报单位进行信用审查。对于存
在虚构或伪造数据、材料等失信行为的责任主体，要根据失信严重程度，限制其
申报省级专项资金。

（二）各设区市、县（市）生态环境部门、财政部门应对相关单位申报的材料
进行认真审核把关，于 9 月 30 日前将符合要求的申报材料报送省生态环境厅，具

体包括绿色债券贴息汇总表（附件 7）及有关申报材料、绿色产业企业发行上市奖励汇总表（附件 8）及有关申报材料、环境污染责任保险保费补贴汇总表（附件 9）、绿色担保奖补汇总表（附件 10、附件 11）及有关申报材料（一式两份）。各设区市、县（市）生态环境局、财政局的资金申请文件及各项汇总表，须正式行文提交省生态环境厅，抄送省财政厅，汇总装（Excel 格式）发送至电子邮箱：zxzx@jshb.gov.cn。逾期不报的视为自动放弃。相关附件可以通过江苏省生态环境厅网站下载。

（三）联系方式（略）。

临沂市关于印发临沂市实施企业环境污染责任保险管理办法的通知

临环发〔2019〕16号

（2019年2月28日印发）

第一章 总 则

第一条 为完善环境污染损害赔偿机制，推动新旧动能转换，根据《中华人民共和国环境保护法》《中华人民共和国保险法》《中华人民共和国侵权责任法》等法律法规，制定本办法。

第二条 本办法所称企业环境污染责任保险（以下简称环责险），是指以环境污染损害赔偿责任为标的的保险。

第三条 承保环责险的保险机构（以下简称保险公司）、保险中介服务机构、环境风险评估机构等服务机构应当遵守本办法。

第四条 开展环责险工作应当遵循政府推动、市场运作、专业经营、严格监管、风险可控、多方共赢的基本原则。

第五条 投保企业可以采用招标方式选择承保保险公司进行投保。

第六条 保险监督管理机构依法对保险公司的环责险业务实施监督管理。市生态环境主管部门依法对企业投保环责险的情况实施监督管理。县（区）生态环境主管部门制定应当投保环责险的企业目录，依法监督检查本行政区域内企业投保环责险的情况。

第二章 投保与承保

第七条 以下环境高风险企业应当投保环责险：

（一）从事石油和天然气开采，基础化学原料制造、合成材料制造、化学药品原料制造的企业，从事Ⅲ类及以上高风险放射源的移动探伤、测井作业的企业；

（二）收集、贮存、利用、处置危险废物的企业；

（三）建设或者使用尾矿库的企业；

（四）经营液体化工码头、油气码头；

（五）有重金属排放的企业；

（六）化工、冶金、火电、焦化、造纸、印染等行业的排污重点企业。

鼓励前款范围以外的企业自愿投保环责险。

第八条 保险责任范围：

（一）第三者人身损害。投保企业因突发环境事件或者生产经营过程中污染环境，导致第三者生命、健康、身体遭受侵害，造成人体疾病、伤残、死亡等，应当承担的赔偿费用。

（二）第三者财产损害。投保企业因突发环境事件或者生产经营过程中污染环境，直接造成第三者财产损毁或价值减少，应当承担的赔偿费用。

（三）生态环境损害赔偿。投保企业因突发环境事件或者生产经营过程中污染环境，导致生态环境损害而应当承担的赔偿责任，包括清除或控制污染的费用、生态环境修复费用、生态环境受到损害至恢复原状期间服务功能的减损、生态环境功能永久性损害造成的损失以及生态环境损害赔偿调查、鉴定评估、生态环境损害修复效果后评估等相关费用。

（四）应急处置费用。投保企业、政府有关部门、公益组织等机构，为避免或者减少第三者人身损害、财产损失或者生态环境损害而支出的，依法应由投保企业承担的必要、合理的应急处置费用。

第九条 环责险实行山东省统一的保险条款、基础保险费率及其调节系数，并根据被保险人的环境风险变化情况实行浮动费率。

第十条 根据企业的不同类型实行不同的责任限额，建立合理的环责险保费分类、分级价格体系。环境风险级别分为一般环境风险、较大环境风险、重大环境风险三类；具体责任限额等级，根据风险级别和企业规模、行业特点、周围环境敏感程度等因素确定。

第十一条 实行浮动费率机制。一个保险周期为三年，保险合同每年一签，上一周期未发生环境污染事故的，下一周期续保保费实行优惠，累计优惠不超过30%。上一周期发生环境污染事故的，下一周期续保保费在基准费率上实行上浮，累计上浮不超过 30%。

第十二条　投保企业应当与保险公司依法订立环境污染责任保险合同（以下简称《保险合同》）。订立《保险合同》时，双方应当依照《中华人民共和国保险法》有关规定履行告知和说明义务。《保险合同》订立后，保险公司应当书面通知投保企业所在地的生态环境主管部门。

第十三条　投保企业应当向保险公司如实告知其环境风险重要事项，当环境风险显著增加时，应当及时通知保险公司，保险公司可以按照保险合同约定增加保险费。未履行前款通知义务的企业，因其环境风险显著增加而发生的保险事故，保险公司不承担赔偿保险金的责任。

第十四条　除符合《中华人民共和国保险法》规定的情形外，《保险合同》成立后，保险公司不得解除。保险公司因投保企业未履行如实告知重要事项义务，要求解除合同的，应当提前 30 日书面通知投保企业。投保企业自收到通知之日起5 日内履行如实告知义务的，保险公司可以不解除保险合同。

第十五条　《保险合同》解除后，保险公司应当收回《保险合同》，并书面通知投保企业所在地生态环境主管部门。

第十六条　环责险的保险期为 1 年，投保企业应当在保险合同期满前及时续保。

第十七条　企业投保环责险，可以依法自主投保，也可以有组织统一投保。

第三章　风险评估与排查

第十八条　保险公司承保环责险，应当在承保前开展环境风险评估，并出具环境风险评估报告。环境风险评估报告是保险合同的组成部分。企业应当积极配合保险公司开展环境风险评估。

第十九条　《保险合同》应当约定在合同有效期内开展环境安全隐患排查的相关事项。保险公司和投保企业可以共同委托环境风险评估机构或者共同组建专家团队，定期或者不定期地对企业的环境安全隐患进行排查，发现环境安全隐患后，投保企业应当采取有效措施，积极整改。

第四章　赔偿

第二十条　投保企业在《保险合同》有效期内因污染环境造成损害，受害者向企业提起环境损害赔偿请求，应当由企业依法承担赔偿责任的，由提出赔偿时所承保的保险公司依法在环责险责任限额内予以赔偿。受害者自知道或者应当知道受到损害之日起三年内向投保企业提起环境损害赔偿请求，并由投保企业依法承担赔偿责任的，保险公司依法在环责险责任限额内予以赔偿。

第二十一条　有下列情形之一的，保险公司不予赔偿：

（一）不可抗拒的自然灾害导致的损害。完全属于不可抗拒的自然灾害，投保企业经过及时采取合理措施，仍然不能避免污染环境致使第三者遭受的损害，依法可以免除投保企业赔偿责任的。

（二）环境污染犯罪直接导致的损害。投保企业构成污染环境犯罪被追究刑事责任的，其犯罪行为直接引发环境污染致使第三者遭受的损害。

（三）故意采取通过暗管、渗井、渗坑、灌注等逃避监管的方式违法排放污染物直接导致的损害。

（四）被排查出的环境安全隐患未整改直接导致的损害。

（五）法律法规确定的可以不予赔偿的其他情形。

第二十二条　投保企业在《保险合同》有效期内因污染环境造成损害，保险公司接到投保企业或者受害者报案后，应当及时组织环境损害鉴定评估机构或者专家团队开展事故勘查、定损和责任认定，企业应当积极配合。

第二十三条　各保险公司和企业可以从省生态环境主管部门会同山东保险监管机构建立的第三方环境风险评估和环境损害评价鉴定机构信息库、山东省环境风险评估和环境损害评价鉴定专家库中选取第三方评估机构和评估专家。

第二十四条　企业按照《保险合同》请求保险公司赔偿保险金时，应当向保险公司提供其所能提供的与确认污染损害原因、损失程度等有关的证明和资料。保险公司按照保险合同的约定，认为有关的证明和资料不完整的，应当及时一次性通知投保企业补充提供。投保企业怠于向保险公司请求赔偿保险金的，受害者也可以就其应当获得赔偿部分直接向保险公司请求赔偿。

第二十五条　保险公司可以直接向受害人赔偿保险金。投保企业依法支付赔偿款后，保险公司应当向投保企业支付保险金。

第二十六条　保险公司收到赔偿保险金的请求和相关证明、资料后，应当及时做出核定；情况复杂的，应当在 30 日内作出核定，但保险合同另有约定的除外。保险公司应当将核定结果通知投保企业以及受害者；对属于保险责任的，在与投保企业达成赔偿保险金的协议后 10 日内，履行赔偿保险金义务。对损害责任认定较为清晰的第三方人身伤亡或者财产损失，保险公司应当积极预付赔偿，加快理赔进度。

第二十七条　保险公司、投保企业或者受害者可以委托环境损害鉴定评估机构或者专家团队，出具损害鉴定评估意见，作为保险理赔的参考依据。已被环境民事公益诉讼、环境侵权民事诉讼生效判决认定的事实，可以直接作为理赔依据，不需要另行鉴定评估。保险公司不得要求投保企业或者受害者提供生态环境主管部门出具的环境污染事故、损害等文件或者资料，不得以此作为保险事故核定或者理赔的前提条件。

第二十八条　投保企业与保险公司对赔偿有争议的，可以依法申请仲裁或者向人民法院提起诉讼。

第五章　罚　则

第二十九条　对于应当投保，却未按照规定投保或者续保的企业，由企业所在地的生态环境主管部门责令限期投保或者续保，并通过山东省企业环境信用评价系统对其环境信用进行评价。

第六章　附　则

第三十条　本办法自 2019 年 3 月 1 日起施行，有效期至 2022 年 3 月 1 日。

云南省生态环境厅关于加快推进云南省环境污染强制责任保险试点工作的通知

云环通〔2019〕1 号

（2019 年 1 月 3 日）

昆明市、昭通市、曲靖市、玉溪市、保山市、普洱市、楚雄州、红河州、文山州、西双版纳州、大理州、怒江州环境保护局：

为认真贯彻落实《云南省人民政府办公厅关于开展环境污染责任保险试点工作的通知》（云政办函〔2015〕158 号）、《云南省环境保护厅中国保监云南监管局关于印发云南省环境污染强制责任保险试点工作方案的通知》（云环通〔2016〕105 号）的精神，加快推进我省环境污染强制责任保险试点工作，现将相关事项通知如下：

一、高度重视试点工作

开展环境污染强制责任保险，有利于引入第三方参与环境管理，降低企业经营风险；有利于加强污染事故的处置，维护污染受害者合法权益；有利于保险业参与辅助社会管理，发挥保险机制的社会服务功能；有利于减轻政府负担，稳定社会经济秩序。

环境污染强制责任保险试点工作是我省深化生态文明体制改革的重要事项，也是我省环境保护重点工作之一。各有关州（市）要充分认识开展环境污染强制责任保险试点工作的重要意义，切实增强工作的责任感和紧迫感，加快实施进度，确保试点项目尽快、尽早落地见效。

二、切实加强督促指导

各地要按照"政府推动、市场运作"的原则，进一步加大环境污染强制责任保险试点工作的督促指导工作。

一是加强政策宣传。各地要向试点企业大力宣传环境污染强制责任保险试点工作的重要意义和各项法规政策，提高企业对开展环责险工作重要性和必要性的认识，营造良好的实施环境，逐步形成企业主动投保的氛围。二是加强沟通协调。各地要主动加强与保险经纪机构、保险公司、试点企业的工作对接，强化沟通协调，健全沟通交流，加强政策宣传，完善风险评估、损失评估、责任认定、事故处理、保险金赔付等工作机制，形成工作合力，共同推进试点工作。三是加强工作督促。各地要监督经纪机构和保险公司开展环责险宣传、风险评估、企业投保、保险服务、隐患通报等工作环节，并指导督促试点企业限期完成投保；同时，指导督促经纪机构和保险公司提高服务质量。四是认真总结经验。各地要认真梳理前期试点推进情况，总结好的经验和做法，并及时上报省厅，以便今后更好地实施环责险。

三、加快推进工作进度

截至目前，102 家试点企业仅有 39 家完成在线环境风险评估填报，8 家投保环资险（玉溪 5 家、文山 1 家、普洱 2 家），提供保险保障 3 100 万元，投保率仅为 8%。各地要继续跟进，进一步明确目标，督促落实企业环境保护主体责任，切实加快推进工作进度，确保试点工作早日取得实效。

四、严格执行奖惩措施

依据《云南省环境保护厅　中国保监云南监管局关于印发云南省环境污染强制责任保险试点工作方案的通知》要求，各州（市）环保部门要将试点企业投保环境污染强制责任保险的情况与企业的环境监管相结合，对按规定投保的试点企业，可以采取以下激励措施：1. 在安排环境保护专项资金时，对符合专项资金支持方向的投保企业污染防治示范项目予以倾斜。2. 将试点企业投保信息及时通报银行业金融机构，鼓励和引导金融机构对试点企业给予优先放贷等支持。对应投保而未及时投保的试点企业，可以采取下列措施：1. 暂停审批企业申请的环境保护相关专项资金。2. 在该企业环境行为信用评价中，降低其信用等级。3. 加大对该企业环境监管力度。4. 暂缓审批企业排污许可证核发、年检申请。请各地认真对照上述要求，严格执行环责险奖惩措施，对已完成投保的试点企业给予政策支持；对未完成投保的试点企业，要采取有力措施，督促企业于 2019 年 1 月 15 日前完成在线环境风险评估的填报，并于 2019 年 1 月 30 日前完成环责险投保工作。

五、切实提高服务质量

各保险经纪公司和保险公司要各司其职，严格履行投标文件中承诺的各项服务，按照"一厂一策"要求，制定企业保险期间工作服务方案，切实做好保险期间服务，提高服务质量，协助企业进行环境污染风险管控，将事故防患于未然，协助监管部门转变职能，实现本次试点工作社会共治的目标。同时，要积极与企业互动，广泛收集企业反馈意见，为本次试点保险方案及服务方案优化提供依据。我厅将建立考核制度，明确考核内容，规范考核程序，加大对保险经纪公司和保险公司考核。

附件（略）

山东省生态环境厅 山东省地方金融监督管理局 中国银行保险监督管理委员会 山东监管局 关于印发山东省实施企业环境污染责任保险 管理办法的通知

鲁环发〔2018〕50 号

（2018 年 12 月 26 日）

各市生态环境（环境保护）局、地方金融监管局，各银保监分局：

现将《山东省实施企业环境污染责任保险管理办法》印发给你们，请认真贯彻执行。

山东省生态环境厅

山东省地方金融监督管理局

中国银行保险监督管理委员会山东监管局

2018 年 12 月 26 日

附件

山东省实施企业环境污染责任保险管理办法

第一章 总 则

第一条 为完善环境污染损害赔偿机制，推动新旧动能转换，根据《中华人民共和国环境保护法》《中华人民共和国保险法》《中华人民共和国侵权责任法》

等法律法规，制定本办法。

第二条　本办法所称企业环境污染责任保险（以下简称环责险），是指以环境污染损害赔偿责任为标的的保险。

第三条　承保环责险的保险机构（以下简称保险公司）、保险中介服务机构、环境风险评估机构等互助性服务机构应当遵守本办法。

第四条　开展环责险工作应当遵循政府推动、市场运作、专业经营、严格监管、风险可控、多方共赢的基本原则。

第五条　投保企业可以采用招标方式选择承保保险公司进行投保。

第六条　保险监督管理机构依法对保险公司的环责险业务实施监督管理。

省生态环境主管部门依法对企业投保环责险的情况实施监督管理。

设区的市、县（市、区）生态环境主管部门制定应当投保环责险的企业目录，依法监督检查本行政区域内企业投保环责险的情况。

第二章　投保与承保

第七条　以下环境高风险企业应当投保环责险：

（一）从事石油和天然气开采，基础化学原料制造、合成材料制造、化学药品原料制造的企业，从事Ⅲ类及以上高风险放射源的移动探伤、测井作业的企业；

（二）收集、贮存、利用、处置危险废物的企业；

（三）建设或者使用尾矿库的企业；

（四）经营液体化工码头、油气码头；

（五）有重金属排放的企业；

（六）化工、冶金、火电、焦化、造纸、印染等行业的排污重点企业。

鼓励前款范围以外的企业自愿投保环责险。

第八条　保险责任范围：

（一）第三者人身损害。投保企业因突发环境事件或者生产经营过程中污染环境，导致第三者生命、健康、身体遭受侵害，造成人体疾病、伤残、死亡等，应当承担的赔偿费用。

（二）第三者财产损害。投保企业因突发环境事件或者生产经营过程中污染环境，直接造成第三者财产损毁或价值减少，应当承担的赔偿费用。

（三）生态环境损害赔偿。投保企业因突发环境事件或者生产经营过程中污染环境，导致生态环境损害而应当承担的赔偿责任，包括清除或控制污染的费用、生态环境修复费用、生态环境受到损害至恢复原状期间服务功能的减损、生态环境功能永久性损害造成的损失以及生态环境损害赔偿调查、鉴定评估、生态环境损害修复效果后评估等相关费用。

（四）应急处置费用。投保企业、政府有关部门、公益组织等机构，为避免或者减少第三者人身损害、财产损失或者生态环境损害而支出的，依法应由投保企业承担的必要、合理的应急处置费用。

第九条　环责险实行全省统一的保险条款、基础保险费率及其调节系数，并根据被保险人的环境风险变化情况实行浮动费率。

第十条　根据企业的不同类型实行不同的责任限额，建立合理的环责险保费分类、分级价格体系。环境风险级别分为一般环境风险、较大环境风险、重大环境风险三类；具体责任限额等级，根据风险级别和企业规模、行业特点、周围环境敏感程度等因素确定。

第十一条　实行浮动费率机制。一个保险周期为三年，保险合同每年一签，上一周期未发生环境污染事故的，下一周期续保保费实行优惠，累计优惠不超过30%。上一周期发生环境污染事故的，下一周期续保保费在基准费率上实行上浮，累计上浮不超过30%。

第十二条　投保企业应当与保险公司依法订立环境污染责任保险合同（以下简称《保险合同》）。

订立《保险合同》时，双方应当依照《中华人民共和国保险法》有关规定履行告知和说明义务。

《保险合同》订立后，保险公司应当书面通知投保企业所在地的生态环境主管部门。

第十三条　投保企业应当向保险公司如实告知其环境风险重要事项，当环境风险显著增加时，应当及时通知保险公司，保险公司可以按照保险合同约定增加保险费。

未履行前款通知义务的企业，因其环境风险显著增加而发生的保险事故，保险公司不承担赔偿保险金的责任。

第十四条 除符合《中华人民共和国保险法》规定的情形外，《保险合同》成立后，保险公司不得解除。

保险公司因投保企业未履行如实告知重要事项义务，要求解除合同的，应当提前30日书面通知投保企业。投保企业自收到通知之日起5日内履行如实告知义务的，保险公司可以不解除保险合同。

第十五条 《保险合同》解除后，保险公司应当收回《保险合同》，并书面通知投保企业所在地生态环境主管部门。

第十六条 环责险的保险期为1年，投保企业应当在保险合同期满前及时续保。

第十七条 企业投保环责险，可以依法自主投保，也可以有组织统一投保。

第三章 风险评估与排查

第十八条 保险公司承保环责险，应当在承保前开展环境风险评估，并出具环境风险评估报告。环境风险评估报告是保险合同的组成部分。企业应当积极配合保险公司开展环境风险评估。

第十九条 《保险合同》应当约定在合同有效期内开展环境安全隐患排查的相关事项。保险公司和投保企业可以共同委托环境风险评估机构或者共同组建专家团队，定期或者不定期地对企业的环境安全隐患进行排查，发现环境安全隐患后，投保企业应当采取有效措施，积极整改。

第四章 赔 偿

第二十条 投保企业在《保险合同》有效期内因污染环境造成损害，受害者向企业提起环境损害赔偿请求，应当由企业依法承担赔偿责任的，由提出赔偿时所承保的保险公司依法在环责险责任限额内予以赔偿。

受害者自知道或者应当知道受到损害之日起三年内向投保企业提起环境损害赔偿请求，并由投保企业依法承担赔偿责任的，保险公司依法在环责险责任限额内予以赔偿。

第二十一条　有下列情形之一的，保险公司不予赔偿：

（一）不可抗拒的自然灾害导致的损害。完全属于不可抗拒的自然灾害，投保企业经过及时采取合理措施，仍然不能避免污染环境致使第三者遭受的损害，依法可以免除投保企业赔偿责任的。

（二）环境污染犯罪直接导致的损害。投保企业构成污染环境犯罪被追究刑事责任的，其犯罪行为直接引发环境污染致使第三者遭受的损害。

（三）故意采取通过暗管、渗井、渗坑、灌注等逃避监管的方式违法排放污染物直接导致的损害。

（四）被排查出的环境安全隐患未整改直接导致的损害。

（五）法律法规确定的可以不予赔偿的其他情形。

第二十二条　投保企业在《保险合同》有效期内因污染环境造成损害，保险公司接到投保企业或者受害者报案后，应当及时组织环境损害鉴定评估机构或者专家团队开展事故勘查、定损和责任认定，企业应当积极配合。

第二十三条　省生态环境主管部门应当会同山东保险监管机构建立第三方环境风险评估和环境损害评价鉴定机构信息库、山东省环境风险评估和环境损害评价鉴定专家库，方便各保险公司和企业选取第三方评估机构和评估专家。

第二十四条　企业按照《保险合同》请求保险公司赔偿保险金时，应当向保险公司提供其所能提供的与确认污染损害原因、损失程度等有关的证明和资料。保险公司按照保险合同的约定，认为有关的证明和资料不完整的，应当及时一次性通知投保企业补充提供。

投保企业怠于向保险公司请求赔偿保险金的，受害者也可以就其应当获得赔偿部分直接向保险公司请求赔偿。

第二十五条　保险公司可以直接向受害人赔偿保险金。投保企业依法支付赔偿款后，保险公司应当向投保企业支付保险金。

第二十六条　保险公司收到赔偿保险金的请求和相关证明、资料后，应当及时做出核定；情况复杂的，应当在 30 日内作出核定，但保险合同另有约定的除外。

保险公司应当将核定结果通知投保企业以及受害者；对属于保险责任的，在与投保企业达成赔偿保险金的协议后 10 日内，履行赔偿保险金义务。对损害责任认定较为清晰的第三方人身伤亡或者财产损失，保险公司应当积极预付赔偿，加快理赔进度。

第二十七条 保险公司、投保企业或者受害者可以委托环境损害鉴定评估机构或者专家团队，出具损害鉴定评估意见，作为保险理赔的参考依据。

已被环境民事公益诉讼、环境侵权民事诉讼生效判决认定的事实，可以直接作为理赔依据，不需要另行鉴定评估。

保险公司不得要求投保企业或者受害者提供环境保护主管部门出具的环境污染事故、损害等文件或者资料，不得以此作为保险事故核定或者理赔的前提条件。

第二十八条 投保企业与保险公司对赔偿有争议的，可以依法申请仲裁或者向人民法院提起诉讼。

第五章 罚 则

第二十九条 对于应当投保，却未按照规定投保或者续保的企业，由企业所在地的生态环境主管部门责令限期投保或者续保，并通过山东省企业环境信用评价系统对其环境信用进行评价。

第六章 附 则

第三十条 本办法自 2019 年 3 月 1 日起施行，有效期至 2022 年 3 月 1 日。

山西省生态环境厅　山西银保监局筹备组关于推进环境污染强制责任保险试点工作的指导意见

（2018 年 11 月 28 日）

各市环保局、各银监分局、运城保监分局，各财产保险公司省级分公司：

根据《中华人民共和国环境保护法》，中共中央、国务院《生态文明体制改革总体方案》和《国务院关于支持山西省进一步深化改革促进资源型经济转型发展的意见》（国发〔2017〕42 号），为切实做好环境污染强制责任保险试点工作，现提出以下意见。

一、基本原则和工作目标

（一）基本原则

政府引导，市场运作。生态环境主管部门和保险监管部门要将环境污染责任保险作为绿色金融的重要组成部分，统筹协调，落实激励和约束措施，引导企业积极投保环境污染强制责任保险，规范环境污染强制责任保险市场。保险公司要积极开发环境污染责任保险产品，按照法律法规要求履行保险人责任，促进环境污染强制责任保险市场有序发展。

风险防控，多方共赢。突出环境污染责任保险的风险防控功能。试点企业要应保尽保，充分利用保险服务，提升企业环境风险防控能力。保险公司要提升环境污染责任保险服务水平，落实好环境风险评估和风险防范要求，建立健全定损理赔机制，充分发挥环境污染强制责任保险的环境风险防控等社会管理功能。

严格监管，规范经营。生态环境主管部门要将环境污染强制责任保险纳入企业环境信用等级评价管理体系，督促试点企业投保。保险监管部门要对保险公司和保险中介机构的环境污染强制责任保险业务实施监督管理。保险公司要加强内部管控，规范完善保险流程，依法履行保险责任，统一环境风险管理和服务标准，拓宽保险服务领域。

突出重点，分步实施。确立试点区域先行，逐步推开的方式，在试点区域内选择污染重、风险大、位置敏感的行业和企业开展环境污染强制责任保险试点工作。

（二）工作目标

本意见所称环境污染强制责任保险，是指以企业事业单位和其他生产经营者污染环境导致损害应当承担的赔偿责任为保险标的的强制性保险。

通过试点区域重点行业和企业环境污染强制责任保险的先行先试，到2020年在全省范围内全面推开环境污染强制责任保险，形成规范稳健的环境污染强制责任保险市场，初步建立起山西省环境高风险领域环境污染强制责任保险制度，维护经济社会的稳定健康发展。

二、试点范围

（一）试点区域

按照省委、省政府《关于印发〈贯彻落实国务院支持山西省进一步深化改革促进资源型经济转型发展意见行动计划〉的通知》（晋发〔2017〕49号）的要求，结合我省实际，在太原、长治、晋城、大同、晋中五市开展环境污染强制责任保险试点工作。

（二）试点企业

在试点区域内，企业事业单位和其他生产经营者具有以下情形之一的，应纳入环境污染强制责任保险试点范围：

1. 从事化产品生产、回收、贮存、运输、利用、处置的焦化企业（包含钢铁联合企业的焦化厂在内），以及从事焦油加工、化肥生产等的其他煤化工企业；

2. 从事有色金属或黑色金属矿的采选、冶炼以及使用相关尾矿（渣）库的企业；从事煤层气开采，煤炭开采、洗选及加工的企业；

3. 从事危险废物收集、贮存、运输、利用、处置的，或者危险废物产生单位自行焚烧、填埋危险废物的企业；

4. 从事化学原料、化学药品原料药以及化学制品制造等有关的无机化工和有机化工企业；

　　5．从事铅酸蓄电池、金属表面处理及热处理加工、皮革鞣制加工的企业；

　　6．近五年发生过较大以上突发环境事件的，或者突发环境事件应急预案中确定的环境风险等级为重大环境风险的企业；

　　7．生产《环境保护综合名录》中所列具有高环境风险特性产品，或者生产《优先控制化学品名录》中所列化学品的企业；

　　8．被列入设区的市级以上生态环境主管部门依照法定程序确定的重点排污单位名录中，且根据有毒有害水污染物名录、有毒有害大气污染物名录等综合考虑，认为环境风险较高的企业。

　　试点市生态环境主管部门应根据本方案制定本地区环境污染强制责任保险试点企业名录，并向社会公示，公示期不得少于 15 日。名录实施动态管理，按年度制定后及时报省级生态环境主管部门进行备案。名录内企业应当按照要求投保环境污染强制责任保险。

　　鼓励和支持未列入名录的企业积极投保环境污染强制责任保险。

三、保险模式

（一）投保方式

　　投保企业应当与保险公司依法订立环境污染强制责任保险合同。合同订立后，向所在地的市级生态环境主管部门进行书面备案。

（二）承保模式

　　根据实际需求，本着公开、公平、公正的原则，可通过选择保险公司、保险经纪公司或组成共保体等方式，开展试点地区环境污染强制责任保险相关工作。

四、保险责任

（一）赔偿范围

　　环境污染强制责任保险可以约定赔偿范围。赔偿范围应当包含但不限于以下赔偿责任及相关费用：

　　1．第三者人身损害。投保企业因突发环境事件或者生产经营过程中污染环境，导致第三者生命、健康、身体遭受侵害，造成人体疾病、伤残、死亡等，应当承担的赔偿责任。

2．第三者财产损失。投保企业因突发环境事件或者在生产经营中污染环境，直接造成第三者财产损失而应当承担的赔偿责任。

3．生态环境损害。投保企业发生较大以上突发环境事件，或者发生严重影响生态环境的行为，导致生态环境损害而应当承担的赔偿责任，包括生态环境修复费用，生态环境修复期间服务功能的损失和生态环境功能永久性损害造成的损失，生态环境损害赔偿调查、鉴定评估等合理费用。

4．应急处置与清污费用。投保企业、第三者或者政府有关部门，为避免或者减少第三者人身损害、财产损失或者生态环境损害而支出的必要合理的应急监测及处置费用、污染物清理及处置费用。

（二）责任限额

根据企业按照国家有关规定制定并发布的突发环境事件应急预案中的风险评估等级，对应确定累计赔偿金额。

企业投保前，应当将突发环境事件应急预案中的环境风险评估报告提交保险公司。

（三）保险条款费率

环境污染强制责任保险原则上实行统一的保险条款费率。保险监管部门可以组织保险行业拟定示范性条款费率。

保险费率可以根据被保险人的环境风险变化情况，实行一定幅度的浮动。保险公司可在示范性条款费率的基础上开发特色附加产品。

环境污染强制责任保险相关条款费率均应按有关规定向保险监管部门备案。

（四）定损理赔

保险公司应当依法在环境污染强制责任保险合同中制定理赔条款，明确依法赔付第三者的相关条件、程序、时限等事项。

投保企业发生环境污染事故后，保险公司应当按照相关规定和技术规范及时进行现场查勘、定损和保险责任认定。

对属于保险责任范围的，保险公司在与投保企业达成赔偿协议、完善相关赔付手续后，应及时支付赔款；对赔偿金额不能确定的，保险公司自收到赔偿请求和有关证明、资料之日起六十日内，应当根据已有证明和资料可以确定的数额先予支付。

（五）除外责任

投保企业造成的以下损害，保险公司不予赔偿：

1. 环境污染故意犯罪直接导致的损害，即投保企业因故意犯罪被追究刑事责任的，其犯罪行为直接引发的环境污染致使第三者遭受的损害；

2. 投保企业故意采取通过暗管、渗井、渗坑、灌注等逃避监管的方式违法排放污染物直接导致的损害；

3. 因战争或者地震、火山爆发、海啸、龙卷风等完全属于不可抗拒的自然灾害，投保企业经过及时采取合理措施，仍然不能避免造成的损害；

4. 投保企业存在环境安全隐患被各级人民政府责令改正，但是投保企业不改正或者不按期限改正而直接导致的损害。

五、环境风险防控服务

保险公司应当充分发挥风险管理专业优势，依照保险合同约定建立面向高环境风险企业的环境风险评估机制，实时开展风险监测，定期开展风险评估，及时提示风险隐患，帮助企业提高环境风险控制能力。

（一）开展承保前风险评估

保险公司在承保前应当组织专家或者委托具有相应能力的环境技术服务机构，对拟投保企业进行环境风险评估，编制评估报告，确定风险适用费率。保险公司开展环境风险评估的，投保企业应当积极配合。保险公司应当在承保时向投保企业提供环境风险评估报告，并作为保险合同的组成部分。环境风险评估费用由保险公司承担。

（二）强化投保后环境风险防控服务

保险合同应当约定保险公司在合同有效期内对投保企业开展每年不少于 1 次的环境安全隐患现场排查和环保设施达标能力评估、环境风险管理知识培训等环境风险防控服务事项。保险公司可以委托环境技术服务机构或者相关专家团队，对企业开展环境安全隐患现场排查，投保企业应当积极配合。保险公司应当在环境安全隐患现场排查后 20 个工作日内，出具环境安全隐患现场排查报告；发现存在重大环境安全隐患的，应当向投保企业出具重大环境安全隐患排除建议书，督促投保企业及时整改。保险公司也可根据投保企业的实际情况或需求，开展风险预警、应急演练等服务。

（三）建立风险管理服务档案

保险公司应当建立投保企业的风险管理服务档案。风险管理服务档案应当包括但不限于：

1. 投保企业提供的环境风险评估报告、环境风险现状说明材料和环境风险变化情况说明材料；

2. 保险公司组织编制的环境安全隐患现场排查报告、重大环境安全隐患排除建议书。

投保企业对突发环境事件应急预案进行修订的，应当将修订后的应急预案及时告知承保保险公司。

（四）规范使用和管理环境污染防预费

环境污染防预费是保险公司用于环境风险防控服务的费用，其用途包括但不限于环境风险排查、专题培训、风险预警、应急演练等环境风险管理服务有关工作。保险公司应当按照《金融企业财务规则》等有关规定，据实列支环境污染防预费，专款专用。环境污染防预费的使用和管理办法另行制定。

六、保障措施

（一）加强组织保障。成立由省生态环境主管部门和省保险监管部门组织、试点地区生态环境主管部门和保险监管部门参与的山西省环境污染责任保险工作领导小组，建立全省环境污染强制责任保险信息共享机制，明确工作职责，定期对全省环境污染强制责任保险试点工作进行总结评估。

（二）信息互通共享。生态环境主管部门和保险监管部门定期将企业投保环境污染强制责任保险情况和保险公司环境风险管理情况进行通报，并向社会公开。试点市生态环境主管部门应建立相关工作机制，对所在区域投保信息和环境风险管理服务信息进行统一管理。

（三）完善激励机制和约束措施。生态环境主管部门应当将企业投保环境污染强制责任保险作为企业环境信用评价的重要考核标准，完善企业环境行为信用信息共享机制，加强与社会信用体系建设联席会议各成员单位的联动。根据企业的信用等级予以相应的鼓励、警示或惩戒。

（四）强化监督检查。试点市生态环境主管部门要积极推进列入投保企业名录的企业投保环境污染强制责任保险，对应当投保而未投保的环境高风险企业名单予以公告。山西省环境污染责任保险工作领导小组将适时组织开展专项督查，督促指导环境污染强制责任保险顺利开展。保险监管部门负责对保险公司依法履行保险责任和义务进行监管，确保环境污染强制责任保险业务依法有序开展。

贵州贵安新区管理委员会办公室关于印发《贵安新区绿色金融改革创新试验区建设实施方案》的通知

黔贵安管办发〔2018〕20 号

综保区，新区各部门、单位，开投、华芯公司、直管区各乡镇：

《贵安新区绿色金融改革创新试验区建设实施方案》已经新区管委会研究同意，现印发给你们，请认真组织实施。

2018 年 7 月 5 日

贵安新区绿色金融改革创新试验区建设实施方案

充分发挥保险功能作用，探索适合新区经济和绿色金融改革创新试验区要求的特色保险产品和服务体系，促进新区经济转型发展和社会和谐稳定。加大绿色保险产品创新力度，强化绿色产业风险抵御能力。鼓励保险机构根据新区产业规划，制订合适的绿色保险计划。依法鼓励在新区试点环境污染强制责任险。［责任单位：绿色金融港管委会、环保局、财政局（金融办）、经发局、农水局］

贵州贵安新区管理委员会办公室印发《贵安新区关于开展环境污染强制责任保险试点工作方案》的通知

黔贵安管办函〔2018〕49 号

综保区，新区各部门、单位，开投、华芯公司，直管区各乡镇：

《贵安新区关于开展环境污染强制责任保险试点工作方案》已经管委会研究同意，现印发你们，抓好贯彻落实。

2018 年 5 月 30 日

贵安新区关于开展环境污染强制责任保险试点工作方案

为深入贯彻落实党的十九大关于生态文明建设的重大决策部署，进一步发挥绿色金融特别是商业保险对绿色发展的推动作用，更好地保障公众健康和生态坏境安全，根据中共中央、国务院印发的《生态文明体制改革总体方案》精神，以及中国人民银行等七部委联合发布的《关于构建绿色金融体系的指导意见》和省环保厅、省保监局《关于印发贵州省关于开展环境污染强制责任保险试点工作方案的通知》（黔环通〔2017〕301 号）要求，结合工作实际，制定本方案。

一、基本原则与工作目标

（一）基本原则

政府推动，市场运作。新区管委会将环境污染强制责任保险作为建设绿色金融改革创新试验区的重要组成部分，统筹协调推进，落实约束和鼓励措施。新区金融办要同保监部门协同配合，强化监管，规范环境污染强制责任保险市场。保险公司要积极开发环境污染强制责任保险产品，公平参与竞争，提供优质服务，履行保险人责任。

风险可控，多方共赢。突出环境污染强制责任保险的风险防控功能。试点企业应保尽保，充分利用保险服务平台，全面提升企业环境风险防控能力。保险公司要创新保险产品，落实环境风险评估、环境隐患排查等风险防控服务，同时保证对受损害的第三者和生态环境快速定损理赔，为化解环境纠纷和社会矛盾提供新型保障，充分发挥环境保护市场机制作用。

严格监管，规范经营。保险公司要加强内部管控，规范承保、理赔流程，统一环境风险管理和服务标准，拓宽保险服务领域。保监部门应加强对投保、理赔过程的监督，督促保险公司认真履行保险合同。新区环保局将环境污染强制责任保险情况纳入企业环保信用等级评定管理，依法实施监管。

（二）工作目标

到 2020 年年底前，推动新区直管区环境高风险领域的企业事业单位或者其他生产经营者（以下简称企业）应保尽保、足额投保，形成规范稳健的环境污染强制责任保险市场，充分发挥商业保险在环境保护领域的社会管理功能，实现企业环境风险可控，保障公众健康和生态环境安全，维护经济社会的稳定健康发展。

二、保险实施范围

环境污染强制责任保险，是指以企业生产经营活动导致的环境污染损害赔偿责任为保险标的的强制性保险。企业具有下列情形之一的，纳入环境污染强制责任保险试点范围：

（一）被列入土壤污染重点监管行业名录或者从事土壤污染修复的；

（二）危险废物产生量较大的；

（三）生产或者使用Ⅱ类及以上高风险放射源的；

（四）处于环境敏感区的较大排污企业；

（五）近五年发生过较大以上突发环境事件的。

具有以下情形之一的企业，新区环保局根据本地环境风险防控、公众环境利益保护的需要，将其纳入环境高风险企业范围：

（一）环境应急预案中环境风险等级为重大环境风险的；

（二）排放有毒有害水污染物名录中所列有毒有害水污染物的；

（三）排放有毒有害大气污染物名录中所列有毒有害大气污染物的；

（四）生产《环境保护综合名录》中所列具有高环境风险特性产品的；

（五）从事化学药品原料药、金属表面处理及热处理加工的；

（六）国家或省规定应当投保环境污染强制责任保险的其他情形。

新区环保局根据上述情形制定本辖区环境污染强制责任保险试点企业名录。名录内企业应当按要求参加环境污染强制责任保险。鼓励和支持未列入名录的具有环境风险的企业参照环境污染强制责任保险模式参加环境污染责任保险。

三、试点工作步骤

开展环境污染强制责任保险试点工作分为三个阶段：

（一）筹备启动阶段（2017 年 12 月—2018 年 5 月）

2018 年 5 月 30 日前，制定印发《贵安新区关于开展环境污染强制责任保险试点工作方案》，对试点工作进行安排部署，配合省环保厅完成保险经纪公司的招标工作，完成试点投保企业名单摸底、核实，召开投保范围内相关企业负责人参加的工作部署动员会，开展宣传动员工作。

（二）试点推进阶段（2018 年 6—12 月）

各乡镇、园区管委会按照《贵安新区关于开展环境污染强制责任保险试点工作方案》组织试点范围内的企业，与相关保险公司按照相应的保险责任范围、费率签订保险合同。新区坏保局枳极对接环保部政策研究中心试点工作专家组，对试点工作进行监督指导、及时帮助解决存在的问题，推进试点工作的深入开展。试点结束，及时总结评估试点工作情况。

（三）长效推广阶段（2019 年起）

在总结试点工作取得经验的基础上，根据《环境保护法》修订情况，适时推开环境污染强制责任保险工作，建立合法、规范、完善、有序的环境污染强制责任保险制度。新区环保局将环境污染强制责任保险纳入日常工作予以安排，推动形成环境污染强制责任保险范围内的企业依法购买的常态化工作机制。并鼓励其他行业、领域的企业积极参保。

四、保险模式及责任范围、费率和出险理赔

环境污染强制责任保险可由多家保险公司组成共保体，也可由有条件的保险公司独家承保。环保、保监等相关部门应当给予指导和协助。

环境污染强制责任保险实行属地管理，企业可以根据环境管理需求自主选择符合条件的保险公司和保险产品。集团公司在新区设立的分支机构，应当按照新区要求单独购买环境污染责任强制保险。辖区内同一法人单位在辖区内不同地点设立的企业，可以统一购买。

保险责任赔偿范围、投保企业环境风险管理评估、保险费率及赔偿限额、出险理赔等按省环保厅、省保监局《贵州省环境污染责任保险指南（试行）》（黔环通〔2014〕166 号）执行。

五、保险公司环境风险防控服务

（一）建立环境风险监控和预警机制

保险公司或保险经纪公司应当充分发挥风险管理专业优势，建立面向高环境风险企业的环境风险监控和预警机制，实时开展风险监测，定期开展风险评估，及时提示风险隐患，实现企业环境风险可控。

（二）开展承保前环境风险评估

保险公司应在承保前组织专家或者委托具有相应能力的环境技术服务机构，根据国家、省、市环境风险评估及等级划分相关技术规范，对拟投保企业开展环境风险评估，编制评估报告，确定风险等级。保险公司开展环境风险评估的，企业应当积极配合。环境风险评估费用由保险公司承担，保险公司应当在承保时向企业提供环境风险评估报告，并作为保险合同的组成部分。保险公司应当严格执行新区环境风险评估与等级划分技术规范，不得擅自降低档次承保。

（三）强化承保期内环境风险防控服务

保险合同应约定在合同有效期内开展每年不少于 1 次的环境风险隐患排查和应急演练、专题培训等环境风险防控服务事项。保险公司可以组织专家或委托具有相应能力的环境技术服务机构，对企业开展环境风险隐患排查，发现存在环境风险隐患的，提出书面建议，督促企业及时整改。

（四）建立环境风险防控服务评价体系

新区环保局会同新区金融办积极对接省环保厅和省保监会建立健全环境污染强制责任保险服务评价制度。统一服务评价标准，自行组织或者委托第三方机构定期对保险公司承保前环境风险评估、承保期间环境风险防控服务，以及被保险人反馈的环境风险防控服务满意度等情况进行综合评价，并将评价结果向社会公布。

六、保障措施

（一）约束手段

对应当投保而未及时投保的企业，按照属地管理原则，相关部门可采取下列措施：

1. 将企业是否投保与建设项目环境影响评价文件审批、核发和换发排污许可证和危险废物经营许可证、清洁生产审核，危险废物转移联单管理、开展行业准入审查、上市环保核查、申报环保专项资金、建设项目竣工环境保护验收等制度的环境风险防范要求紧密结合。

2. 暂停受理企业的环境保护专项资金、重金属污染防治专项资金等相关专项资金的申请。

3. 将该企业未按规定投保的信息及时提供银行业金融机构，为其客户评级、信贷准入退出和管理提供重要依据。

4. 依法查处环境污染事故肇事单位。进一步加强对高环境风险、较高环境风险企业的风险管理和环保监管，依法加大对环境污染事故、事件肇事单位的处罚力度。

（二）激励措施

1. 新区环保局在安排环境保护专项资金或重金属污染防治专项资金时，对投保企业污染防治项目予以倾斜。

2. 实行参保企业优惠政策。环保部门会同相关部门在污染治理、风险源整治、应急处置能力建设等工作上对参保企业给予一定的政策倾斜，将风险企业参与环境污染责任保险情况纳入企业环境行为信息公开评价体系，同时作为企业参与各类创先评优、ISO 14000 认证、上市融资等环保审核的重要内容。

七、加强组织领导

（一）新区管委会要高度重视环境污染强制责任保险工作，切实加强对此项工作的组织领导，将环境污染强制责任保险作为建设绿色金融改革创新试验区的重要组成部分和强化企业环境风险管理的重要手段，纳入当地突发事件应急管理工作体系。大力加强环境污染责任保险工作的政策宣传，督促相关企业通过投保环境污染责任保险认真落实环境风险防范和污染事故预防、应急处置等法律义务，积极协调、支持投保企业及时开展应急事件处置及相关事故查勘、定损、理赔等工作，维护投保企业的合法权益，确保污染受害者得到经济赔偿。不断完善环境污染责任保险的相关政策措施。

（二）新区环保局和各乡镇、园区管委会对保险公司履行保险责任和义务实行监督，如发现违法行为，及时报送省保监会进行查处，推动相关保险企业合法、规范经营。

（三）相关保险公司要把开展环境污染强制责任保险作为履行社会责任的重要内容，大力加强环境污染责任保险相关业务宣传和培训，让购买保险的企业了解环责险。认真贯彻落实省环保厅、贵州保监局印发了《贵州省环境污染责任保险指南（试行）》，进一步完善保险产品，创新服务理念和方式，切实做好承保前的企业风险状况评估和承保后的跟踪检查，规范保险行为、改善保险服务，提高服务水平和质量。

（四）相关投保企业要提高对环境污染强制责任保险的认识，健全完善防范、控制环境风险的管理机制，通过购买环境污染强制责任保险，增强环境风险防范能力，严格防控环境污染事故的发生。

（五）新区管委会要加强金融、保监机构的协作配合，加强对试点工作的指导，及时总结试点工作推进过程中的经验和存在的问题，大力推动试点工作的深入进行。同时，加大宣传力度，努力为试点工作营造良好的氛围。

（六）环境污染强制责任保险参保情况和工作开展情况纳入年度目标责任考核范围。

第九部分

新闻发布

相关负责人就《中国环境资源审判（2020）》暨年度典型案例和《中国环境司法发展报告（2020）》答记者问

（来源：人民法院新闻传媒总社，转载自最高人民法院官网 2021 年 6 月 4 日发布）

6月4日，最高人民法院举行新闻发布会，发布《中国环境资源审判（2020）》暨年度典型案例和《中国环境司法发展报告（2020）》。最高人民法院副院长杨临萍、全国政协社会和法制委员会驻会副主任吕忠梅、生态环境部法规与标准司司长别涛、最高人民法院环资庭党务廉政专员李明义就相关情况回答记者提问。

问 1：我注意到，最高法院已经连续五年发布环境资源审判年度报告。五年来，人民法院护航美丽中国建设取得显著成效。今年是落实"十四五"规划开局之年，今后一段时期，人民法院将如何继续开展好生态环境司法保护工作？

答：党的十八大以来，以习近平同志为核心的党中央把生态文明建设摆在全局工作的突出位置，全面加强生态文明建设，开展了一系列根本性、开创性、长远性工作，决心之大、力度之人、成效之大前所未有，生态文明建设从认识到实践都发生了历史性、转折性、全局性的变化。在中央政治局第二十九次集体学习时，习近平总书记强调，"十四五"时期，我国生态文明建设进入了以降碳为重点战略方向、推动减污降碳协同增效、促进经济社会发展全面绿色转型、实现生态环境质量改善由量变到质变的关键时期，为人民法院深入推进生态环境司法保护、服务高质量发展提供了根本遵循。习近平总书记在世界环境司法大会贺信中，肯定我国生态环境保护工作和环境司法改革创新的有益经验，为推进全球生态环境治理，共建人和自然和谐的美丽家园指明了方向。

人民法院将坚持以习近平新时代中国特色社会主义思想为指导，深入贯彻习近平生态文明思想、习近平法治思想，深入推进环境司法改革创新，全面提升生态环境司法保护水平，实现生态环境司法保护的新发展、新跨越。

一是坚持以人民为中心，切实保障人民群众环境权益。坚持以人民为中心的发展思想，加大对人民群众关心的水、大气、土壤等突出环境问题的治理力度，改善生态环境质量和城乡人居环境。依法适用环境公益诉讼制度，维护生态环境公共利益，努力满足人民日益增长的优美生态环境需要。

二是坚持保护优先、绿色发展，促进人与自然和谐共生。坚持生态优先、预防为主，在审理环境资源案件中，灵活运用补植复绿、增殖放流、技改抵扣等多种责任承担方式，推动受损生态环境有效恢复。坚持绿水青山就是金山银山的发展理念，坚持节约资源和保护环境的基本国策，推动形成人与自然和谐共生新格局。

三是坚持系统观念，增强环境治理的整体性、协同性。坚持山水林田湖草沙是一个生命共同体，统筹推进一体化治理和保护。健全完善与检察、公安、行政执法等部门的环境治理联动机制，以司法裁判引导市场主体、社会公众增强环保意识，推动构建现代环境治理体系。

四是坚持最严密法治，提升生态环境法治保障成效。坚持最严格制度最严密法治，运用环境保护禁令、环境侵权惩罚性赔偿等制度，让污染环境、破坏生态者承担更大更严的法律责任。通过司法裁判监督、支持环境执法的规范高效开展，推进生态环境依法治理。

人民法院将紧扣"十四五"规划和2035年远景目标纲要确定的经济社会发展任务，聚焦立足新发展阶段、贯彻新发展理念、构建新发展格局、推动高质量发展要求，进一步深化环境资源审判工作，提升司法保障能力水平，为建设美丽中国提供更加有力的司法服务和保障。

一是加强生态保护，守住自然生态安全边界。加大青藏高原生态屏障区、黄河重点生态区、长江重点生态区等重点区域生态保护，巩固生态安全屏障。维护生物多样性，依法审理长江禁捕退捕案件，服务保障长江十年禁渔，促进长江生态恢复；严厉打击危害珍稀、濒危野生动植物违法犯罪行为，加强栖息地生态系统保护；适时制定出台生物多样性司法保护指导意见，司法助力生态平衡。

二是深入打好污染防治攻坚战，持续改善环境质量。强化突出环境问题治理，加大对京津冀周边、长三角等重点区域大气污染，长江、黄河等大江大河以及近岸海域水污染治理力度；强化农业面源污染、固体废物污染的追责力度，促进受污染土壤及时有效修复。坚持最严格的耕地保护制度，加强对黑土地等重要耕地保护。加大农村人居环境整治，解决"垃圾围村"、乡村黑臭水体等环境问题，服务美丽乡村建设。

三是推动发展方式绿色转型，服务高质量发展。全面贯彻损害担责原则，提高环境违法成本，推动高污染、高耗能的重点行业领域绿色化改造，推动绿色低碳发展，助推实现碳达峰、碳中和目标。落实《民法典》绿色原则，强化对节约资源、循环利用的司法指引，提高资源利用效率。规范市场化环保产业健康有序发展，支持绿色金融、碳汇交易等新业态发展，及时出台相关司法政策，完善绿色发展的司法保障措施。

四是健全现代环境治理体系，提升环境法治影响力。强化区域协同治理，加强与检察机关、公安机关、环境执法机关协调联动，形成环境治理合力。倡导环境治理全民行动，通过司法裁判，增强人民群众生态环境法治意识，引导形成简约适度、绿色低碳的生活方式。统筹推进生态环境国内法治和涉外法治，积极落实《世界环境司法大会昆明宣言》，加强环境司法国际交流合作，推动共建绿色"一带一路"，为构建人与自然生命共同体、共建地球生命共同体贡献司法力量。

问 2：《中华人民共和国长江保护法》已于今年 3 月份实施，请您谈谈如何发挥环境司法在长江流域治理中的作用？

答： 按照习近平总书记"共抓大保护、不搞大开发"的指示，在最高人民法院的积极指导下，长江流域各级人民法院准确把握长江经济带的战略定位和基本内涵，不断提升环境司法服务与保障的能力和水平，流域的环境司法步履稳健，取得了不少成绩。概括起来，我觉得有三个特点：

首先，长江流域的环境司法行动早、反应快。最高人民法院较早地发布了《关于为长江经济带发展提供司法服务和保障的意见》（2016 年）、《关于全面加强长江流域生态文明建设与绿色发展司法保障的意见》（2017 年）、《关于长江三角洲区域一体化发展提供司法服务和保障的意见》（2020 年）。相应地，专门发布了 5 批次、每批 10 个典型案例。今年的 2 月，最高人民法院又印发了《关于贯彻〈中华人民共和国长江保护法〉的实施意见》，从法律的正确适用、司法的服务保障等方面持续推动长江流域的绿色发展。

其次，长江流域的环境司法创新大、亮点多。一是跨区域环境资源专门审判机构增长迅速，组织体系持续优化。截至 2020 年 6 月，长江流域各地人民法院因地制宜设立环境资源审判庭、合议庭、人民法庭等专门审判机构共计 1 203 个，实现了对流域重点区域的全覆盖。江苏建立"9+1"环境资源集中管辖审判体系，江西在"五河一江一湖"流域和部分重点区域共设立 11 个环境资源法庭，以落实集中管辖。二是环境司法机制不断创新，内外联动特征明显。在最高人民法院的指导下，长江流域各地法院主动作为，加强了法院内部以及与相关部门间的司法协作。重庆、四川、贵州、云南四省（市）高级人民法院建立长江上游环境资源案件审判协作机制。河南、湖北、陕西三省六个基层人民法院联手打造南水北调中线工程水源区生态环境资源保护司法联动机制，确保"一库清水永续北送"。目前，法院内部和外部的司法协作基本实现了上中下游全覆盖，重点区域广泛落实。

最后，长江流域的环境司法步子稳、方向准。最高人民法院通过完善环境司法规则，发挥了宏观的设计与引领功能，系统指导了长江流域各级法院的环境司法工作。具体来说，为了确保流域环境司法的步子迈稳、方向弄准，自 2016 年以来，最高人民法院连续发布多部司法文件和司法政策，统一长江流域司法保护尺度；与此同时，积极运用司法解释、典型案例、审判白皮书等多种方式，回应长江经济带发展的国家战略，全面加强长江流域的环境资源审判工作。2020 年发布的《长江流域生态环境司法保护状况》，更是首次以专项白皮书的形式对流域环境司法的集中展现。

应该说，中国的环境司法在流域治理中发挥了重要的作用，充分扮演好了纠纷解决、政策形成和法治宣传等三大功能，取得了历史性成就。这些创新，充分体现了人民法院在法治轨道中精准回应人民群众日益增长的环境关切和司法需求的系统性努力。未来，还要积极研究探索流域专门法院的设置，统一流域性和跨区域案件的受理、审理和执行的标准与尺度，推动恢复性司法理念在实践中的转化，继续为长江生态环境"保驾护航"。

问 3： 生态环境损害赔偿制度全国试行已有三年，根据《生态环境损害赔偿制度改革方案》，2020 年要初步构建生态环境损害赔偿制度，请问目前这项工作进展情况如何？中央改革方案规定的目标是否完成？下一步有哪些工作计划？

答： 党中央、国务院高度重视生态环境损害赔偿工作。党的十八届三中全会明确提出"对造成生态环境损害的责任者严格实行赔偿制度"；2015 年，中共中央办公厅、国务院办公厅印发《生态环境损害赔偿制度改革试点方案》，在吉林等 7 个省（市）开展试点；在此基础上，2017 年中共中央办公厅、国务院办公厅印发《生态环境损害赔偿制度改革方案》，自 2018 年起在全国试行，力争在 2020年初步构建责任明确、途径畅通、技术规范、保障有力、赔偿到位、修复有效的生态环境损害赔偿制度。三年来，各地各部门认真贯彻落实中央改革部署，初步构建了生态环境损害赔偿制度基本规范，在推动国家和地方立法、规范诉讼规则、完善技术和资金保障、开展案例实践、修复受损生态环境等方面取得明显成效。突出表现在四个方面：

一是法律制度建设成效显著。民法典设专章规定生态环境损害赔偿责任，明确国家规定的机关包括行政机关和检察机关，或者法律规定的组织有权就生态环境损害提起索赔，并规定了生态环境损害的赔偿范围、惩罚性赔偿等规则，将改革成果纳入国家基本法律内容，从实体法角度确立了生态环境损害赔偿制度。相关专项法律也对生态环境损害赔偿作出了专门规定，包括土壤污染防治法、固体废物污染坏境防治法、长江保护法、森林法等。部分地方立法也规定了生态环境损害赔偿，目前已有 19 个省份出台了包含生态环境损害赔偿内容的地方法规。

二是管理制度更加完善。生态环境部等 11 部门联合印发《关于推进生态环境损害赔偿制度改革若干具体问题的意见》，对地方普遍反映的案件线索筛查、赔偿磋商、司法确认等问题，提出了明确指导意见。最高人民法院制定《关于审理生态环境损害赔偿案件的若干规定》，对生态环境损害赔偿诉讼、磋商协议的司法确认等问题做了专门规定。财政部等 9 部门联合印发《生态环境损害赔偿资金管理办法（试行）》，规范了赔偿资金的缴纳、使用和监督规则。生态环境部对腾格里沙漠污染案、木里矿区生态破坏案等重大案件加强调研督导，从实践案例中评选优秀典型案例供各地借鉴，推动各地加快改革落地落实。

三是技术体系日趋规范。生态环境部联合市场监管总局发布了总纲、损害调查、土壤和地下水、地表水和沉积物、水污染虚拟治理成本法、大气污染虚拟治理成本法等 6 项技术规范，初步构建了生态环境损害鉴定评估技术标准体系，基本覆盖了生态环境损害鉴定评估涉及的主要技术环节和环境要素类型。生态环境部推荐了三批生态环境损害鉴定评估技术机构，各省级司法厅局审核登记了 200 多家生态环境损害司法鉴定机构，实现了各省（自治区、直辖市）鉴定评估机构的全覆盖。

四是各地改革实践推进有力。各省（自治区、直辖市）和新疆生产建设兵团均制定了省级实施方案，全国 388 个地级市（含直辖市区、县）印发了实施方案，明确本行政区的改革目标、推进路径、职责分工。各地针对磋商、调查与鉴定评估、资金管理等具体问题制定了 327 份配套文件。各地各部门积极办理生态环境损害赔偿案件，及时修复受损的生态环境，截至 2020 年年底，全国共办理赔偿案件 4 300 余件，涉及赔偿金额超过 78 亿元。

下一步，生态环境部将按照《生态环境损害赔偿制度改革方案》的要求，积极联合最高人民法院和其他中央国家机关有关部门重点开展以下四项工作：

一是研究起草关于生态环境损害赔偿的党内法规性文件，同时研究提出立法建议，推动将改革成果纳入法治化轨道。

二是召开视频会进一步推进改革，继续加大对重大典型案件的督导，发布典型案例，加强对各地改革实践的指导。

三是加强生态环境损害鉴定评估技术基础研究，健全完善技术标准体系，提升对生态环境损害赔偿工作技术支撑力度。

四是加强部门间的协调配合，形成合力，推动生态环境损害赔偿改革工作落地、见实、见效。

问 4：在您刚才介绍的十个案例中，我们注意到有两个案例涉及固体废物污染环境防治，请您介绍下人民法院在这方面的相关工作情况？

答：《固体废物污染环境防治法》是生态环境保护领域的一部重要法律，自 1995 年制定实施以来经历过 5 次修改，特别是去年，进行了全面修订，为防治固体废物污染提供了强有力的法律支撑。习近平总书记多次对固体废物污染防治作出重要指示批示。今年 3 月 29 日，栗战书委员长主持召开会议，对固体废物污染防治执法检查工作作出专门部署。

本次发布的年度典型案例中，十个案例中有两个涉及固体废物污染环境防治，一个是广东垃圾处理厂非法倾倒生活垃圾案，一个是广西跨省（自治区）非法转移废酸油渣案，体现了人民法院对固体废物污染环境防治审判工作的高度重视，以及全面贯彻落实新修订的《固体废物污染环境防治法》，为保障公众健康，维护生态安全，促进经济社会可持续发展提供有力司法服务保障的坚定决心。

固体废物具有量大面广、种类繁多、性质复杂和危害程度深等特点，是大气、水、土壤的重要污染来源。从司法实践看，固体废物污染防治案件的审理要注重以下三个方面：

一是注重跨行政区划司法协作。固体废物污染一般都涉及污染物的转移。或者是由城市向农村转移，由此产生"垃圾围城"，影响美丽乡村、宜居乡村建设的问题；或者是跨省、自治区、直辖市行政区划的转移，出于逃避监管、降低成本等考虑，一些生产企业会以远低于市场价的价格，将固体废物交给不具有资质的人非法处置，多表现为发达地区向欠发达地区转移，甚至还有"洋垃圾"的跨境转移问题。人民法院在审理此类案件时，要注重跨行政区划之间的司法协作，在信息共享、证据的采集和固定、案件的移送和执行上衔接协调，相互配合。

二是注重全链条打击。固体废物污染防治案件涉事者众多，多人环境侵权的特点明显。在生产、销售、贮存、利用、处置、运输等环节均会发生污染行为，相关主体之间是否具有意思联络，是否构成共同侵权，责任方式如何承担、责任份额如何划定，是此类案件审理的重点、难点。此外，同一污染行为在造成环境污染侵权的同时，往往也会违反固体废物污染防治的行政管理规定，情节严重的，还会构成犯罪。人民法院在审理此类案件时，应统筹适用刑事、民事、行政三种法律责任，在证据采信、事实认定和责任承担上，注重刑事、民事、行政诉讼三大传统诉讼以及环境公益类诉讼之间的衔接，对固体废物的生产者、销售者、非法处置者等相关主体严惩重处，实行全链条打击。

三是注重生态环境及时有效修复。固体废物包括工业固体废物、生活垃圾、危险废物、建筑垃圾、农村固体废物等，与每一个社会主体的生产生活息息相关，不仅其自身具有危害公众健康和生态环境安全的属性，一旦贮存、利用、处置不当，也是造成大气、水、土壤污染的主要来源，甚至容易引发突发环境事件。本次发布的两个案例中，广东垃圾处理厂非法倾倒生活垃圾案，即导致填埋场所土壤受到严重污染，由此产生 1.3 亿多元的生态环境修复费用和服务功能损失；广西跨省（自治区）转移废酸油渣案，引发当地政府启动突发环境事件Ⅳ级应急响应。人民法院在审理此类案件时，要注重落实预防原则，避免生态环境损害的发生和进一步扩大；要结合不同环境要素的修复需求，探索创新审判执行方式，通过引入第三方专业治理机构清理整治、代履行等方式，促进受损生态环境及时有效修复。

我们希望，通过本次典型案例发布，表明人民法院防治固体废物污染环境的决心和力度，助力国家推行绿色发展方式，促进企业清洁生产和循环经济发展。倡导社会公众实行简约适度、绿色低碳的生活方式，营造全社会积极参与固体废物污染环境防治的良好氛围。

生态环境部有关负责人就《强化危险废物监管和利用处置能力改革实施方案》答记者问

近日，国务院办公厅印发《强化危险废物监管和利用处置能力改革实施方案》（以下简称《实施方案》）。生态环境部有关负责人就《实施方案》发布和实施有关情况，回答了记者的提问。

问：《实施方案》出台背景和意义是什么？

答：危险废物是指具有毒性、腐蚀性、易燃性、反应性或者感染性一种或者几种危险特性的固体废物，若处置不当可能对生态环境和人体健康造成有害影响。近年来，危险废物非法转移倾倒案件时有发生，对生态环境和人民群众生命安全造成严重影响，暴露出危险废物监管能力和利用处置能力仍存在突出短板。对此，党中央、国务院高度重视，习近平总书记强调，严厉打击危险废物破坏环境违法行为，坚决遏制住危险废物非法转移、倾倒、利用和处理处置；加快补齐医疗废物、危险废物收集处理设施方面的短板。中共中央、国务院《关于全面加强生态环境保护 坚决打好污染防治攻坚战的意见》提出，提升危险废物利用处置能力。新修订的《中华人民共和国固体废物污染环境防治法》（以下简称《固废法》）完善了危险废物污染环境防治制度。2020年，中央深改委将强化危险废物监管和利用处置能力列为一项重要改革任务。

为深入贯彻落实党中央、国务院决策部署，生态环境部会同有关部门起草编制了《实施方案》，国务院办公厅近期正式印发。《实施方案》深入贯彻习近平生态文明思想，坚持精准治污、科学治污、依法治污，深化体制机制改革，着力提升危险废物监管和利用处置能力，对于持续改善生态环境质量、有效防控危险废物环境与安全风险、切实维护人民群众身体健康和生态环境安全具有重大意义。

问：《实施方案》包括哪些主要内容？

答：《实施方案》分为十个部分。第一部分是总体要求。提出以习近平新时代中国特色社会主义思想为指导，深入贯彻习近平生态文明思想和全国生态环境保护大会精神，坚持改革创新、着力激发活力，坚持依法治理、着力强化监管，坚持统筹安排、着力补齐短板，坚持多元共治、着力防控风险等原则，到 2025年底建立健全源头严防、过程严管、后果严惩的危险废物监管体系。

第二至第九部分提出主要任务，包括完善危险废物监管体制机制、强化危险废物源头管控、强化危险废物收集转运等过程监管、强化废弃危险化学品监管、提升危险废物集中处置基础保障能力、促进危险废物利用处置产业高质量发展、建立平战结合的医疗废物应急处置体系、强化危险废物环境风险防控能力等。

第十部分是保障措施。提出压实地方和部门责任、加大督察力度、加强教育培训、营造良好氛围等要求。

问：《实施方案》对落实各方责任有哪些具体举措？

答：一是落实企业的主体责任，明确危险废物产生、收集、贮存、运输、利用、处置企业（以下统称危险废物相关企业）的主要负责人（法定代表人、实际控制人）是危险废物污染防治和安全生产第一责任人，要严格落实危险废物污染防治和安全生产法律法规制度。危险废物相关企业要依法及时公开危险废物污染环境防治信息，依法依规投保环境污染责任保险。

二是明确地方各级人民政府对本地区危险废物治理负总责，要加强对强化危险废物监管和利用处置能力的组织领导。县级以上地方人民政府将危险废物污染环境防治情况纳入环境状况和环境保护目标完成情况年度报告，并向本级人民代表大会或者人民代表大会常务委员会报告。对涉危险废物环境违法案件频发、处置能力严重不足并造成环境污染或恶劣社会影响的地方和单位，视情开展专项督察。

三是有关部门按职责分工履行监管责任。发展改革、工业和信息化、生态环境、应急管理、公安、交通运输、卫生健康、住房城乡建设、海关等有关部门要落实在危险废物利用处置、污染环境防治、安全生产、运输安全以及卫生防疫等方面的监管职责，强化部门间协调沟通，形成工作合力。针对废弃危险化学品，应急管理部门和生态环境部门以及其他相关部门建立监管协作和联合执法工作机制，及时、充分、有效共享信息。

问：如何通过信息化手段提升危险废物监管能力？

答： 一是依托生态环境保护信息化工程，完善国家危险废物环境管理信息系统，实现全国危险废物环境管理信息化"一张网"。二是加强信息系统推广应用，实现危险废物产生情况在线申报、管理计划在线备案、转移联单在线运行、利用处置情况在线报告和全过程在线监控。三是鼓励有条件的地区推行视频监控、电子标签等集成智能监控手段，实现对危险废物全过程跟踪管理，并与相关行政机关、司法机关实现互通共享。

问：《实施方案》对于解决危险废物鉴别难、费用高等问题有何考虑？

答： 危险废物鉴别是识别固体废物危险特性的重要技术手段，也是危险废物精细化管理和精准"治废"的技术基础和关键依据。我国危险废物类别多，行业来源广，危险特性复杂。长期以来，我国危险废物鉴别机构缺乏统一管理，鉴别市场信息不透明，鉴别程序不规范，导致危险废物鉴别难、费用高、鉴别周期长。

为此，《实施方案》对完善危险废物鉴别制度提出明确要求。一是根据危险废物鉴别工作实践和研究成果等动态调整《国家危险废物名录》，使得纳入名录的危险废物更加精准和科学，并对环境风险小的危险废物类别实行特定环节豁免管理。二是建立危险废物排除管理清单，以当前环境管理中属性认定存在争议的废物等为重点，识别筛选不具有危险特性的固体废物，避免"过度"鉴别、重复鉴别。三是落实《固废法》相关要求，制定出台危险废物鉴别管理办法，通过信息公开、社会监督等强化事中事后监管，规范危险废物鉴别单位管理要求和鉴别程序。

问：如何破解小微企业等危险废物收集"最后一公里"难题？

答： 危险废物产生源除了产废量大的工业企业，更多的是点多、面广、产废量小的小微企业和个体工商户，以及科研机构和学校实验室等。由于量小、种类杂、地域分布广、收集成本高，小微企业等产生的危险废物如何收集成为危险废物收集的"最后一公里"难题。

此前，我部印发《关于提升危险废物环境监管能力、利用处置能力和环境风险防范能力的指导意见》，鼓励省级生态环境部门选择典型区域、典型企业和典型危险废物类别，组织开展危险废物集中收集贮存试点工作，部分地区成效初显；联合交通运输部组织开展废铅蓄电池集中收集和跨区域转运制度试点，推动建立规范有序的废铅蓄电池收集处理体系，也取得明显成效。

《实施方案》总结吸收上述试点工作经验和做法，针对破解小微企业等危险废物收集"最后一公里"难题，提出以下举措：一是针对小微企业和个体工商户、科研机构和学校实验室等产废单位点多、面广、量小等特点，支持危险废物专业收集转运和利用处置单位建设区域性收集网点和贮存设施，解决分散小微企业和"社会源"危险废物收集难问题。二是在小微企业集中的工业园区等开展危险废物集中收集贮存试点，解决"工业源"小微企业危险废物收集难问题。三是鼓励在有条件的高校集中区域开展实验室危险废物分类收集和预处理示范项目。

问：《实施方案》对危险废物转移管理有何新要求？

答： 长期以来，危险废物跨省转移由于层层审批导致审批周期长、转移难，既增加了企业负担又带来环境风险隐患。

为此，《实施方案》要求：一是完善危险废物转移管理制度，通过制订《危险废物转移管理办法》，规范危险废物跨省转移审批事项和审批行为，明确审批时限。二是全面推广应用危险废物转移联单在线运行；跨省转移通过信息系统实行线上协商沟通，简化审批手续，压缩转移审批周期。三是根据企业环境信用记录和危险废物利用处置和运输等环节环境风险可控程度等，以"白名单"方式简化低风险危险废物跨省转移审批程序，提高转移审批效率，切实降低企业负担。四是维护危险废物跨区域转移公平竞争市场秩序，各地不得设置不合理行政壁垒。

问：请问补齐危险废物处置能力短板有哪些具体举措？

答：当前危险废物处置能力存在的主要问题是区域处置能力不均衡，有的省份能力过剩，有的省份能力不足。对此，《实施方案》提出从"省域内能力总体匹配、省域间协同合作、特殊类别全国统筹"三个维度补齐危险废物处置能力短板：

第一，各省根据本地区危险废物产生量与处置能力匹配情况，科学制定并实施危险废物集中处置设施建设规划；到2022年底前，实现省内危险废物处置能力与需求总体匹配。

第二，通过区域合作、处置能力共享方式，解决部分省份受限土地资源、选址条件等导致的省内危险废物处置能力不足、危险废物处置难问题。积极探索建立危险废物跨区域转移处置的生态保护补偿机制。

第三，立足当前和长远，针对各地普遍难以处置、对环境和人体健康威胁极大的危险废物，充分考虑土地资源、地质特点、交通运输等因素，由国家统筹一批服务全国的大型危险废物集中处置基地。

问：《实施方案》在推动危险废物利用处置产业高质量发展方面有何举措？

答：当前我国危险废物利用处置产业结构不合理，"吃不饱"、"吃不下"、"吃不了"现象并存；产业集中度低、龙头企业少、企业规模普遍偏小；产业技术水平低，低值低水平利用普遍，部分危险废物设施老旧落后，难以长期稳定达标排放。为深入贯彻新发展理念，着力推动危险废物利用处置行业高质量发展，《实施方案》提出以下改革举措：

一是各地动态评估本地区危险废物利用处置情况，定期发布危险废物产生情况、利用处置能力等相关信息，科学引导危险废物利用处置产业发展。

二是鼓励企业通过兼并重组等方式做大做强，促进利用处置企业规模化发展、专业化运营，通过采取多元投资和市场化方式等打造一批国际一流的危险废物利用处置企业。

三是着力提升危险废物利用处置技术水平。建设技术先进的危险废物焚烧处置设施，新建危险废物集中焚烧处置设施处置规模原则上应大于3万吨/年；控制可焚烧减量的危险废物直接填埋；适度发展水泥窑协同处置危险废物项目，将其作为危险废物利用处置能力的有益补充。

四是加快先进适用技术研发和推广应用，重点研究和示范推广废酸、废盐、生活垃圾焚烧飞灰等危险废物利用处置和污染防治适用技术，推动危险废物利用处置技术成果共享与转化。鼓励危险废物综合利用，在环境风险可控前提下，探索危险废物"点对点"定向利用许可证豁免管理。

问：针对医疗废物，特别是涉疫情医疗废物的收集处理，《实施方案》提出了哪些新要求？

答：新冠肺炎疫情爆发后，湖北省武汉市等重点地区医疗废物日产生量激增，一度超出医疗废物常规处置能力 4 倍以上，暴露出医疗废物、特别是重大疫情期间医疗废物收集处理方面的短板。目前全国医疗废物集中处置能力已提高到约 200 万吨/年，基本满足各地医疗废物处置需求，全国医疗废物处置平稳有序。为进一步加强医疗废物处置，《实施方案》结合国内外实践，提出以下改革举措：

一是保障医疗废物常规基础处置能力。提升市域内医疗废物处置能力基本覆盖各级各类医疗机构，各地级以上城市应尽快建成至少一个符合运行要求的医疗废物集中处置设施。2022 年 6 月底前，实现各县（市）都建成医疗废物收集转运处置体系。鼓励发展移动式医疗废物处置设施，为偏远地区提供就近处置服务。

二是完善重大疫情期间应急处置机制。县级以上地方人民政府要将医疗废物收集、贮存、运输、处置等工作纳入重大传染病疫情领导指挥体系，强化统筹协调，保障所需的车辆、场地、处置设施和防护物资。

三是保障重大疫情期间应急处置能力。设区的市级以上地方人民政府要统筹危险废物焚烧设施、协同处置固体废物的水泥窑、生活垃圾焚烧设施等资源，建立协同应急处置设施清单，明确协同应急处置设施应急状态的管理流程和规则。

问：《实施方案》对于强化危险废物污染防治基础支撑能力有何考虑？

答：针对我国危险废物污染防治基础支撑能力薄弱的问题，《实施方案》提出了三个方面改革内容：

一是加强专业监管队伍建设。建立与防控环境风险需求相匹配的危险废物监管体系，加强国家危险废物监管能力与应急处置技术支撑能力建设，建立健全国家、省、市三级危险废物环境管理技术支撑体系，强化生态环境保护综合执法队伍和能力建设。

二是完善配套法规制度。落实新修订的《中华人民共和国固体废物污染环境防治法》，完善危险废物经营许可证管理和转移管理制度，修订危险废物贮存、焚烧以及鉴别等污染控制标准规范。

三是提升基础研究能力。加强危险废物风险防控与利用处置科技研发部署，通过现有渠道积极支持相关科研活动。开展危险废物环境风险识别与控制机理研究，加强区域性危险废物和化学品测试分析与环境风险防控技术能力建设，强化危险废物环境风险预警与管理决策支撑。

中国银保监会有关部门负责人
就《责任保险业务监管办法》答记者问

为进一步规范责任保险经营行为，保护责任保险活动当事人合法权益，更好服务经济社会发展全局，促进责任保险业务持续健康发展，银保监会发布《责任保险业务监管办法》（以下简称《办法》）。日前，银保监会有关部门负责人就《办法》相关问题回答了记者提问。

一、《办法》制定的背景是什么？

近年来，我会按照"政策引导、市场运作"的思路，持续优化责任保险发展环境，切实服务经济社会发展。随着发展环境的不断优化、功能作用的有效发挥，责任保险市场规模不断扩大，经营能力不断提高，服务经济社会和辅助社会治理作用逐步显现，受到各方肯定。但是，责任保险快速发展的同时，也存在责任保险边界不断扩大、社会对责任保险的理解存在偏差、市场行为不规范、保险服务性质及形式有待规范等问题。为进一步规范责任保险经营行为，促进责任保险业务持续健康发展，我们研究制定《办法》。

二、《办法》主要规范了哪些内容？

《办法》重点规范了以下内容：一是规范责任保险承保边界。针对责任保险边界不断扩大，一方面严格责任保险承保范围，明确责任保险应当承保被保险人给第三者造成损害依法应负的赔偿责任，不得承保故意行为、罚金罚款、履约信用风险、确定损失、投机风险等风险或损失；另一方面要求保险公司厘清责任保险与财产损失保险、保证保险、意外伤害保险等险种的关系，合理确定承保险种。二是规范市场经营行为。针对当前不规范竞争行为，明确不得存在未按规定使用经批准或备案的条款费率、销售误导、不正当竞争、违规承诺等行为，不得以承保担保机构责任等形式实质承保融资性信用风险，不得以机动车辆保险以外的责任保险主险或附加险承保机动车第三者责任。三是规范保险服务。明确保险公司提供保险服务，应当遵循合理性、必要性原则，以降低赔付风险为主要目的，不得随意扩大服务范围、服务内容。要求保险公司制定保险服务相关制度，按照会计准则进行账务处理，确保数据真实准确。四是强化内控管理。进一步强化保险公司开展责任保险业务的业务管理、授权体系、队伍建设、业务核算、信息系统、数据统计、风险管控等方面的要求。

三、《办法》进一步规范了责任保险的保险责任，应如何理解？

《办法》第六条进一步规范了责任保险的保险责任，明确责任保险应当承保被保险人给第三者造成损害依法应负的赔偿责任，同时通过负面清单形式，明确不得承保的风险或损失。一是关于"应当承保被保险人给第三者造成损害依法应负的赔偿责任"。该规定与《保险法》中反复强调的"责任保险的被保险人对第三者造成损害"相一致，避免了第三者的损失并非由被保险人造成，由被保险人与第三者约定该损失由被保险人承担的情形。上述规定有利于规范责任保险承保边界，避免其他风险通过约定转化为责任保险的可保责任，进而造成险种混乱，形成监管套利。二是关于不得承保"履约信用风险"。《信用保险和保证保险业务监管办法》规定的信用保险和保证保险，是指以履约信用风险为保险标的的保险。规定不得承保"履约信用风险"，避免以责任保险名义承保风险较大的信用保证保险，特别是融资性保证保险业务，有利于防范化解风险。

四、关于《办法》中保险服务的有关内容，应如何理解？

《保险法》第五十一条规定，保险公司可以提供安全状况检查等相关保险服务，但社会各界对保险服务的需求不断扩大，希望保险能够提供风险防范、应急处置、纠纷调解等相关保险服务，有的险种对保险服务的需求甚至已超过对保险赔付的需求。因此，《办法》规定保险公司提供保险服务应以降低赔付风险为主要目的，遵循合理性、必要性原则，并严格按照会计准则进行账务处理。该规定一方面有利于避免保险公司任意扩大服务范围，通过保险服务套取费用或从事其他违法违规行为；另一方面有利于避免保险公司账务处理不规范，影响数据准确性。

中国银保监会有关部门负责人
就《核保险巨灾责任准备金管理办法》答记者问

为进一步完善重大核事故保险风险分散机制，规范核保险巨灾责任准备金管理，促进核保险持续稳健经营，更好地服务于我国核电事业发展，银保监会、财政部、生态环境部联合发布了《核保险巨灾责任准备金管理办法》（以下简称《办法》）。日前，银保监会有关部门负责人就《办法》相关问题回答了记者提问。

一、《办法》制定的背景是什么？

近年来，我国核电快速发展，已经成为全球第三大核电国家和最大在建市场。随着核电规模的快速扩大，核安全的重要性日趋凸显，党和政府高度重视核安全问题，将核安全视为国家安全的重要组成部分。核保险是专门为涉核风险提供保险服务的特殊风险保险，是分散重大核事故风险的有效手段。根据 2018 年实施的《核安全法》，核保险是核安全保障的组成部分。

目前，国际上基本都采用共同体的方式专业化经营核保险。我国于 1999 年成立了中国核保险共同体（以下简称中国核共体），专门开办核保险业务。2019 年，我国的核保险覆盖了国内所有的 47 台核电机组，保障的财产总价值达 8 000 亿元人民币、人员涵盖 2 万多名一线工作人员，还为全球 27 个国家和地区的约 400 台核电机组及各类核燃料循环设施提供了再保险支持，发挥了保险行业共同为核电行业保驾护航的作用。

现阶段，我国核保险经营主要存在两个突出问题：一是保险公司赔付资金积累不足，核保险保费盈利转化成保险公司利润，未能有效积累。二是核保险按一年期短期业务管理不能准确反映核风险的"长尾风险"特征。国内外的经验表明，巨灾保险责任准备金制度是解决这些问题的可行、有效手段。

二、《办法》的制定主要有哪些特点？

《办法》的制定以规范核保险经营、支持实体经济发展、提高核保险服务核安全能力为目标，主要有以下三方面特点：一是聚焦核风险管理特点，夯实保险服务核能安全的基础。《办法》针对当前我国核保险存在的主要问题，构建了将核保险利润进行长期高效积累、专项管理和使用的准备金制度，进一步优化了核保险机制与核能风险特点的匹配关系，夯实了保险服务于核能行业的基础。二是合理确定计提比例，加快核巨灾准备金积累速度。核能行业安全水平高，事故概率低，而核保险的整体规模小，赔付责任大，因此需要将不出险年份的承保盈余提留为准备金留存。《办法》要求核保险巨灾准备金按核保险承保盈利的 75% 计提，以最大限度地保证核保险承保盈余获得有效积累，提高核保险巨灾准备金的积累速度。这个计提标准也参照了国外主要国家或地区的经验做法，与国际水平基本一致。三是核保险巨灾准备金永久留存，立足形成长期保障能力。核能设施尤其是核电厂从开工建设到最终退役历时数十年，有些甚至可达百年，《办法》对核保险巨灾责任准备金提出永久留存的要求，凸显保险行业做核能事业全寿期风险守护人的职责和担当。

三、《办法》的主要内容有哪些？

《办法》共六章二十二条，对核保险巨灾责任准备金的适用范围、计提标准、使用条件、日常管理、监督处理五个方面的主要问题进行了规范。一是适用范围，为核设施或与核设施相关的核材料、放射性废物的运输过程提供财产损失、第三者损害赔偿等保障的保险产品需纳入核保险巨灾责任准备金管理。二是计提标准，核保险巨灾准备金按核保险业务承保利润的 75% 计算，从年度净利润中计提。三是使用条件，在发生一次保险事故造成的核保险行业自留责任预估赔款超过 3 亿元人民币或等值外币，且核保险行业自留责任年度已报告赔付率超过 150% 时，可以使用核保险巨灾责任准备金。四是日常管理，要求核保险巨灾准备金永久留存、开展资金运用并将资金运用收益纳入准备金管理。五是监督处理，对通过增加费用等方式减少承保利润、规避准备金计提等行为作出禁止性规定。

四、《办法》的实施对核保险会产生哪些影响？

《办法》的实施对规范核保险经营、提升核保险服务核安全风险管理的水平和能力等方面，有着积极作用和深远意义。《办法》通过核保险巨灾责任准备金形成了核保险长期稳健经营的政策导向，并会产生以下积极影响：一是保险公司逐步累积核保险巨灾责任准备金，应对核巨灾风险能力进一步加强。二是核保险经营管理更加规范、科学，进一步夯实核保险为核能风险提供长期、稳健保障的基础。三是保险公司为守护核安全贡献行业经验，保险与核能的行业合作更紧密，跨行业核安全命运共同体的基础更加牢固。

第十部分

典型条款

关于印发《深圳市环境污染强制责任保险条款（2021 版）》和《深圳市环境污染强制责任保险费率及测算说明（2021 版）》的通知

深保同秘〔2021〕36 号

各产险会员公司：为贯彻落实《深圳经济特区绿色金融条例》和《深圳建设中国特色社会主义先行示范区综合改革试点实施方案（2020—2025 年）》文件相关要求，在深圳银保监局的指导下，深圳市保险同业公会组织行业多次研讨，制定了《深圳市环境污染强制责任保险条款（2021 版）》和《深圳市环境污染强制责任保险费率及测算说明（2021 版）》，现印发给各公司。

请各公司尽快向总公司报告情况，做好条款和费率的报备工作，并严格执行报备的条款和费率。各公司在执行过程中遇到问题，请及时向同业公会秘书处反馈。

联系人：徐菀斑，电话：83529982 邮箱：xuwanting@szia.org.cn

附件：1. 深圳市环境污染强制责任保险条款（2021 版）
2. 深圳市环境污染强制责任保险费率及测算说明（2021 版）

深圳市保险同业公会秘书处
2021 年 6 月 11 日

附件 1

深圳市环境污染强制责任保险条款（2021 版）

总 则

第一条 根据《中华人民共和国民法典》《中华人民共和国保险法》《中华人民共和国环境保护法》《中华人民共和国固体废物污染环境防治法》《深圳经济特区绿色金融条例》等法律法规，制定本条款。

第二条 本保险合同由保险条款、投保单、保险单、保险凭证、批单组成。凡涉及本保险合同的约定，均应采用书面形式。

第三条 凡被深圳市生态环境部门纳入应当投保环境污染强制责任保险范围的企业事业单位和其他生产经营者，均可作为本保险合同的被保险人。被保险人，及其相关的组织、个人，可作为本保险合同的投保人。

保险责任

第四条 第三者人身伤亡或财产损失

在保险期间或保险合同载明的追溯期内，被保险人因污染环境、破坏生态造成第三者人身伤亡或直接财产损失，由受到损害的第三者在保险期间内首次向被保险人提出损害赔偿请求的，依照中华人民共和国法律（不包括港澳台地区法律，下同，以下简称"依法"）应由被保险人承担的经济赔偿责任，保险人按照本保险合同的约定负责赔偿。

第五条 生态环境损害

在保险期间或保险合同载明的追溯期内，被保险人因污染环境、破坏生态造成生态环境损害，由国家规定的机关或者法律规定的组织在保险期间内首次向被保险人提出损害赔偿请求的，根据法律认可的第三方专业机构依据国家生态环境损害鉴定评估标准出具的生态环境损害鉴定评估材料，依法应由被保险人承担的生态环境修复费用以及下列经济赔偿责任，保险人按照本保险合同的约定负责赔偿：

（一）生态环境受到损害至修复完成期间服务功能丧失导致的损失；

（二）生态环境功能永久性损害造成的损失；

（三）生态环境损害调查、鉴定评估等费用；

（四）清除污染、修复生态环境费用；

（五）防止损害的发生和扩大所支出的合理费用。

第六条 应急处置与清除污染费用

保险事故发生后，被保险人为避免或者减少第三者人身伤亡、财产损失或者生态环境损害所支付的必要的、合理的应急处置费用与清除污染费用，保险人按照本保险合同的约定负责赔偿。

第七条 应急责任补偿费用

保险事故发生后，被保险人在应急处置、清除污染过程中，因操作不当或应对错误导致的保险事故扩大或二次污染事故，造成第三者人身伤亡或直接财产损失的，依法应由被保险人承担的经济赔偿责任，保险人按照本保险合同的约定负责赔偿。

第八条 法律费用

在保险期间内，被保险人因保险事故被提起诉讼或仲裁，对应由被保险人支付的诉讼或仲裁费用，以及事先经保险人书面同意支付的合理的、必要的律师费及其他相关法律费用（以下简称"法律费用"），保险人按照本保险合同的约定负责赔偿。

责任免除

第九条 下列原因造成的损失、费用和责任，保险人不负责赔偿：

（一）投保人、被保险人或其代表的故意行为、重大过失行为；

（二）被保险人或其代表采取通过暗管、渗井、渗坑、灌注等逃避监管的方式违法排放污染物的行为；

（三）战争、敌对行动、军事行为、武装冲突、罢工、骚乱、暴动、恐怖活动；

（四）行政行为或司法行为；

（五）在本保险合同的追溯期以前（未列明追溯期的，则为"保险期间以前"）就已发生或已存在的环境污染和生态环境损害；

（六）不可抗力的自然灾害导致的损害，被保险人依法不承担赔偿责任的；

（七）环境污染犯罪导致的损害，被保险人构成污染环境犯罪被追究刑事责任的，其犯罪行为引发环境污染致使造成的损害。

第十条　下列损失、费用和责任，保险人不负责赔偿：

（一）被保险人或其雇员的人身伤亡及其所有、管理、控制、使用的财产的损失；

（二）被保险人应该承担的合同责任，但无合同存在时仍然应由被保险人承担的经济赔偿责任不在此限；

（三）罚款、罚金及惩罚性赔偿；

（四）精神损害赔偿，但由法院判决支持的不在此限；

（五）利润损失以及其他一切间接损失；

（六）投保人、被保险人在投保前已经知道或可以合理预见的损害赔偿请求；

（七）本保险合同中载明的免赔额或根据免赔率计算出的免赔额。

第十一条　其他不属于本保险合同保险责任范围内的损失、费用和责任，保险人不负责赔偿。

责任限额与免赔额（率）

第十二条　责任限额包括每次事故责任限额、每次事故第三者责任限额、每次事故生态环境损害责任限额、每次事故应急处置与清除污染费用责任限额、每次事故应急责任补偿费用限额、每次事故法律费用责任限额、累计责任限额，由投保人与保险人协商确定，并在保险合同中载明。

第十三条　每次事故免赔额（率）由投保人与保险人在签订保险合同时协商确定，并在保险合同中载明。

保险期间

第十四条　除另有约定外，保险期间为一年，以保险单载明的起讫时间为准。

追溯期由投保人与保险人在签订保险合同时协商确定，并在保险合同中载明；未载明的，则无追溯期。

保险人义务

第十五条 订立本保险合同时，采用保险人提供的格式条款的，保险人向投保人提供投保单时应当附格式条款，并向投保人说明合同内容。对于保险合同中免除保险人责任的条款，保险人在订立合同时应当在投保单、保险单或者其他保险凭证上作出足以引起投保人注意的提示，并对该条款的内容以书面或者口头形式向投保人作出明确说明。

第十六条 本保险合同成立后，保险人应当及时向投保人签发保险单或其他保险凭证。

第十七条 保险人按照本保险合同的约定，认为被保险人提供的有关索赔的证明和资料不完整的，应当及时一次性通知投保人、被保险人补充提供。

第十八条 保险人收到被保险人的赔偿保险金的请求后，应当及时作出是否属于保险责任的核定；情形复杂的，保险人将在确定是否属于保险责任的基本材料收集齐全后，尽快作出核定。

保险人应当将核定结果通知被保险人；对属于保险责任的，在与被保险人达成赔偿保险金的协议后十日内，履行赔偿保险金义务。保险合同对赔偿保险金的期限有约定的，保险人应当按照约定履行赔偿保险金的义务。保险人依照前款的规定作出核定后，对不属于保险责任的，应当自作出核定之日起三日内向被保险人发出拒绝赔偿保险金通知书，并说明理由。

第十九条 保险人自收到赔偿保险金的请求和有关证明、资料之日起六十日内，对其赔偿保险金的数额不能确定的，应当根据已有证明和资料可以确定的数额先予支付；保险人最终确定赔偿的数额后，应当支付相应的差额。

第二十条 保险人应在承保前开展环境风险评估，承保后开展环境风险隐患排查、风险知识培训等风险管理服务。保险人开展环境风险评估、风险管理服务的，投保人、被保险人应当积极配合。

第二十一条 在保险期间内，被保险人的风险如发生显著变化，保险人应及时对投保人、被保险人重新进行风险评估，对于风险降低和提高的部分，保险人应依据深圳市环境污染强制责任保险费率表，及时向投保人、被保险人退还或要求增加相应保费。

第二十二条　保险人应按生态环境部门要求列支相应"风控服务费"，并自行组织专家或委托具有相应能力的环境技术服务机构，对企业开展风险管理服务相关工作，发现存在环境风险隐患的，提出书面建议，督促企业及时整改。

第二十三条　保险人应在保险合同有效期内为投保人、被保险人开展应急演练工作提供支持。

第二十四条　在保险期间内，被保险人已造成或者可能造成环境污染事件时，保险人应配合其应急响应工作，协助被保险人及时处理环境污染事件和事故后恢复工作。

投保人、被保险人义务

第二十五条　订立保险合同前，保险人应对保险标的或被保险人的有关情况进行询问。投保人应积极配合保险人，对保险人询问的有关情况，应如实告知。被保险人已经按照国家有关规定申报排污许可证、制定并发布环境事件应急预案的，应当将排污许可证、应急预案中的环境风险评估报告提交给保险人。

在保险合同订立前，如果被保险人具有以下情形之一的，应按照保险人提出的要求补充相应的投保材料：

（一）生态环境部门依据《中华人民共和国环境保护法》等法律法规规定，责令被保险人停业、关闭、限制生产、停产整治、限期治理的；

（二）生态环境部门依据《中华人民共和国环境保护法》等法律法规规定，将被保险人的有关案件移送公安机关的；

（三）人民法院依据《中华人民共和国刑法》等法律法规认定，被保险人及有关人员有下列行为之一的：违反国家规定，排放、倾倒或者处置有放射性的废物、含传染病病原体的废物、有毒物质或者其他有害物质；违反国家规定，将境外的固体废物进境倾倒、堆放、处置的；未经国务院有关主管部门许可，擅自进口固体废物用作原料；以原料利用为名，进口不能用作原料的固体废物、液态废物和气态废物的；

（四）生态环境部门依据《中华人民共和国环境保护法》等法律法规规定，查封、扣押造成污染物排放的设施、设备；

（五）生态环境部门依据《中华人民共和国环境保护法》等法律法规规定，作出罚款处罚，责令被保险人改正。但被保险人拒不改正，被处以"按日连续处罚"的；

（六）生态环境部门依据《中华人民共和国环境保护法》等法律法规认定，被保险人未依法提交建设项目环境影响评价文件或者环境影响评价文件未经批准，擅自开工建设的；

（七）被保险人因环境违法行为受到行政处罚的。

第二十六条　投保人应当在保险合同成立时一次性全额交付保险费。

第二十七条　被保险人应严格遵守环境保护、危险品管理相关的法律、法规、条例的规定，加强管理，采取合理的预防措施，尽力避免或减少责任事故的发生。

第二十八条　在保险承保后，经保险人与被保险人双方协议一致后，由保险人委托双方认可的第三方专业机构或专家团队，对被保险人进行环境风险隐患排查，被保险人应予以积极配合。

保险人在进行风险评估或风险管理服务过程中，若认为被保险人存在风险隐患或风险发生显著变化，应当提出消除风险隐患的书面建议或风险提示。被保险人对存在的风险隐患或风险变化应当及时告知保险人，对存在的风险隐患及时进行消除。

在保险期间内，对于风险发生显著变化的，被保险人应及时通知保险人。保险人应对被保险人重新进行风险评估。重新评估后对于风险调整部分，保险人有权依据深圳市环境污染强制责任保险费率表要求调整保险费。被保险人未履行前述通知义务的，因保险标的的危险程度显著增加而发生的保险事故，保险人不承担赔偿保险金的责任。

第二十九条　知道保险事故发生后，被保险人应该：

（一）尽力采取必要、合理的措施，防止或减少损失，否则，对因此扩大的损失，保险人不承担赔偿责任；

（二）及时通知保险人，并书面说明事故发生的原因、经过和损失情况，法律法规要求的，还应当向有关政府部门报告；故意或者因重大过失未及时通知，致使保险事故的性质、原因、损失程度等难以确定的，保险人对无法确定的部分，不承担赔偿保险金的责任。保险人通过其他途径已经及时知道或者应当及时知道保险事故发生的除外；

（三）保护事故现场，允许并且协助保险人进行事故调查；对于拒绝或者妨碍保险人进行事故调查导致无法确定事故原因或核实损失情况的，保险人对无法确定或核实的部分，不承担赔偿责任；

（四）涉及违法、犯罪的，应立即向公安部门报案，否则，对因此扩大的损失，保险人不承担赔偿责任。

第三十条 被保险人收到受害人、国家规定的机关或者法律规定的组织的损害赔偿请求时，应立即通知保险人。未经保险人书面同意，被保险人对受害人、国家规定的机关或者法律规定的组织作出的任何承诺、拒绝、出价、约定、付款或赔偿，保险人不受其约束。对于被保险人自行承诺或支付的赔偿金额，保险人有权重新核定，不属于本保险责任范围或超出责任限额的，保险人不承担赔偿责任。在处理索赔过程中，保险人有权自行处理由其承担最终赔偿责任的任何索赔案件，被保险人有义务向保险人提供其所能提供的资料和协助。

第三十一条 被保险人获悉可能发生诉讼、仲裁时，应立即以书面形式通知保险人；接到法院传票或其他法律文书后，应将其副本及时送交保险人。保险人有权以被保险人的名义处理有关诉讼或仲裁事宜，被保险人应提供有关文件，并给予必要的协助。

对因未及时提供上述通知或必要协助导致扩大的损失，保险人不承担赔偿责任。

第三十二条 被保险人请求赔偿时，应向保险人提供下列证明和资料：

（一）保险单正本；

（二）被保险人或其代表填具的索赔申请书；

（三）受害人、国家规定的机关或者法律规定的组织向被保险人提出索赔的相关材料；

（四）造成受害人人身伤害的，应包括：受害人的病历、诊断证明、医疗费等医疗原始单据；受害人的人身伤害程度证明；受害人伤残的，应当提供具备相关法律法规要求的伤残鉴定资格的司法鉴定机构出具的伤残程度证明；受害人死亡的，公安机关或医疗机构出具的死亡证明书；

（五）造成受害人财产损失的，应包括：损失清单、费用清单、损失价值证明材料、费用发生证明；

（六）生态环境部门或法律认可的第三方专业机构出具的生态环境损害鉴定评估材料；

（七）被保险人发生应急处置费用、清除污染费用、法律费用的相关协议和费用发生证明；

（八）被保险人与受害人、国家规定的机关或者法律规定的组织所签订的赔偿协议书或和解书；经判决或仲裁的，应提供判决文书或仲裁裁决文书；

（九）投保人、被保险人所能提供的与确认保险事故的性质、原因、损失程度等有关的其他证明和资料。

赔偿处理

第三十三条 保险人的赔偿以下列方式之一确定的被保险人的赔偿责任为基础：

（一）被保险人和向其提出损害赔偿请求的受害人、国家规定的机关或者法律规定的组织协商并经保险人确认；

（二）保险人和被保险人共同认可的环境损害鉴定评估机构或专家团队出具的评估报告；

（三）仲裁机构裁决；

（四）人民法院判决；

（五）保险人认可的其他方式。

第三十四条 对于保险责任第四条、第五条、第七条，被保险人造成损害后未向受害人、国家规定的机关或者法律规定的组织赔偿的，保险人不负责向被保险人赔偿保险金。

第三十五条 被保险人怠于向保险人请求赔偿保险金的，受害人、国家规定的机关或者法律规定的组织可以就其应获得赔偿部分直接向保险公司请求赔偿保险金，保险人可以直接向受害人、国家规定的机关或者法律规定的组织赔偿其应得的赔偿保险金。

第三十六条 发生保险责任范围内的损失，保险人按以下方式计算赔偿：

（一）对于每次事故造成的损失，保险人在每次事故责任限额内计算赔偿，因同一原因造成多人人身伤亡或财产损失，由此导致的一个或一系列索赔视为一次事故。

（二）在依据本条第（一）项计算的基础上，保险人在扣除每次事故免赔额（率）后进行赔偿；

（三）在保险期间内，保险人对多次事故承担的赔偿金额之和累计不超过累计责任限额。

第三十七条 在接到被保险人或受害人、国家规定的机关或者法律规定的组织报案后，保险人应当及时组织环境损害鉴定评估机构或专家团队开展事故勘查、定损和责任认定。

第三十八条 发生保险事故时，如果被保险人的损失在有相同保障的其他保险项下也能够获得赔偿，则本保险人按照本保险合同的责任限额与其他保险合同及本保险合同的责任限额总和的比例承担赔偿责任。

其他保险人应承担的赔偿金额，本保险人不负责垫付。若被保险人未如实告知导致保险人多支付赔偿金的，保险人有权向被保险人追回多支付的部分。

第三十九条 发生保险责任范围内的损失，应由有关责任方负责赔偿的，保险人自向被保险人赔偿保险金之日起，在赔偿金额范围内代位行使被保险人对有关责任方请求赔偿的权利，被保险人应当向保险人提供必要的文件和所知道的有关情况。

被保险人已经从有关责任方取得赔偿的，保险人赔偿保险金时，可以相应扣减被保险人已从有关责任方取得的赔偿金额。

保险事故发生后，在保险人未赔偿保险金之前，被保险人放弃对有关责任方请求赔偿权利的，保险人不承担赔偿责任；保险人向被保险人赔偿保险金后，被保险人未经保险人同意放弃对有关责任方请求赔偿权利的，该行为无效；由于被保险人故意或者因重大过失致使保险人不能行使代位请求赔偿的权利的，保险人可以扣减或者要求返还相应的保险金。

第四十条 保险人受理报案、进行现场查勘、核损定价、参与案件诉讼、向被保险人提供建议等行为，均不构成保险人对赔偿责任的承诺。

第四十一条 当事故损失超过保险合同约定的责任限额时，保险人支付赔款依次按照如下顺序进行：第三者的人身伤亡损失、第三者的直接财产损失、生态环境损害损失、应急处置与清除污染费用、应急责任补偿费用、法律费用。

第四十二条 保险事故发生后，保险人应当按照相关规定和技术规范及时进行现场查勘、定损和责任认定。对于污染事故损害情况有较大争议的，保险人应当单独或者联合被保险人，委托环境损害鉴定评估机构进行测算，作为理赔的依据。

对属于保险责任范围的，在与投保人、被保险人达成赔偿协议、完善相关赔付手续后，保险人应及时支付赔款；对于案情复杂或损失较大的环境污染事故，在损失初步确定的情况下，保险人应积极预付赔款，加快理赔进度。

保险人在接到投保人、被保险人报案后，在已完成事故查勘、责任认定、损失认定、签署赔偿协议的条件下，按照以下赔款支付时限向被保险人或被保险人指定收款单位、个人或受害者支付赔款：

序号	赔款金额	赔付时效
1	赔款金额≤RMB 5 万元	2 个工作日内支付
2	RMB 5 万元＜赔款金额≤RMB 50 万元	4 个工作日内支付
3	RMB 50 万元＜赔款金额≤RMB 100 万元	6 个工作日内支付
4	RMB 100 万元＜赔款金额	10 个工作日内支付

第四十三条 对于保险责任范围内的人身伤亡、财产损失、费用类损失案件，在责任认定、损失认定清晰的情况下，预估损失不超过人民币 50 万元的，保险人可在 2 个工作日内支付预付赔款，预估损失超过 50 万元的，5 个工作日内支付预付赔款。每次事故预付赔款额度不超过案件预估损失金额的 60%。在同一事故处理过程中，保险人可以根据事故处理需要多次支付预付赔款。

第四十四条 应急费垫付

因环境应急处置需要保险人预先支付应急费用的，保险人在接到有关政府部门、环境应急处置单位的通知后，应当根据已有证明和资料对可以确定的数额先行支付。每次事故预先支付应急费用的金额不得超过依照前述证明和材料确定的应急费用总金额的 60%及本保险合同的应急处置与清除污染费用责任限额（以两者较低者为限）。

保险公司先行支付应急费用，可以向有关部门、环境应急处置单位核实有关情况。

对于先期使用垫付应急费，在确定属于保险责任范围内的事故后，垫付应急费将自动转为赔款并遵循多退少补原则，即垫付应急费少于赔偿金额时，保险人补足剩余赔款，垫付应急费超过赔偿金额时，被保险人退还超过部分的垫付应急费；

对于先期使用垫付应急费并事后确定不属于保险责任事故的，应由被保险人负责偿还使用的全部垫付应急费。

争议处理和法律适用

第四十五条 因履行本保险合同发生的争议，由当事人协商解决。协商不成的，提交保险单载明的仲裁机构仲裁；保险单未载明仲裁机构且争议发生后未达成仲裁协议的，依法向中华人民共和国境内（港澳台地区除外）人民法院起诉。

第四十六条 本保险合同的争议处理适用中华人民共和国法律（不包括港澳台地区法律）。

其他事项

第四十七条 投保人和保险人可以协商变更合同内容。

变更保险合同的，应当由保险人在保险单或者其他保险凭证上批注或附贴批单，或者投保人和保险人订立变更的书面协议。

第四十八条 除《深圳市环境污染强制责任保险实施办法》列明的解除合同情形外，投保人、保险人双方均不得解除本保险合同。双方依照《深圳市环境污染强制责任保险实施办法》规定解除保险合同的，对于保险合同解除前发生的保险事故，保险人应当承担赔偿保险金的责任；保险合同解除后，保险人对保险责任开始之日起至合同解除之日止期间的保险费，按短期费率（见附录：短期费率表）计收，剩余部分退还投保人。

释义

第四十九条

【生态环境损害】指因污染环境、破坏生态造成环境空气、地表水、沉积物、土壤、地下水、海水等环境要素和植物、动物、微生物等生物要素的不利改变，及上述要素构成的生态系统的功能退化和服务减少。具体认定标准应依据《生态环境损害鉴定评估技术指南 总纲和关键环节 第 1 部分：总纲》（GB/T 39791.1-2020）等专业标准。

【生态环境损害鉴定评估】按照规定的程序和方法，综合运用科学技术和专业知识，调查污染环境、破坏生态行为与生态环境损害情况，分析污染环境或破坏生态行为与生态环境损害间的因果关系，评估污染环境或破坏生态行为所致生态环境损害的范围和程度，确定生态环境恢复至基线并补偿期间损害的恢复措施，量化生态环境损害数额的过程。具体认定标准应依据《生态环境损害鉴定评估技术指南 总纲和关键环节 第 1 部分：总纲》（GB/T 39791.1-2020）等专业标准。

【修复生态环境费用】指生态环境损害发生后，为防止将污染物扩散迁移、降低环境中污染物浓度，将环境污染导致的人体健康风险或生态风险降至可接受风险水平而开展的必要的、合理的行动或措施所产生的费用。

【生态环境受到损害至修复完成期间服务功能丧失导致的损失】指生态环境损害发生至生态环境恢复至基线状态期间，生态环境因其物理、化学或生物特性改变而导致向公众或其他生态系统提供服务的丧失或减少，即受损生态环境从损害发生到其恢复至基线状态期间提供生态系统服务的损失量。

【生态环境功能永久性损害】指受损生态环境及其服务难以恢复，其向公众或其它生态系统提供服务能力的完全丧失。

【间接损失】由直接经济损失引起和牵连的其他损失，包括失去的在正常情况下可以获得的利益和为恢复正常的管理活动或者挽回所造成的损失所支付的各种开支、费用等。

【惩罚性赔偿】指在赔偿性赔款之外被保险人应当支付给受害方的赔款，其目的一般是为了惩罚和警告被保险人的恶意作为或不作为。

附录：

短期费率表

保险期间已经过月数（个月）	1	2	3	4	5	6	7	8	9	10	11	12
年费率的比例（%）	10	20	30	40	50	60	70	80	85	90	95	100

（注：保险期间已经过月数不足一月的按一月计算）

附件2

深圳市环境污染强制责任保险费率及测算说明
（2021 版）

一、产品介绍

深圳前期开展环境污染强制责任保险试点是采取风险等级评估确定费率、限额，不能完全反映风险源。组织多部门讨论及结合行业专家意见，根据投保企业环境风险以及不同环境风险致使第三者人身、财产以及生态环境遭受损害范围、程度、赔偿金额等因素和赔付率，制定了深圳市环境污染强制责任保险费率。

二、费率结果

（一）纯风险损失率：0.8230%

（二）附加费率：49%，其中

费用科目	费用率假设
保单获取成本	4%
风控服务费用	25%
业务及管理费	15%
风险附加	5%
利润附加	0%

（三）含税基准费率：1.71%

三、费率表

（一）保费计算公式：

保费＝累计责任限额×含税基准费率×费率调整系数

（二）累计责任限额

累计责任限额＝水环境污染责任投保最低累计限额+大气环境污染责任投保最低累计限额+土壤环境污染责任投保最低累计限额

水环境污染责任投保最低累计限额档次分级

涉水风险物质厂界内最大存在量与临界量比值（Q_w）	$Q_w=0$	$0<Q_w<1$	$1\leqslant Q_w$ <10	$10\leqslant Q_w$ <20	$20\leqslant Q_w$ <50	$50\leqslant Q_w$
限额/万元	0	30	60	100	200	300
废水排放量/（吨/日）	$Q_e=0$	$0<Q_e$ <50	$50\leqslant Q_e<$ 100	$100\leqslant Q_e$ <500	$500\leqslant Q_e$ <1000	$1000\leqslant Q_e$
限额/万元	0	40	60	80	100	120

大气环境污染责任投保最低累计限额档次分级

涉气风险物质厂界内最大存在量与临界量比值（Q_a）	$Q_a=0$	$0<Q_a<1$	$1\leqslant Q_a$ <10	$10\leqslant Q_a$ <20	$20\leqslant Q_a$ <50	$50\leqslant Q_a$
限额/万元	0	30	60	100	200	300

土壤环境污染责任投保最低累计限额档次分级

涉土重金属风险物质厂界内最大存在量/吨	$Q_s=0$	$0<Q_s<10$	$10\leqslant Q_s<50$	$50\leqslant Q_s<100$	$100\leqslant Q_s$
限额/万元	0	30	60	100	200
涉土挥发性、半挥发性风险物质厂界内最大存在量/吨	$Q_s=0$	$0<Q_s<10$	$10\leqslant Q_s<50$	$50\leqslant Q_s<100$	$100\leqslant Q_s$
限额/万元	0	30	60	100	200

注：①涉水、涉气风险物质厂界内最大存在量是指《企业突发环境事件风险分级方法》（HJ 941—2018）"附录 A 突发环境事件风险物质及临界量清单"所列的风险物质年度最大存在量。②涉水、涉气风险物质临界量是指《企业突发环境事件风险分级方法》（HJ 941—2018）"附录 A 突发环境事件风险物质及临界量清单"所列的风险物质数量。③涉土重金属风险物质、涉土挥发性、半挥发性风险物质厂界内最大存在量是指国家、广东省、深圳市建设用地土壤污染风险管控标准所列的重金属、挥发性和半挥发性风险物质年度最大存在量。

其中，各分项责任限额计算公式如下：

每次事故责任限额：累计责任限额的 100%

每次事故第三者责任限额：累计责任限额的 100%

每次事故生态环境损害责任限额：累计责任限额的 100%

每次事故应急处置与清污费用责任限额：累计责任限额的 20%

每次事故应急补偿责任赔偿费用责任限额：累计责任限额的 20%

每次事故法律费用责任限额：累计赔偿限额的 20%

（三）含税基准费率：1.71%

（四）费率调整系数：

费率调整系数为以下各系数之乘积

1. 累计责任限额系数

最低累计责任限额由市生态环境部门组织相关部门综合考虑不同环境风险的企业可能致使第三者以及生态环境遭受损害范围、程度等因素确定，允许企业根据自身风险意识选择更高的累计责任限额。

累计责任限额是最低累计责任限额的倍数	调整系数
1 倍	1.00
1.5 倍	0.90
2 倍及以上	0.80

注：若累计责任限额倍数在上述值之间，可采用线性插值法确定调整系数。

2. 免赔系数

当同时设定免赔额和免赔率时，免赔系数按照上述两项系数的低者取值。

（1）免赔额系数

免赔额（元）	调整系数
0	1.10
2000	1.00
5000	0.95
10000 及以上	0.90

注：若免赔额在上述值之间，可采用线性插值法确定调整系数。

（2）免赔率系数

免赔率	调整系数
0	1.00
5%	0.95
10%及以上	0.90

注：若免赔率在上述值之间，可采用线性插值法确定调整系数。

3. 追溯期系数

被保险人首年投保环境污染强制责任保险默认无追溯期。被保险人在同一家保险公司连续投保环境污染强制责任保险，追溯期可从连续投保的首日计算，但不超过 3 年。在上述基础上，额外增加追溯期的，按照以下系数调整费率。

追溯期	调整系数
不增加追溯期	1.00
增加 1 年追溯期	1.30
增加 2 年追溯期	1.60

增加 3 年追溯期	2.00

4. 行业系数

不同行业造成的环境污染事故频率、影响范围、损失情况不尽相同，其中深圳地区生活垃圾和危险废物填埋、生活垃圾和危险废物焚烧、危险废物处理行业可能造成的环境污染事故影响范围广、损失金额高，风险较高，费率需上浮。

行业类型	调整系数
生活垃圾和危险废物填埋	2.00
生活垃圾和危险废物焚烧	1.50
危险废物处理	1.30
其他	1.00

5. 企业排放物水污染风险系数

如果企业排放的废水不涉及重金属，可能造成的水环境污染事故影响范围小、损失金额低，风险较小，费率需下浮。

企业排放物水污染风险	调整系数
企业排放的废水涉及重金属	1.00
企业排放的废水不涉及重金属	0.90

6. 企业排放物大气污染风险系数

如果企业排放的废气不涉及剧毒气体，可能造成的大气环境污染事故影响范围小、损失金额低，风险较小，费率需下浮。

企业排放物大气污染风险	调整系数
企业排放的废气涉及剧毒气体	1.00
企业排放的废气不涉及剧毒气体	0.90

7. 企业环境风险管理条件系数

通过以下 2 点来评估企业环境风险管理水平，如果企业管理能力越强，越不容易发生保险事故，风险相对越低，故可降低费率水平。

（1）上一年未因环境问题而受到行政处罚；

（2）配备排污监控设备；

满足环境风险管理条件情况	调整系数
满足零项条件的	1.00
满足上述一项条件的	0.95

满足上述两项条件的	0.90

8．历史理赔情况调整系数

通过企业连续投保多年是否发生事故情况来判断企业的环境风险管理水平，如果企业长期投保未出险，说明企业环境风险管理能力强，风险相对越低，故可降低费率水平。如果企业投保历史中发生过污染事故，说明企业环境风险管理能力弱，风险相对越高，故需提高费率水平。（仅适用续保业务）

保险理赔情况	调整系数
连续二年投保未发生污染事故及理赔	0.90
上一年投保未发生污染事故及理赔	1.00
上一年投保且发生一次污染事故及理赔	1.10
上一年投保且发生两次及以上污染事故及理赔	1.20

9．上年隐患整改情况调整系数

对于保险公司在风险评估、隐患排查中提出的应当整改的隐患点，企业未完成整改的，说明企业环境风险管理能力弱，风险相对高，故需适当上浮费率。（仅适用续保业务）

上年隐患整改情况调整情况	调整系数
存在隐患但未整改	1.20
已对隐患进行整改或未发现隐患	1.00

10．保险期间系数

保险期间（月）	1	2	3	4	5	6	7	8	9	10	11	12
调整系数（%）	10	20	30	40	50	60	70	80	85	90	95	100

注：不足一个月按一个月计算。

四、费率厘定说明

（一）纯风险损失率

纯风险损失率的测算参考深圳企业环境污染责任保险、全国企业环境污染责任保险的数据以及外部环境事件的数据。从2009年至2021年深圳企业的环境污染责任险保费规模3000余万，过往费率水平约为1.85%，满期赔付率为1.2%。由于承保规模较小，赔案数量较少，数据缺乏信度，参考全国的赔付数据以及深圳与全国保险责任和费率水平的差异，选定终极赔付率为 10%。同时考虑到全国整体均未发生较大的赔案，但存在大案发生的可能性。参考生态环境部重大环境事件和较大环境事件的件数，以及全国发放排污许可证的企业数，估计大案的纯风险损失率 0.0587%，深圳过往的纯风险损失率=1.85%×10%+0.0587%=0.2437%。本次环境污染强制责任保险较之前保险责任有所变化：（1）触发机制发生变化，将渐进损失纳入保障；（2）针对生态损害赔偿，删除较大以上事故的限制，将小事故纳入保障；（3）将环境事故发生后因应急不当导致的损失责任加入保险保障。综合考虑上述因素，我们估计保险风险大约为原保险方案的 2.5 倍。考虑到环境污染责任保险为低频高赔付的险种，考虑赔付分布的方差，按照十年一遇的标准选取最终纯风险损失率为 0.8230%。

（二）附加费率

根据项目的费用情况和公司实际的运营成本确定附加费率，具体如下，则附加费率为 49%，目标赔付率=1-附加费率=51%。

费用科目	费用率假设
保单获取成本	4%
风控服务费用	25%
业务及管理费	15%
风险附加	5%
利润附加	0%

（三）费率测算

费率=纯风险损失率/目标赔付率×1.06

费率=0.8230%/51%×1.06=1.71%

山西省环境污染责任保险条款（2020 版）

总　则

第一条　根据《中华人民共和国环境保护法》《中华人民共和国保险法》等法律、行政法规，制定本条款。

第二条　环境污染责任保险合同由本条款与投保单、保险单、批单和特别约定共同组成。凡与环境污染责任保险合同有关的约定，都应当采用书面形式。

第三条　凡被地方各级生态环境主管部门纳入应当投保环境污染责任保险的企业事业单位和其他生产经营者，均可作为本保险合同的投保人、被保险人。

保险责任第四条第三者人身损害和财产损失

在保险期间内或保险单载明的追溯期内，被保险人在保险单载明的生产经营场所内依法从事生产经营活动时，由于突发环境事件或生产经营过程中污染环境，导致承保区域内的第三者的生命、健康、身体遭受侵害，造成人体疾病、伤残、死亡等，以及第三者财产损失，由受到损害的第三者在保险期间内首次向被保险人提出损害赔偿请求，依照中华人民共和国法律（不包括港、澳、台地区法律）应由被保险人承担的经济赔偿责任，保险人按照本保险合同约定负责赔偿。

第五条　生态环境损害在保险期间内或保险单载明的追溯期内，被保险人在保险单载明的生产经营场所内依法从事生产经营活动时，发生较大及以上突发环境事件，或者发生严重影响生态环境的行为，导致生态环境损害，生态环境损害赔偿权利人在保险期间内首次向被保险人提出损害赔偿请求，依照中华人民共和国法律（不包括港、澳、台地区法律）应由被保险人承担的经济赔偿责任，包括生态环境修复费用，生态环境修复期间服务功能的损失和生态环境功能永久性损害造成的损失，生态环境损害赔偿调查、鉴定评估等合理费用，保险人按照本保险合同约定负责赔偿。

第六条 应急处置与清污费用发生保险责任范围内的环境污染事故，被保险人、第三者或者政府有关部门为避免或者减少第三者人身损害、财产损失或者生态环境损害而支出的必要、合理的应急监测及处置费用、污染物清理及处置费用，保险人按照本保险合同约定负责赔偿。

第七条 法律费用保险事故发生后，被保险人因保险事故而被提起仲裁或者诉讼的，对应由被保险人支付的仲裁或诉讼费用，以及事先经保险人书面同意支付的其他必要的、合理的法律费用（以下简称"法律费用"），保险人按照本保险合同约定也负责赔偿。

责任免除

第八条 下列原因引起环境污染造成的损失、费用和责任，保险人不负责赔偿：

（一）投保人、被保险人或其工作人员因故意犯罪被追究刑事责任的，其犯罪行为直接引发的环境污染；

（二）投保人或被保险人故意采取通过暗管、渗井、渗坑、灌注等逃避监管的方式违法排放污染物的行为；

（三）战争、敌对行动、军事行为、武装冲突、罢工、骚乱、暴动、恐怖活动；

（四）核辐射、核爆炸、核污染及其他放射性污染，光电、噪音、电磁辐射、微生物质污染；

（五）行政行为或司法行为；

（六）酸雨；

（七）追溯期以前（未列明追溯期的，则为"保险期间开始以前"）就已发生的意外事故或已存在的污染状况；

（八）生产经营场所范围外机动车、飞机、船只等交通工具发生事故；

（九）地下储罐；

（十）井喷。

第九条 下列损失、费用和责任，保险人也不负责赔偿：

（一）被保险人或其工作人员的人身损害或财产损失；

（二）被保险人生产经营场所内的清污费用；

（三）被政府有关部门责令改正，但是投保企业不改正或者不按期限改正而直接导致的损害；

（四）因地震、火山爆发、海啸、龙卷风等完全属于不可抗拒的自然灾害，被保险人经过及时采取合理措施，仍然不能避免造成的损害；

（五）投保人、被保险人在投保前已经知道或可以合理预见的损害赔偿请求；以及因在其他保险单项下已经通知保险人的，相同的、持续的、重复的或相互关联的污染事件引起的损害赔偿请求；

（六）被保险人的产品或完工操作引起的损失、费用和责任；

（七）被保险人应该承担的合同责任，但无合同存在时仍然应由被保险人承担的经济赔偿责任不在此限；

（八）任何间接损失；

（九）精神损害赔偿，但由法院判决支持的不在此限；

（十）罚款、罚金及惩罚性赔偿；

（十一）保险单载明的免赔额以及按保险单载明的免赔率计算的免赔额，两者以高者为准；

（十二）超过保险单约定的各项责任限额的损失超额部分。

责任限额与免赔额（率）

第十条 除另有约定外，责任限额包括每次事故第三者人身损害和财产损失责任限额、每次事故应急处置与清污费用责任限额、每次事故生态环境损害责任限额、每次事故法律费用责任限额、累计第三者人身损害和财产损失责任限额、累计应急处置与清污费用责任限额、累计生态环境损害责任限额、累计法律费用责任限额、累计责任限额。各项责任限额由投保人与保险人协商确定，并在保险单中载明。

第十一条 免赔额（率）由投保人与保险人在签订保险合同时协商确定，并在保险单中载明。同时约定了免赔额和免赔率的，免赔金额以免赔额和按照免赔率计算的金额二者以高者为准。

保险期间

第十二条 除另有约定外，保险期间为一年，以保险单载明的起讫时间为准。

追溯期是指自本保险合同保险期间开始向前追溯约定的时间期间，投保人连续向同一保险人投保，追溯期可以连续计算，除另有约定外，最长不得超过三年。若投保人不是连续向同一保险人投保，则无追溯期或追溯期终止。追溯期的起始日不应超过首张保险单的保险期间起始日。追溯期由保险合同双方约定，并在保险单中载明。

保险人义务

第十三条 投保人向保险人投保环境污染责任保险，保险人无正当理由不得拒绝或者拖延承保。

本保险合同成立后，保险人应当及时向投保人签发保险单或其他保险凭证。

保险合同订立后，保险人应当书面通知投保的环境高风险企业所在地的生态环境主管部门。

第十四条 保险人承保前，应当组织评估企业环境风险，出具评估意见，投保人和被保险人当予以配合。环境风险评估报告是保险合同的组成部分。环境风险评估报告的费用不在保险费用外额外收取。

第十五条 在保险期间内，由保险人组建环境风险评估与隐患排查服务专家组或风险评估机构每季度对被保险人开展一次环境风险评估和环境安全隐患排查。

如发现存在重大环境安全隐患或重大风险源的，应当向投保人出具重大环境安全隐患排除建议书。

第十六条 保险事故发生后，投保人、被保险人提供的有关索赔的证明和资料不完整的，保险人应当及时一次性通知投保人、被保险人补充提供。

第十七条 保险人收到被保险人的赔偿保险金的请求后，应当及时作出是否属于保险责任的核定；情形复杂的，保险人应当在确定是否属于保险责任的基本材料收集齐全后，应在一个月内做出核定。对属于保险责任的，在与被保险人达成有关赔偿金额的协议后十日内，履行赔偿义务。

保险人依照前款的规定作出核定后，对不属于保险责任的，应当自作出核定之日起三日内向被保险人发出拒绝赔偿通知书，并说明理由。

第十八条 保险人自收到赔偿保险金的请求和有关证明、资料之日起六十日内，对其赔偿保险金的数额不能确定的，应当根据已有证明和资料等可以确定的数额先予支付；保险人最终确定赔偿的数额后，应当支付相应的差额。

投保人、被保险人义务

第十九条 投保人投保环境污染责任保险时，应当向保险人如实告知其影响环境风险情况的重要事项。

投保人应积极配合保险人、环境风险评估专家组开展环境风险评估和环境安全隐患排查。投保人已经按照国家有关规定制定并发布环境事件应急预案的，应当将应急预案中的环境风险评估报告提交给保险人，并履行如实告知义务，如实回答保险人就生产因素、环保设施、环境敏感性、环境风险管理和事故管理机制、既往事故记录、现有保险保障以及被保险人的其他有关情况提出的询问，并如实填写投保单。在保险期间内，如保险标的的危险程度显著增加的，被保险人应当按照合同的约定及时通知保险人，保险人可以按照合同约定增加保险费或者解除合同。被保险人未履行前款约定的通知义务的，因保险标的的危险程度显著增加而发生的保险事故，保险人不承担赔偿保险金的责任。

第二十条 投保人应在保险合同成立时一次支付全部保险费。

第二十一条 被保险人应严格遵守政府、生态环境主管部门、安全生产监督管理部门等有关主管部门制定的法律法规、规章等规范性文件，建立环境保护责任制度，加强安全管理，采取合理的预防措施，尽力避免或减少环境污染事故的发生。

第二十二条 投保人、被保险人对突发环境事件环境风险评估报告进行修订的，应当自修订后的突发环境事件应急预案发布之日起 20 个工作日内，将其中的环境风险评估报告提供给保险人。

投保人、被保险人应当向保险人提供必要的环境风险变化情况说明材料。

第二十三条 当发生保险事故时，被保险人应当：

（一）尽力采取必要、合理的措施，防止或减少损失，否则，对因此扩大的损失，保险人不承担赔偿责任；

（二）及时通知保险人，并书面说明事故发生的原因、经过和损失情况；故意或者因重大过失未及时通知，致使保险事故的性质、原因、损失程度等难以确定的，保险人对无法确定的部分，不承担赔偿责任，但保险人通过其他途径已经及时知道或者应当及时知道保险事故发生的除外；

（三）保护事故现场，允许并且协助保险人进行事故调查；对于拒绝或者妨碍保险人进行事故调查导致无法确定事故原因或核实损失情况的，保险人对无法确定或核实的部分不承担赔偿责任。

第二十四条 被保险人收到损害赔偿请求，应立即通知保险人。未经保险人书面同意，被保险人作出的任何承诺、拒绝、出价、约定、付款或赔偿，保险人不受其约束。对于被保险人自行承诺或支付的赔偿金额，保险人有权重新核定，不属于本保险责任范围或超出责任限额的，保险人不承担赔偿责任。在处理索赔过程中，保险人有权自行处理由其承担最终赔偿责任的任何索赔案件，被保险人有义务向保险人提供其所能提供的资料和协助。

第二十五条 被保险人获悉可能发生诉讼、仲裁时，应立即以书面形式通知保险人；接到法院传票或其他法律文书后，应将其副本及时送交保险人。保险人有权以被保险人的名义处理有关诉讼或仲裁事宜，被保险人应提供有关文件，并给予必要的协助。

对因未及时提供上述通知或必要协助引起或扩大的损失，保险人不承担赔偿责任。

第二十六条 被保险人请求赔偿时，应向保险人提交下列索赔文件：

（一）保险单正本；

（二）受到损害的第三者、政府或其有关部门、提出损害赔偿请求的书面证明；

（三）索赔申请书；

（四）造成受害者人身损害的，受害者病例、诊断证明、医疗费等医疗原始单据；受害者人身损害程度证明；受害者伤残的，应当提供具备相关法律法规要求的伤残鉴定资格的医疗机构出具的伤残程度证明；受害人死亡的，还应当提供公安机关或医疗机构出具的死亡证明；

（五）财产损失、应急处置与清污费用的清单、票据或其他证明资料；

（六）被保险人与第三者、政府或其有关部门、所签订的赔偿协议书或和解书，经判决或仲裁的，应提供判决文书或仲裁裁决文书；

（七）投保人、被保险人所能提供的与确认保险事故的性质、原因、损失程度等有关的其他证明和资料。

被保险人未履行前款约定的索赔材料提供义务，导致保险人无法核实损失情况的，保险人对无法核实部分不承担赔偿责任。

保险人不得以投保人、被保险人未能提供生态环境主管部门出具的环境污染损害认定等文件，拒绝赔付保险金。

第二十七条 发生保险责任范围内的损失，应由有关责任方负责赔偿的，被保险人应行使或保留向该责任方请求赔偿的权利。

保险事故发生后，保险人未履行赔偿义务之前，被保险人放弃对有关责任方请求赔偿的权利的，保险人不承担赔偿责任。

保险人向被保险人赔偿保险金后，在赔偿金额范围内代位行使被保险人对有关责任方请求赔偿的权利，被保险人未经保险人同意放弃对有关责任方请求赔偿的权利的，该行为无效。

在保险人向有关责任方行使代位请求赔偿权利时，被保险人应当向保险人提供必要的文件和其所知道的有关情况。

由于被保险人的故意或者重大过失致使保险人不能行使代位请求赔偿的权利的，保险人可以扣减或者要求返还相应的赔偿金额。

赔偿处理

第二十八条 保险人以下列方式之一确定的被保险人的赔偿责任为基础，按照保险合同的约定进行赔偿：

（一）被保险人和向其提出损害赔偿请求的第三者、政府或其有关部门协商并经保险人书面确认；

（二）仲裁机构裁决；

（三）人民法院判决；

（四）保险人认可的其他方式。

第二十九条　发生保险责任范围内的损失，保险人将扣除免赔额或依据免赔率计算的免赔额后按照以下方式计算赔偿：

（一）对于第三者人身损害、财产损失的赔偿金额，按照以下方式计算赔偿：对于每次事故造成的第三者人身损害、财产损失的赔偿金额，不超过每次事故第三者人身损害和财产损失责任限额；对于多次事故造成的第三者人身损害、财产损失的赔偿金额，不超过累计第三者人身损害和财产损失责任限额；

（二）对于应急处置与清污费用、生态环境损害责任和法律费用的赔偿金额，按照以下方式计算赔偿：对于每次事故造成的应急处置与清污费用的赔偿金额，不超过每次事故应急处置与清污费用责任限额；对于每次事故造成的生态环境损害责任的赔偿金额，不超过每次事故生态环境损害责任限额；对于每次事故造成的法律费用的赔偿金额，不超过每次事故法律费用责任限额；对于多次事故造成的应急处置、清污费用的赔偿金额，不超过累计应急处置与清污费用责任限额；对于多次事故造成的生态环境损害的赔偿金额，不超过累计生态环境损害责任限额；对于多次事故造成的法律费用的赔偿金额，不超过累计法律费用责任限额。

第三十条　针对保险期间或追溯期内发生的一次或多次保险事故，保险人的赔偿金额之和不超过累计责任限额。

第三十一条　当事故损失超过保单约定的责任限额时，支付赔款依次按照如下顺序进行赔款支付：第三者的人身损害、第三者的直接财产损失、应急处置与清污费用、生态环境损害。

第三十二条　发生一次保险事故时，如果被保险人的损失能够从其他相同保障的保险项下也获得赔偿，本保险人按照本保险合同的责任限额与所有有关保险合同的责任限额总和的比例承担赔偿责任。其他保险人应承担的赔偿金额，本保险人不负责垫付。

被保险人在请求赔偿时应当如实向保险人说明与本保险合同保险责任有关的其他保险合同的情况。对未如实说明导致保险人多支付保险金的，保险人有权向被保险人追回多支付的部分。

争议处理和法律适用

第三十三条　合同争议解决方式由当事人在保险合同中约定的下列两种方式中选择一种：

（一）因履行本保险合同发生的争议，由当事人协商解决，协商不成的，提交保险单载明的仲裁委员会仲裁；

（二）因履行本保险合同发生的争议，由当事人协商解决，协商不成的，依法向人民法院起诉。

第三十四条　与本保险合同有关的以及履行本保险合同产生的一切争议处理适用中华人民共和国法律（不包括港、澳、台地区法律）。

其他事项

第三十五条　除投保人、保险人双方协商一致外，不得解除保险合同。保险责任开始前，投保人要求解除保险合同的，应当向保险人支付相当于保险费 5%的退保手续费，保险人应当退还剩余部分保险费；保险人要求解除保险合同的，不得向投保人收取手续费并应退还已收取的保险费。

保险责任开始后，投保人要求解除保险合同的，自双方协商一致之日起，保险合同解除，保险人按照保险责任开始之日起至合同解除之日止期间与保险期间的日比例计收保险费，并退还剩余部分保险费；保险人要求解除保险合同的，经双方协商一致后，保险人须提前十五日向投保人发出解约通知书解除保险合同，并按保险责任开始之日起至合同解除之日止期间与保险期间的日比例计收保险费，并退还剩余部分保险费。

第三十六条　本保险合同约定与《中华人民共和国保险法》等法律规定相悖之处，以法律规定为准。本保险合同未尽事宜，以法律规定为准。

释义

第三十七条　本保险合同涉及下列术语时，适用下列释义：

（一）环境污染：本条款仅承保大气污染、水体污染、土壤污染，噪音污染、辐射污染等污染引起的赔偿不在承保范围内。

（二）突发环境事件：指由于污染物排放、生产安全事故等因素，导致污染物或者放射性物质等有毒有害物质进入大气、水体、土壤等环境介质，突然造成环境质量下降，危及公众身体健康和财产安全，或者造成生态环境破坏，或者造成重大社会影响，需要采取紧急措施予以应对的事件。

（三）第三者：指除保险人和被保险人及其代表、雇员以外的第三方。

（四）较大及以上突发环境事件：较大及以上突发环境事件的判定按照国务院2015年2月3日发布的《国家突发环境事件应急预案》中较大突发环境事件、重大突发环境事件和特别重大突发环境事件规定执行。

（五）赔偿权利人：《生态环境损害赔偿制度改革方案》中"国务院授权省级、市地级政府""省级、市地级政府所指定的相关部门或机构"可作为本行政区域内生态环境损害赔偿权利人。

（六）承保区域：指生产经营场所及其外围约定区域，该区域限于中华人民共和国境内（不包含港、澳、台地区），具体范围由投保人与保险人协商确定，并在保险单中载明。

（七）清污费用：指为排除环境污染损害而发生的调查、检验、检测、清除、处置、中和等费用。

（八）生态环境损害：指因污染环境、破坏生态造成大气、地表水、地下水、土壤等环境要素和植物、动物、微生物等生物要素的不利改变，及上述要素构成的生态系统功能的退化。

（九）生态环境修复费用：指生态环境损害发生后，为防止将污染物扩散迁移、降低环境中污染物浓度，将环境污染导致的人体健康风险或生态风险降至可接受风险水平而开展的必要的、合理的行动或措施所产生的费用。

（十）生态环境修复期间服务功能的损失：指生态环境损害发生至生态环境恢复至基线状态期间，生态环境因其物理、化学或生物特性改变而导致向公众或其他生态系统提供服务的丧失或减少，即受损生态环境从损害发生到其恢复至基线状态期间提供生态系统服务的损失量。

（十一）生态环境功能永久性损害：指受损生态环境及其服务难以恢复，其向公众或其他生态系统提供服务能力的完全丧失。

（十二）微生物质：指个体难以用肉眼观察的一切微小生物，包括细菌、病毒、真菌以及一些小型原生动物等在内的一大类生物群体。

（十三）酸雨：指 pH 值小于 5.6 的雨雪或其他方式形成的大气降水（雾、霜），可分为"湿沉降"与"干沉降"两大类，前者是指所有气状污染物或粒状污染物，随着雨、雪、雾、雹等降水形态落到地面，后者是指在不下雨的日子，从空中降下来的落尘所带的酸性物质。

（十四）自然灾害：包括地震及其次生灾害、雷电、暴雨、洪水、暴风、龙卷风、风暴潮、冰雹、台风、飓风、海啸、沙尘暴、暴雪、冰凌、突发性滑坡、崩塌、泥石流、地面突然下陷下沉及其他人力不可抗拒的破坏力强大的自然现象。

（十五）产品：指由被保险人或其授权代理商生产、销售、处理、经销的商品，包括包装、材料、零部件、对适用性、质量、寿命、功能、用途的保证和说明，且已脱离被保险人或代表被保险人销售该产品者的实际掌控，不论是否在运输途中或是否已到达最终消费者之手。

（十六）完工操作：指被保险人在其客户场所内已完成的施工、工程或其他操作。

（十七）间接损失：由直接经济损失引起和牵连的其他损失，包括失去的在正常情况下可以获得的利益和为恢复正常的管理活动或者挽回所造成的损失所支付的各种开支、费用等。

（十八）追溯期：指自本保险合同保险期间开始向前追溯约定的时间期间，投保人连续向同一保险人投保，追溯期可以连续计算。

（十九）每次事故/一次事故：指性质相同、紧密相关或连续发生的一系列环境污染事件。如果在保险期间内发生超过一次类型相同或实质上相同的污染事件，纵使该等污染事件是因为不同的原因或事件而导致，仍视为一次污染事件。

贵州环境污染责任保险条款

总　则

第一条　本保险合同由保险条款、投保单、保险单、保险凭证、批单以及承保前环境风险评估报告组成。凡涉及本保险合同的约定，均应采用书面形式。

保险责任

第二条　在保险期间内，被保险人在生产经营过程中污染环境发生的下列经济赔偿责任或费用，且由受到损害的第三者、政府及其有关部门在保险合同有效期届满之日起三年内首次向被保险人提出损害赔偿请求的，保险人按照本保险合同约定负责赔偿：

（一）第三者人身损害或直接财产损失。因突发环境事件或生产经营过程中的环境污染导致第三者的死亡、伤残、医疗和健康损害，以及第三者有形财产的直接毁损或价值减少，依照中华人民共和国法律（不包括港澳台地区法律）应由被保险人承担的经济赔偿责任；

（二）生态环境损害。因被保险人发生较大以上突发环境事件，或者发生地方政府规定的其他严重影响生态环境的行为，造成的生态环境损害，依照中华人民共和国法律（不包括港澳台地区法律）应由被保险人承担的经济赔偿责任，包括生态环境修复费用、生态环境修复期间服务功能的损失和生态环境功能永久性损害造成的损失、生态环境损害赔偿调查及鉴定评估等合理费用；

（三）应急处置与清污费用。被保险人、第三者或者政府及其有关部门，为避免或者减少第三者人身损害、财产损失或者生态环境损害而支出的必要的应急处置监测及费用、污染物清理及处置费用。

（四）法律费用。保险事故发生后，被保险人因保险事故而被提起仲裁或者诉讼的，对应由被保险人支付的仲裁或诉讼费用以及事先经保险人书面同意支付的其他必要的、合理的费用（以下简称"法律费用"）。

责任免除

第三条 下列原因造成的损失、费用和责任，保险人不负责赔偿：

（一）投保人、被保险人或其代表的故意犯罪行为；

（二）投保人、被保险人或其代表故意采取通过暗管、渗井、渗坑、灌注等逃避监管的方式违法排放污染物的行为；

（三）地震、火山爆发、海啸、龙卷风等完全属于不可抗拒的自然灾害，被保险人经过及时采取合理措施，仍然不能避免造成的损害；

（四）环境安全隐患被各级人民政府责令改正，但是被保险人不改正或者不按期限改正而直接导致的损害；

（五）战争、敌对行动、军事行为、武装冲突、罢工、骚乱、暴动、恐怖活动。

第四条 下列损失、费用和责任，保险人不负责赔偿：

（一）被保险人或其雇员的人身损害及其所有、管理、控制、使用的财产的损失；

（二）被保险人应该承担的合同责任，但无合同存在时仍然应由被保险人承担的经济赔偿责任不在此限；

（三）罚款、罚金及惩罚性赔偿；

（四）精神损害赔偿；

（五）可获得利益的损失以及其他间接损失；

（六）投保人、被保险人在投保之前已经知道的索赔情况；

（七）本保险合同中载明的免赔额或免赔率，以高者为准。

第六条 其他不属于本保险责任范围内的损失、费用和责任，保险人不负责赔偿。

赔偿限额与免赔额（率）

第五条 赔偿限额包括每次事故赔偿限额、生态环境损害赔偿限额、累计赔偿限额，由投保人与保险人协商确定，并在保险合同中载明。

第六条　每次事故免赔额（率）由投保人与保险人在签订保险合同时协商确定，并在保险合同中载明。

保险期间

第七条　除另有约定外，保险期间为一年，以保险单载明的起讫时间为准。

保险人义务

第八条　本保险合同成立后，保险人应当及时向投保人签发保险单或其他保险凭证。

第九条　保险人按照本保险合同的约定，认为被保险人提供的有关索赔的证明和资料不完整的，应当及时一次性通知投保人、被保险人补充提供。

第十条　保险人收到被保险人的赔偿保险金的请求后，应当及时作出是否属于保险责任的核定；情形复杂的，保险人应当在确定是否属于保险责任的基本材料收集齐全后，尽快做出核定。

保险人应当将核定结果通知被保险人；对属于保险责任的，在与被保险人达成赔偿保险金的协议后十日内，履行赔偿保险金义务。保险合同对赔偿保险金的期限有约定的，保险人应当按照约定履行赔偿保险金的义务。保险人依照前款的规定作出核定后，对不属于保险责任的，应当自作出核定之日起三日内向被保险人发出拒绝赔偿保险金通知书，并书面说明理由。

第十一条　保险人自收到赔偿保险金的请求和有关证明、资料之日起六十日内，对其赔偿保险金的数额不能确定的，应当根据已有证明和资料可以确定的数额先予支付；保险人最终确定赔偿的数额后，应当支付相应的差额。

投保人、被保险人义务

第十二条　订立保险合同前，保险人应对保险标的或被保险人的有关情况进行询问，并与投保人协商一致后进行环境风险评估，并出具环境风险评估报告。投保人或被保险人应积极配合保险人开展环境风险评估，对保险人询问的有关情况，应如实告知。

投保人已经按照国家有关规定制定并发布环境事件应急预案的，应当在投保前将应急预案中的环境风险评估报告提交给保险人。

在保险合同订立前，如果投保人、被保险人出现以下情形的，应按照保险人提出的要求提供相应的行政处罚书、司法文书等材料，否则对因以下情形中涉及的违法或犯罪行为直接导致的损害，保险人不承担赔偿责任：

1. 投保人、被保险人被各级地方政府环保部门依据《环境保护法》第六十条等法律法规规定，责令企业停产整治的；

2. 投保人、被保险人的负责人或直接责任人员被环保部门依据《环境保护法》第六十三条等法律法规规定，移送公安机关，并被公安机关行政拘留的；

3. 投保人、被保险人或者其直接负责的主管人员和其他直接责任人员构成《刑法》第三百三十八条或者第三百三十九条规定的犯罪，被人民法院生效法律文书定罪的；

4. 投保人、被保险人的设施、设备被地方环保部门依据《环境保护法》第二十五条等法律法规规定查封、扣押的；

5. 投保人、被保险人被环保部门依据《环境保护法》第五十九条或者其他相关法律法规规定，处以按日连续计罚的；

6. 投保人、被保险人被环保部门依据《环境保护法》第六十一条或者《环境影响评价法》第三十一条，处以罚款的；

7. 投保人、被保险人因环境违法受到行政处罚，且该处罚属于地方性法规规定的重大行政处罚的其他情形。

第十三条 除另有约定外，投保人应当在保险合同成立时交付保险费。本合同交付保险费的方式为＿＿＿＿＿＿＿＿（约定一次性交付/约定分期交付）。

约定一次性交付保险费的，投保人在约定交费日后交付保险费的，保险人对交费之前发生的保险事故不承担保险赔偿责任。

约定分期交付保险费的，保险人按照保险事故发生前保险人实际收取保险费总额与投保人应当交付的保险费的比例承担保险赔偿责任，投保人应当交付的保险费是指截至保险事故发生时投保人按约定分期应该缴纳的保费总额。

第十四条 保险人与投保人、被保险人一致同意，由保险人组建的环境风险风险评估与隐患排查服务专家组或＿＿＿＿＿＿＿＿＿＿（风险评估机构名称）对被保险人开展环境风险评估和环境安全隐患排查。环境风险评估与环境安全隐患排查的费用不在保险费用外额外收取。

第十五条　保险人与投保人、被保险人一致同意，在保险合同有效期内，于＿＿＿年＿＿＿月进行环境安全隐患排查，被保险人应予以积极配合。保险人在环境安全隐患排查后 20 个工作日内，出具环境安全隐患排查报告。

根据环境安全隐患排查报告，保险人若认为被保险人存在安全隐患或风险发生显著变化的，应当提出消除环境安全隐患的书面建议或风险提示。发现存在重大环境安全隐患的，应当向投保人、被保险人出具重大环境安全隐患排除建议书。

第十六条　在保险合同有效期内，被保险人对突发环境事件应急预案中的环境风险评估报告作出修订的，应当在修订后的应急预案发布之日起 20 个工作日内，将其中的环境风险评估报告提交给保险人。

在保险合同有效期内，被保险人提供修订后的环境风险评估报告的，保险人经与投保人、被保险人协商一致后，可以委托其他机构再次评估投保企业的环境风险，并将评估意见提供给投保人、被保险人。

第十七条　根据环境安全隐患排查报告或修订后的突发环境实践应急预案中的环境风险评估报告，被保险人风险发生显著变化的，保险人有权要求增加保险费。投保人、被保险人不同意增加保险费的，对于风险显著变化所导致保险事故造成的损失，保险人有权对该部分损失减轻或不承担赔偿责任。

第十八条　知道保险事故发生后，被保险人应该：

（一）尽力采取必要、合理的措施，防止或减少损失，否则，对因此扩大的损失，保险人不承担赔偿责任；

（二）及时通知保险人，并书面说明事故发生的原因、经过和损失情况，法律法规要求的，还应当向有关政府部门报告；故意或者因重大过失未及时通知，致使保险事故的性质、原因、损失程度等难以确定的，保险人对无法确定的部分，不承担赔偿责任，但保险人通过其他途径已经及时知道或者应当及时知道保险事故发生的除外；

（三）保护事故现场，允许并且协助保险人进行事故调查；对于拒绝或者妨碍保险人进行事故调查导致无法确定事故原因或核实损失情况的，保险人对无法确定或核实的部分，不承担赔偿责任；

（四）涉嫌依法应处以行政拘留的违法行为或涉嫌犯罪行为的，应立即向公安部门报案，否则，对因此扩大的损失，保险人不承担赔偿责任。

第十九条 被保险人收到受害人的损害赔偿请求时，应立即通知保险人。未经保险人书面同意，被保险人对受害人作出的任何承诺、拒绝、出价、约定、付款或赔偿，保险人不受其约束。对于被保险人自行承诺或支付的赔偿金额，保险人有权重新核定，不属于本保险责任范围或超出应赔偿限额的，保险人不承担赔偿责任。在处理索赔过程中，保险人有权自行处理由其承担最终赔偿责任的任何索赔案件，被保险人有义务向保险人提供其所能提供的资料和协助。

第二十条 被保险人获悉可能发生诉讼、仲裁时，应立即以书面形式通知保险人；接到法院传票或其他法律文书后，应将其副本及时送交保险人。保险人有权以被保险人的名义处理有关诉讼或仲裁事宜，被保险人应提供有关文件，并给予必要的协助。

对因未及时提供上述通知或必要协助导致扩大的损失，保险人不承担赔偿责任。

第二十一条 被保险人请求赔偿时，应向保险人提供下列证明和资料：

（一）保险单正本；

（二）被保险人或其代表填具的索赔申请书；

（三）受害人向被保险人提出索赔的申请文件及相关证明材料；

（四）造成受害人人身伤害的，应包括：受害人的病历、诊断证明、医疗费等医疗原始单据；受害人的人身伤害程度证明；受害人伤残的，应当提供具备相关法律法规要求的伤残鉴定资格的医疗机构出具的伤残程度证明；受害人死亡的，公安机关或医疗机构出具的死亡证明书；

（五）造成受害人财产损失的，应包括：损失、费用清单；

（六）被保险人发生应急处置及清理费用、法律费用的发票单据；

（七）被保险人与受害人所签订的赔偿协议书或和解书；经判决或仲裁的，应提供生效判决文书或仲裁裁决文书；

（八）投保人、被保险人所能提供的与确认保险事故的性质、原因、损失程度等有关的其他证明和资料。

被保险人能够履行但拒不履行前款约定的索赔材料提供义务，导致保险人无法核实损失情况的，保险人对无法核实部分不承担赔偿责任。

保险公司不得以投保人、被保险人未能提供环境保护主管部门出具的环境污染损害认定等文件为由，拒绝赔偿保险金。

赔偿处理

第二十二条　保险人的赔偿以下列方式之一确定的被保险人的赔偿责任为基础：

（一）被保险人和向其提出损害赔偿请求的受害人协商并经保险人确认；

（二）保险人和被保险人共同认可的环境损害鉴定评估机构或专家团队出具的评估报告；

（三）仲裁机构生效裁决；

（四）人民法院生效判决；

（五）保险人认可的其他方式。

第二十三条　被保险人给第三者造成损害，被保险人未向该第三者赔偿的，保险人不向被保险人承担赔偿保险金的责任。

第二十四条　被保险人怠于向保险公司请求赔偿保险金的，受害人可以就其应获得赔偿部分直接向保险公司请求赔偿保险金，保险人可以直接向受害人赔偿其应得的赔偿保险金。

第二十五条　发生保险责任范围内的损失，保险人按以下方式计算赔偿：

（一）对于每次事故造成的损失，保险人在每次事故赔偿限额内计算赔偿，对每次事故承担的法律费用的赔偿金额不超过每次事故赔偿限额的10%，但合同另有约定的除外；

因同一原因造成多人人身伤亡或财产损失，由此导致的一个或一系列索赔视为一次事故。

（二）在依据本条第（一）项计算的基础上，保险人在扣除每次事故免赔额后进行赔偿；

（三）在保险期间内，保险人对多次事故承担的本条款第三条规定的赔偿金额之和累计不超过累计赔偿限额。

第二十六条 在接到被保险人或受害人报案后，保险人应当及时组织环境损害鉴定评估机构或专家团队开展事故勘查、定损和责任认定。

第二十七条 发生保险事故时，如果被保险人的损失在有相同保障的其他保险项下也能够获得赔偿，则本保险人按照本保险合同的赔偿限额与其他保险合同及本保险合同的赔偿限额总和的比例承担赔偿责任。

其他保险人应承担的赔偿金额，本保险人不负责垫付。若被保险人未如实告知导致保险人多支付赔偿金的，保险人有权向被保险人追回多支付的部分。

第二十八条 发生保险责任范围内的损失，依法应由第三方负责赔偿的，保险人自向被保险人赔偿保险金之日起，取得在赔偿金额范围内代位行使被保险人对第三方请求赔偿的权利，被保险人应当向保险人提供必要的文件和已知的有关情况。

被保险人已经从第三方取得赔偿的，保险人赔偿保险金时，可以相应扣减被保险人已从第三方取得的赔偿金额。

保险事故发生后，在保险人未赔偿保险金之前，被保险人放弃对第三方请求赔偿权利的，保险人不承担赔偿责任；保险人向被保险人赔偿保险金后，被保险人未经保险人同意放弃对第二方请求赔偿权利的，该行为无效；由于被保险人故意或者因重大过失致使保险人不能行使代位请求赔偿权的，保险人可以扣减或者要求返还相应的保险金。

第二十九条 保险人受理报案、进行现场查勘、核损定价、参与案件诉讼、向被保险人提供建议等行为，均不构成保险人对赔偿责任的承诺。

第三十条 当事故损失超过保单约定的赔偿限额时，支付赔款依次按照如下顺序进行赔款支付：第三者的人身损害、第三者的直接财产损失、应急处置与清污费用、生态环境损害。

争议处理和法律适用

第三十一条 因履行本保险合同发生的争议，由当事人协商解决。协商不成的，向保险单载明的仲裁机构提起仲裁；保险单未载明仲裁机构且争议发生后未达成仲裁协议的，依法向中华人民共和国人民法院提起诉讼。

第三十二条 本保险合同的争议处理适用中华人民共和国法律（不包括港澳台地区法律）。

其他事项

第三十三条 投保人和保险人可以协商变更合同内容。

变更保险合同的，应当由保险人在保险单或者其他保险凭证上批注或附贴批单，或者投保人和保险人订立变更的书面协议。

释 义

【突发环境事件】指突然发生，造成或可能造成环境污染或生态破坏，危及人民群众生命财产安全，影响社会公共秩序，需要采取紧急措施予以应对的事件。

【生态环境损害】指由于污染环境或破坏生态行为直接或间接地导致生态环境的物理、化学或生物特性的可观察的或可测量的不利改变，以及提供生态系统服务能力的破坏或损伤。

【较大以上突发环境污染事件】指根据国务院2015年2月3日发布的《国家突发环境事件应急预案》规定的较大突发环境事件、重大突发环境事件和特别重大突发环境事件：

（一）特别重大突发环境事件

凡符合下列情形之一的，为特别重大突发环境事件：

1. 因环境污染直接导致30人以上死亡或100人以上中毒或重伤的；

2. 因环境污染疏散、转移人员5万人以上的；

3. 因环境污染造成直接经济损失1亿元以上的；

4. 因环境污染造成区域生态功能丧失或该区域国家重点保护物种灭绝的；

5. 因环境污染造成设区的市级以上城市集中式饮用水水源地取水中断的；

6. Ⅰ、Ⅱ类放射源丢失、被盗、失控并造成大范围严重辐射污染后果的；放射性同位素和射线装置失控导致 3 人以上急性死亡的；放射性物质泄漏，造成大范围辐射污染后果的；

7. 造成重大跨国境影响的境内突发环境事件。

（二）重大突发环境事件

凡符合下列情形之一的，为重大突发环境事件：

1. 因环境污染直接导致 10 人以上 30 人以下死亡或 50 人以上 100 人以下中毒或重伤的；

2. 因环境污染疏散、转移人员 1 万人以上 5 万人以下的；

3. 因环境污染造成直接经济损失 2000 万元以上 1 亿元以下的；

4. 因环境污染造成区域生态功能部分丧失或该区域国家重点保护野生动植物种群大批死亡的；

5. 因环境污染造成县级城市集中式饮用水水源地取水中断的；

6. Ⅰ、Ⅱ类放射源丢失、被盗的；放射性同位素和射线装置失控导致 3 人以下急性死亡或者 10 人以上急性重度放射病、局部器官残疾的；放射性物质泄漏，造成较大范围辐射污染后果的；

7. 造成跨省级行政区域影响的突发环境事件。

（三）较大突发环境事件

凡符合下列情形之一的，为较大突发环境事件：

1. 因环境污染直接导致 3 人以上 10 人以下死亡或 10 人以上 50 人以下中毒或重伤的；

2. 因环境污染疏散、转移人员 5000 人以上 1 万人以下的；

3. 因环境污染造成直接经济损失 500 万元以上 2000 万元以下的；

4. 因环境污染造成国家重点保护的动植物物种受到破坏的；

5. 因环境污染造成乡镇集中式饮用水水源地取水中断的；

6. Ⅲ类放射源丢失、被盗的；放射性同位素和射线装置失控导致 10 人以下急性重度放射病、局部器官残疾的；放射性物质泄漏，造成小范围辐射污染后果的；

　　7. 造成跨设区的市级行政区域影响的突发环境事件。

　　【生态环境损害鉴定费用】指生态环境损害发生后，为生态环境恢复而开展的必要的、合理的对生态环境损害程度进行的鉴定、评估所产生的费用。

　　【生态环境修复费用】指生态环境损害发生后，为防止将污染物扩散迁移、降低环境中污染物浓度，将环境污染导致的人体健康风险或生态风险降至可接受风险水平而开展的必要的、合理的行动或措施所产生的费用。

　　【生态环境修复期间服务功能的损失】指生态环境损害发生至生态环境恢复至基线状态期间，生态环境因其物理、化学或生物特性改变而导致向公众或其他生态系统提供服务的丧失或减少，即受损生态环境从损害发生到其恢复至基线状态期间提供生态系统服务的损失量。

　　【生态环境功能永久性损害】指受损生态环境及其服务难以恢复，其向公众或其它生态系统提供服务能力的完全丧失。

　　【故意犯罪行为】指明知其行为会发生危害社会的后果，但是却希望或者放任这种结果发生，因而构成犯罪的行为。

　　【自然灾害】指雷电、暴雨、洪水、暴风、龙卷风、冰雹、台风、飓风、沙尘暴、暴雪、冰凌、突发性滑坡、崩塌、泥石流、地面突然下陷下沉、地震、海啸及其他人力不可抗拒的破坏力强大的自然现象。

　　【间接损失】由直接经济损失引起和牵连的其他损失，包括失去的在正常情况下可以获得的利益和为恢复正常的管理活动或者挽回所造成的损失所支付的各种开支、费用等。

　　【惩罚性赔偿】指经由法院判决的、在赔偿性赔款之外被保险人应当支付给受害方的赔款，其目的是惩罚和警告被保险人的恶意行为。